中国煤层气产业发展研究

牛冲槐　张永胜　著

知识产权出版社

全国百佳图书出版单位

图书在版编目（CIP）数据

中国煤层气产业发展研究/牛冲槐，张永胜著 . —北京：知识产权出版社，2016. 3
ISBN 978-7-5130-3998-7

Ⅰ. ①中…　Ⅱ. ①牛…　②张…　Ⅲ. ①煤层—地下气化煤气—产业发展—研究—中国
Ⅳ. ①F426. 21

中国版本图书馆 CIP 数据核字（2016）第 001709 号

内容提要

本书在国家软科学重大项目"山西建设国家煤层气产业化示范基地战略研究（2011GXS2D017）"
"山西省一级学科博士点特色重点学科项目（晋教材〔2013〕289号）""山西省教育厅高校人文社科
重点研究基地项目"等项目资助下，主要针对中国煤层气资源的状况，在煤层气产业化开发的特征、
背景和必要性分析的基础上，从国内外煤层气产业发展的现状入手，围绕煤层气需求量预测、煤层气
产业化开发效益分析和风险分析等开展研究。本书共分十章：第一、二、三、四、十章由牛冲槐编
写，第五、六、七、八、九章由张永胜编写。

责任编辑： 刘晓庆　于晓菲　　　　　　　**责任出版：** 孙婷婷

中国煤层气产业发展研究
ZHONGGUO MEICENGQI CHANYE FAZHAN YANJIU
牛冲槐　张永胜　著

出版发行：**知识产权出版社** 有限责任公司
电　　话：010-82004826
社　　址：北京市海淀区西外太平庄 55 号
责编电话：010-82000860 转 8363
发行电话：010-82000860 转 8101/8102
印　　刷：北京中献拓方科技发展有限公司
开　　本：787mm×1092mm　1/16
版　　次：2016 年 3 月第 1 版
字　　数：380 千字

网　　址：http：//www. ipph. cn
　　　　　http：//www. laichushu. com
邮　　编：100081
责编邮箱：yuxiaofei@ cnipr. com
发行传真：010-82000893/82003279
经　　销：各大网上书店、新华书店及相关专业书店
印　　张：18. 25
印　　次：2016 年 3 月第 1 次印刷
定　　价：58. 00 元

ISBN 978-7-5130-3998-7

目　录

第1章 煤层气概论

1.1 煤层气的定义

煤层气俗称煤层甲烷或煤矿瓦斯,是地史时期煤演化过程中煤中有机质在煤化作用过程中生成的,是赋存于煤层及其围岩中的与煤共伴生的自生自储的吸附态为主的非常规天然气。它是以吸附在煤基质颗粒表面为主、部分游离于煤孔隙中或溶解于煤层水中的烃类气体。煤层气的组成一般以甲烷(CH_4)(包括C_2H_6、C_3H_8、C_4H_{10}等部分重烃)为主,还有二氧化碳(CO_2)、氮气(N_2)等空气组分和一氧化碳(CO)、二氧化硫(SO_2)等气体组分,以及氦、氢等稀有气体,也可以说煤层气是气体化合物与气体元素组成的混合体。

目前,我国关于煤层气定义的说法有三种,主要依据是煤层气的成因、赋存、组成和矿种划分。

第一种说法:煤炭工业界将煤层气定义为煤的共伴生资源,通常称为"煤矿瓦斯",主要根据煤层气的成因(煤层气与煤炭共伴生)和赋存特点(煤层气赋存于煤层之中),以及资源价值(煤炭资源具有凸显的资源价值主导地位)而言。

第二种说法:石油天然气工业界认为煤层气资源的气体组分甲烷与常规天然气相同,所以将煤层气称为"非常规天然气"(Unconventionality Natural Gas)。主要依据是煤层气独特的赋存状态(以吸附态为主)、非常规储层(典型的自生自储、多重孔渗的有机储层)和特有的产出机理(排水—降压—解吸—采气)。

第三种说法:国土资源部门认为煤层气是赋存于煤层中的独立的矿产资源,通常称为"煤层气"。主要依据是把煤层气作为一种独立的矿种,与煤炭、石油等同。

1.2 煤层气藏的定义与成因

1.2.1 煤层气藏的定义

煤层气藏是在压力封闭作用下,吸附煤层气达到相当数量的煤岩体或煤层,是煤层气聚集和煤层气勘探开发的基本地质单元。煤层气藏的成藏要素主要包括煤层条件、压力封闭和保存条件。煤层条件是煤层气藏形成的物质基础，压力封闭是煤层气藏的必要条件，保存条件是煤层气藏从形成到现今能够存在的前提。

煤层气与煤是同体共生、共存的伴生矿藏，仅是赋存状态不同。含煤盆地不一定是煤层气盆地，现今保存的含煤盆地不一定都赋存可供开采的煤层气，只有能够形成煤层气藏的含煤盆地才能称为煤层气盆地，才含有煤层气。煤层形成煤层气藏需要具有较高的含气量、较好的渗滤性能和完善的封盖条件。

煤层气藏与常规天然气不同，煤层气属于典型的自生自储的非常规天然气资源。煤层既是煤层气的源岩，煤在演化和变质过程中产生大量的气体，一部分气体保留在煤层中，又是煤层气的储集层，煤层中的孔隙和裂隙为煤层气的赋存提供了空间，同时也为其运移提供了通道。

1.2.2 煤层气的成因

1. 煤层气形成的地质背景

煤田勘探和煤层气勘探的实践证明，煤层气及其储层特性变化无常。因此，确定研究区域煤层气勘探、开发前景时，首先要对这一地区的区域地质背景资料进行分析，了解含煤地层的沉积特点及横纵向分布规律和构造发育基本情况，研究煤的生气、储气能力，热演化特点，煤层气的分布规律及保存条件。进行沉积作用分析的目的是了解煤层气分布、物理性质、显微组分、孔隙结构及封盖性，确定主力煤层和可采煤层气的分布特点。进行构造分析的重点是认识构造作用在煤变质生气作用、成藏条件、水文地质条件、渗透性等方面产生的影响及其对煤层气高富集的控制因素。

煤的生成过程是一个漫长的复杂热演化过程，煤层中的甲烷主要是由低煤阶向高煤阶转化过程中生成的热解气。随着煤的热演化程度的加深，煤阶持续增高，生气量急剧增大，达到一定程度开始消亡。因此，镜质组反射率 R_0 大于4%的高煤阶和镜质组反射率 R_0 小于0.35%的低煤阶生气量很少。煤中显微组分含量直接影响生气量的大小，据热模拟成烃实验得知，壳质组产气能力强，镜质组次之，惰质组较差，三者比例为1.5：1.0：0.7。经煤层对甲烷的吸附实验，煤岩显微组分不同，对甲烷的吸附量也不同。在中等变质程度的煤中，镜质组的吸附量高于其他类型，特别是镜质组一般割理发育、物性好、吸附气量大。

沉积于三角洲环境或大型内陆浅沼环境的煤系地层具有厚度较大、横向连续性较好、分布广泛、镜质组含量相对高、直接盖层和间接盖层都发育较好等特点，对煤层气的形成和保存十分有利。而沉积于河道、海湾、湖等开放水系沉积区的煤层一般不规则，横向不连续，镜质组含量相对较低，盖层条件相对较差，不利于煤层气的生成和富集。

成煤前后的构造运动对煤层气的生成、富集成藏、保存有着重要的影响。一般认为，成煤前的构造背景对成煤规模、煤层分布、煤的热演化影响较大；成煤后期的构造运动尤其是最后一次构造活动，决定了聚煤盆地现今基本面貌和煤层气分布特征，对煤层气高产富集控制极为明显。分析聚煤盆地的构造形态是寻找埋藏适中的成熟含煤层系、宏观了解储层物性的重要手段之一，褶皱、褶曲、断层的分布特点直接影响了煤储层物理性质、煤层厚度、煤阶和气体运移及煤层气藏的形成；煤层割理、裂缝的发育程度是进一步评价煤储层物性的重要手段之一。

另外，聚煤区水文地质条件对煤层气富集成藏和保存影响较大。大气淡水可携带大量细菌与煤层进一步作用，生成生物成因气或生物降解气。

2. 煤化作用

煤是由植物残骸经过复杂的生物化学作用和物理化学作用转变而成的，这个转变过程称为植物的成煤作用，即原始煤物质最终转化为煤的全部作用。一般认为，成煤过程分为两个相继的阶段：泥炭化阶段和煤化阶段。从成煤原始物质的堆积，经生物化学作用直到泥炭的形成，称为泥炭化作用阶段；当泥炭形成后，由于沉积盆地的沉降泥炭被埋藏于深处，在温度、压力增高等物理化学作用下，形成褐煤、烟煤、无烟煤和变无烟煤的过程，称为煤化作用阶段。前者主要是生物化学过程，后者主要是物理化学过程。

在泥炭化阶段，植物残骸既分解又化合，最后形成泥炭或腐泥。泥炭和腐泥都含有大量的腐植酸，其组成和植物的组成已经有很大的不同。对于腐泥来说，则经历了硬腐泥、腐泥褐煤、腐泥亚烟煤、腐泥烟煤到腐泥无烟煤的煤化作用。

煤化阶段包含两个连续的过程，即成岩作用阶段和变质作用阶段。

煤与岩石的成岩作用与变质作用不完全等同，主要是因为煤是一种可燃有机岩石，对于温度、压力变化的反应比无机沉积物敏感得多，所以沉积物的成岩与变质作用一般要滞后于煤。煤的物理、化学煤化作用表现为煤级和煤的成熟度的变化，是低程度变质作用在有机岩石中的一种表现形式。

第一个过程是煤的成岩作用阶段。泥炭形成后，由于盆地沉降，在上覆沉积物的覆盖下，泥炭被埋藏于地下，在地热和压力的作用下，经压实、脱水、增碳作用，游离纤维素消失，出现了凝胶化组分，泥炭逐渐固结并具有了微弱的反射力，经过这种物理化学变化转变成年轻褐煤。褐煤的密度比泥炭大，在组成上也发生了显著的变化，碳含量相对增加，腐植酸含量减少，氧含量也减少。因为煤是一种有机岩，所以这一转变所经历的作用称为煤的成岩作用。一般认为这种作用大致发生于地下 200~400 米的浅层。

第二个过程是煤的变质作用阶段，也就是褐煤转变为烟煤和无烟煤的过程。地壳继续下沉，褐煤的覆盖层也随之加厚，年轻褐煤在地热和静压力以及较长地质时间等因素的作用下，继续经受着物理化学变化而被压实、失水，其内部组成、结构和性质都进一步发生变化，这个过程就是褐煤变成烟煤的变质作用。这一阶段所发生的化学煤化作用表现为腐殖质进一步聚合，失去大量的含氧官能团，腐植酸进一步减少，使腐殖质由酸性变为中性，出现了更多的腐殖复合物。这一阶段，物理煤化作用表现为结束了成岩凝胶化作用，形成凝胶化组分。烟煤比褐煤碳含量增高，氧含量减少，腐植酸在烟煤中已经不存在了。烟煤继续进行着变质作用，由低变质程度向高变质程度变化，从而出现了低变质程度的长焰烟、气煤，中等变质程度的肥煤、焦煤和高变质程度的瘦煤、贫煤。它们之间的碳含量也随着变质程度的加深而增大。

由于有机质的基本结构单元主要是带有侧链和官能团的缩合稠环芳烃体系，碳元素主要集中于稠环中。稠环的结合力强，具有较大的稳定性。侧链和官能团之间及其与稠环之间的结合力相对较弱，稳定性差。在成煤过程中，温度和压力至关重要。

温度对于在成煤过程中的化学反应有决定性的作用。随着地层加深，地温升高，煤的变质程度就逐渐加深。高温作用的时间愈长，煤的变质程度愈高；反之则相反。在温度和时间的同时作用下，煤的变质过程基本上是化学变化过程。在其变化过程中所进行的化学反应是多种多样的，包括脱水、脱羧、脱甲烷、脱氧和缩聚等。

压力也是煤形成过程中的一个重要因素。随着煤化过程中气体的析出和压力的增高，反应速度会愈来愈慢，但能促成煤化过程中煤质物理结构的变化，能够减少低变质程度煤的孔隙率、水分和密度。

在煤化过程中，随温度及压力的增加，侧链和官能团不断发生断裂和脱落，数目减少，缩合芳香核的数目不断增加，并伴随大量烃类（主要是甲烷）的生成，即形成各种挥发性产物，如二氧化碳、水、甲烷等。煤由低煤阶向高煤阶转化过程的化学反应如下：

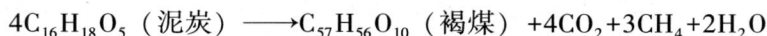

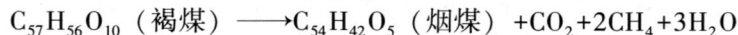

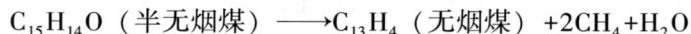

$$4C_{16}H_{18}O_5（泥炭）\longrightarrow C_{57}H_{56}O_{10}（褐煤）+4CO_2+3CH_4+2H_2O$$

$$C_{57}H_{56}O_{10}（褐煤）\longrightarrow C_{54}H_{42}O_5（烟煤）+CO_2+2CH_4+3H_2O$$

$$C_{54}H_{42}O_5（烟煤）\longrightarrow C_{15}H_{14}O（半无烟煤）+CO_2+CH_4+H_2O$$

$$C_{15}H_{14}O（半无烟煤）\longrightarrow C_{13}H_4（无烟煤）+2CH_4+H_2O$$

3. 煤级指标

由于煤化作用是一个复杂的过程，在不同煤化阶段中各种指标变化也是各不相同。经勘探实践证明，不同煤阶煤层气藏在煤层气成因、储层物性、成藏过程等方面存在很大差异。特别是不同煤阶煤层气吸附、解吸特征的差异影响煤层气的聚集成藏、解吸、渗流、产出的全过程。一定煤化阶段具有不同的煤化指标，如水分、发热量、挥发分、镜质组反射率等，这些煤级指标随着煤化程度的增加具有规律性的变化，见表1-1。

表 1-1 常用煤级指标在不同煤级的变化

煤级指标（镜煤样）	测值变化范围			
	设计生产能力 Q_d 褐煤	低煤级烟煤	高深级烟煤	无烟煤
水分 M_{ad}（%）	28~5	<5~11	1	1~2
挥发分 V_{daf}（%）	63~46	<46~24	<24~10	<10~2
碳含量 C_{daf}（%）	60~75	>75~87	>87~91	>91~96
氢含量 H_{daf}（%）	7~6	<6~5.6	<5.6~4	<4~1
发热量 $Q_{daf,gt}$（MJ/kg）	16.7~29.3	>29.3~36.17	≥36.17	≤36.17
折射率 N_{max}	1.68~1.732	>1.732~1.859	>1.859~1.94	>1.94~2.058
吸收率 K_{max}	0.01~0.027	>0.027~0.077	>0.077~0.13	>0.13~0.351
反射率 R^o_{max}（%）	0.28~0.5	>0.5~1.5	>1.5~2.5	>2.5~6.09
R^a_{max}（%）	6.4~7.2	>7.2~9.4	>9.4~11.5	>11.5~16.55
双反射率 $(R^o_{max}~R^a_{max})$/%	0	0	0~0.5	>0.5~5
X 射线衍射面网间距 （d_{002}0.1nm）	4.1907~4.0401	4.0401~3.5341	3.5341~3.476	3.476~3.4269

资料来源：孟召平. 煤层气开发地质学理论与方法，2010.

在煤层气地质研究中煤的挥发分产率和镜质组反射率是最常用的两个煤级指标，其中又以反射率应用效果最好。煤的镜质组反射率是国际上公认的较理想的煤化程度指标，尤其在烟煤阶段，能直接地反映煤系物质的生烃过程。煤的镜质组反射率是指煤抛光表面在垂直反射时，反射光强度和入射光强度的百分比，一般用 R_0 表示：

$$R_0 = \frac{r（反射光强度）}{I（入射光强度）} \times 100\%$$

我国各煤种煤的镜质组最大反射率的变化范围如表 1-2 所示。

表 1-2 我国各煤种煤的镜质组最大反射率变化范围

煤级	褐煤	长焰煤	气煤	肥煤	焦煤
R^o_{max}（%）	<0.50	0.50~0.65	0.65~0.90	0.90~1.20	1.20~1.70

煤级	瘦煤	贫煤	无烟煤		
			三号	二号	一号
R^o_{max}（%）	1.70~1.90	1.90~2.50	2.50~4.0	4.0~6.0	>6.0

资料来源：孟召平. 煤层气开发地质学理论与方法，2010.

另外，不同的显微组分对成气的贡献不同，王少昌等对低煤阶煤显微组分的热模拟实验结果表明，壳质组、镜质组、惰质组的最终成烃效率比约为 3.3：1.0：0.8，傅家谟认为，在相同演化条件下，惰质组产气率最低，镜质组是惰质组的 4.3 倍，壳质组为惰质组的 11 倍，并产出较多的液态烧烃。

4. 成煤期的划分

当地球处于不同地质年代，随着气候和地理环境的改变，生物也在不断地发展和演化。植物从无生命一直发展到被子植物，这些植物在相应的地质年代中造成了大量的煤。在整个地质年代中，全球范围内有三个大的成煤期。

一是古生代的石炭纪和二叠纪，成煤植物主要是孢子植物。主要煤种为烟煤和无烟煤。

二是中生代的侏罗纪和白垩纪，成煤植物主要是裸子植物。主要煤种为褐煤和烟煤。

三是新生代的第三纪，成煤植物主要是被子植物。主要煤种为褐煤，其次为泥炭，也有部分年轻烟煤。

5. 中国主要的成煤时代及聚煤地

在世界三个大的成煤期，中国都有煤层聚集。中国主要成煤时期为石炭—二叠纪、侏罗纪；最重要的聚煤期有 7 个，分别为华北石炭—二叠纪、华南二叠纪、晚三叠纪、西北早—中侏罗世、东北晚侏罗—早白垩世以及东北、西南及沿海第三纪。其中，早、中侏罗世聚煤期煤炭资源量占全国煤炭资源总量的 60%，华北石炭—二叠纪聚煤期煤炭资源量占全国煤炭资源总量的 26%。

中国聚煤的具体时期分布如下。

石炭纪的聚煤时期对我国煤系形成影响很大，尤其在晚石炭纪，形成了华北、华东及中南地区的煤系，山西、河北地区的大矿区（如西山、开滦、阳泉、晋城、潞安、汾西等）都属该煤系。早石炭纪含煤地层自西面向东北显示出层位抬高的时迁现象。晚石炭纪地球上出现了明显的植物地理分区，我国主要属于华夏植物地理区。华北石炭纪含煤地层包括中石炭世本溪组和晚石炭世太原组。其中，本溪组以辽宁本溪组发育较全；华北聚煤盆地绝大部分属于晚石炭世太原组。太原组以山西地层剖面为代表，一般以东大窑灰岩的顶界面作为太原组与山西组的分界，太原组含重要可采煤层，是一个海进沉积序列，由北而南灰岩层数增多，层位偏高。西北地区东部，在相当于西欧韦宪阶的臭牛沟组之上划分出靖远组，以与西欧的纳缪尔阶相对比，靖远组含有薄煤层。

二叠纪的早二叠世和晚二叠世都有较强的聚煤作用，早二叠世主要是华北广大地区，早期聚煤以山西组含煤地层为代表，形成了以华北为中心的山西组煤系，晚期聚煤以石盒子组含煤地层为代表，仅限于华北地区南部，华南地区的聚煤作用东南沿海发生早，西南地区发生晚，显示由东南向西北推移扩展的趋势；晚二叠世形成华南地区最重要的含煤地层，其晚期随着广泛的海侵，聚煤作用迁移到滇东、黔西一带，晚二叠世主要形成了贵州境内的龙潭煤系。

晚三叠世在我国南方以四川、云南、江西和湖南一带形成重要的含煤地层，分别以须家河组和安源组为代表；北方以陕西延长组为代表，仅含有薄煤层。

侏罗纪时期由于"燕山运动"遍及全国，此时期形成的煤田最多，主要集中于华北及西北地区。著名的煤田主要有神府、东胜煤田，大同煤田及新疆地区的尚未开发的煤田。侏罗纪煤田储量最丰，其中早、中侏罗世聚煤作用由西北向华北地区扩展，以新疆水西沟群和山西大同群为代表，在新疆、陕北等地常形成巨厚煤层，是我国最强盛的聚煤期；晚侏罗—早白垩世随着潮湿气候带的北移，聚煤盆地集中分布于东北和内蒙古东部地区，形成巨厚煤层。

新生代早、晚第三纪在我国均有重要含煤地层形成。早第三纪含煤地层主要发育于北方，抚顺煤盆地始新世—渐新世含煤地层，如山西繁峙组、华北平原沙河街组和东海盆地花港组，含煤性较差。早第三纪华南大部分为红层沉积，仅沿海和云南西部一带有煤盆地零星分布，如广西百色、广东茂名等煤盆地；晚第三纪中新世含煤地层主要分布于云南及台湾省，以云南小龙潭组为代表，含有巨厚煤层。上新世聚煤作用集中于西南地区，以滇东北的昭通组为典型，亦有巨厚煤层发育。晚第三纪的聚煤作用可延续至第四纪，云南昆明盆地含有褐煤沉积岩主要为更新世堆积。

6. 煤层气的成因

被掩埋的植物体经过微生物的生物化学作用转化为泥炭（泥炭化作用阶段），泥炭又在地质作用下发生物理化学反应向褐煤、烟煤和无烟煤转化（煤化作用阶段）。在煤化作用过程中，成煤物质发生了复杂的物理化学反应，挥发分和含水量减少，发热量和固碳量增加，同时生成了以甲烷为主的气体。泥炭在煤化作用过程中，通过两个过程，即生物成因和热成因过程而生成气体，生成的气体分别称为生物成因气和热成因气。

煤储层有机质性质和煤化程度决定着煤化作用过程中产气量的大小。煤化程度高，产生的煤层气就多。根据有关专家估计，煤体由褐煤转化为烟煤的过程，每吨煤伴随330 立方米左右的甲烷及 130 立方米左右的二氧化碳析出。据苏联专家预测，形成 1 吨褐煤可产生 38~68 立方米煤层气；长焰煤可产生 138~168 立方米煤层气；气煤可产生182~212 立方米煤层气；肥煤可产生 199~230 立方米煤层气；焦煤可产生 240~270 立方米煤层气；瘦煤可产生 257~287 立方米煤层气；贫煤可产生 295~330 立方米煤层气；无烟煤可产生 346~422 立方米煤层气。

（1）生物成因气。生物成因气是指在相对低的温度（一般小于 50℃）条件下，通过细菌的参与或作用，在煤层中生成的以甲烷为主并且含少量其他成分的气体。在这个过程中微生物起到了决定作用，直接影响成气和成气量，所以成气环境要有利于微生物成长。一般要求大量有机物的快速沉积、充裕的孔隙空间、低温和高 pH 的缺氧环境。生物成因气的生成机制有两种，即二氧化碳的还原作用（二氧化碳还原形成甲烷）和有机酸（一般为乙酸）的发酵作用（乙酸、甲醇、甲胺等发酵形成甲烷）。尽管两种作用都在近地表环境进行，但根据组分研究，大部分古代聚集的生物气可能来自二氧化碳的还原作用。根据生气时间和母质及地质条件的不同，生物成因气有原生生物成因气和次生生物成因气两种类型，在早期生成原生生物成因气，在晚期形成次生生物成因气，两者在成因上无本质差别。原因是泥炭在细菌的分解下可生成大量的生物成因甲烷，但由于泥炭化阶段，盖层条件主要为裸露的地表水，气体很容易扩散到大气层中，因此在这一阶段所生成的甲烷等气体绝大部分无法保存。进入褐煤阶段仍然生成生物成因的甲烷，由于褐煤镜煤反射率 $R_0<0.50\%$，也就是说已经有了盖层，并形成一定的温度（约 50℃），在漫长的地史中，可生成一定数量的生物成因甲烷和少量热成因甲烷。

①原生生物成因气。原生生物成因气形成于泥炭沼泽环境中，煤的变质程度较低，镜质组反射率小于 0.5，处于泥炭褐煤阶段，埋深较浅，在这种环境下由于温度较低，有机物结构不能发生变化而形成气体。该阶段的甲烷是微生物对有机物的分解而形成的，即原生生物成因煤层气的生成遵从厌氧发酵理论。在泥炭沼泽环境中，随着上浮有机物不断沉积，达到一定厚度时，沉积环境变为还原性，而有机物上部仍为氧化性。虽然甲烷生成于还原环境，但氧化环境为成气提供了物质基础。在氧化环境中纤维素、蛋白质等有机物在煤的作用下可以形成单糖，单糖是形成甲烷的物质基础。具体来说，生物甲烷的产生最终由产甲烷菌通过二氧化碳还原和乙酸发酵作用形成，即：

$$CO_2+4H_2 \longrightarrow CH_4+2H_2O$$

$$CH_3COOH \longrightarrow CH_4+CO_2$$

沉积环境在经历最初的耗氧及兼性细菌的作用后转变为厌氧环境，厌氧细菌和兼性厌氧细菌在此环境中将泥炭或低煤级煤分解，最终通过产甲烷菌的作用形成甲烷，即原生生物成因煤层气。但一般认为，原生生物成因煤层气不能被大量保存在煤层中。这是因为，早期煤岩发育不成熟，水分占据大部分煤岩孔隙，煤岩不能大量吸附煤层气而使其溶解在煤层水中，但这部分煤层气容易在后来的煤化作用和地质作用中散失掉。

我国抚顺盆地的煤现在煤级为长焰煤和气煤，由于煤层厚度平均为 50 米，而且顶板直接为一巨厚层油页岩层，这就有可能使在泥炭—褐煤阶段生成的甲烷部分残存在煤层中，其煤层气含量为 5.55~15.23 立方米/吨，平均为 9.23 立方米/吨，比同煤级的气含量高。而推测煤层中可能保留了褐煤级期前生成的原生生物气。

美国的粉河盆地，煤层单层厚达 67 米，总厚 118 米，镜质组反射率 $R_{max}=0.3\%$~0.4%，煤层甲烷含量仅为 0.03~2.3 立方米/克，是美国煤层甲烷达到商业开采中最低的煤级，这说明褐煤中煤层甲烷由于煤层厚度大，也是可以被富集成工业气田的（Pratt，etal，1991）。由泥炭—褐煤主要是在细菌分解和发酵减少二氧化碳，生成甲烷。

目前发现的生物煤层气藏多为次生生物成因。

②次生生物成因气。次生生物成因气是指煤系在后期被构造作用抬升并剥蚀到近地表，细菌通过流动水（多为大气降水）运移到煤层水中，在低、中煤级（$R_0 < 1.5\%$）煤中当温度、盐度等环境条件又适宜微生物生存时，在相对低的温度下（一般小于56℃），细菌通过降解和代谢作用将煤层中已生成的湿气、正烷烃和其他有机化合物转变成甲烷和二氧化碳，这种在微生物作用下形成的煤层气称为次生生物成因气。次生生物成因气与原生生物成因气成气条件有很大差异，一般要求煤的变质程度处于褐煤、焦煤阶段，煤系地层发生过抬升或隆起作用，煤层渗透效果好，有细菌运移到煤层中。

（2）热成因气。热成因气是当温度超过50℃，煤化作用增强，煤中碳含量丰富起来，而大量富氢和富氧的挥发分释放出来（即去挥发分作用），其主要成分是甲烷、二氧化碳和水等。在较高温度下，有机酸的脱羧基作用也可以生成甲烷和二氧化碳。

随着煤层埋深不断增加，温度上升，煤的变质程度不断增加，煤中有机质不断脱碳、脱氢、富碳而生成了大量的甲烷和其他气体，如二氧化碳。生成气体的类型和生成气体量取决于煤阶，即煤的热演化程度。随着煤变质程度不断增加，成气作用大致可以分为三个阶段。

第一阶段为低变质阶段，即"褐煤—长焰煤"阶段。该阶段温度为60℃左右，生气量大。煤层气形成于物理化学/生物作用，生气量主要以二氧化碳为主，约占80%，而烃类气体总量小于20%，且以甲烷为主，重烃含量较少，不到4%。从化学变化的角度，该阶段主要发生脱水、脱羟基，反应前期主要生成水，后期二氧化碳和甲烷产量明显增加。从地质储存角度，该阶段形成的气体大多逸散。

第二阶段为中等变质阶段，即"长焰煤—焦煤"阶段。该阶段温度为135℃左右，煤层气形成于热裂解作用，生气量主要以烃类气体为主，可达70%~80%，二氧化碳下降至10%左右。其中，烃类以甲烷为主，重烃浓度明显增高。在生气高峰阶段生成重烃气含量较高的湿气，"气煤—肥煤—焦煤—瘦煤"阶段所生气体以湿气为主，在我国只有局部地区是湿气。从化学变化的角度，由于有机物中各种官能团活化能大小不同，在热力作用下发生相应的分馏效应。该阶段可以分为三期：早期，以含氧官能团的断裂为主，产生二氧化碳，芳香烃结构上烷烃支链部分断裂，形成少量甲烷和乙烷以上的重烃；中期，树脂等稳定组分有机物初步降解为沥青，芳香烃核结构烷烃支链断裂，形成含重烃的气体；晚期，沥青等大分子烃类裂解，形成含甲烷的气体。

第三阶段为高变阶段，即"瘦煤—无烟煤"阶段。该阶段温度超过165℃，煤层气主要形成于热裂解作用，以烃类气体为主，可达到70%左右。其中，绝大多数为甲烷，占97%~99%，重烃浓度显著降低。该阶段所生气体绝大多情况下是干气，生气方式也发生了改变，不再以烷烃支链断裂生气为主，而是以芳香烃核之间的缩合生气为主。

（3）煤层气的组分与同位素组成特征。Rice 总结了世界各地煤层气的组分和同位素组成资料。从 Rice 的研究成果可以看出，世界各地煤层气的组分和同位素组成差异很大。气体中烃的组成用气体湿度（C_{2+} 即乙烷及其以上重烃百分含量）来表示，湿度介于 0~70.5%。煤层气的同位素组成有较大差异，甲烷的 $\delta^{13}C$ 值分布范围很宽，在 $-8\%~1.68\%$ 之间；乙烷的 $\delta^{13}C$ 值为 $-3.29\%~-2.28\%$；甲烷的 δD 值为 $-33.3\%~-11.7\%$；二氧化碳的 $\delta^{13}C$ 值为 $-2.66\%~+1.6\%$。从煤样中解吸出的甲烷的 $\delta^{13}C$ 值比开采气或自由（游离）气体中甲烷的 $\delta^{13}C$ 值高出几个千分点。这是因为在解吸作用过程中，发生同位素分馏作用，$\delta^{13}C$ 富集到了解吸气体中。

此外，在同一盆地中，变质程度相同的煤，其煤层气的组分和同位素组成也有变化。

总之，煤层气是经过漫长的演化过程形成的。其组分和同位素组成受各种复杂因素的影响而不断发生变化，从而造成世界各地煤层气的组分和同位素组成的千差万别。

1.3 煤层气的保存条件

煤层气的保存条件主要是指盖层的封盖能力、水动力条件和构造运动等因素。在地质历史中，上述地质作用主要通过改变地层的温压条件而改变吸附与解吸和吸附与溶解之间的平衡，控制地层中的煤层气赋存形式，从而影响煤层气的保存。

煤层气藏与常规天然气藏不同：煤既是气源岩，又是储集岩。一般来讲，煤的生气量主要是由于煤岩自身的吸附能力和保存条件的不同造成的，从长焰煤开始，累积生气量都在 50 立方米/吨以上，Decker（1987）认为煤的生气量比其保存的气量要高 8~10 倍，也就是说煤的生气量远远超过现今各煤层的实际含气量（一般 5~20 立方米/吨）。

1. 较强的吸附能力是煤层气富集的前提

煤层气以溶解气、游离气和吸附气三种方式赋存于煤层的双孔隙系统中，即割理系统和微孔隙系统。割理孔隙度一般都是较小且被水充满，溶解气、游离气较少，煤层气主要以吸附状态赋存于煤的基质微孔中，吸附气占总含气量的 90%~95% 以上，正是由于煤的这种吸附特性决定了煤的储集能力。

在地层条件下，吸附气、游离气和溶解气处于一种动态平衡过程中，在达到吸附平衡后，吸附量是压力和温度的函数。但煤对气体的吸附属于物理吸附，吸附与解吸是可逆的，当温度和压力条件改变后，吸附量也会改变：当压力下降或温度升高时，吸附气就会解吸，转化为游离气。同样，在地层水交替作用下，原有的平衡条件也会被打破而使吸附气越来越少。由于吸附气的活性较游离气和溶解气弱得多，更易保存，因此煤的吸附能力越强，吸附量越大，越有利于煤层气的保存。

各种地质作用就是通过改变吸附与解吸及吸附与溶解的关系而影响煤层气的保存。

2. 良好的封盖条件是煤层气保存的重要因素

封盖层对于煤层气的保存与富集具有十分重要的作用。煤层气属于自生自储式，不需要初次运移，良好的封盖层可以减少煤层气的向外渗流运移和扩散散失，保持较高地层压力，维持最大的吸附量，减弱地层水中对煤层气造成的散失。封盖层对于煤层气藏的作用主要是维持吸附与解吸的平衡，减少游离气的逸散和减弱交替地层水的影响。

封盖层的质量越好，封盖能力越强，煤层气只能以扩散方式运移，逸散很慢；封盖层的质量较差，缺乏毛细封闭能力，气体则以渗流方式运移，逸散速度较快。在不同沉积环境下形成的不同类型封盖具有不同的封盖能力，泥页岩、盐岩、膏岩及致密碳酸盐岩等透气性差，且性能稳定，就可以形成良好的封盖层，有效地阻止煤层气的垂向运移，有利于煤层气的保存。地区不同，地质作用的影响程度不同，同类型封盖层的封盖性能也不完全相同。因此，封盖能力应根据具体地区的地质条件有差别对待，因地制宜。

煤层气通过封盖层逸散主要有两种方式：一种是渗流运移，另一种是扩散运移。究竟以哪种方式运移主要由上覆岩层的封盖性能控制。

（1）上覆岩层如果是超致密层，即良好的封盖层，其排替压力大于煤层中流体的剩余压力，具有良好的毛细封闭能力，则气体只以扩散方式运移，其运移速度是相当缓慢的，煤层气逸散量可用岩石的扩散系数等参数估算。

（2）当煤层中的剩余压力大于上覆封盖层的排替压力时，气体则以渗流的方式运移，气体逸散速度与气体的有效渗透率及剩余压差有关，剩余压差越大或气体的有效渗透率越高，逸散越快，此时主要是游离气体逸散，当煤中压力小于盖层的排替压力时，逸散即告结束，如果气源充足，此过程则重复进行，如超压很高则有可能产生微裂缝而使气体呈间歇式散失；如果煤层中没有游离气，而是由于静水压力引起的超压，则只有扩散运移，也就是说在没有压降时，吸附气难以解吸而进行逸散。

（3）如果上覆岩层是渗透层，如砂岩或裂隙性泥页岩等，因其排替压力很小，扩散运移快，气体则会向砂岩中运移，再加上水动力的影响，煤中吸附气也会从基质中解吸出来转移到渗透层中。

（4）如果上覆岩层是具有生气能力强的烃源岩，则会阻止煤层甲烷向上逸散，甚至会向煤层中输入天然气。

3. 地层水弱交替区或交替水阻滞区有利于煤层气的保存

除了需要良好的封盖层之外，煤层气藏的形成还需要有一个较稳定的水动力条件，它直接影响着地层液体压力分布及流体的运移，由此改变吸附气与溶解气和游离气间原有的平衡，从而影响煤层气的保存。水动力影响煤层气的保存主要表现在以下几种类型：

（1）如果煤层顶部岩层为渗透层，且地层水交替强烈，由于煤岩基质（吸附气赋存的微孔隙）和地层水中存在较大的浓度梯度，煤岩中甲烷气则不断被交替的地层水带走而难以保存在煤层中。

（2）如果地层水处于阻滞状态，且渗透层自身具有良好的保存条件，煤层气则可能会在渗透层中聚集形成煤成气藏。

（3）如果煤层具有较好的渗透性，且出露地表接受地层水补给，其上没有良好的封盖层，煤层气则会随着地层水的运移而散失。

（4）如果存在良好的顶底板条件，则会在向斜轴部或单斜底部形成超压区，有利于煤层气的保存，在煤层渗透性较差、水动力较弱时，煤层气则会由煤层低部位向高部位运移，如具有封闭能力，则可能在上倾方向聚集成藏。

通过试验证明，地层水对煤层的冲洗会使煤岩吸附量下降，使饱和的煤层变成欠饱和煤层；被带走的气量与冲洗的水量呈正比。萍乐龙潭组 C 煤组含气量低的原因之一就是受地层水冲洗造成的，而美国的圣胡安盆地煤层气主要富集在地层水阻滞区，因此煤层气保存良好。

承压水区和超压区有利于煤层气的保存和富集。

4. 构造运动对煤层气保存的影响

地壳的升降运动可以改变地层的温压条件，打破煤层中原有的平衡条件，使吸附气与游离气相互转化，从而影响煤层气的保存。如果地壳抬升并遭受剥蚀，则地层压力和温度都降低，煤中气体的吸附能力降低，就会使未饱和气藏向饱和气藏过渡，或使饱和气藏达到过饱和而出现游离气。相反，地壳下降接受沉积，由于压力和温度的提高使气体的吸附能力提高，游离气则向吸附气转化，有利于煤层气的保存。

断裂运动会使地层发生断裂，断裂对于常规天然气藏无疑会成为油气散失的通道，而对于煤层气藏，因为煤层气是以吸附状态赋存于煤岩中的，断裂作用就有所不同。具体表现如下：

（1）处于饱和区，煤层中的游离气就会通过断层逸散，在地层水交替较弱条件下，即使断层是开启的，煤层气也不一定就大量散失，并可最终达到接近饱和状态。

（2）如果地层水交替强烈，吸附气也会逸散，致使煤层成为欠饱和气藏。

（3）如果断裂作用使封盖层产生裂隙，则会降低封盖能力而不利于煤层气的保存。

在断裂不破坏封盖层封盖性能条件下而使煤层产生裂隙，则会提高煤层气藏的产能（Pashin at el.，1995），在滚动背斜、牵引背斜、断阶段附近或褶曲的轴部等都发现了此类高产能气井。

因此，在煤层气藏选区时，应选择断裂作用不十分强烈的地区，既有利于煤层产生裂隙而提高煤层的渗透率，又不致破坏盖层的封盖能力。

另外，岩浆活动及其他热运动也会改变煤层气的平衡条件，从而影响煤层气的保存条件。

总之，煤对气体的吸附能力越高，吸附量越大，越有利于煤层气的保存，易于形成高含气量煤层气藏；封盖层的作用主要是阻止游离气的散失，即使是在构造运动过程中，亦可以使煤层处于过饱和状态从而保存了游离态的煤层气，同时阻止煤层气受地层水交替作用的影响；处于弱地层水交替区或地层水阻滞区中，煤层气散失少，同时保持地层压力，吸附比例大，有利于煤层气的保存；地壳的多次升降运动对煤层气的保存不利，但良好的盖层可减弱煤层气的散失。强烈的断裂活动不利于煤层气的保存，中等程度的断裂如使附近煤层产生裂隙而提高煤层渗透率，则有利于煤层气的开发。

1.4 煤层气的赋存状态

煤作为一种固态胶体，其内部存在许多大小不同的孔洞和各种裂隙。通常孔径小于1.2 纳米的称为微孔，大于 30 毫米的称为粗孔，介于二者之间的称为中等孔。依据煤中裂隙形成的原因，可将其划分为内生裂隙和外生裂隙。其中，内生裂隙可以顺层面、垂直层及斜纹层面而生。

煤层气的赋存状态与天然气明显的不同，煤储层对煤层气的容纳能力远远超过其自身孔隙体积。一般来说，煤层气以游离状态、吸附状态和溶解状态赋存于煤层内。在煤化作用过程中生成的气体，首先满足吸附，然后是溶解和游离析出。游离状态的煤层气，以自由气体分子存在于煤层的裂隙中，并可自由运动。煤层气在裂隙网络中呈游离状态运移，其动力是压力。游离状态的煤层气一般约占 10%～20%。吸附状态的煤层气，在煤的裂隙及微孔洞的内表面以分子吸引力吸附，这种赋存状态的煤层气体往往占80%～90%。在一定的温度和压力条件下，三种状态的气体处于同一的动态平衡体系中，当压力和温度变化时，彼此可以相互转化。当压力增加、温度降低时，一些游离状态的煤层气较多地变为吸附状态；反之，则相反。因此，这是一种可逆的过程。在一定条件下，被吸附的气体分子与煤的内表面脱离呈游离状态，称为解吸。

煤层的孔隙、裂隙内表面具有吸附大量煤层气的能力，所以甲烷、较重的烃烷、氮和二氧化碳多集聚于煤层中。在煤物质中甲烷分子可以相当密集地堆挤，呈近似液态的状态。煤化作用程度不同，煤的吸附能力也不相同。例如，烟煤对甲烷的可能吸附量约为 20 立方米/吨，吸附氮气为 10 立方米/吨，吸附二氧化碳为 30 立方米/吨。

单位体积或单位重量煤内游离状态与吸附状态煤层气之和，称为煤层气含量或煤层瓦斯含量。它代表了煤化作用中产生的煤层气量与历经地质时间所丢失的煤层气量之差。在实验室条件下，煤层气含量是指标准状态下（即在0℃和760mmHg①）每吨或每立方米的煤内所含的煤层气量。但实践中多指煤层在具体的瓦斯压力条件下所含的煤层气量。同一煤层在不同温度相同瓦斯压力条件下，所含的煤层气量数值不同。

煤层气在煤层中的赋存状态会因外界条件的改变而发生变化，所以在测定煤的含气量时，按采集气样的过程和测定方法不同，可将其划分为逸散气、解吸气和残余气。其中，逸散气是指在采集过程中，由于压力、温度等变化而发生解吸所逸逃掉的煤层气；解吸气是指样品在密封后，在与解吸装置连通进行解吸测定而得出的解吸气量；残余气则是指经解吸后残留的部分。在煤层气的开采时，逸散气和解吸气是可以采出的。煤层的含气量为逸散气量、解吸气量与残余气量之和。

煤层气主要以吸附状态和游离状态赋存于煤层内，因而溶解于煤层中地下水的溶解气只占少量。

1. 溶解态

煤层气储层多是饱含水的，在一定条件下必定有一部分煤层气要溶解于其中，其溶解度可用亨利定律描述：

$$P_b = KcC_B \tag{1-1}$$

其中，P_b 为溶质在液体上方的蒸气平衡压力，单位为帕；C_B 为气体在水中的溶解度，单位为摩尔/立方米；Kc 为亨利常数。

2. 游离态

煤的孔或裂隙中有一部分自由气体称为游离态气体，这种赋存状态符合气体的状态方程。对于像煤层气这样的真实气体可用范德华方程描述：

$$\left[p + \frac{M^2 a}{\mu^2 V^2} \right] \left[V - \frac{M}{\mu} b \right] = \frac{M}{\mu} RT \tag{1-2}$$

其中，a、b 为常数，可由实验求得；μ 为摩尔质量，单位为千克/摩尔；p 为压力，单位为帕；T 为绝对温度，单位为开；M 为气体质量，单位为千克；R 为摩尔气体常数。

3. 吸附态

煤层中煤层气含量远远超过其自身孔隙的容积，用溶解态和游离态无法解释这一现象，因此必然存在其他赋存状态，即吸附态。

---

① 1mmHg = 0.133kPa，下同。

1.5 煤层气资源的特点

煤层气资源的显著特点主要体现在两个方面。

1. 以吸附态为主要赋存状态是煤层气资源的最突出特点

对常规天然气来讲,赋存状态取决于储层特性和赋存条件,其储层以砂岩、灰岩为主,赋存于空隙之中,在常规的压力和温度条件下,主要呈游离态;而煤层气则是赋存于煤层之中,由于煤层是一种特殊的储层,对甲烷具有极强的吸附能力,故以吸附态为主。煤对甲烷的最大吸附容量为 10~50 立方米/吨,通常用朗格缪尔体积来表征,如图 1-1 所示。

事实上,在原地储层条件下的煤层气主要为吸附态甲烷早已被大量的等温吸附实验(如图 1-2 所示)和煤层气开发实践所证实。其证据有三。

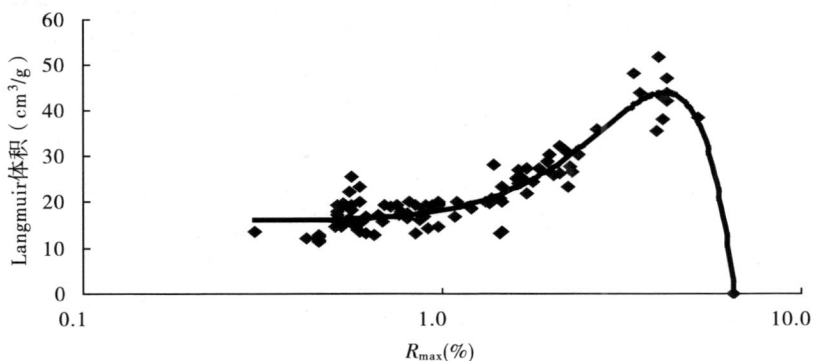

图 1-1 煤对甲烷的吸附量

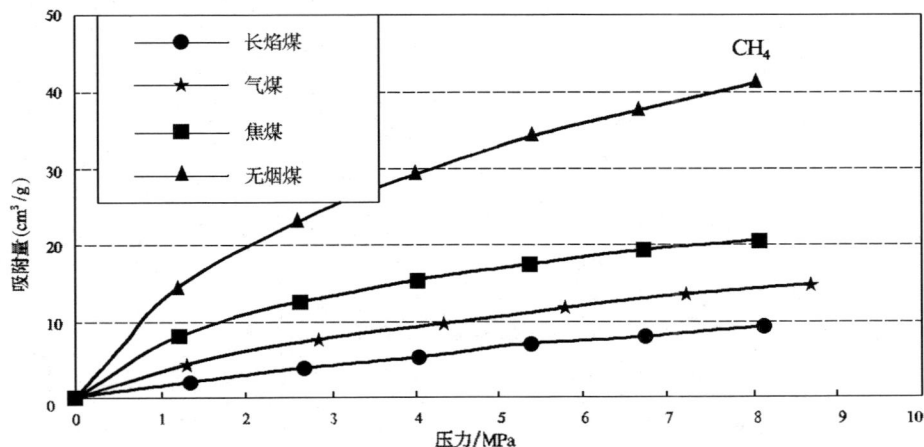

图 1-2 煤层气等温吸附曲线

(1)通过将实测煤层气含量数据与等温吸附实验所获得的理论吸附量进行对比发

现，绝大多数样点的煤层气吸附饱和度处于吸附欠饱和或接近饱和状态，很少有吸附过饱和状态，这一事实充分证明煤层气的赋存状态以吸附为主。

（2）尽管煤层气孔隙及裂隙中充满了水，但水溶甲烷量相对实测煤层气含量值而言是微不足道的。水对甲烷的溶解实验表明，在通常煤储层温度、压力和矿化度条件下，每升水所能溶解的甲烷也不过0.05～3.11升（如表1-3所示）。若煤层孔隙按30%（此假设值远大于实际情况）计算，每吨煤最多也只有0.25立方米的水；用最大溶解度3升/升计算，每吨煤最多溶解甲烷只不过是0.75立方米。

（3）煤层气开发实践进一步证实，几乎所有煤层气井都在排水降压一段时间之后才开始产气，不具备游离气产出的特征。

表1-3　不同温度、压力和不同矿化度条件下水对甲烷的溶解度

水的条件矿化度（g/L）	温度（℃）	压力（kg/cm³）						
		10	20	30	50	70	100	150
蒸馏水	20	0.43	0.51	0.94	1.53	1.83	2.45	3.11
	40	0.43	0.51	0.89	1.29	1.65	2.12	2.88
	60	0.47	0.60	0.93	1.29	1.63	2.12	2.69
	80	0.46	0.74	0.91	1.33	1.59	2.04	2.42
0.5	20	0.21	0.63	1.04	1.42	1.97	2.38	2.83
	40	0.22	0.45	0.75	1.29	1.61	2.26	2.17
	60	0.35	0.58	0.75	1.03	1.34	1.74	2.38
	80	0.58	0.87	0.97	1.30	1.53	2.05	2.50
1.05	20	0.15	0.44	0.72	1.24	1.60	2.18	2.73
	40	0.21	0.43	0.63	1.15	1.43	2.02	2.57
	60	0.31	0.56	0.68	1.03	1.39	1.84	2.54
	80	0.45	0.89	1.08	1.31	1.50	2.06	2.63
2	20	0.05	0.37	0.67	1.14	1.60	2.00	2.05
	40	0.22	0.38	0.60	0.97	1.34	1.52	2.02
	60	0.31	0.49	0.74	1.07	1.35	1.75	2.29
	80	0.50	0.71	0.83	1.28	1.54	1.78	2.47
6	20	0.10	0.34	0.70	1.23	1.57	2.05	2.52
	40	0.22	0.38	0.60	0.97	1.34	1.52	2.02
	60	0.31	0.49	0.74	1.07	1.35	1.75	2.29
	80	0.50	0.71	0.83	1.28	1.54	1.78	2.47

（续表）

水的条件矿化度（g/L）	温度（℃）	压力（kg/cm³）						
		10	20	30	50	70	100	150
30	20	0.13	0.24	0.60	1.03	1.43	1.84	1.98
	40	0.20	0.39	0.60	0.92	1.30	1.61	1.79
	60	0.25	0.58	0.74	0.98	1.29	1.64	1.90
	80	0.51	0.83	0.92	1.31	1.42	1.95	2.31
60	20	0.10	0.28	0.33	0.90	1.12	1.47	1.96
	40	0.20	0.32	0.47	0.73	1.02	1.32	1.60
	60	0.22	0.50	0.64	0.88	1.12	1.53	1.76
	80	0.46	0.84	0.89	1.14	1.56	1.64	1.97

2. 煤层气是一种典型的自生自储式非常规天然气资源

煤本身是一种有机碳含量极为丰富的有机源岩，在其成岩、煤化过程中生成大量的烃类物质，其中以甲烷为主。由于煤本身所具有的极强的吸附性能，加之甲烷与煤的有机质又具有较强的亲和力，因此煤的演化过程中所生成的甲烷气体被吸附在煤的不同级别的各类孔隙的内表面，以吸附态赋存于生煤层之中。这一演化、生气、吸附过程使得煤层气在一定的温度和压力条件下得以富集。

1.6 煤层气的储层特征

煤层的孔隙特征、渗流能力、吸附能力等有其自身的特殊性。因此，在研究煤层气井产量变化规律及产能预测之前首先要了解煤层气的储层特征。

煤储层是由孔隙和裂隙构成的多孔介质。由于这一特性，才使得煤储层具有储气能力和允许煤层气"扩散—渗流—运移"的能力。一般认为，煤储层具有由孔隙—裂隙组成的双重孔隙结构。煤中孔隙是指煤体未被固体物充填的空间。煤的孔径结构是研究煤层气赋存状态，气水介质与煤基质块间物理、化学作用及煤层气解吸、扩散和渗流的基础。煤储层孔渗性反映了煤储层的这些特性，直接影响煤层气的开采效果。

1. 煤的孔隙类型

因受沉积物组成、煤化作用和后期构造运动的影响，煤层中的孔隙可分为原生孔隙、次生孔隙和裂缝三大类。在沉积时形成的沉积物细粒之间的孔隙为原生粒间孔隙，这类孔隙随着煤化作用的加深不断减少，在煤级较高的煤中基本消失，其直径为

$1\times10^{-4}\sim1\times10^{-1}$ 米，分布有规律。在煤化过程中形成的孔隙称为次生孔隙，直径一般为 1×10^{-3} 米左右，形状为原形、椭圆形或水滴形，其分布无规律，多成群出现。第三种孔隙为裂缝，包括煤化作用裂隙和构造裂隙。

张慧根据煤的成岩作用、变质作用和光学、扫描显微镜下的特征观察，提出原生孔、变质孔、外生孔和矿物质孔四种类型（如表1-4所示）。认为这四种孔隙的气孔一般孔径在1000纳米以上，这些孔的发育特征对煤中游离气的储集和运移很重要；但对变质孔中孔径多小于100纳米的键间孔难于直接观察，而键间孔的特征是认识煤中吸附气储集和运移的关键所在。

表1-4 煤的孔隙类型及其成因

类型		成因简述
原生孔	结构孔	成煤植物本身具有各种组织结构孔
	屑间孔	镜屑体、惰屑体等内部碎屑之间的孔
变质孔		煤化作用过程中由生气和聚气作用而形成的孔
外生孔	摩擦孔	煤受构造应力破坏而形成的角砾之间的孔
	碎粒孔	煤受构造应力破坏而形成的碎粒之间的孔
	角砾孔	压应力作用下面与面之间摩擦而形成的孔
矿物质孔	铸模孔	煤中矿物质在有机质中因硬度差异而铸成的印坑
	溶蚀孔	可溶性矿物质在长期气、水作用下受溶蚀而形成的孔
	晶间孔	矿物晶粒之间的孔

资料来源：孟召平. 煤层气开发地质学理论与方法，2010.

2. 煤孔隙的孔径结构分类及孔隙系统

煤中的孔隙大小相差极大，大者可至微米级的裂隙，小的连氮分子也无法通过。

根据十进制分类系统将孔隙分为四种：即大孔（孔径>1000纳米）、中孔（孔径介于100~1000纳米）、过渡孔（孔径介于10~100纳米）和微孔（孔径<10纳米）。一般认为，大孔发生气体强烈层流和紊流渗透，中孔发生气体缓慢层流渗透，过渡孔可发生气体毛细管凝聚、物理吸附及扩散，微孔是发生气体吸附的主要场所。

根据孔隙割理论，煤孔隙分为微孔（$d<1\times10^{-8}$ 米）、小孔（$d=1\times10^{-8}\sim1\times10^{-7}$ 米）、中孔（$d=1\times10^{-7}\sim1\times10^{-6}$ 米）和大孔（$d>1\times10^{-6}$ 米）。由于实验方法，认识水平等因素，不同方案间的孔径分级、同一级别孔的孔径大小也不一致（如表1-5所示）。

表1-5 煤中孔径结构划分方案比较（直径） 单位：nm

ХодоT（1961）	Dubinin（1966）	IUPAC（1978）	Gan（1972）	杨思敬（1991）
微孔，<10	微孔，<2	微孔，<2	微孔，<1.2	微孔，<10

（续表）

ХодоТ（1961）	Dubinin（1966）	IUPAC（1978）	Gan（1972）	杨思敬（1991）
过渡孔，10~100	过渡孔，2~20	过渡孔，2~50	过渡孔，1.2~30	过渡孔，10~50
中孔，100~1000				中孔，50~7500
大孔，>1000	大孔，>20	大孔，>50	大孔，>30	大孔，>750

煤储层具有由孔隙与裂隙组成的双重孔隙系统。煤化作用过程中生成的大量挥发性物质以吸附态赋存在煤的孔隙中，气体的产出先从煤体内表面解吸，通过微孔扩散，流入裂隙系统，最终汇入井筒。因此，裂隙是气体运移的主要通道，它关系到储层的渗透性，决定开发井的产能高低。

煤有许多裂缝，按倾角大体分为两类，一类垂直或近于垂直煤层层面，即所谓的割理。割理的间距和方位一般是均匀的。根据形态和特征将割理分为面割理和端割理，较发育、延伸远、连续性好的为面割理，端割理一般连续性差，并在面割理处终止。煤化作用使煤体产生内部裂缝，对煤的储集性能至关重要。煤在后期变化中较易沿这种裂缝发生变化，裂缝不仅是储气空间，同时又可以使基质连通，增强储集层的渗透性，煤层气开发前期进行的改造措施对煤体的裂缝生产更具有影响力。虽然煤中孔隙度很小，但由于煤层气是煤本身在热演化过程中生产的，生产量也很大，只要有较高的压力，就可保存相当数量的煤层气。

3. 煤层的渗透性

渗透性是影响煤层气产生量高低的关键参数。

煤储层的渗透性是指在一定压力差下，允许流体通过其连通孔隙的性质，即孔隙—裂隙介质传导流体的能力，渗透性的大小用渗透率来表示。煤层的渗透性通常较小，在一般情况下，煤层渗透率随压力（或深度）的增加而减少。当煤层压力递减时，煤中割理宽度变小，而随着煤中气体的解吸和排出，导致煤基块收缩，割理宽度变大，这说明煤的渗透性随着开采时间延长有逐渐变好的趋势。距气井越远，渗透率的变化越小。煤的割理越发育，则束缚水饱和度越低，气体相对渗透率就越高。煤层的渗透率与煤的变质程度、煤岩组分和煤的灰分有密切关系。低变质的褐煤、长焰煤和气煤孔隙度大、孔隙孔道粗，具有较低的排驱压力，其渗透率最端割理面割理包含显微孔隙的煤基质。

渗透率分为绝对渗透率、有效渗透率和相对渗透率。绝对渗透率是指单相流体流满整个孔隙—裂隙系统，液体与介质不发生任何物理化学作用。煤对甲烷、水等流体存在较强的吸附性，甲烷、水等液体通过煤储层时，会发生物理化学作用，因此，测得的渗透率不能算作绝对渗透率。而氢气等惰性气体不与煤发生任何物理化学作用，它们测得的渗透率为绝对渗透率。有效渗透率是指若孔隙中存在多相流体，则多孔介质允许每一相流体通过的能力。相对渗透率是指有效渗透率与绝对渗透率的比值。煤储层相对渗透率通常采用单相有效渗透率与气相（甲烷或氦气）Klinkenberg 渗透率或绝对渗透率的比值，即：

$$K_{rw} = \frac{K_{we}}{K_0} \qquad\qquad (1-3)$$

$$K_{rg} = \frac{K_{ge}}{K_0} \qquad\qquad (1-4)$$

其中，K_{rw}、K_{rg} 分别为水、气相对渗透率；K_{we}、K_{ge} 分别为水、气有效渗透率；K_0 为气相 Klinkenberg 渗透率。

相对渗透率与多孔介质的结构有关，即与介质的有效孔隙体积、有效孔隙度、绝对渗透率等有关，同时还与该液体的饱和度及与该流体相伴随的另一相液体的特性有关，也与试样的饱和过程有关。煤储层中的气、水相对渗透率之和低于100%。

目前，有关煤储层渗透率的确定方法有多种，主要是岩芯实验室测定法、注入压降试井法、储层模拟法和地球物理法等。其中，注入压降试井法在煤层气井中广泛使用。该方法一般使用油管串将井下压力计、封隔器、井下关井工具等下入井中，根据测井资料选择煤储层的直接顶座封好封隔器，然后连接好地面注入系统，按设计泵率向储层注入地层水（或过滤过的洁净水），达到设计总流量后关闭井下关井工具，测试压力降落的数据。

煤的变质程度对渗透率影响较大。低等变质褐煤的渗透率高；中等变质的肥煤和焦煤的渗透率次之；中、高变质瘦煤至无烟煤渗透率较低。煤中惰质组（特别是胞腔未被充填的结构丝质体）含量越高、灰分越低，则煤中渗透率越高，反之越低。煤的渗透率各向异性十分明显，因为煤层中渗透率在很大程度上受裂隙控制。在裂缝发育且延伸较长的方向，煤往往具有较高的渗透率，这一方向的渗透率要比其垂直方向高出几倍甚至一个数量级。另外，煤层渗透率对应力最为敏感，煤层渗透率随着有效应力的增大而减小。

1.7 煤层气的运移及产出机理

煤层气藏是压力圈闭气藏，其运移是指煤储层内煤层气的解吸扩散渗流过程，运移的结果是导致煤层气的相对富集和贫化。煤层气的运移包括解吸—扩散—渗流三个过程，即从煤表面解吸—煤基质和微孔隙中扩散—割理系统中的达西渗流三个过程。煤层气的产出一般要经历了解吸、扩散、渗流三个阶段，首先煤基质内表面上吸附的煤层气因孔隙压力降低而解吸，扩散至裂隙中转变为游离煤层气，然后由于裂隙和井孔之间的压力梯度及煤层气的浓度梯度产生煤层气渗流，最终由煤层气井产出。因此研究煤层气的运移机理对于提高煤层气的产气量有着重要意义。

1. 煤层气产出条件

煤层气以吸附为主要储集特征，其解吸所需的条件，即煤层气产出的先决条件是降压解吸，如图 1-3 所示。

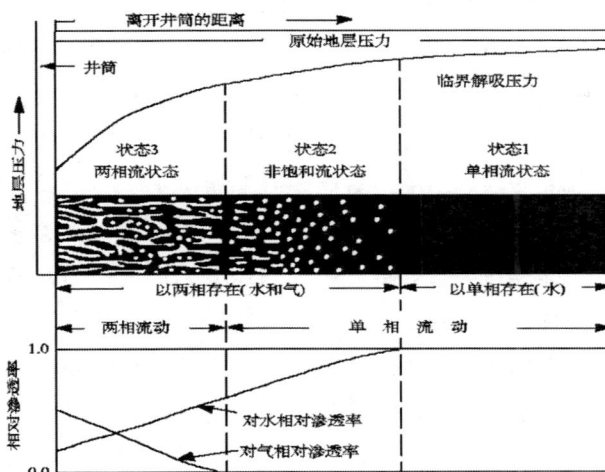

图 1-3 煤层气产出机理示意图

2. 煤层气的解吸机理

煤层气解吸就是把煤层中的吸附气转变为游离气的过程。煤层对煤层气的吸附是物理吸附，物理吸附是可逆过程，解吸是它的逆过程。当吸附解吸速度相等时，在煤颗粒表面的气体分子数维持某一定量，这称为平衡吸附。在平衡状态时所吸附的气体随温度、压力而变化，即可用函数关系 $V=f(P, T)$ 表示，这是一个动态平衡状态。在自然界的原始状态下，煤储层中的游离气、溶解气和吸附气在储层条件下处于平衡状态，当煤层气抽放或开采时，由于储层压力、温度等的改变，破坏了原始的平衡状态，引起了煤层中的气体流动，使煤层气三种赋存状态之间实现转变。

由于煤层气的吸附属于物理吸附，具有可逆性，即吸附与解吸作用是相平衡的，所以煤的等温解吸曲线与其等温吸附曲线基本相同，符合朗格缪尔等温吸附模型。因此，可根据煤的朗格缪尔等温吸附曲线来描述煤层气的解吸过程，预测煤储层在生产过程中随压力下降解吸出来的煤层气量。国内外大量研究表明，用朗格缪尔方程能较好地描述煤的吸附等温线。1916 年，法国化学家朗格缪尔从动力学的观点出发，在研究固体表面吸附特征时，得出了单分子层吸附的状态方程，即朗格缪尔方程。其基本假设为：吸附平衡是动态平衡；固体表面是均匀的；被吸附分子间无相互作用力；吸附平衡仅形成单分子层。实践和理论表明，朗格缪尔方程适用于煤体表面对煤层气的吸附特性。因此，采用该方程来计算煤层气的吸附量。在朗格缪尔等温方程中，煤层气吸附量和煤层气压力间的关系可通常表示为：

$$G = B \times V_L \times \frac{P}{(P_L + P)} \qquad (1-5)$$

$$P = 0.01 \times P_k \times D$$

其中，G 为预测含气量，单位为立方米/吨；B 为含气饱和度；P 为煤储层压力，单位为兆帕；P_k 为煤储层压力梯度，单位为兆帕/100 米；D 为煤层埋藏深度，单位为米；V_L 为朗格缪尔体积，单位为立方米/吨；P_L 为朗格缪尔压力，单位为兆帕。

在实际情况下，煤层中的煤层气何时开始解吸，还与煤储层的含气饱和度有关。如果煤储层的含气性达到饱和程度，即在等温吸附曲线图上，对应初始储层压力下的煤层气含量点落在曲线上时，只要压力一降低，煤层气就开始解吸，该压力即为此时的解吸压力。如果煤储层含气性未达到饱和程度，即对应初始储层压力下的煤层气含量点位于曲线下方，显示煤层气含量小于对应储层压力下的最大吸附气量时，尽管压力降低，煤层气也不会马上解吸。直到储层压力降到某一压力，即等温吸附曲线上与该气体含量数值大小相同的那一点对应的储层压力时，才会有煤层气解吸，该压力称为临界解析压力。

临界解析压力和储层压力的比值直观表现为煤层气排水降压的难易程度，比值越大，煤层气井产气越容易。解吸过程快慢可用解吸时间来度量，所谓解吸时间是指总的吸附气量的 63.2% 释放出来所需要的时间，解吸时间是煤层气解吸后扩散特征的重要参数，它表明煤层气早期产量达到高峰的速度。

目前相关研究表明，煤储层的解吸与煤阶和物质组成密切相关，高煤阶煤层气藏吸附平衡时间长且较分散，煤层气藏解吸效率较低，开发难度较大；低煤阶煤层气藏吸附平衡时间短而集中，相对解吸速率高，煤层气藏开发较容易。

3. 煤层气的扩散机理

由于煤基质块中的孔径很小，渗透率极低，煤层气在其中的达西渗流非常微弱，可以忽略不计。所以一般认为煤层气在煤层基质孔隙中的运移方式主要是扩散作用。煤层气的扩散是指煤层气解吸后煤层气分子由高浓度区向低浓度区随机流动的过程。许多从事煤层气扩散理论方面研究的学者提出了诸多模型来描述扩散过程。但目前对于扩散机理，学术界达成的共识是：煤层气的扩散运移遵循菲克扩散定律，即煤层气的扩散速率与吸附时间、裂隙间距的平方呈反比，裂缝发育密度越高，裂隙间距越小，越有利于煤层气的扩散。

煤层气通过煤基质微孔隙系统的扩散，主要是以非稳态扩散和拟稳态扩散方式进行的。非稳态扩散遵从菲克第二定律，拟稳态扩散遵从菲克第一定律。非稳态的菲克第二定律能较客观地表示煤基质块中煤层气浓度的时空变化，反映煤层气在基质到裂缝中的扩散过程，但是求解方法复杂，计算工作量大。

菲克第一定律：

$$\frac{\partial c}{\partial t} = D\frac{\partial^2 c}{\partial^2 x} \tag{1-6}$$

其中，c 为浓度，单位为立方米/吨；x 为距离，单位为米；t 为时间，单位为天；D 为扩散系数，单位为平方米/天。

在拟稳态扩散模式中，假设煤基质块内的煤层气在扩散过程中的每一个时间段都有一个平均煤层气浓度。根据菲克第一定律，在浓度差的作用下，煤基质块中煤层气向外扩散量的数学表达式为：

$$q_m = D\sigma V_m[c_m - c(p)] \tag{1-7}$$

其中，q_m 为扩散气体量，单位为立方米/吨；σ 为煤基质的形状因子，单位为米$^{-2}$；D 为扩散系数，单位为平方米/天；V_m 为基岩体积，单位为立方米；c_m 为基质中气体的浓度，单位为立方米/立方米；$c(p)$ 为煤基质与煤割理界面上的煤层气浓度，单位为立方米/立方米。

由于煤的扩散系数测试比较困难，且煤基质几何形态很难确定，所以在煤储层数值模拟过程中，采用由煤心解吸实验获得的吸附时间 τ。吸附时间是指在煤心密封于解吸罐进行解吸时，解吸出的气体体积达到总的气体体积的 63% 时所对应的时间，单位为天。吸附时间与扩散系数、形状因子的关系为：

$$\tau = \frac{1}{\sigma D} \tag{1-8}$$

故扩散方程变为：

$$q_m = \frac{1}{\tau}V_m[c_m - c(p)] \tag{1-9}$$

4. 煤层气的渗流机理

煤层气在煤储层中流动的主要通道是煤中裂隙。一般认为，在中孔以上的孔隙和裂隙中，气体的流动为渗流，因此煤层气在经历解吸—扩散后，进入煤裂隙（割理和构造裂隙）中的运移为渗流流动运移。国内外学者对煤层气的渗流机理做了大量的研究，一般认为流动关系符合达西定律。

$$K_f = \frac{Q_f\mu L}{wh\Delta P_f} \tag{1-10}$$

其中，Q_f 为在压差 Δp 下，通过裂隙的流量，单位为立方米/秒；w 为裂隙的宽度，单位为米；h 为裂隙的高度，单位为米；μ 为流体黏度，单位为毫帕·秒；Δp_f 为裂隙中的压力差，单位为兆帕；L 为裂隙的长度，单位为米；K_f 为裂隙的渗透率，单位为 10^{-3} 平方微米。

达西定律的适用条件为高流速高渗透率。低流速低渗透率下流体的渗流规律不适用于达西定律，所以当渗流速度很慢时，必须有一个附加的压力梯度克服吸附层的阻力让其流动。

5. 煤层气生产的三个阶段

在产水和产气之前，煤储层处在未扰动的原始状态。从煤样测试中获得储层参数，可以确定初始条件下的煤层气等温吸附曲线，如图 1-4 所示。

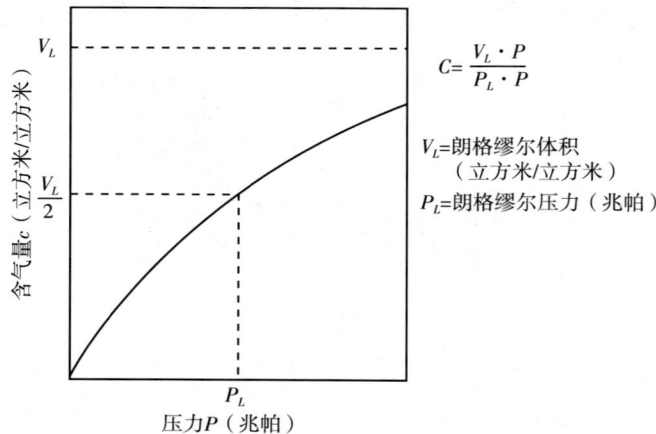

$$C= \frac{V_L \cdot P}{P_L \cdot P}$$

V_L=朗格缪尔体积
（立方米/立方米）
P_L=朗格缪尔压力（兆帕）

图 1-4　煤层气等温吸附曲线

煤层中的吸附气受到水压力梯度的控制，只要水位保持在气体饱和度之下，煤层气就一直保存在煤储层。如果由于盆地和气候的变化导致水位下降，这时储存在煤中的甲烷气将减少。在煤层气藏的初始阶段，煤割理中几乎被水填满。为了能够生产需要连续的排水，从而降低水的压力使得气体能够得到解吸。煤层气藏的生产周期主要分为三个阶段：

第一个阶段：产水阶段，即单相流阶段。煤储层的割理中通常含有大量的水，割理为流体流向井筒提供了主要通道。为了能够产出气体必须先进行排水，所以，在煤层气井开始时会有大量的水从煤储层中产出。随着水的产出，水压力降低，煤层中的煤层气才能够释放。一旦由于产水导致的压力降低到临界解吸压力，煤层气将从煤基质中解吸，如图 1-5 所示。

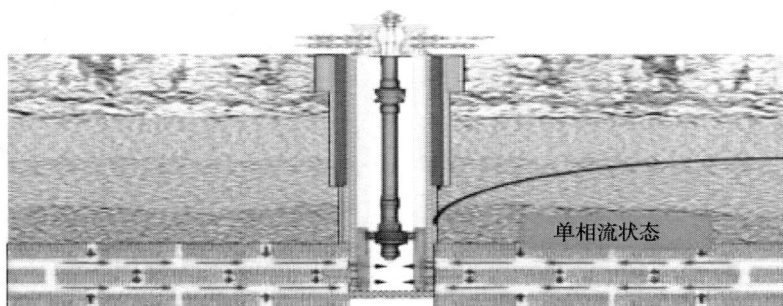

图 1-5 单相流阶段

第二个阶段：非饱和单相流阶段。当达到饱和压力时，气体开始从煤中解吸，气体从基质扩散到割理中，解吸的气体量与等温吸附曲线一致。当割理中气体达到的临界饱和度，会从割理中渗流到井筒中，最终被采出。这时的产气量取决于气体的相对渗透率。随着水的排出和气体饱和度的上升，产气会持续增大直到产气峰值。当储层压力明显地出现衰减时，产气量开始下降，如图 1-6 所示。

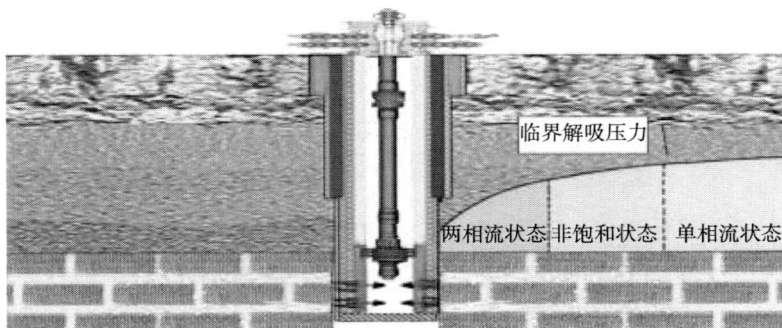

图 1-6 非饱和单相流阶段

第三个阶段：气水两相流阶段。这个阶段产出的水量较少，水与气的相对渗透率变化不明显，如图 1-7 所示。

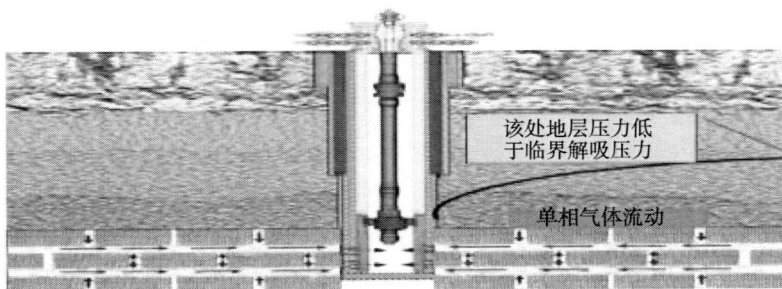

图 1-7 气水两相流阶段

从上面分析可知，煤层气产出条件决定了煤层气的开采工艺：排水—降压—采气。

煤层气生产要经历排水降压、稳定生产和气产量下降三个阶段，如图 1-8 所示。

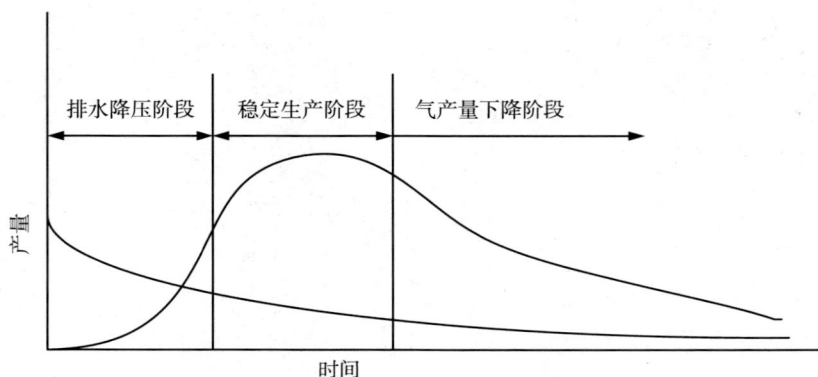

图 1-8　煤层气生产的三阶段

1.8 煤层气储层参数的测定方法

为了评价、测定煤层气资源量及煤层气开采性，必须测定煤岩基质和天然裂隙系统的特性，常用估算测试方法，如表 1-6、表 1-7 所示。

表 1-6　煤岩基质特性测定

特性	测定方法
煤层含气量	朗格缪尔等温吸附曲线
吸附体积	煤心解吸实验
气体成分	煤心解吸实验或生产井采样
储层几何形态	测井、录井、煤心数据或地质分析
扩散率	煤心解吸实验

表 1-7　天然裂隙系统特性测定

特性	测定方法
储层压力	试井、静压测量
储层绝对渗透率	试井
储层相对渗透率	数值模拟、实验室煤心测定
有效厚度	录井、测井
孔隙率	数值模拟、实验室煤心测定
孔隙体积压缩系数	实验室煤心测定
流体性质	成分和流体性质测定或生产井采样测定

（续表）

特性	测定方法
抽排体积几何形态	地质研究、数值模拟、产量历史拟合

1.9 煤层气与天然气和页岩气的关系

常规天然气是指主要受浮力作用控制的、聚集于储层顶部的所有天然气；煤层气是以甲烷为主要成分的矿产，是在煤化作用过程中形成、储集在煤层及其临近岩层中的非常规天然气；页岩气是指以吸附和游离状态同时存在于泥/页岩地层中的天然气。煤层气、天然气与页岩气的比较如表 1-8 所示。

表 1-8　煤层气、天然气、页岩气的比较

界定	煤层气	天然气	页岩气
成因类型	主要以吸附状态聚集于煤系地层中的天然气	浮力作用影响下，聚集于储层顶部的天然气	主要以吸附和游离状态聚集于泥/页岩系中的天然气
主要成分	甲烷为主	甲烷为主，含有一定的乙烷、丙烷等烃类气体	甲烷为主，少量/极少量的乙烷、丙烷等
赋存状态	85%以上为吸附态，其余为游离态和水溶态	各种圈闭的顶部高点，不考虑吸附影响因素	20%~85%以上为吸附态，其余为游离和水溶态
储层条件	双重孔隙（基质和割理系统） φ 为 1%~5% K 为 0.5~5.0md	低渗：K 为 0.1~50md 中渗：K 为 50~300md 高渗：$K>300$md	低孔、低渗透特征 φ 为 4%~6% $K<0.001$md
成藏特点	自生、自储、自保	生、储、圈、运、保及生储盖合理组合	自生、自储、自保
分布特点	具有生产能力的煤岩内部	构造较高部位的多种闭圈	盆地古沉降—沉积中心，及斜坡
成藏及勘探区	3000 米以浅的煤岩成熟区、高渗带	正向构造（圈闭）的高部位	4000 米以浅的页岩裂缝带
流动机理	在基质中流动是由浓度梯度引起的扩散，然后由于压力梯度作用在裂隙中引起的渗流	流动是由压力梯度所引起的层流，并服从达西定律；在近井地带可出现紊流	早期以大孔隙和裂缝中游离气的达西流为主，稳定期以基质孔隙内的游离气和吸附气为主
开采方式	排水降压解吸开采	自然压力开采	排水降压解吸开采

从表 1-8 可知，天然气藏、煤层气藏及页岩气藏在成藏特征上既有相似性，也存在

明显的区别。具体来说，煤层气、页岩气和常规天然气都来自生物气或热成熟气，其中常规天然气还可以是原油裂解气；煤层气储集在煤层及其中的碎屑岩夹层内，页岩气储集在泥/页岩及其间的砂质岩夹层内，常规天然气储集在孔隙性砂岩、裂缝性碳酸盐岩中。前两类气藏储层都具有低孔低渗的特征；常规天然气需要有致密盖层，防止气体逸出，良好的盖层条件对煤层气藏的形成是一个重要条件，它能将不同煤系地层分隔成各自独立的系统，使吸附在煤层中的烃类气体以吸附状态较长时间地保存在煤层中，减少溶解气和游离气的散失，而页岩气的存在不需要其他岩性的介质作为盖层；常规天然气藏需要有效的圈闭，用来阻止油气运移并将分散的油气富集起来，而煤层气主要以吸附作用为主，游离气和溶解气比例很小，因此可以不需要通常的圈闭存在。同样，页岩气藏的形成也不需要常规意义上的圈闭，页岩气藏形成于烃源岩层内，气藏范围可近似等于生气源岩面积，与勘探目标（页岩）中裂缝发育区域构造位置关系不大。常规天然气位于构造较高部位的多种圈闭中，受生、储、盖组合控制；煤层气分布在具有生气能力的煤岩内部，具有广布性；页岩气藏通常位于或接近于盆地的沉降—沉积中心处，具有广布性。

煤层气与常规天然气组成成分的差异如表1-9所示。

表1-9　煤层气与常规天然气组分差异

组分（体积含量）	煤层气	常规天然气
甲烷（%）	96.67~97.33	93.2~97.5
乙烷（%）	0	1.1~1.3
丙烷（%）	0	0.32~0.43
异丁烷（%）	0	0.025~0.077
正丁烷（%）	0	0.021~0.073
异戊烷（%）	0	0.018~0.029
正戊烷（%）	0	0.009~0.0184
二氧化碳（%）	0.24~0.29	0.012~0.019
氮（%）	3.09~2.389	0.25~0.4460
氧（%）	0	0.071~0.092
相对密度（%）	0.5664~0.5693	0.57~0.59

数据来源：力策投资国际有限公司．煤层气开采技术分析．

煤层气藏与常规气藏储层特征及其储藏方式等具有一定差异性，如表1-10所示。

表1-10　煤层气藏与常规气藏对比

类别	煤层气	常规天然气
生源条件	高等植物	低等生物（但煤成气与煤层气同源）

（续表）

类别	煤层气	常规天然气
埋深	一般小于 2000 米	有深有浅，一般大于 1500 米
储气方式	吸附于煤系地层中	运移后成藏的圈闭气或游离气
气成分	甲烷为主	烃类气体，主要是 $C_1 \sim C_4$
储层孔隙结构	基质微孔和裂隙—双孔隙结构	孔隙或溶洞—单孔隙结构
渗透性	渗透率较低，对应力敏感	渗透率较高，对应力不敏感
岩性	煤层	砂岩、灰岩
比表面积	$7 \times 10^7 \sim 30 \times 10^7$ 平方米/立方米	1.5×10^4 平方米/立方米
勘探方式	有煤田勘探基础，需长时间排采试验	找构造、找圈闭，试气
开采范围	大面积边片开采	在圈闭范围内
井距	小，需要井间干扰	大，避免井间干扰
储层压力	欠压或常压	超压或常压
初期单井量	低	高
增产措施	一定需要	一般不需要
产出方式	排水降压采气，连续开采，不能关井	自喷，可以关井
井口压力	低	高
钻井及生产工艺	较复杂，需要人工提升排水采气	较简单
首站加压	建加压站	不用
气水分离与水处理	专门设置	不用

1.10 煤层气勘探开发技术

由于我国煤盆地演化历史复杂，构造样式多变，煤的多阶段演化和多热源叠加变质作用明显，造成煤层气藏在储层物性、含气保存、开采条件等方面都有明显的特殊性。主要体现在：低压、低渗、低饱和现象突出，有些地区表现为特低压、特低渗和特低饱和，这些特征需要我国对煤层气藏理论技术进行突破性开发；成煤期后构造破坏严重，造成部分地区构造煤发育，煤储层的可改造性很差；大部分中阶煤储层具有强烈的非均质性，严重限制了煤层气井的产能；我国高阶煤和低阶煤的煤层气资源量丰富，占 70% 以上，现有的理论技术还不能进行大规模开采生产，特别是低阶煤的开采在我国几乎为零；我国高阶煤中获得了产气突破，但要获得高产，必须首先克服高阶煤本身的低渗条件和强吸附性所带来的不利影响；煤层气开发最具优势的 300 ~ 600 米埋深层段，煤矿开采活动集中，这些煤矿采动区一方面破坏了储层的完整性和压力系统的连续性，另一方面又为流体动力场、流体化学场、地应力场和地热场的互动作用提供了有利的空间。以上这些特殊性给煤层气藏的识别和开采带来了较大的困难。为此，进行煤层气勘探开发技术研发对煤层气开采开发至关重要。目前，煤层气勘探技术方法主要从以下几个方面来阐述：

1. 煤层气井常用的试井方法

钻杆测试、段塞测试法、注入/压降测试法（主要是获取渗透率、储层压力、原地应力等）、水箱测试法、多井干扰测试法。

2. 煤层气钻井技术（主要是获取煤储层参数）

直井按其目的一般分为参数井、参数+生产试验井、生产井。直井以其工艺简单、成本低等特点，得到了大量的应用。

水平井按其工艺一般分为水平井、多分支水平井、U 型井、短半径水平井等，水平井以其单井产量高、资金回收快等特点，也越来越受关注。

直井与水平井的比较如表 1-11 所示。

表 1-11　直井与水平井比较

比较内容		常规直井	多分支水平井
适用储层条件		仅在高渗透地区有较好的产气效果；对煤体破坏程度很敏感	特别有利于、低渗低压储层，要求煤层相对稳定
技术成熟度		已规范化和系统化	有待规范化，设备和技术本土化不足
技术难度		相对简单，国内已基本掌握	很大，关键环节仍依赖国外
产能特点		排水周期长，生产周期长，回采率低	快速、高产，回采率高
钻井成本		已降到很低	目前很高，但有巨大下降的空间
生产成本		单位面积生产成本很高	单位面积生产成本很低
主要特点	地表要求	单井要求简单，但对综合开发来说由于井口多，钻前要求很高	山地作业优势明显
	服务面积	0.06 平方千米	0.5~1.0 平方千米
	作业维护	分散集中	
	服务年限	长，15~20 年	短，3~5 年
	投资回收	慢，8 年	快，2~3 年
	产量曲线	稳产持续时间长	持续衰减
	作业成本	综合成本高	综合成本低
煤、气共采潜力		对近期和中期采煤计划没有很大帮助，而且遗留钢套管对采煤有较大伤害	对"先采气后采煤"战略具有重要现实意义

数据来源：力策投资国际有限公司. 煤层气开采技术分析.

3. 取芯技术

采用绳索取芯技术可使煤层气采取率达到 90% 以上。取芯分析主要用于煤层气的气含量测定、等温吸附、工业分析等。

4. 煤层气固井技术

固井是指向煤层气井的钻井井眼中向下套管，并在套管和井壁的环空中注入水泥浆，以加固井壁、封隔煤层气的施工程序。高强低密度固井技术已成功应用于我国煤层气井中，煤层气井运用套管固井应采用低密煤（水泥密度控制在 1.3～1.6 克/立方厘米），抗压强度大于 14 兆帕。

5. 煤层气完井与增产技术

煤层气完井技术有套管射孔完井技术、裸眼完井技术（分为常规裸眼完井和裸眼洞穴完井两种技术），混合完井技术（也做多煤层完井，分为套管射孔完井、套管射孔＋裸眼完井、裸眼洞穴完井几种形式，一般上部煤层采用套管射孔或套管裂缝完井，下部煤层采用裸眼完井或裸眼洞穴完井），水平井完井技术（水平井完井由地面垂直向下钻至造斜点后，以中、小曲率半径侧斜钻进目的煤层，在煤层中按设计方向延伸几百米或几千米。水平井的水平段一般采用裸眼完井或割缝衬管完井）。目前我国大部分煤层气井采用全套管完井，射孔压裂，少量采用套管和裸眼复合完井技术，也有进行裸眼筒穴完井，但很少成功。

直井通过采取水力压裂（提高储层的导流能力和产气量）或洞穴完井等增产措施后，才能获得经济产能，目前，国内绝大多数直井采用水力压裂的方式进行增产改造。

此外还有二氧化碳或氮气注入增产技术，煤是一种多孔介质，注入二氧化碳或氮气等气体，其实质是向煤层注入能量，改变压力传导特性，增大或保持扩散速度，从而达到增产或稳产的目的，提高煤层气采收率。

6. 煤层气物探技术

煤层气物探技术分为地震勘探技术和测井技术。煤层气地震勘探技术的目的是探测煤层赋存状态、构造形态、断层发育特征，定性、半定量地解释煤层厚度，确定首选区域及井位。

煤层气测井技术，主要有裸眼井、套管井。煤层气测井主要解决地层划分、岩性判别，划分和确定煤层与矸石的深度与厚度，估算煤层气挥发分和含气量，进行流体分析及含水性、渗透性分析。

7. 煤层气生产与评价技术

煤层气储层模拟技术，主要有煤层气数值模拟（采用历史拟合与动态产量预测，系统评估产气）；煤层气气—水两相非平衡流动数值模拟；煤层气井采排常规黑油、热采模型数值模拟等。

我国常规的煤层气开发技术主要是地面垂直井成熟技术系列。目前，这些技术得到广泛应用，已经形成了完整的理论和施工操作程序，这个技术系列实际上构成目前我国煤层气工业的四大基础理论支柱：排水采气理论、储层数值模拟技术、钻井与完井技术、储层激励技术（分为导流、增压、饱和、脱附四种形式）。

1.11 煤层气开发基本模式

1.11.1 煤层气开发理念的发展

早在 1733 年，英国一家煤矿首次进行了煤矿瓦斯抽放和管道输送的尝试。1844 年又有另一个发生过瓦斯爆炸事故的矿井将采空区的瓦斯抽放至地面。19 世纪后期，英国的威尔士开始进行从煤层中抽排瓦斯的试验。英国生产矿井中 45% 的甲烷通过管道抽排到地面进行利用。20 世纪 40 年代，德国的一座煤矿首次大规模利用瓦斯。

我国的煤矿井下瓦斯抽放始于 20 世纪 50 年代。1952 年，煤炭部率先在辽宁的抚顺矿务局龙凤煤矿进行了井下瓦斯抽放试验并获得成功。通过 50 年的发展，我国煤矿井下瓦斯抽放由最初为保障煤矿安全生产的"抽放"发展到"抽放—利用"，之后又进一步发展为"抽放—利用—环保"的商业理念。

20 世纪 90 年代，随着美国煤层气地面开发技术的传入，我国煤层气地面勘探和开发工作逐步出现热潮，先后在众多地区进行不同目的的煤层气地面开发试验。煤层气勘探开发领域开始倡导所谓的"资源—安全—环境"的商业理念。

由于山西沁水盆地晋城地区的煤层气开发取得商业性突破和煤矿瓦斯灾害越来越严重，煤层气开发与煤炭开采的关系越来越受到关注。"国家发展和改革委员会（以下简称国家发改委）提出了先采气、后采煤、采煤采气一体化的煤层气开发的"安全—资源—环境"新理念。

1.11.2 煤层气开发模式

根据我国煤矿区煤层气抽采现状、储存及涌出特点，煤层气开发模式可分为三大类。

模式一：煤矿井下抽采。煤矿井下煤层气抽采就是借助煤炭开采工作面和巷道，通过煤矿井下抽采、采动区抽采、废弃矿井抽采等方法来开采煤层气资源。我国煤矿井下抽采是从 20 世纪 50 年代开始的，当时有辽宁、阳泉等 6 个矿井抽采煤层气。1952 年我国首次在辽宁抚顺矿务局龙凤煤矿进行煤矿井下瓦斯抽放试验并获得成功。此后，我国在大量的煤矿中进行了瓦斯抽采利用。21 世纪以来，我国高瓦斯重点矿区基本上都建起了井下抽采系统和地面输配气系统。我国煤矿井下抽采煤层气资源开发的最初形式是以解决煤矿瓦斯灾害为动机的"煤矿井下瓦斯抽放"，通过煤矿井下施工钻孔甚至巷道进行负压抽放，具体来讲，当煤层采动以后，破坏了原岩石力学平衡，造成了煤层的卸压，由于瓦斯气体 90% 以上以物理吸附状态存在于煤层中，为了继续保持平衡，通过人工改造使煤层中的瓦斯成为密闭系统，从而持续维持卸压区域。这样，煤层瓦斯将源源不断被抽出。但煤矿井下煤层气抽采要满足两个条件：一是小范围内要有足够的煤层气资源；二是煤层气透气性要好。到目前为止，我国煤矿瓦斯抽放已由最初的以保障煤矿安全为目的"瓦斯抽放"发展为"抽采—利用—环保"。

煤层气井下抽采按抽采对象分为开采后抽采、邻近层抽采、围岩抽采和采空区抽采；按抽采方法分为钻孔法抽采、巷道法抽采、混合法抽采和地面直井抽采；按抽采时序分采前预抽、边掘边抽、边采边抽和采后抽采。

模式二：煤层气地面钻采。煤层气地面钻采就是利用垂直井或定向井技术来开采原始储层中的煤层气资源。在 20 世纪 70 年代末至 80 年代初，美国开始试验用常规油气井（即地面钻井）方法开采煤层气并取得成功。为探索超前解决煤矿瓦斯灾害的途径，美国一些煤矿业主邀请石油服务公司利用常规油气开发技术从地面施工直井，通过洞穴完井或水力压裂改造，实现了从地面抽采瓦斯的重大突破。具体来说，当储层压力降低到临界解吸压力以下时，甲烷气体从煤基质微孔隙内表面解吸出来，由于瓦斯浓度差异而发生扩散到煤的裂隙系统，最后以达西流形式流到井筒。因此，地面钻采煤层气能否发生的决定性因素在于煤层气是否能降压解吸。解吸是煤层气进行地面钻采的前提，降压是解吸的前提。在各种政策的扶持和鼓励下，美国开始了大规模的煤层气资源商业开发。此后，澳大利亚、英国、印度等多国进行了煤层气地面开发。我国主要在进入 21 世纪后开始进行煤层气地面开发，目前在山西沁水盆地初具规模。

地面煤层气开发一般遵循两个原则。

原则一：从布井密度上，一要考虑单井的抽采效果；二要考虑允许抽采的时间；三要考虑尽量使煤层瓦斯均匀地降低。

原则二：从煤炭安全开采角度上，一要考虑避让井下采掘巷道和井筒硐室；二要尽量使采面抽采时间长、抽采效果好；三要考虑在抽采全程中，尽量一井多用。

煤层气地面开发有垂直井开发（包括洞穴完井、射孔压裂和裸眼扩孔）、定向井开发（包括水平井、丛式井和多分支水平井），采动区井抽采，通过注气（主要是二氧化碳和氮气）来提高采收率。

模式三：采煤采气一体化抽采。采煤采气一体化就是通过地面钻井与井下顺煤层长钻孔预抽，以及边采（掘）边抽与采空区抽采相结合的单一中厚煤层煤层气综合治理与利用模式，实现煤炭与煤层气开采的一体化。也就是采空区、生产区和规划区三区联动立体抽采（如表1-12所示）。主要是为解决煤矿规划区、准备区、生产区煤层气（煤矿瓦斯）抽采与煤矿采掘的时空接替矛盾，实现三区抽采的有序接替。在时间上，保持瓦斯预采与矿井的开发协调一致，形成地质勘探、地面预抽、矿井建设、煤炭开采、采中抽采、采后抽采的煤与煤层气开发的科学序列；在空间上，保证地面煤层气抽采井位的布置与矿井开拓与采掘布置衔接相适应；在功能上，努力实现煤层气井"地质勘探、采前抽、采动抽、采后抽"一井多用。目前山西晋城无类煤矿业集团有限公司（以下简称"晋煤集团"）在煤矿区三区联动立体抽采模式应用比较成功，其煤层气广泛应用于发电、民用燃气与采暖、汽车燃料、工业燃料等领域，实现了产业化运营，进入了商业化经营阶段，在国内煤层气产业界起到了示范效应。

实行采煤采气一体化抽采，首先要进行统筹规划，坚持煤炭资源与煤层气资源共采的原则；其次要落实好国家提出的"先采气后采煤，煤气共采"原则，加强采煤企业与采气企业间的协调工作；最后实行井抽采与地面开发并举原则，分区实施。采煤采气一体化要求创新抽采技术，目前实施的抽采技术有地面煤层气预抽技术、井下区域递进式预抽采技术和双系统抽采技术等。其中，在地面煤层气预抽技术方面，掌握了具有自主知识产权的清水钻井、活性水压裂、定压排采、低压集输的煤层气开发技术及工艺，突破了无烟煤不利于地面钻井煤层气开发的"禁区"；在井下区域递进式预抽采技术方面，推广使用定向千米钻机施工长钻孔，形成一个较大范围的瓦斯预抽区域，一个预抽区域至少应涵盖一个工作面，实现井下抽采瓦斯与煤炭开发的最佳结合，并在工作面顺槽掘进过程中，即应通过顺槽巷道向邻近工作面打钻，提前开始预抽采，抽采区域不仅包括邻近工作面，也要包括与邻近工作面相邻的巷道条带，从而为下一个工作面的布置与预抽采创造条件；在双系统抽采技术方面，强化本煤层抽采降低瓦斯含量，进行采空区抽采分源治理瓦斯。

表1-12　采煤采气一体化三区对比

抽采区域	煤矿规划区	煤矿准备区	煤矿生产区
抽采条件	瓦斯含量>16立方米/吨，至少提前5~8年实施地面钻井预抽采煤层瓦斯	瓦斯含量8~16立方米/吨，提前3~5年，或更长时间，采用井下千米钻机等钻具实施大面积区域递进式预抽采煤层	瓦斯含量<8立方米/吨，采用边抽边采掘，采空区抽采，加强通风、监测监控等综合措施治理采掘中出现的瓦斯
技术体系	地面开发直井或丛式井或水平井	地面与井下联合抽采或井下区域递进式预抽	井下抽采或采空区抽采

1.12 煤层气的主要用途

煤层气俗称"煤矿瓦斯"，主要成分为甲烷，与煤炭共伴生，是以吸附状态储存于煤层中的非常规天然气，热值为通用煤的 5 倍左右。据预算，1 立方米纯煤层气的热值相当于 1.13 千克汽油、1.21 千克标准煤，其热值与天然气相当，可以与天然气混输混用，而且燃烧后很洁净，几乎不产生任何废气，是上好的工业、化工、发电和居民生活燃料。煤层气空气浓度达到 5%～16% 时，遇明火就会爆炸，这也是导致煤矿瓦斯爆炸事故发生的根源。煤层气如果直接排放到大气中，其温室效应约为二氧化碳的 21 倍，对生态环境破坏极强。在采煤之前如果先开采煤层气，煤矿瓦斯的爆炸率将降低 70%～85%。

　　煤层气的热值与甲烷的含量密切相关。地面抽采的煤层气甲烷浓度较大，一般含量大于 96%。当含量达到 97.8% 时，在 0 摄氏度、101.325 千帕下，高热值：QH = 38.9311 兆焦/标准立方米（约 9299 千卡/标准立方米）；低热值：QH = 34.5964 兆焦/标准立方米（约 8263 千卡/标准立方米）。井下抽采的煤层气当将甲烷浓度调整到 40.8% 以后可以利用，此时在 0 摄氏度、101.325 千帕下，高热值：QH = 16.24 兆焦/标准立方米（约 3878 千卡/标准立方米）；低热值：QH = 14.63MJ/Nm³（约 3494 千卡/标准立方米）。

　　煤层气既可以用作民用生活燃料、工业燃料、发电燃料，也可液化为汽车燃料，还可以用作重要的化工原料，用来生产合成氨、甲醛、甲醇、黑炭等，成为一种热值高的洁净能源和重要原料，用途非常广泛，开发利用前景十分广阔。据测算，每标方煤层气大约相当于 9.5 度电、3 立方米水煤气、1 升柴油、接近 0.8 千克液化石油气、1.1～1.3 升汽油，另外，煤层气燃烧后几乎没有污染物，因此是相当便宜的清洁型能源。

　　目前，不同浓度煤层气的主要使用情况如表 1-13 所示。

表 1-13　不同浓度煤层气使用情况

中高浓度煤层气	民用燃料（甲烷>40%）
	工业燃料（甲烷>40%）
	发电（甲烷>30%）
	煤层气液化（甲烷>40%）
	浓缩富集
低浓度煤层气	细水雾输送及低浓度发电
矿井乏风中甲烷	混燃发电及热逆流转反应技术

资料来源：陈贵锋. 煤层气利用现状及发展趋势，2009.

　　煤层气主要用途如图 1-9 所示。

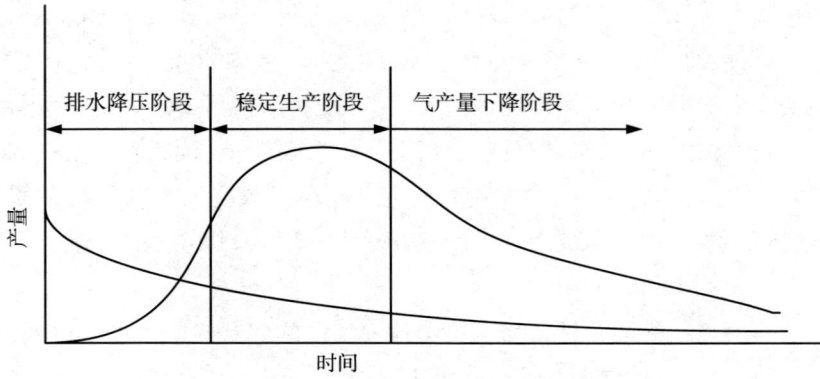

图 1-9　煤层气主要用途趋向

资料来源：郭敏．中国煤层气开发利用现状及前景，2010.

第2章 煤层气产业化示范基地的特征

2.1 煤层气产业化概念

2.1.1 资源产业及其产业化概述

"产业化"的概念与"产业"的概念密切相关，由其发展而来。产业是属于微观经济的细胞和宏观经济的单位之间的一个"集合概念"，它是具有某种同一属性的企业或组织的集合，又是国民经济以某一标准划分的部分的总和。

产业化是指要使具有同一属性的企业或组织集合成社会承认的规模程度，以完成从量的集合到质的激变，真正成为国民经济中以某一标准划分的重要组成部分。产业化是产业形成并伴随产业的发展而不断推进产业进步的过程。产业化是一个动态的过程，具有市场化经济、专业化分工、资金交换和追求利润四个特点。

产业化的概念有狭义与广义之分。狭义的产业化概念仅指产业和工业；广义的概念是指生产同类产品（或服务）及其可替代品（或服务）的企业群在同一市场中的相互关系的集合。

因为煤层气被作为一种非常规天然气资源，我们这里主要讨论资源产业及资源产业化。

资源是国民经济和社会发展的物质基础。资源产业是指从事资源再生产产业活动的企业的集合。资源产业生产活动主要包括矿产资源的普查与勘探、资源的开发、资源的加工与利用、资源保护，以及土壤改良、耕地的恢复和废气废水的净化等。根据克拉克产业划分的理论，资源产业属于"零"次产业或"前一次"产业（Preprimary Industry）。

资源的产业化过程是指资源通过资源产业的生产活动转化为社会经济潜力的过程。资源的产业化就是通过社会资本、劳动和技术的投入，对自然资源进行保护、恢复、再生、更新、增值和积累社会再生产活动。煤层气产业是以开发利用煤矿瓦斯资源为目的的能源产业，是一种典型的资源产业。

2.1.2 煤层气产业化概念

煤层气产业化是煤层气由静态的资源到形成以煤层气资源为依托的庞大的产业系统，是一个复杂的、动态的过程。具体来说，煤层气产业化是指煤层气的生产、销售和利用达到一定规模及与煤层气相关产品的生产、销售和利用在整个国民经济中占一定规模的比例。同时，煤层气产业化要求具有一整套比较完善的研发、生产、销售煤层气及其附属品与其相关产品的管理体系，并且具有一大批知名企业和名牌商品。煤层气产业化主要包括实现规模性生产、形成独立的产业及其产业链和对能源结构调整起到优化的三个环节。具体可从以下四个方面理解煤层气产业化的内涵：

（1）煤层气的产业化是市场化。通过市场调配资源，通过市场运作提供产业的发展资金，将静态的煤层气资源变成市场需要的燃料或化工原料。

（2）煤层气的产业化是专业化。在煤层气产业发展过程中，产业分工不断细化，逐步形成集勘探、开采、销售及加工利用于一体的产业系统。

（3）煤层气的产业化是规模化。规模化生产是取得良好经济效益的前提，煤层气生产的规模化是煤层气产业化的基础。

（4）煤层气的产业化是经济效益。煤层气产业化的目的不仅要解决煤矿生产安全问题，更应该站在能源经济可持续发展的战略高度，将煤层气产业发展成为新的经济增长点。

2.1.3 煤层气产业化的思路

煤层气产业化的思路：即在资源充分合理利用和可持续发展的基础上，以科学发展观为统领，以市场为导向，以经济效益为中心，以科技进步为保障，以改善生态、环境、民生为根本，以加快清洁能源产业发展、促进能源经济调整、建设低碳经济、实现绿色发展为目标，紧紧抓住国际改变气候环境、节能减排大背景和国内支持清洁能源等新兴产业发展与能源经济转型的战略机遇，依托我国丰富的煤层气资源条件、广阔的燃气市场空间，坚持"统筹规划、科学发展、完全放开、加快推进"的指导方针，以地面煤层气抽采为核心，以控制煤矿瓦斯抽放排空为目标，通过体制机制改革、创新，引入市场竞争机制，加快推进我国煤层气产业化进程，实现煤层气的专业化生产、企业化管理，逐步形成勘探、开采、销售一体化的生产经营体系，进而达到煤层气产业健康、快速、有序和可持续发展，使煤层气产业成为我国新能源的新兴支柱产业。

2.1.4 煤层气产业化的目标

2020 年我国将全面建成小康社会，在此期间的未来几年，是我国经济和社会发展的重要战略机遇期，也是我国煤层气产业发展的重要时期。预计我国在 2020 年左右完成煤层气产业化，煤层气资源在民用和工业燃气、汽车燃料、发电和化工转化等领域得到更广泛的应用，煤层气产业会有力带动相关产业（如钢铁、机械、水泥、交通运输业等）的发展，将会成为中国经济与社会发展中的又一新型能源支柱产业。

总体定量目标：2015 年，煤矿瓦斯事故起数和死亡人数比 2010 年下降 40% 以上；煤层气（煤矿瓦斯）产量达到 300 亿立方米，其中：地面开发 160 亿立方米，基本全部利用，煤矿瓦斯抽采 140 亿立方米，利用率为 60% 以上；瓦斯发电装机容量超过 285 万千瓦，民用超过 320 万户。"十二五"期间，新增煤层气探明地质储量 10000 亿立方米，建成沁水盆地、鄂尔多斯盆地东缘两大煤层气产业化基地。在沁水盆地、鄂尔多斯盆地东缘及豫北地区建设 13 条输气管道，总长度为 2054 千米，设计年输气能力为 120 亿立方米。

总体定性目标：提高煤矿瓦斯的利用率；适度发展煤层气压缩与液化；煤层气优先用于居民用气、公共服务设施、汽车燃料等，鼓励用于建材、冶金等工业燃料；开展构造煤煤层气勘探、低阶煤测试、空气雾化钻井、煤层气模块化专用钻机、多分支水平井钻完井、水平井随钻测量与地质导向、连续油管成套装备、清洁压裂液、氮气泡沫压裂、水平井压裂、高效低耗排采、低压集输等地面开发技术与重大装备研发；研究地面钻井煤层预抽、采动卸压抽采、采空区抽采一井多用技术，研发煤与瓦斯突出预警和监控、瓦斯参数快速测定、深部煤层和低透气性煤层瓦斯安全高效抽采、低浓度瓦斯和风排瓦斯安全高效利用等关键技术及装备，示范区域性井上下联合抽采技术，推广低浓度瓦斯安全输送技术及装备；加大煤层气及相关产品的增加值占 GDP 的比重；提高了产业的关联度；扩大了就业人数。

2.1.5 煤层气产业化的实施

企业是煤层气产业化的主体。煤层气资源是一种资产，其产权归国家所有，企业通过合法经营取得煤层气资源的探矿权和采矿权，通过后续的资金、人才、技术的投入，逐步完成煤层气资源的开发、集输和利用，在这个过程中，由于企业不断的社会投入使煤层气资源形成新的价值，使煤层气从资源转变为社会所需的资源产品。在资源产业化的过程中，企业是产业化的主体。

资源评价是资源合理勘查、开发、利用、保护及管理的基础和决策依据。资源的储量是资源产业化的物质基础，煤层气资源的产业化不仅需要查明煤层气资源的储量，而且要研究煤层气的赋存规律及影响因素，减少煤层气开发利用的地质技术风险，煤层气的开发利用不但可以减少温室气体的排放，而且能增加就业、增加清洁能源的供应，因此需要对煤层气产业化的经济、社会和环境效益进行评价。由于煤层气产业化是一个复杂的系统工程，任何单一的评价难以满足产业化决策的需要，为此，综合地质、经济、环境、社会等多因素多指标，运用层次分析法、模糊数学、灰色理论相结合的方法进行煤层气产业化的综合集成评价，可为煤层气产业化决策提供更加科学的依据。

科学技术和资本是煤层气产业发展的动力。资金和技术是煤层气产业发展的保障。中国煤层气藏的地质条件和储层物性表现出自身固有的殊性，煤层气的开发利用不能照搬国外的开发技术，必须开发适合我国煤层气地质条件的钻井技术、增产技术和储层模拟技术和低浓度瓦斯利用技术。从技术开发到建井，从抽采到煤层气的集输和利用，煤层气产业都需要巨额的资金支持，因此煤层气的产业化要求开发企业具有现代资本运营能力，能够灵活使用实物资本运营、产权资本运营、金融资本运营和无形资本运营等手段，广泛拓展融资渠道，为煤层气产业化的成功提供资金保障。

因此，在煤层气资源的产业化过程中，企业是煤层气产业化的主体，资源评价是产业化的基础，技术和资金是煤层气产业化发展的动力。

2.2 煤层气产业化的要求

煤层气产业化是一个系统工程，必须获取资源、市场、技术、人才、政策和资金等要素的优势，才能通过积极而稳妥的实践向前推进。

2.2.1 实现资源的规模化生产

根据世界能源统计的资料显示，世界上有 74 个国家和地区拥有煤层气资源，而煤层气资源富有的国家有俄罗斯、加拿大、中国、美国、澳大利亚、德国和印度等国。其中，以煤层气为新能源和新原料的产业结构调整已初具规模的国家有美国、加拿大、澳大利亚和德国，这些国家基本实现了煤层气产业化。中国的煤层气资源量约为 36.8 万亿立方米，居世界第三位，具有实现产业化的基础优势。山西作为煤炭资源大省，蕴藏着丰富的煤层气资源。全省含煤面积 6.2 万平方千米，其煤层气蕴藏总量约为 10 万亿立方米，约占全国煤层气总资源量的 1/3，是全国煤层气资源最为富集的区域和最具开发前景的产业基地。而且山西煤层气资源分布集中、埋藏浅、可采性好、甲烷含量高，资源优势明显。要实现煤层气规模性生产，还必须加大投入，通过地质勘探将资源储藏量转化为探明保有量，并落实为可采储量。对气源较好的沁水盆地和鄂尔多斯盆地进行科学选点打井，进行瓦斯抽采，确定可开发利用的煤层气资源量。根据煤层气"十二五"规划，以沁水盆地和鄂尔多斯盆地东缘为重点，加快实施山西柿庄南、柳林、陕西韩城等勘探项目，为煤层气产业化基地建设提供资源保障。

2.2.2 实现技术的现代化

煤层气产业是技术密集型产业。近年来，我国煤层气产业发展较快，尤其是在沁水盆地煤层气开发初具商业化规模。作为支撑煤层气产业发展快速发展的技术也有了很大的突破，特别是多分支水平羽状井开发技术在晋城大宁矿区试验成功。但煤层气的产业化需要技术的现代化来支撑，不少关键技术问题尚待解决仍然制约着我国煤层气开发利用的步伐。煤层气地面开采技术中，采空区煤层气抽采、低浓度煤层气提纯、乏风煤层气利用等井下煤层气抽放新技术还不够成熟；煤层气发电、民用燃气和煤层气化工技术有待完善，如由于钻井洗液使用不当可污染煤层；煤层顶板太软，完井后易出现坍塌造成堵塞；没有压开煤层或造缝太短；采气过程中，由于抽气太快，会引起堵砂或堵煤粉；由于材料和技术的原因，煤层气输送管道可能出现漏气和不畅，现在的煤层气资源利用率仅有 20% 等。要克服这些难题，就需要大胆进行技术创新与改革，使煤层气从勘探、开发、储存、输送到最终利用的各个环节都能采用高新技术手段去解决，最大限度地提高产业的经济效益、社会效益和环境效益。

2.2.3 实现市场的商业化

目前，我国能源短缺尤其是石油天然气严重短缺，京津唐等大中城市和东部省区的油气供需缺口急剧扩大，煤层气的开发可以弥补巨大的市场空间。煤层气与石油、煤炭、天然气和焦炉煤气在许多领域可以相互替代，其燃烧效率大大优于煤炭和焦炉煤气。煤层气作为优质的化工原料可生产甲醇、合成氨、甲醛、聚甲醛、炭黑、硝基甲烷、丁二醇、乙酸乙酐、乙酸乙烯等，具有极大的市场价值。同时，煤层气的抽采可降低煤矿瓦斯的涌出量，与采煤相比可减少矿井建设费用和生产费用近 70%，从而能提高生产效率和经济效益。另外，根据我国煤层气产业发展规划，在未来的 10 多年里我国将会投入巨资加快煤层气产业发展，其项目包括上游的煤层气开发与井下抽放，中游的输气管道铺设，下游的煤层气液化，瓦斯气提纯、发电、储气罐、加气站、城镇管网改造和化工利用等工程建设，这将极大地带动煤焦、建筑、冶金、化工、电力、材料、交通与服务业等相关产业的发展，并能增加就业机会，促进社会和谐和经济繁荣。煤层气商业化前景远大，其商业价值的实现也预示着煤层气产业将成为 21 世纪国民经济新的增长点。

2.2.4 实现队伍的专业化

煤层气产业化的实施和实现，关键在于有一支懂技术、懂工程、懂管理、懂市场的专业化队伍。无论是煤层气资源的评估、勘探、开发，还是煤层气的集输、销售、利用、转化等各个领域，都需要有一大批熟悉和热爱煤层气事业的工程管理和专业技术等方面的优秀人才。由于煤层气是刚刚兴起的产业，队伍力量比较薄弱，因此需要尽快地培养、发展、壮大这一产业大军。首先，要抓好科研、勘探与设计的专业队伍，这是煤层气产业化的基础和关键。要依靠一批重点院校、科研院所和勘探设计单位，加强对煤层气赋存形式和成藏规律、煤层气高渗富集区的控气因素、先抽气后采煤理论等基础科学研究，使用各种高新技术和适用性技术，不断探明稳定而上规模的煤层气新增采储量。其次，要大力发展从事煤层气生产经营和服务活动、追求经济效益的企业等各类经济组织，它们是实现煤层气产业化的主体和中坚。最后，要充分发挥政府各部门、银行、有关行业协会和各种非政府组织的作用，这是实现产业化的有利条件和重要保证。各组织职责、分工明确，政府部门要搞好煤层气产业的规划、协调、政策制定和服务；行业协会要搞好咨询、技术标准制定与监测；银行等金融机构要提供产业所需要的投融资服务；非政府组织要提供关于信息和技术等方面的咨询服务。

2.2.5 实现政策的法制化

积极制定和出台一系列具有科学性、权威性与强制性的煤层气开发利用的政策法规，并使之定型化、法制化，这对于煤层气产业化发展和推进至关重要。政策法规要体现科学发展观的原则和人与自然、资源、环境和谐相处的内涵，同国家有关法律法规相衔接，与国际立法的惯例相接轨，适应煤层气产业发展的趋势要求。首先，要制定煤层气产业化的各项法规政策，确定培育煤层气新支柱产业的发展战略；制定煤层气生产与经营活动的政策与法规；制定贯彻落实国家关于煤层气开发利用各项税费优惠政策的配套规定。其次，要建立煤层气产业化的评价制度及其他有关的法律法规、政策规定和行业标准。

2.3 煤层气产业化示范基地的特征

2.3.1 区域性

煤层气资源是煤层气产业发展的基础，煤层气赋存于煤层中，不同的含煤盆地中煤层气资源量是不相同的，决定煤层气资源的主要因素包括含煤面积、储层厚度、含气量等，这些因素明显带有区域特性。同时，具有相同特征的煤层气资源在其勘探开发中可以相互借鉴，共享勘探开发技术与经验。另外，煤层气行业是资源采掘行业，受地理条件、地质条件的制约比较明显。其中，煤层气资源所在的地质条件对煤层气开采影响很大，如渗透率、储层压力、埋藏深度、含气饱和度以及煤层构造条件等；煤层气矿所在的地理位置也对煤层气勘探开发工程和开采成本有很大影响，如自然地理条件、气候条件、社会条件等。

2.3.2 输出性

煤层气产业化示范基地的输出特性主要是指其带动和促进了其他地区或区域煤层气开发的产业化以及煤层气专业化人才队伍的输出。

一是带动和促进其他地区煤层气产业化开发。煤层气示范基地建设项目中的一系列经验及技术可为未来或其他从事煤层气勘探开发的企业提供借鉴。例如，依托沁南示范工程项目技术及经验，中联煤层气有限责任公司（以下简称"中联煤"）在柿庄南、柳林、大宁等区块实施煤层气规模化商业开发，沁南樊庄、郑庄等区块也相继进入商业化开发。沁水盆地直井开发煤层气的成功实施，证明了直井开发煤层气的可行性，同时也检验了煤层气直井开采的技术可行性、经济可行性及现实适用性，为煤层气勘探开发中利用直井进行煤层气开采提供了示范作用。我国煤层气"十二五"规划中坚持以沁水盆地和鄂尔多斯盆地两大煤层气生产基地为中心，加大投入，推动煤层气产业的跨越式发展的战略目标明显是在前期煤层气勘探开发基础上确定的。另外，通过示范工程和重点开发项目，带动煤层气勘探开发上游建设的发展，通过输气管线建设推动煤层气下游利用建设的发展，最终实现煤层气勘探、开发、利用一条龙的产业化规模。

二是培养了大批工程、技术和管理人才。煤层气示范基地建设过程中，涉及工程、预算、土建、法律、评估、施工、监理以及钻井、压裂等各方面专业，凝聚了项目建设方及协作、施工和监理等各方的心血，形成了多项先进技术体系和规程规范，在这个过程中培养和造就了大批工程、预算等管理人才和钻井、压裂、采排、地面建设等一系列专业技术人才。可以说，煤层气产业化示范基地是我国煤层气产业人才的摇篮。山西晋煤集团专门从事煤层气产业的各类人才目前已达上万人，中联煤从事煤层气行业的各类人才也已达几千人，并组建了研究型团队，这些人才为煤层气产业化发展付出了艰辛的努力，同时也成为我国煤层气产业发展的主力军。

2.3.3 集群性

煤层气产业集群是指与煤层气产业领域相互关联的企业及其支撑体系在煤层气产业化示范基地内大量集聚发展并形成具有持续竞争优势的经济群落。煤层气产业化示范基地具有集群特性，主要体现在煤层气产业链条上的煤层气勘探开发利用企业的产业集群。企业集群主要表现为集群内企业依据产业链的分工、产业关联性及源于共同利益的分工合作形成的相互依附和相互信任，长期合作非正式的合作契约。

煤层气产业化示范基地的产业集群在地理空间上表现为众多企业在一定地理区域内形成的"扎堆""抱团"或"簇群"现象，都存在规模经济效应，并且都离不开政府的政策引导和扶持。但是，产业集群中的各企业又存在竞争，发挥着各自的比较优势，在产业基地方面则可共享规模经济优势，主要体现在：一是人才、资金和技术等比较容易获取，大大降低企业成本，提高了竞争力；二是技术、信息、经验等知识一旦被创造出来，就会在产业集群内以较快的速度扩散，为企业带来较大的外部性效应，而处于集群里的企业很容易获得研究开发、人才、信息等方面的外溢效应，外溢效应进一步为创新提供了便利条件；三是产业内企业集聚程度越高，企业的专业化分工程度往往越发达，衍生公司也越多。

晋煤集团坚持"以抽促用、以用保抽"的发展思路，不断拓展煤层气利用途径，形成了煤层气勘探、抽采、输送、压缩、液化、化工、发电、汽车燃气、居民用气等完整的产业链，培育了国内最大规模的煤层气利用市场。这不仅推动了山西沁水盆地南部煤层气的开发，加速了我国煤层气产业化的进程，而且加速了煤层气勘探开发利用企业向这一区域集聚。

2.3.4 辐射性

煤层气产业化示范基地的辐射性主要体现在煤层气勘探开发利用技术应用及推广和煤层气勘探开发经验两个方面。

一是煤层气勘探开发利用技术应用及推广。在煤层气产业化示范基地建设中，经过实践检验的煤层气勘探开发技术研发成果，与之配套形成的煤层气勘探开发技术体系，可以得到有效的推广应用。例如，300 米×300 米正方形井网部署方式、空气钻井技术、活性水加砂压裂技术、氮气泡沫压裂技术、稳控精细排采技术、分片集输一级增压地面集输技术以及新材料、新装备应用和研制等，既形成了适合本地区地质条件的煤层气开发技术工艺，又产生了具有创新性的可推广的新技术。开发出具有自主知识产权的可使用汽油和煤层气两种燃料的抽油机发动机，既有效节省了能源、提高了工作效率，大大降低了生产成本，又可以全面推广应用。

二是煤层气勘探开发经验。在建设煤层气产业示范基地的过程中，在工程设计施工、管理等方面积累了丰富的经验，造就了大批专业技术人才，并且探索和积累了煤层气商业化开发的经验，可有效避免重复探索，提高生产效率与经济和社会效益，也可为其他地区的煤层气勘探开发提供经验和技术借鉴，对促进我国煤层气产业发展具有积极的示范作用。例如，中联煤根据"工期、投资、质量"三方面控制，建立了设计、建设、施工、监理、质量监督、验收等全过程管理流程和技术研发及推广体系，并在煤层气生产、销售、市场和价格等方面进行了探索和实践，制定了相应的管理机制和市场规则。在多次试验反复研究基础上，通过数学模型和物理模型的建立，客观分析了煤层气生产曲线类型，研究总结出示范区无烟煤储层煤层气井排采生产规律，对指导同类地区煤层气勘探开发和生产具有十分重要的意义。

2.3.5 示范性

示范性主要通过示范工程来体现，示范工程的成功极大地推动了煤层气产业发展进程。一是示范工程中形成的技术体系、标准规程、规范化管理制度、规模化运营模式保证了工程的顺利投产运行，对于煤层气开发工程建设具有借鉴意义。二是示范工程的成功实践可以在某种程度表明开发煤层气的可行性，同时也检验了煤层气各种井型开采的技术可行性、经济可行性及现实适用性。三是示范工程可起到行业带动效应。示范工程的成败关系到国家对煤层气的战略定位，是对国内煤层气商业开发的技术和管理的检验，在一定程度上也决定着煤层气行业的发展前景。示范工程的成功，是对国家煤层气战略的最好回报和支撑，表明我们已经完全掌握了适合国内煤层气商业开发的专业技术，具备了规模化开发煤层气的能力，对于促进煤层气行业的健康、快速发展提供了可靠例证。例如，煤层气地面开采是煤矿瓦斯综合治理的一种非常有效的方式，通过地面开采可将煤矿瓦斯作为一种资源预先开发出来，使煤矿瓦斯治理由井下发展到地面和井下同时治理，由开采矿井发展到规划矿区，由小规模抽采发展到大规模的产业化开发，这种采煤采气一体化模式就可以为其他高瓦斯煤矿区的煤层气开发起到示范作用，从而推动我国煤层气产业化的开发进程。

第3章 煤层气产业化开发的背景
与必要性及其可行性

3.1 背景

3.1.1 油气短缺给中国带来的挑战关系国家能源安全

随着我国国民经济的快速发展，能源需求急剧增长，特别是 1993 年我国成为石油净进口国以来，国内原油的产量增长缓慢，而国内原油的消费量却在逐年大幅增加，由此造成的原油缺口正在逐年加大，这种缺口的扩大使得我国不得不加大每年原油的进口量，这也就加剧了我国对外原油的依赖度，使得我国介入世界能源市场的竞争。2000年到 2012 年的 13 年间，我国石油消费从 2.25 亿吨增长至 4.93 亿吨（如图 3-1 所示），天然气消费从 272 亿立方米增长至 1475 亿立方米（如图 3-2 所示）。然而，国内原油产量的增加远远无法跟上消费增长的步伐。在此期间，国内原油产量仅从 1.58 亿吨增长至 2.07 亿吨（如图 3-1 所示），仅 2012 年中国原油进口达到了 2.71 亿多吨（如图3-3所示）。尽管我国的天然气产量在 13 年间由 245 亿立方米猛增至 1072 亿立方米，但能源供应与消费关系矛盾仍很突出，2012 年天然气进口量（含液化天然气）达 425亿立方米，增长 31.1%。由于我国化石能源尤其是石油和天然气生产量的相对不足，导致中国能源供给对国际市场的依赖程度越来越高，也使能源供给成为国家能源安全战略的重大问题。中国油气能源需求的急剧增长打破了长期以来自给自足的能源供应格局。油气作为一种重要的战略资源，不仅影响着国民经济的建设，更重要的是关系到国家安全。

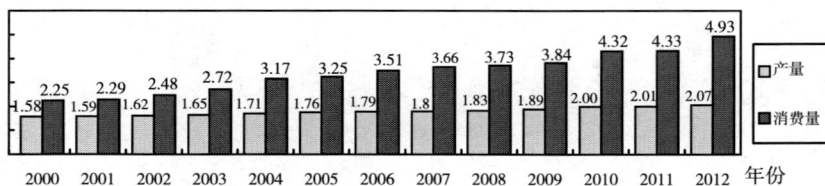

图 3-1　全国历年石油产量与消费量

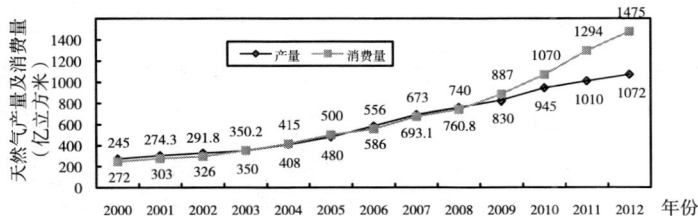

图 3-2　全国历年天然气产量及消费量图

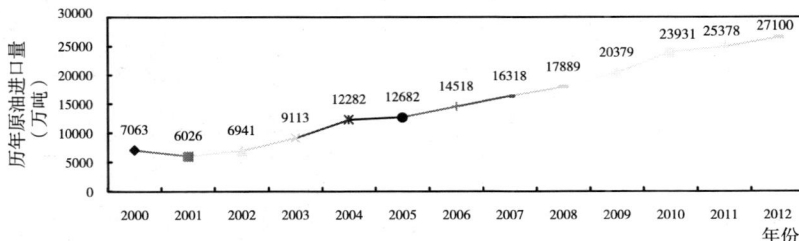

图 3-3　全国历年原油进口量

世界能源结构的演变趋势表明，未来 50 年内油气在世界能源消费构成中仍占主体地位，天然气将成为未来能源消费的主导方向（如图 3-4 所示）。而中国的能源消费结构很不合理，天然气在能源结构中的比例远远低于世界平均水平（24%）。据中国工程院完成的《中国可持续发展油气资源战略研究》对中国天然气供需态势的基本估计：2020 年我国将消费天然气 2000 亿立方米，而我国 2020 年年产天然气约 1200 亿立方米，需进口约 800 亿立方米。尽管天然气缺口可以通过进口天然气和液化石油气解决，但在成本和安全上均存在问题。

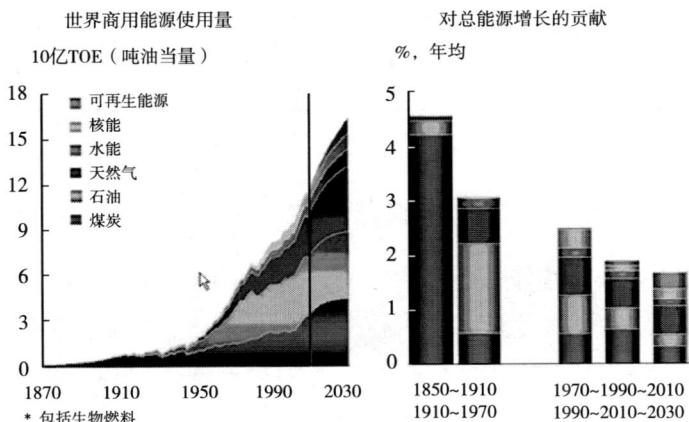

图 3-4　世界能源消费趋势

数据来源：国际能源图.

煤层气的主要成分为甲烷，与天然气、页岩气的主要成分相似。煤层气可以与天然气混输共用，是近期内最为现实的天然气替代气源。另据《全国煤层气资源评价》成果显示，我国煤炭资源丰富，煤层气资源潜力大，埋深 2000 米以浅的煤层气资源总量为 36.81 万亿立方米，约占世界总量的 13%，居世界第 3 位，仅次于俄罗斯和加拿大（如表 3-1 所示）。煤层气资源总量与陆上常规天然气资源量相当，可采资源量相当于常规天然气的 50%。目前，我国正处在煤层气规模商业开发和产业化发展的关键阶段，加快煤层气开发可以增加优质清洁能源供给，改善能源供给结构。同时，可以安全可靠地缓解天然气短缺的局面，逐步减少对进口天然气的依赖［根据国家发改委发布消息显示，2012 年我国天然气进口量大幅攀升，全年天然气进口量（含液化天然气）425 亿立方米，增长 31.1%，对外依存度高达 28.9%］，有利于保障国家能源安全。

表 3-1　世界主要产煤国煤炭与煤层气资源量

国家	煤炭资源量（$\times 10^{12}$ 吨）	煤层气资源量（$\times 10^{12}$ 立方米）
俄罗斯	6.5	17~113
加拿大	71	7.9~76
中国	43	6.81
美国	3.97	21.2
澳大利亚	1.7	8~14
德国	0.32	3
波兰	0.16	3
英国	0.19	2
乌克兰	0.14	2
哈萨克斯坦	0.17	1
印度	0.16	0.8
南非	0.15	0.8

数据来源：国际能源署.

3.1.2 抽采煤层气可改善煤矿安全

煤层气是赋存于煤层及其邻近岩层中的与煤炭共伴生的以吸附状态为主的自生自储式的非常规天然气资源。煤层气主要由甲烷（CH_4）组成，是地史时期煤中有机质的热演化生烃产物，还包括少量重烃（C_2H_6、C_3H_8、C_4H_{10} 等）及部分一氧化碳（CO）、二氧化碳（CO_2）、氮气（N_2）、氢气（H_2）、硫化氢（H_2S）等气体。根据 Scott 于 1955 年对美国 1380 口煤层气生产井气体成分的统计结果表明，煤层气的主要成分中，甲烷占 93%、二氧化碳占 3%。不同的学者从不同角度给予煤层气不同的命名，最常见的是煤层气、煤层甲烷两种，英文名称为 Coalbed Methane、Coal Seams Gas 等，一般缩写为 CBM。煤层气业内绝大多数学者使用"煤层气（Coalbed Methane）"。煤层气俗称瓦斯，煤层气与瓦斯是一种物质的两种说法，一般在采矿工程上称为瓦斯，地质工程上称为煤层气；在井下抽采时称为瓦斯，地面抽采时称为煤层气。当煤层气浓度达到 5%～16%，氧气浓度不低于 12% 时，遇到高温火源就会发生爆炸，一旦形成灾害事故，就会造成大量作业人员的伤亡，严重影响和威胁矿井安全生产，给国家财产和职工生命造成巨大的损失。

中国是世界煤炭产销大国，2012 年煤炭产量和消费量分别为 38.6 亿吨和 37.2 亿吨（如表 3-2 所示），各占世界的 47.5% 和 50.2%（如表 3-3 所示）。我国煤炭产量的 95% 是井工矿生产，高瓦斯及煤与瓦斯突出矿井占我国矿井的 46%。据有关资料统计显示，1950～1990 年，全国煤矿已发生煤与瓦斯事故 15000 余次，约占世界同期瓦斯事故的 40%，其中死亡百人以上的 14 次，死亡 2326 人。20 世纪 80～90 年代，全国煤矿发生死亡 10 人以上的瓦斯爆炸事故 273 起，共死亡 5461 人，经济损失数百亿元。1999 年以来，全国煤矿发生事故近 30000 起，死亡 63097 人（如表 3-4 所示），其中"十一五"期间发生煤与瓦斯事故 1093 起，死亡 4559 人，重大以上事故 87 起，死亡 1878 人（如表 3-5 所示）。新中国成立以来，全国煤矿共发生一次死亡百人以上特别重大事故 24 起，其中 21 起是瓦斯煤尘事故，在以上重大事故中，瓦斯事故起数和死亡人数分别占 88% 和 90%。经相关部门对因瓦斯死亡人数与煤炭行业伤亡人数作对比分析，因瓦斯死亡的人数约占煤炭行业工伤事故死亡人数的 30%～40%，占重大事故的 70%～80%。21 世纪以来，尤其是"十一五"期间，我国加大了对煤矿瓦斯的治理，煤矿瓦斯事故起数和死亡率均逐年大幅下降。2010 年与"十五"末的 2005 年相比，全国煤矿事故起数由 3306 起减少到 1403 起、事故死亡人数由 5986 人减少到 2433 人，事故起数和事故死亡人数分别下降 57.6% 和 59.4%，煤炭百万吨死亡率由 2.836 减少到 0.749、下降 73%。经过对煤矿采取多种安全措施后，近五年来，全国煤矿安全事故死亡人数及百万吨死亡率与煤矿瓦斯事故及死亡人数都大幅下降，煤矿安全事故死亡人数由 2008 年的 3210 人下降到 2012 年的 1300 人，首次降到 1500 人以内，全国煤炭百万吨死亡率由 2008 年的 1.2 降到 2012 年的 0.374，下降幅度达 68.8%，创下历史新低；煤矿瓦斯事故也大幅度减少，由 2008 年的 182 起下降到 2012 年的 72 起，减少了 110 起，由煤矿瓦斯事故引起的死亡人数下降幅度达到 55%，由 2008 年的 778 人减少到 2012 年的 350 人（如表 3-4 和图 3-5 所示）。但是，与国际先进采煤国家相比，我国煤矿的瓦斯事故控制水平和抽采利用水平差距仍然较大，百万吨死亡率是美国等先进国家的 30～50 倍，煤矿重特大瓦斯事故尚未得到有效遏制，煤矿瓦斯引起的煤矿安全事故还占很大比例，尤其是部分地区和小煤矿瓦斯事故多发，煤矿瓦斯防治形势依然严峻。有效防范瓦斯事故的根本措施在于综合治理，搞好煤层气抽采利用尤其是地面煤层气的抽采，可以有效地减少煤层中的瓦斯含量，实现煤炭在低瓦斯状态下开采，有效杜绝瓦斯事故发生，是保障煤矿安全生产的根本措施和关键环节。

表3-2　2000~2012年中国煤炭产量与消费量　　　　　　　　单位：亿吨

年份	2000	2001	2002	2003	2004	2005	2006	2007	2008	2009	2010	2011	2012
产量	13.0	13.8	14.6	17.2	19.9	22.0	23.7	25.3	28.0	29.7	32.4	35.2	38.6
消费量	14.1	14.2	15.1	17.8	20.6	23.2	25.4	27.6	28.3	29.5	30.7	33.7	37.2

数据来源：经整理所得.

表3-3　2000~2012年世界煤炭产量与消费量　　　　　　　　单位：亿吨

年份	2000	2001	2002	2003	2004	2005	2006	2007	2008	2009	2010	2011	2012
产量	45.84	47.88	48.10	51.45	55.73	60.35	63.42	65.73	67.95	68.81	72.73	76.78	78.65
消费量	47.71	46.94	49.04	52.96	56.41	59.27	62.02	64.98	67.06	67.45	72.57	76.42	76.29

数据来源：经整理所得.

表3-4　1999~2012年全国煤矿事故死亡人数及百万吨死亡率统计

年份	1999	2000	2001	2002	2003	2004	2005	2006	2007	2008	2009	2010	2011	2012
死亡人数（人）	6536	5798	5670	6464	6702	3027	5986	4581	3786	3210	2631	2433	1973	1300
百万吨死亡率（%）	6.3	5.8	5.03	4.6	3.9	3.1	2.836	2.0	1.5	1.2	0.892	0.749	0.564	0.374

数据来源：搜集整理所得.

表3-5　2004~2012年全国煤矿瓦斯事故数及死亡人数统计

年份	2004	2005	2006	2007	2008	2009	2010	2011	2012
瓦斯事故数（起）	592	414	327	272	182	157	155	119	72
瓦斯死亡人数（人）	1900	2171	1319	1084	778	755	623	533	350

数据来源：搜集整理所得.

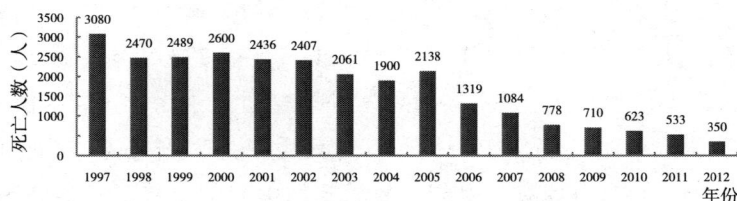

图3-5　全国历年煤矿瓦斯事故死亡人数统计

数据来源：经整理所得.

3.1.3 开发利用煤层气有利于保障国民经济可持续发展

能源作为人类经济社会发展的三大支柱之一，在世界经济可持续发展的战略中具有举足轻重的作用。随着我国国民经济的稳步快速发展，对能源的需求也越来越大，特别是随着工业化和城市化进程的加快和居民消费结构升级，对能源需求总量持续增长的势头不可逆转，尤其是石油、天然气的需求量会突飞猛进。尽管我国原油产量也在不断地增长，但仍跟不上需求的增长，原油供需间的缺口正不断扩大，供需矛盾突出，天然气也是如此。事实上，从 2003 年以来，我国煤炭、电力、石油、天然气等能源供应一直处于紧张状态。煤层气与天然气的主要成分相同，且可以混输共用。同时，从目前技术和开发现状，煤层气也是天然气最现实的战略接替能源。加快煤层气的开发利用，可以有效地缓解优质能源供需矛盾。

目前，我国能源消费结构中，以煤和石油为主的高碳能源消费比例过高，达到 90% 以上，以天然气、煤层气和可再生能源为主的低碳优质能源消费比例过低，不到 10%。控制能源总量的过快增长，重点是控制煤和石油等高碳能源的增长，降低高碳能源的消耗比重，大力开发利用天然气、核能和可再生能源，增加低碳、无碳消耗比重，是实现和平发展和可持续发展的必然选择。以甲烷为主要成分的煤炭伴生品——煤层气，其热值为 35800 千焦/立方米（相当于 1.22 千克/立方米标准煤），燃烧过程中基本无烟尘，可以说是一种非常洁净、热值高、优质、安全的新能源，也可以说煤层气是一种新的开发利用前景广阔的优质能源，而我国煤层气资源又极为丰富，居世界第三。因此，开发利用煤层气，可以调整现有的能源结构，改善我国的能源结构。

从资源利用的角度，开发利用煤层气已成为必然趋势。煤层气开发利用不仅可以增加清洁能源供应，一定程度上缓解能源供给不足的矛盾，而且煤层气的开发和利用将为煤炭、石油企业带来新的利润增长点。有关专家指出，煤层气产业在美国、加拿大等国早已形成可观规模，在中国却仍属待开发的"朝阳产业"，必将会成为国民经济新的增长点。

3.1.4 抽采利用煤层气可减少温室气体排放，减轻资源与环境双重压力

煤层气中的甲烷是主要的温室气体之一，其温室效应是二氧化碳的 20~24 倍，其大量排放，不仅会造成资源浪费，也会引起全球气候变暖。为了人类免受气候变暖的威胁，1997 年 12 月，在日本京都召开的《联合国气候变化框架公约》缔约方第三次会议通过了旨在限制发达国家温室气体排放量以抑制全球变暖的《京都议定书》，规定 2008 年到 2010 年间，所有发达国家二氧化碳等 6 种温室气体的排放量要比 1990 年减少 5.2%。在这个减排时期内，也就是到 2012 年，发展中国家并没有任何减排目标。中国政府于 1998 年 5 月签署并于 2002 年 8 月核准了该议定书。在 2009 年 12 月于丹麦哥本哈根举行的《联合国气候变化框架公约》第 15 次缔约方会议暨《京都议定书》第 5 次缔约方会议上，温家宝总理指出：1990~2005 年，中国单位国内生产总值二氧化碳排放

强度下降46%。在此基础，又提出，到2020年单位国内生产总值二氧化碳排放比2005年下降40%~45%、非化石能源占一次能源消费的比重达到15%左右的目标。为实现上述目标，我国进行能源结构调整，加大促进清洁能源利用刻不容缓。

然而，煤炭目前仍是我国重要的能源支柱产业，在一次能源生产总量中占70%以上。煤炭开发利用中会释放大量煤层气（即煤矿瓦斯）。据有关机构测算，每利用1亿立方米甲烷，相当于减排150万吨二氧化碳。根据有关部门不完全统计，截至2012年年底我国井下抽采煤矿瓦斯达561.19亿立方米，按平均利用率30%计算，共减少排放二氧化碳22800万吨；地面抽采煤层气累计87.55亿立方米，共减少排放二氧化碳8305万吨（如表3-6所示）。但煤层中绝大部分瓦斯由于技术的限制尚不能利用而直接排放到大气中了。据有关机构测算，2000年煤层气排放量为88亿立方米，2007年煤层气排放量为180亿立方米，按煤层气的排放量平均以每年13亿立方米的速度增加，到2012年煤层气排放量已高达300亿多立方米。也有机构统计，我国每年由于采煤使大约67×10^8立方米的甲烷气体直接排入大气层。而据联合国调查报告称中国的甲烷排放量达194×10^8立方米，约占全球甲烷排放量的1/3。无论从哪个角度统计，事实上，我国煤层甲烷的排放量都是相当巨大的，这既污染环境又造成了能源的巨大浪费，同时也是构成大气温室气体的主要来源。若按照澳大利亚阿得雷德大学贝瑞·布鲁克教授的研究结果：甲烷温室效应是二氧化碳的72倍来计算，我国由煤炭开采排放的甲烷造成的温室效应会更大。

表3-6 2000~2012年全国煤层气抽采量统计 　　　　　　单位：亿立方米

年份	2000	2001	2002	2003	2004	2005	2006	2007	2008	2009	2010	2011	2012	总计
抽采量	8.7	9.8	11.5	15.2	18.66	23.33	32.4	47.8	65.5	71.85	88	115	141	648.74
井下抽采量	8.7	9.8	11.5	15.2	18.66	23.03	31.1	44	58	61.7	73.5	92	114	561.19
地面抽采量	—	—	—	—	—	0.3	1.3	3.8	7.5	10.15	14.5	23	27	87.55

数据来源：经整理所得.

3.1.5 开采利用煤层气可推动经济发展

据有关部门公布的数据显示，2012年，我国煤层气产量为141亿立方米，其中井下抽采114亿立方米，地面抽采27亿立方米；2012年我国煤层气利用量为58亿立方米，其中，井下煤层气的利用量为38亿立方米，地面煤层气的利用量为20亿立方米，见表3-7。参照目前煤层气的市场价格，即每立方米煤层气约为2.5元，则2012年煤层气为社会创造145亿元的财富。如果按平均每立方米煤层气约2元计算，从2000年到2012年煤层气累计为社会创造497.62亿元的财富。同时，煤层气开发利用也是一项庞大的系统工程，建设一个煤层气地面工程将带动道路、管道、钢铁、水泥、化工、电力、生活服务等相关产业的发展，这不仅增加创业与就业机会，而且更能促进地方经济的发展。

表 3-7　2000~2012 年全国煤层气利用量统计　　　单位：亿立方米

年份	2000	2001	2002	2003	2004	2005	2006	2007	2008	2009	2010	2011	2012	总计
利用量	3.18	4.58	4.56	6.29	5.93	7.24	11.61	14.56	18.76	25.1	36	53	58	248.81
井下利用量	3.18	4.58	4.56	6.29	5.93	6.97	10.1	12.06	15.91	19.3	25	35	38	186.88
地面利用量	—	—	—	—	—	0.27	1.51	2.5	2.85	5.8	11	18	20	61.93

数据来源：经整理所得.

煤矿瓦斯事故是煤矿安全生产的最大威胁之一。在高瓦斯与瓦斯突出矿井中开采煤炭极易发生瓦斯爆炸，而我国高瓦斯和瓦斯突出矿井数量占总矿井数的 46%。我国瓦斯事故频繁，每年因瓦斯灾害造成的死亡人员达 2000 人以上。仅根据最近 15 年的统计，因瓦斯事故而死亡的人数约占煤炭行业工伤事故死亡人数的 30%~40%，占重大事故的 70%~80%，直接经济损失超过 500 亿元。采煤之前先抽出煤层气，有利于从根本上防止煤矿瓦斯事故，改善煤矿的安全生产条件，同时还能减少矿井建设费用，据有关部门测算，预抽采煤层气后，巷道建设和通风费用能比原来减少 1/4 左右。煤层气的开采利用使瓦斯事故在得到有效控制的同时，实现了较少的投入，这不仅可避免因瓦斯事故造成的直接经济损失，而且瓦斯的成功利用还能提高煤矿的生产效率和经济效益。

另外，矿区煤层气的开采利用可极大改善地矿区的能源结构。从过去以污染严重的燃煤为主向现在以洁净的煤层气为主转变，不仅能改善当地恶劣的空气环境，矿区人民的生活也将更加便利、快捷。更为重要的是，由于煤层气的燃烧效率高，不仅能使每年每户节约几百元的燃料费用，而且由于煤层气属于非常规能源，其开采将会为矿井带来一定的增收。同时，煤层气工程的实施既能增加当地就业、提高人民收入，又能拉动当地经济增长、增强当地经济的活力。

因此，开采利用煤层气，在为社会创造巨大的经济利益，改善煤矿安全条件，有效地提高煤炭生产效率和经济效益的同时，还将带动相关产业发展和对当地社会经济发展起到巨大的推动作用，从而实现开发一方资源、拉动一方经济、造福一方百姓、构建一方和谐的目的。

3.2 必要性

3.2.1 建设国家煤层气产业化开发示范基地是调整能源结构的需要

能源是国民经济发展的基础。国家"十二五"规划纲要明确提出：要坚持节约优先、立足国内、多元发展、保护环境，加强国际互利合作，调整优化能源结构，构建安全、稳定、经济、清洁的现代能源产业体系。其中调整优化能源结构，推进能源多元清洁发展是"十二五"时期能源行业的一项非常重要的任务。21世纪以来，我国经济快速发展，迅速崛起为世界能源大国，特别是"十一五"期间，一次能源生产总量和消费总量均跃居世界第一（见表3-8），能源供应能力显著增强，能源结构明显优化，新能源迅猛发展。但同时也要看到，目前我国的能源结构是"多煤、少气、贫油"，以煤炭为主的能源消费结构十分突出。我国煤炭占一次能源消费总量的接近70%左右，而石油、天然气和其他可再生能源的比重远低于发达国家水平（如表3-9所示）。2012年我国在一次性能源消费结构中，煤炭约占68.5%，远高于29.9%的世界平均水平；石油占17.7%，天然气占4.7%，远低于世界平均水平（石油为33.1%；天然气为23.9%）（如图3-6、图3-7所示）。

表3-8 2001~2012年世界主要国家一次能源消费量 单位：百万吨油当量

年份	2001	2002	2003	2004	2005	2006	2007	2008	2009	2010	2011	2012
美国	2259.7	2295.5	2302.3	2348.8	2351.2	2332.7	2372.7	2320.2	2205.9	2277.0	2269.3	2208.8
德国	338.8	334.0	337.1	337.3	333.2	339.5	324.4	326.7	307.5	322.4	306.4	311.7
法国	258.4	255.4	259.3	263.6	261.1	259.2	256.7	257.8	244.0	251.8	242.0	245.4
日本	512.8	510.3	511.0	522.4	527.1	527.6	522.9	515.3	474.0	503.0	477.6	478.2
中国	1041.4	1105.8	1277.3	1512.5	1659.0	1831.9	1951.0	2041.7	2210.3	2402.9	2613.2	2735.2
世界总计	9493.0	9613.9	9950.2	10449.6	10754.5	11048.4	11347.6	11492.8	11391.3	11971.8	12274.6	12476.6

数据来源：BP世界能源统计年鉴.

表3-9 2012年世界各国家和地区一次能源消费结构

国家和地区	原油（%）	天然气（%）	原煤（%）	核能（%）	水力发电（%）	再生能源（%）	总计（百万吨油当量）
美国	37.1	29.6	19.8	8.3	2.9	2.3	2208.8
加拿大	31.7	27.9	6.7	6.6	26.2	1.3	328.8
墨西哥	49.3	40.1	4.7	1.1	3.8	1.1	187.7
巴西	45.7	9.5	4.9	1.3	34.4	4.12	74.7

（续表）

国家和地区	原油（%）	天然气（%）	原煤（%）	核能（%）	水力发电（%）	再生能源（%）	总计（百万吨油当量）
法国	33.0	15.6	4.63	9.2	5.4	2.2	245.4
德国	35.8	21.7	25.4	7.2	1.5	8.3	311.7
意大利	39.5	38.0	10.0	—	5.8	6.7	162.5
俄罗斯	21.2	54.0	13.5	5.8	5.4	0.1	694.2
西班牙	44.2	19.5	13.4	9.6	3.2	10.2	144.3
土耳其	26.4	35.0	26.3	—	11.0	1.3	119.2
乌克兰	10.5	35.6	35.6	16.3	1.9	0.1	125.3
英国	33.6	34.6	19.2	7.8	0.6	4.1	203.6
伊朗	38.3	60.0	0.4	0.1	1.2	0.0	5234.2
沙特阿拉伯	58.4	41.6	—	—	—	—	222.2
南非	21.8	2.8	72.8	2.5	0.3	—	123.3
澳大利亚	37.5	18.1	39.1	—	3.2	2.1	125.7
中国	17.7	4.7	68.5	0.8	7.1	1.2	2735.2
印度尼西亚	44.9	20.2	31.6	—	1.8	1.4	159.4
日本	45.6	22.0	26.0	0.9	3.8	1.7	478.2
韩国	40.1	16.6	30.2	12.5	0.2	0.3	271.1
中国台湾	38.6	13.4	37.6	8.3	1.1	1.0	109.4
泰国	44.6	39.2	13.6	—	1.7	1.0	117.6
世界总计	33.1	23.9	29.9	4.5	6.7	1.9	1276.6

资料来源：BP 世界能源统计年鉴 2013.

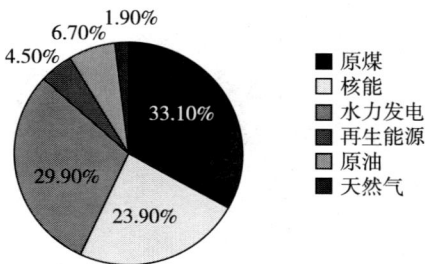

图 3-6　2012 年世界一次能源消费结构

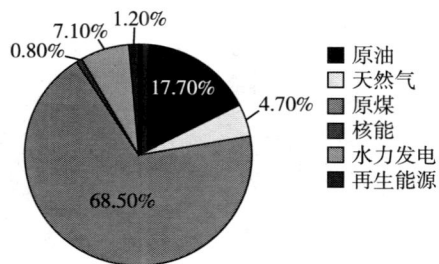

图 3-7　2012 年中国一次能源消费结构

国家"十二五"规划纲要提出：到 2015 年，我国非化石能源占一次能源消费的比重达到 11.4%，单位国内生产总值能源消耗降低 16%，单位国内生产总值二氧化碳排放降低 17%。而 2010 年我国非化石能源占一次能源消费的比重仅为 8.3%；2011 年，非化石能源占一次能源消费比重不升反降了约 0.3 个百分点，为 8%；2012 年，非化石能源占一次能源消费的比重达到 9.1%，同比增长了 1.1 个百分点，其中水力发电在非化石能源中占较大比例，高达 78%。这离"十二五"规划纲要提出的目标还有很大差距，任务十分艰巨。要想实现国家提出的"十二五"规划纲要目标，必须致力于调整以煤为主的能源结构，增加清洁能源比重，尤其是增加天然气（包括煤层气、页岩气等）的比重。根据有关机构预测，到 2015 年，中国天然气利用规模可能会达到 2600 亿立方米，在能源消费结构中的比例预计将从 2010 年的 4.03%（如图 3-8、图 3-9 所示）提高到 8.3%左右，天然气产量约 1500 亿立方米，到"十二五"末天然气将有约 1000 亿立方米的缺口。另外，根据国家能源局发布的《煤层气（煤矿瓦斯）开发利用"十二五"规划》，到 2015 年，煤层气（煤矿瓦斯）产量将达到 300 亿立方米，其中地面开发 160 亿立方米，新增煤层气探明地质储量 1 万亿立方米，建成沁水盆地、鄂尔多斯盆地东缘两大煤层气产业化基地。开发利用煤层气，既可有效弥补我国常规天然气供用量的不足，同时又能起到优化能源结构，减少空气污染。例如，"十一五"期间我国累计利用煤层气量达 106.03 亿立方米，相当于节约标准煤 1283 万吨，减排二氧化碳 3361 万吨，2012 年我国煤层气抽采量大幅度提升，达到 141 亿立方米，利用量达到 58 亿立方米，有效地缓解了天然气的供应不足。

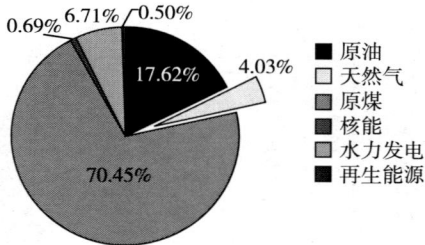

图 3-8 2010 年中国一次能源消费结构

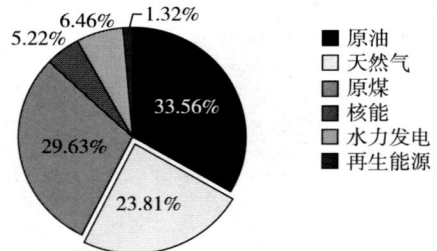

图 3-9 2010 年世界一次能源消费结构

山西作为全国的煤炭生产大省，在终端能源消费中煤炭消费占能源消费总量高达 94.7%，比全国平均水平高出 26 个百分点，而油、气、电等高品质的能源消费分别占能源消费总量的 4.4%、0.4%和 0.6%，比全国平均水平分别低 17、2.4 和 5.8 个百分点。这是由山西富煤无油资源的特点决定的以煤为主的能源生产和消费结构。可由于技术有限等原因，煤炭能源利用效率低，这不仅浪费有限的资源，而且给大气环境造成了严重的污染。丰富的煤炭资源里蕴藏着十分丰富的煤层气资源，目前从煤层气资源勘探范围、勘探程度和探明储量情况来看，山西均位列全国首位，是全国煤层气资源最为富集和最具开发潜力地区。初步探测 2000 米以浅的煤层气资源总量约占全国总量的 1/3。开发利用煤层气这个丰富、洁净、高效新能源，既能调整山西能源结构、提高能源效率，又能保护生态环境、保障能源安全，同时也为发展低碳经济做出贡献。当前，山西省境内的沁水盆地沁水煤田和鄂尔多斯盆地东缘河东煤田的煤层气开发初具规模，具有商业化开发价值，晋城地区已初步形成了煤层气产业化链条，这不仅为推进煤层气产业快速发展和加快煤层气产业化基地建设奠定了坚实基础，而且进一步促进山西能源结构优化。

3.2.2 建设国家煤层气产业化开发示范基地是助推煤层气产量增长的需要

煤层气是贮存于煤层及其围岩中的天然气，由气体化合物与气体元素组成的混合体。煤层气产量受多种因素影响，其中地质因素和开采方式起决定性因素。我国煤层气地质条件复杂，低渗、低压和低饱和是我国煤层气藏的一个较为显著的特征，为煤层气资源的开发带来了很大的难度。我国煤层气产量上不去，除了地质条件复杂和技术原因外，煤层气企业较为分散、形不成规模效应也是一个重要因素。由于煤层气企业过于分散，没有很好规划，各煤层气企业都忙于争抢资源，无法形成规模性生产。整装煤层气区的开发是规模性生产的前提。整装煤层气田整装规划开采，不仅提高煤层气开发利用集中程度，避免重蹈煤炭行业煤窑胡挖乱采的覆辙，而且规模化生产可带来巨大的经济效益和社会效益。同时集中开采煤层气的采出率高达 45%～75%，而分散开采的采出率只有 20% 左右。在煤层气产业发展的初期，集中力量搞煤层气生产示范基地建设，实行煤层气的集中化、规模化生产，有利于实现煤层气产量提高。

有关部门对煤层气产量统计的数据显示，2004 年之前，我国地面煤层气产量基本为零；"十一五"前期地面煤层气产量不高，2005 年产量为 0.3 亿立方米，2006 年产量为 1.3 亿立方米。随着我国首个国家级煤层气高技术产业化示范工程——沁水盆地南部煤层气开发利用高技术产业化示范工程，经过两期、五年的建设，于 2009 年 10 月全面建成并投入商业化生产后，地面煤层气产量大幅度提升，2009 年地面煤层气产量高达 7.5 亿立方米。随后国家油气战略选区示范工程端氏项目——山西省沁水县端氏煤层气开发示范工程，山西晋城矿区采气采煤一体化煤层气开发示范工程相继建成投入运营，我国地面煤层气产量逐年成倍增长，2012 年产量已达 27 亿立方米。

国家《煤层气煤矿瓦斯开发利用"十二五"规划》明确提出，"十二五"期间，我国重点开发沁水盆地和鄂尔多斯盆地东缘，建成两个大型煤层气产业化基地，使已有产区稳产增产，新建产区增加储量、扩大产能，配套完善基础设施，实现产量快速增长。沁水盆地位于山西省东南部，含煤面积 2.4 万平方千米，埋深 2000 米以浅煤层气资源量约 3.7 万亿立方米，探明地质储量约 1834 亿立方米，目前已建成产能 25 亿立方米，初步形成勘探、开发、生产、输送、销售和利用等一体化产业基地；鄂尔多斯盆地东缘地跨山西、陕西、内蒙古三省区，含煤面积 2.5 万平方千米，埋深 1500 米以浅煤层气资源量约为 4.7 万亿立方米，探明地质储量约 818 亿立方米，目前已建成产能 6 亿立方米。随着山西省境内沁水盆地的寺河、潘河、成庄、潘庄、赵庄、大宁、郑庄、柿庄南、马必、寿阳、和顺和鄂尔多斯盆东缘的柳林、三交、大宁—吉县等一批示范项目相继建成投入运营，煤层气地面产能到 2015 年有望达到 190 亿立方米，产量为 160 亿立方米。山西煤矿井下抽采正在实施煤矿瓦斯先抽后采、抽采达标，重点实施煤矿瓦斯抽采利用规模化矿区和瓦斯治理示范矿井建设工程，这些示范工程的建设，有力地保障了煤矿安全生产，同时实现了煤矿瓦斯抽采量的突飞猛增，到 2015 年煤矿瓦斯抽采量可望达到 140 亿立方米。无论是已建成的，还是在建的煤层气示范工程都为建设国家煤层气产业化开发示范基地奠定了坚实的基础，助推了煤层气产量的增长。

3.2.3 建设国家煤层气产业化开发示范基地是推进煤层气产业化进程的需要

煤层气产业化不仅是煤层气勘探与开发问题，还涉及上游的材料、制造和下游的运输、利用等相关行业的发展。开展煤层气先导性试验和示范工程项目是中国煤层气勘探开发实现产业化发展的重要步骤，也是实现新理论和新技术在实践中进行测试和验证、再从实践中进行总结和完善的重要环节。煤层气产业化开发是一项巨大的综合工程，其示范基地应包括煤层气勘探、抽采、输送、压缩、液化、化工、发电、汽车燃气、居民用气等完整的产业链，煤层气产业化示范基地建设必然带动运输、管线、钢铁、建材等相关产业的发展。从某种意义上说，煤层气产业化开发示范工程基地的建设不仅推动煤层气的开发，也加速推进了煤层气产业化的进程。我国主要通过煤层气示范工程项目实施，来促进和带动煤层气产业快速发展。目前，沁水盆地南部煤层气开发利用高技术产业化示范工程、山西晋城矿区采气采煤一体化煤层气开发示范工程、无烟煤煤层气产业化开发利用技术体系与工程示范、山西省沁水县端氏煤层气开发示范工程、铁法矿区煤层气资源产业化开发工程等，已形成了适合我国不同地质和储层条件的创新性煤层气高效开发利用技术体系，对煤矿区煤层气开发利用起到了引导示范作用。同时，试验推广应用了如 PE100 聚乙烯管线和气动机等多项新材料、新装备。这一系列煤层气示范工程与项目的建设和竣工投产，极大地推动了煤层气开发的热潮，也加速了中国煤层气产业化的进程。

另外，与煤层气示范工程相配套的管网、集气设施、供气站、煤层气发电站等一大批项目已建成投入使用，如我国第一条跨省煤层气输送管线山西端氏—晋城—河南博爱管道，年输送能力达 10 亿立方米，已建成投入运营；端氏—沁水接"西气东输"管道已接通并运营；山西晋城建成的 125 万立方米/天煤层气压缩站、120 万立方米/天煤层气液化厂、120 兆瓦瓦斯发电厂和瓦斯发电集群、24 个煤层气加气站点等。这些项目的实施，使民用、工业燃气、汽车燃料、煤层气发电相结合的煤层气利用体系基本形成，促进了煤层气产业化的开发。作为全国煤层气开发利用较好的地区山西省，目前建成了全国最大地面煤层气抽采井群、全国规模最大的地面煤层气开发示范工程、全国最大的井下瓦斯抽采工程、最大的煤层气燃料供应系统、最大的煤层气液化厂、世界最大规模的瓦斯发电厂等抽采利用工程，这些示范工程加速了煤层气产业化和规模化开发，极大地推动了煤层气产业化进程，使山西成为全国重要的煤层气生产和产业化重要基地。

3.3 可行性

3.3.1 具有宽松的政策环境和各级党政领导的重视和支持

我国政府一直重视煤层气的勘探、开发与利用。早在 20 世纪 80 年代，政府就把煤矿瓦斯的利用正式纳入"中国节能基本建设投资计划"，同时将煤层气的勘探开发研究列入"八五"科技发展攻关项目。为了鼓励煤层气开发利用，我国政府在 1996 年颁布的《中华人民共和国煤炭法》明确规定"中国政府鼓励开发利用煤层气"，并在 1998 年实施的《当前国家重点鼓励发展的产业、产品和技术目录》及《鼓励外商投资产业目录》中把煤层气的勘探、开发和利用列入其中。

21 世纪以来，党中央、国务院十分关心和高度重视煤层气开发利用，在其正确领导下，经过政府各部门和广大煤炭、石油、煤层气企业的不懈努力，我国煤层气产业发展步伐明显加快并初具规模，使煤层气开发理念发生了根本性转变，已由原来的以煤矿瓦斯防治为主的"井下瓦斯抽放"阶段发展到以促进煤矿安全生产、开发利用洁净能源、保护大气环境为理念的煤矿井下抽采和地面开发并举的煤层气产业化发展阶段。尤其是 2005 年，为加强煤矿瓦斯防治，加快煤层气资源开发利用，国务院第 81 次常务会议决定成立由国家发改委为组长单位，12 个成员单位参加的煤矿瓦斯防治部际协调领导小组。领导小组成立以来，推动出台了一系列促进煤层气抽采利用的政策措施。例如，同年国家发改委颁布的《产业结构调整指导目录》中明确把"煤层气勘探、开发和矿井瓦斯利用"列为鼓励类项目，同时，出台了《国务院办公厅关于印发煤矿瓦斯治理与利用总体方案的通知》，并与国家多个部委联合出台了《关于印发煤矿瓦斯治理与利用实施意见的通知》。随后，在 2006 年，国务院办公厅印发了《关于加快煤层气（煤矿瓦斯）抽采利用的若干意见》（国办发〔2006〕47 号），提出了 16 条意见。国务院各有关部门为积极落实该若干意见，相继出台了煤炭生产安全费用提取、煤层气民用补贴、发电上网加价、税费优惠、安全投入等一系列优惠扶持政策。同年出台了《煤层气（煤矿瓦斯）开发利用"十一五"规划》及财政部、海关总署、国家税务总局关于印发《关于煤层气勘探开发项目进口物资免征进口税收的规定》。2007 年，财政部出台了《关于煤层气（瓦斯）开发利用补贴的实施意见》，并会同国家税务总局出台《关于加强煤层气抽采有关税收政策问题的通知》。同年 4 月，国家发改委印发《关于利用煤层气（煤矿瓦斯）发电工作实施意见的通知》及《关于煤层气价格管理的通知》；国土资源部出台《关于加强煤炭和煤层气资源综合勘查开采管理的通知》;商务部、国家发改委、国土资源部印发《关于进一步扩大煤层气开采对外合作有关事项的通知》。2008年,财政部办公厅又出台印发《关于组织申报煤层气(瓦斯)开发利用财政补贴资金的通知》等。到目前为止,各种涉及煤层气(煤矿瓦斯)的规范性文件约有51个,有力地为煤层气开发提供了法律保障。

另外,国家为了促进煤层气开发,从资金上给予一定的支持。例如,国家从2001年开始安排财政预算资金,2005年起每年安排30亿元国债资金用于煤矿瓦斯治理为重点的安全技术改造,连续10年累计投入中央财政资金240亿元,带动地方和社会投入达1250亿元。同时,国家从政策层面上加大煤层气开发利用扶持力度。例如,民用煤层气出厂价格由供需双方协商确定,每利用(发电上网除外)1立方米煤层气,国家补助0.2元;煤层气发电优先自发自用,多余上网,不参与市场竞价,不承担调峰任务,发电上网价格按2005年燃煤脱硫机组标杆电价加0.25元执行;煤层气企业销售煤层气实行增值税先征后返政策,抽采设备实行加速折旧,暂不征收资源税等。

为了促进和加快煤层气产业的形成和发展,除了国家和中央有关部委出台了一系列相关法规和优惠政策,地方政府和相关部门也高度重视煤层气的开发利用,尤其是山西省。为了加快山西煤层气产业的发展,省委、省政府先后颁布了《山西省煤层气(天然气)产业"十一五"发展规划》《山西省煤层气(天然气)产业"十二五"发展规划》《山西煤层气管网规划》《山西省煤层气综合利用规划》和《山西省煤层气开发利用政策研究》,以及《山西沁水盆地、河东煤田煤层气开发利用区域规划》等一系列重要规划性文件。山西省为了推进煤层气勘探开发利用,在2007年已颁布的《山西省煤层气(天然气)产业"十一五"发展规划》中把煤层气列入省产业政策发展序列、潜力产品目录。另外,山西省政府在积极贯彻落实财政部《关于组织申报煤层气(瓦斯)开发利用财政补贴资金的通知》的同时,加大了对煤层气(瓦斯)补贴工作的执行力度,及时对抽采煤层气用于民用燃气、锅炉燃料、汽车燃料、化工原料、非上网自用发电等的企业给予0.2元/立方米(折纯)的补贴。特别强调的是山西省成为国家资源型经济转型综合配套改革试验区后,明确把"气化山西"作为山西省"十二五"规划的重大经济战略方针。其中,煤层气为一种重要的气源。至此,山西省煤层气产业化发展的政策环境已经基本形成。

随着煤层气勘探开发利用的有关政策措施贯彻落实,极大地提高了煤炭、石油、煤层气企业抽采利用煤层气(煤矿瓦斯)的积极性。截至2012年年底,全国煤矿瓦斯用户超过130万户,以煤层气为燃料的汽车超过11500辆,瓦斯发电装机容量超过130万千瓦。随着山西省煤层气长输管道并入西气东输管网并投入正式运营和世界最大的山西晋煤集团寺河瓦斯发电厂,总装机容量12万千瓦,年发电量8.4亿千瓦时,年利用煤矿瓦斯纯量1.8亿立方米投入使用后,我国煤层气产业进入了大规模商业化生产的新阶段。

3.3.2 具有优越的资源条件

山西是我国最大的煤炭生产基地，其得天独厚的煤炭资源蕴藏着极其丰富的煤层气资源。据有关机构测算，山西省 2000 米以浅的煤层气资源量约为 $9.96×10^{12}$ 立方米，占全国煤层气资源总量（$36.81×10^{12}$ 立方米）的 27%，居全国之首（如图 3-10 所示）。

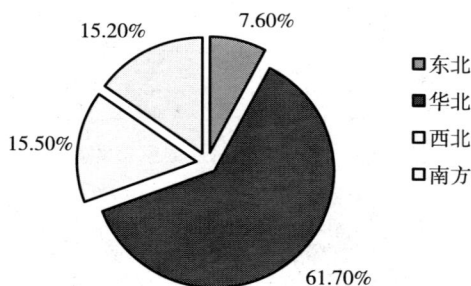

图 3-10　中国煤层气资源分布

根据山西石炭二叠系含煤（气）岩系沉积特征及其聚煤（气）规律，以及构造展布特征，山西煤层气分布在 4 个煤层气聚气盆地的 6 大煤田 17 个含气区 6 个重点矿区中，即沁水聚气盆地的太原西山煤田、霍西煤田和沁水煤田；河东聚气盆地的河东煤田；宁武聚气盆地的宁武煤田和大同聚气盆地的大同煤田。从山西 4 大聚气盆地来看：沁水盆地煤层气资源量最多，为 $61422×10^8$ 立方米，占山西省煤层气资源总量的 62%；其次是河东盆地，为 $27948×10^8$ 立方米，占山西省煤层气资源总量的 28%；两大盆地共占全省煤层气资源量的 90%；而大同盆地和宁武盆地煤层气资源量各占 5%（如图 3-11 所示）。

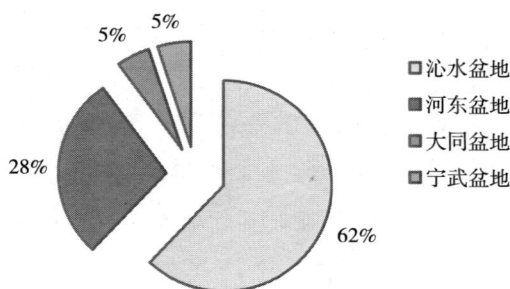

图 3-11　山西煤层气资源分布比例

从山西 6 大煤田来看：除大同煤田属贫甲烷区外，沁水、河东、西山、霍西、宁武等煤田均有煤层气赋存，其中沁水煤田煤层气资源量最多，为 $56371×10^8$ 立方米，占全省的 56%；河东煤田煤层气资源量为 $27948×10^8$ 立方米，占全省的 28%；宁武煤田煤层气资源量为 $5432×10^8$ 立方米，占全省的 5%；大同煤田煤层气资源量为 $4803×10^8$ 立方米，占全省的 5%；西山煤田煤层气资源量为 $3501×10^8$ 立方米，占全省的 4%；霍西煤

田煤层气资源量为 1550×10^8 立方米，占全省的 2%（如图 3-12、图 3-13 所示）。

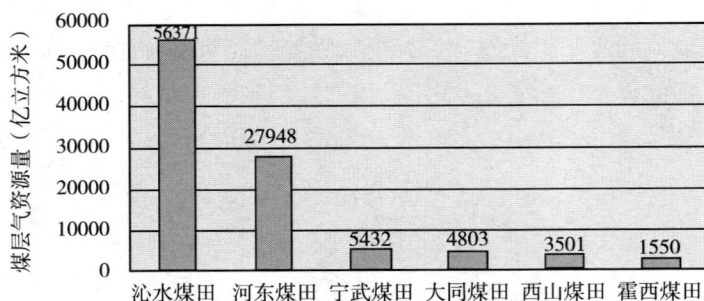

图 3-12　山西各煤田煤层气资源量

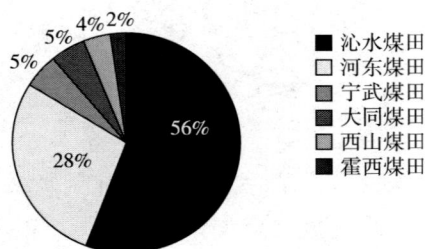

图 3-13　山西各煤田煤层气资源量比例

从 17 个含气区来看：沁南煤层气资源量最多，为 13965.9×10^8 立方米，占全省的 14%；寿平为 13157.33×10^8 立方米，占全省的 13%；和顺为 10855.16×10^8 立方米，占全省的 11%；霍东为 9467.8×10^8 立方米，占全省的 10%；大宁—吉县为 10191.74×10^8 立方米，占全省的 10%；武襄为 8924.47×10^8 立方米，占全省的 9%；其余 11 个含气区共占全省煤层气资源量的 33%。

从 6 个重点矿区来看，山西煤层气主要分布于阳泉和晋城矿区：阳泉矿区煤层气资源量为 6448×10^8 立方米，占全省的 6.47%；晋城矿区煤层气资源量为 6112.52×10^8 立方米，占全省的 6.33%；潞安矿区煤层气资源量为 1575.95×10^8 立方米，占全省的 1.63%；西山矿区煤层气资源量为 1260×10^8 立方米，占全省的 1.3%；离柳矿区煤层气资源量为 695×10^8 立方米，占全省的 0.72%（如图 3-14 所示）。

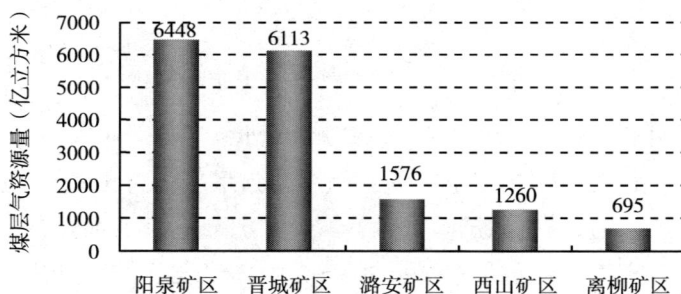

图 3-14　山西重点矿区煤层气资源量

从山西煤层气资源的分布、开采条件和资源品质分析，山西煤层气资源具有分布集中，主要分布在沁水盆地和河东盆地，两者煤层气资源量占全省煤层气资源量的 90%，为山西煤层气开发利用的重点区块；埋藏浅，大部分埋藏小于 1500 米，其中，小于 1500 米的资源量为 65000.42×10^8 立方米，1500~2000 米的资源量为 34603×10^8 立方米；可采性好（可采性大于 60%）；甲烷含量高（CH_4 含量大于 95%、CO_2 含量小于 1%、N_2 含量小于 3%、不含硫及 C2 以上重烃）；热值高（热值高于 8000 卡/立方米）；含气量高（含气量介于 5.0~38.7 立方米/吨，平均为 15.5 立方米/吨）；渗透率高（渗透率一般在 1.0 毫达以上）；资源丰度高（资源丰度介于 1.7~2.8 亿立方米/平方千米）等特点。

目前，沁水、河东等煤田已登记煤层气区块面积 28303 平方千米，通过钻井勘探，煤层气探明储量 750 亿立方米，可采储量 395 亿立方米，可与美国圣胡安和黑勇士两大煤层气富集区相媲美，具备大规模开采的资源优势。

3.3.3 具有良好的基础条件

随着我国经济高速增长，能源消费越来越高，而能源供应严重不足，尤其是石油、天然气严重短缺。从全国能源消费区域来看，京、津、唐等大中城市和东部省区对油气的需求量较大，供需缺口逐年急剧扩大。而山西煤层气资源储量丰富，且地处我国中部，紧邻京、津、豫等大中城市和能源紧缺的中、东部省市区，具有独特的区位优势。另外，山西省内煤层气勘探开发区域交通条件便利，经济发展基础较好，有利于煤层气的规模开发与有效利用。

目前，山西已经初步形成国家天然气主干管网、省级主干管网和省级支线管网三级输气管网系统。根据山西天然气管网建设规划，通过"三纵十一横、一核一圈多环"的输气管线网络，到 2015 年底实现全省 11 市的 119 县一张网、全覆盖，全部实现气化。"三纵十一横"管网（如表 3-10 所示）："三纵"包括西线是乡宁—柳林—临县—保德输气管道，该线贯穿河东煤田；中线是大同—朔州—忻州—太原—临汾—运城输气管道，该线是沿大运高速公路铺设；东线是阳泉—和顺—长治—晋城输气管道，该线贯穿沁水煤层气田。"十一横"具体指的是山西境内的已有的国家陕京一线、陕京二线、陕京三线、西气东输管道、榆济线，正在建设应张线、右玉—山阴—浑源中海油煤制天然气管道等七横的基础上，建设沁水—侯马—河津长输管道，洪洞—安泽—长治输气管道（南线），柳林—介休—太原—阳泉长输管道（中线），保德—原平长输管道（北线）。"一核一圈多环"主要从资源合理调配、现阶段的互通互联、更好的储气调峰、提高供气安全的等方面，率先以"气化太原"为重点，通过建设太原大外环管网等，做好"气化太原"（一核）。在以"东线""西线"为基础，并建设长治—临汾输气管道连接线，构建一个"同压力、同管径"贯穿沁水煤田和河东煤田两大煤层气主产区的省级大气源调配大环网（一圈）。适时在全省 11 个地级市建设环城高压管网，优化储气调峰、保障稳定供气（多环）。

表 3-10　山西煤层气管网建设规划

"三纵"	西线	乡宁—柳林—临县—保德输气管道，贯穿河东煤田
	中线	大同—朔州—忻州—太原—临汾—运城输气管道，沿大运高速公路铺设
	东线	阳泉—和顺—长治—晋城输气管道，贯穿沁水煤层气田
"十一横"	国家主干线	陕京一线
		陕京二线
		陕京三线
		西气东输管线
		榆济线
	省级主干线	应张线
		右玉—山阴—浑源
		沁水—侯马—河津长输管道
		洪洞—安泽—长治输气管道（南线）
		柳林—介休—太原—阳泉长输管道（中线）
		保德—原平长输管道（北线）

资料来源：政府部门报告整理所得.

山西省已建成投入运营的天然气管网国家级主干管道（见表 3-11）有：

陕京一线：山西境内管线长 330 千米，已于 1997 年投入运行，从保德入晋，经神池、应县、浑源，由广灵入河北省，留设神池清管站和应县北曹山分输站，其中，应县分输站分输能力为 15×10^8 立方米；

陕京二线：山西境内管线长 260 千米，已于 2005 年投入运行，从兴县入晋，经岚县、静乐、阳曲，由盂县入河北，留设岚县、大盂、盂县三个分输口；

陕京三线：山西境内管线长约 400 千米，已于 2010 年投入运行，从临县第八堡穿越黄河自陕西进入山西，途经吕梁、忻州、太原和阳泉等地区，由盂县入河北，留设岚县、阳曲（大盂）、盂县三个分输口；

西气东输管道：山西境内管线长 328 千米，已于 2004 年投入运行，从永和关入晋，经永和、蒲县、浮山、沁水，由阳城入河南，留设临汾、阳城两个分输口，其中临汾站分输能力为 1.5×10^8 立方米；

榆济线：山西境内管线长近 600 千米，已于 2010 年投入运行，从吕梁入晋，经汾阳、晋中平遥、长治黎城，由长治入河南濮阳，留设吕梁、汾阳、平遥、黎城四个分输口；

表 3-11　山西省内国家天然气主干管道情况

名称	管径（毫米）	压力（兆帕）	设计能力（亿立方米）	长度（千米）
陕京一线	610	6.4	33	330
陕京二线	1016	10	170	260
陕京三线	1016	10	170	400
西气东输管线	711	10	30	328
榆济线	1016	10	170	—

资料来源：由各报告、网站整理所得.

山西省已建成投入运营的天然气管网省级主干管道（见表 3-12）有：

沁水—晋城煤层气管道：已于 2009 年建成并投入运行，主要用于输送晋煤集团西区的煤层气，该管线输送能力为 10 亿立方米/年；

端氏—沁水段管道：已于 2009 年建成并投入运行，主要用于运输煤层气进西气东输管道，输送能力为 30 立方米/年；

端氏—晋城—博爱煤层气管道：已于 2011 年建成并投入运行，主要用于输送中联煤煤层气进入河南，输送能力为 20 立方米/年。另外还有应县—金沙滩、金沙滩—大同、大盂—太原、大盂—原平、太原—清徐—平遥、临汾—洪洞—霍州、临汾—新绛—河津、新绛—侯马—运城、盂县—阳泉、太原—和顺—长治、五台县—柳林—临猗县共 14 余条省级天然气（煤层气）输气管道，全长约 1000 千米，到 2012 年年底已具备了向大同、朔州、忻州、太原、阳泉、晋中、长治、临汾、运城 10 市 62 县区供气的条件，气化覆盖率达到 52.1%，年输气能力 120 亿立方米，管线日储气量可达 600 万立方米的能力。

山西省已建成天然气管网省内支线管道（见表 3-12）有：

陕京线—平鲁区、陕京二线—太钢、盂县—西小坪、清徐—太谷、祁县—交城、祁县—文水、文水—汾阳、稷山—万荣、忻州—定襄、东镇—绛县、阳泉—昔阳、徐沟—清徐、平遥—孝义、孝义—霍州、曲沃—翼城、运城—平陆、运城—临猗—永济、侯马—临汾（复线）共 18 条，支线管线长约 500 千米，年输气能力约为 60 亿立方米。

表 3-12　山西省内天然气输气管道情况

名称	管径（毫米）	压力（兆帕）	长度（千米）	建成时间
临汾—新绛—河津	219	4	126	2005 年
盂县—西小坪	219	4	8	2005 年
金沙滩—大同	219	4	55	2006 年
大盂—太原	610	4	37	2006 年

名称	管径（毫米）	压力（兆帕）	长度（千米）	建成时间
大盂—原平	355	4	74	2006 年
新降—运城	457	4	80	2007 年
太原—平遥	610/559	4	105	2008 年
徐沟—太谷	219	4	20	2008 年
祁县—交城	355	4	22	2008 年
临汾—霍州	457	4	65	2008 年
盂县—阳泉	219	4	40	2008 年
平遥—孝义	559	4	36	2009 年
孝义—霍州	559	4	80	2009 年
运城—永济	355	4	70	2009 年
运城—平陆	355	4	40	2009 年
阳泉—昔阳	355	4	50	2009 年
临汾—侯马（复线）	610	4	85	2009 年
应县—金沙滩	219	4	30	2005 年
祁县—文水	355	4	25	2007 年
文水—汾阳	355	4	35	2008 年
稷山—万荣	325	4	42	2009 年
徐沟—清徐	559	4	20	2009 年
东镇—绛县	355	4	40	2009 年
忻州—定襄	325	4	20	2009 年
曲沃—翼城	355	4	25	2009 年
端氏—沁水	610	4	35	2009 年
端氏—长治	559	4	80	2009 年

资料来源：山西煤层气产业发展报告.

这些储运设施的建设，形成了自西向东，自北向南两条大动脉，煤层气输送网络的东、西、南、北交互铺设的格局，为山西煤层气产业下游市场的发展提供了基础条件，为煤层气规模化发展奠定了重要基础。

另外，全国煤层气产业发展较好的地区山西晋城，基本形成了集煤层气勘探开发、集输、液化、民用燃气、工业燃料、瓦斯发电、汽车加装煤层气等于一体的产业化、商业化开发利用体系，煤层气开发利用规模和水平全国领先，已初步具备了建立国家煤层气产业化示范基地的条件。

3.3.4 具有完善的技术应用推广体系和素质较强的专业性人才队伍

20世纪50年代末，山西煤矿井下煤层气（瓦斯）的抽采利用仅是供居民生活使用，如阳泉煤业集团利用井下抽放瓦斯气主要用于职工食堂、井口加温和锅炉燃料等。通过50年的发展，我国煤矿井下瓦斯抽放，由最初为保障煤矿安全生产的"抽放"，发展到"抽放—利用"，之后又发展到"抽放—利用—环保"。20世纪90年代，随着美国煤层气地面开发技术的传入，我国煤层气地面勘探与开发工作逐渐进入热潮，先后在众多地区进行了不同目的的煤层气地面开发试验。特别是在2010年前后山西沁水盆地晋城地区的煤层气开发取得商业性突破和全国煤矿瓦斯灾害越来越严重的双重影响下，煤层气开发与煤炭开采的关系愈来愈被关注。目前山西沁水盆地和河东盆地已有30余家企业施工各类煤层气井，已形成了一套煤层气抽采技术体系，并成功地实践着。其中晋城无烟煤矿业集团与中联煤通过实践形成了一系列适合在不同地质条件下的煤层气勘探开发利用新技术，并成功应用于示范工程，具有较强的应用和推广价值。

随着沁水盆地南部的高变质无烟煤层中实现了单井产气突破，打破了世界上在高阶煤地区开展煤层气勘探开发禁区，实现了我国在中、高煤阶煤层中勘探开发利用煤层气；晋城大宁矿区煤层气多分支水平井试验成功，标志着我国地面煤层气开发技术基本成熟；采空区煤层气抽采、低浓度煤层气提纯、乏风煤层气利用等井下煤层气抽放新技术的成功应用，煤层气发电和民用燃气技术日趋完善，这些技术的成功应用，使我国煤层气开发在其上、中、下游各个层面技术上实现了突破性进展，使我国煤层气产业发展跨越了一个新的历史阶段。

山西晋煤集团作为全国最大的煤层气抽采利用企业，全国最大的瓦斯发电企业集团，已形成了一整套立体化抽采瓦斯治理工艺体系，走出了一条"五阶段三级瓦斯治理"之路，即针对五个不同时段的抽采区域，分别采取不同的瓦斯抽采技术措施，同时建立了瓦斯超限预警、瓦斯地质预测预报、瓦斯抽采达标测评三大机制，实现了矿井的安全开采、科学开采。针对瓦斯含量的不同，采用三级瓦斯治理，即对于瓦斯含量高于每吨15立方米和地质构造复杂区的煤层，提前8~10年或更长时间实施地面钻井抽采，从地面消除瓦斯突出危险；对于近10年内开采、瓦斯含量高于每吨8立方米的煤层，在开展地面预抽采的基础上，提前3~5年应用千米钻机等先进钻具施工，定向长钻孔，实行井上井下立体式抽采；对于瓦斯含量低于每吨8立方米的煤层，坚持先抽后掘，边抽边采，在瓦斯含量低于每吨6立方米以下时再组织回采。"井上井下联合抽采，即为提高抽采效率，采用创新研发的技术工艺，通过施工井下定向长钻孔与地面垂直井影响区直井压裂相对接，发挥地面井压裂增加煤层透气性与井下定向长钻孔覆盖范围广的优势，实现井上井下联合抽采，单孔煤层气井抽气量最高超过了1万立方米/天，实现了由煤与瓦斯突出矿井到非突出矿井、高瓦斯煤层到低瓦斯煤层的转变，确保了高瓦斯矿井安全生产"。"采煤采气一体化，即通过实施地面钻井预抽采、井下顺煤层长钻孔预抽采、采动区和采空区卸压抽采相结合的方法，在时间上，保持瓦斯预抽采与矿井开发的科学有序；在空间上，保证地面煤层气抽采井位布置与矿井开拓和采掘布置衔接相适应；在功能上，实现煤层气井消突、获取地质资料、采前抽、采动抽、采后抽'一井五用'功能"的瓦斯综合防治和煤层气开发利用之路，为提升我国瓦斯防治工作水平，推动煤层气和煤炭产业持续健康发展积累了宝贵经验。在煤层气抽采技术工艺上，成功实施了地面垂直井、地面丛式井、地面水平羽状井等多井型抽采技术与工艺，建立了全国首个煤矿区地面煤层气开发与煤矿安全生产协调发展的瓦斯综合治理示范基地；通过使用定向千米钻机，创新完善了矿井区域递进式预抽采技术、循环抽采递进式大巷延伸技术、超前释放瓦斯压力消除突出危险技术、多通道分源高效抽采技术等成套抽采工艺。晋煤集团还与中国地质大学、中国矿业大学等合作建设了"煤层气开发工程产学研基地"，组建成立了国内实力最强的"山西省煤层气工程研发中心"，建立了全国第一个瓦斯综合治理示范基地。目前，山西晋煤集团正在全力建设国家级"煤与煤层气共采实验室"。同时，山西晋煤集团培养形成了一支业务过硬的煤层气专业技术和管理团队，超过万人从事煤矿瓦斯抽采利用工作。

中联煤在山西境内也进行了一系列煤层气勘探开发利用技术的研究与探索，取得了显著成就。中联煤在山西境内实施的项目有：沁南煤层气开发利用高技术产业化示范工程、端郑采气区项目、柿庄南合作开发项目和潘庄合作开发项目等。通过这些项目的实施，开展了煤层气储集形式和产出机理研究，初步揭示了煤层气富集规律，建立了煤层气评价与选区理论，在煤层气重点有利地区借鉴国外技术进行煤层气单井试验；探索井组和井网规模的开发试验，取得了技术突破，主要包括 300 米×300 米正方形井网部署形式、空气钻井技术（在沁水盆地南部煤层采用空气钻机钻井，用欠平衡方式钻进，对储层污染少、伤害小，提高单井产量，获得良好效果）、微珠低密度套管固井技术、大规模活性水加砂压裂技术、氮气泡沫压裂技术、二氧化碳压裂技术（在山西沁水盆地南部枣园井组的 TL-003 井进行了单井 CO_2 注入/产出试验，取得了预期成果）、稳控精细排采技术、"分片集输一级增压"地面集输技术等；试验推广应用了如 PE100 聚乙烯管线和气动机等多项新材料、新装备，填补了我国煤层气产业的多项技术空白。中联煤还制定两个煤层气安全行业标准和煤层气地面工程、煤层气开发方案编制两个技术规程，这在全国尚属首次。同时，在煤层气项目的设计、建设、施工、监理、质量监督、验收等方面取得了宝贵的经验，开创了全国的先河。

另外，无烟煤煤层气产业化开发利用技术体系与工程示范，已在煤层气产业化开发利用方面取得了重大突破和进展，研究开发的煤层气抽采大排量、高转速钻进工艺技术，活性水、大排量、中砂比的压裂工艺技术，低压自然能集输工艺技术等研究成果达到国际领先水平，形成了适合我国国情条件的煤层气高效开发利用技术体系，对全国煤矿区煤层气开发利用起到了引导示范作用。

3.3.5 具有较稳定的资金投入和良好的效益保证

煤层气主要由甲烷气体构成，其燃烧产生的污染只有石油的 1/40，煤炭的 1/800，是近年来在国际上崛起的洁净优质能源和化工原料。2006 年煤层气被列入国家"十一五"能源发展规划后，为了实现产能扩大、勘探开采技术水平提高和管道工程铺投，国家和地方政府及煤层气企业从不同层面都给予了一定的资金投入和政策支持，煤层气企业从煤层气的利用中得到了良好效益。

据有关部门统计，2005 年以前，我国对煤层气勘探资金投入相对比较不足，合约 14 亿元人民币，其中对外合作资金近 10 亿元人民币。2005 年以后，我国政府和企业均加大了对煤层气勘探开发利用的投入。国家从 2005 年起每年安排 30 亿元国债资金用于煤矿瓦斯治理为重点的安全技术改造，连续 4 年投入 120 亿元，累计中央财政资金投入约为 240 亿元，带动地方和社会投入高达 1250 亿元。2008 年国家又下达民用煤层气补贴资金 1.7 亿元。根据国家煤层气"十二五"发展规划，"十二五"期间中国将在煤层气开发上投资 1166 亿元人民币，其中，煤层气地面开发投入 604 亿元，井下投资 562 亿元。同时，政府每年还将划拨 30 亿元用于瓦斯治理，瓦斯进口设备享受免税或减税。另外，各煤层气公司对煤层气勘探开发进行了一定的资金投入，甚至力度空前。例如，仅 2009 年中国石油天然气集团公司（以下简称中石油）就投入 30 亿元人民币用于煤层气开发，一年投资额就相当于中联煤在过去 12 年间总投资额的 10 倍。根据有关部门统计，国家在"十一五"后三年的 11 个研究项目，6 个示范工程（如表 3-13 所示）中，中央财政累计投入 18.8 亿元，企业累计投入 55.3 亿元人民币，有力地保障了煤层气勘探开发利用的顺利进行。

表 3-13 煤层气重点研究项目与示范工程

	煤层气富集规律研究及有利区块预测评价
	煤层气储层工程及动态评价技术
	煤层气地球物理勘探关键技术
	煤层气钻井工程技术及装备研制
研	煤层气完井与高效增产技术及装备研制
究	煤层气排采工艺及数值模拟技术
项	煤层气田地面集输工艺及监测技术
目	煤层气与煤炭协调开发关键技术
	煤矿区煤层气高效抽采、集输技术与装备研制
	煤层气开发技术经济评价与产业支撑研究
	中国大型油气田及煤层气勘探开发技术发展战略

（续表）

示范工程	山西沁水盆地南部煤层气直井开发示范工程
	山西沁水盆地煤层气水平井开发示范工程
	鄂尔多斯盆地石炭—二叠系煤层气勘探开发示范工程
	山西晋城矿区采气采煤煤层气一体化开发示范工程
	两淮矿区煤层群开采条件下煤层气抽采示范工程
	重庆松藻矿区复杂地质条件下煤层气抽采示范工程

国家发改委、国家能源局等部委出台了投资补助、财政补贴、税费优惠、发电上网等多项措施，推动煤层气开发利用，有力保障煤层气企业的经济效益。具体优惠政策如下：

一是探矿权使用费。探矿权人应按要求和规定完成最低勘查投入，即第一勘查年度，每平方千米 2000 元；第二勘查年度，每平方千米 5000 元；从第三勘查年度，每平方千米 10000 元。探矿权人当年度的勘查投入高出最低勘查投入标准的，高出部分可以计入下一个勘查年度的勘查投入。

按以下幅度审核减免：第一个勘查年度可以免缴，第二个至第三个勘查年度减缴 50%，第四个至第七个年度减缴 25%。

二是采矿权使用费。矿山基建期和矿山投产第一年可以免缴，投产第 2~3 年可以减缴 50%，第 4~7 年减缴 25%，采矿结束当年免缴。

三是矿区使用费。按陆地上常规天然气对外合作规定交纳（按气田计算）即年度煤层气产量不超过 10 亿立方米，免征矿区使用费；10 亿~25 亿立方米，交纳 1% 矿区使用费；25 亿~50 亿立方米，交纳 2% 矿区使用费；超出 50 亿立方米，交纳 3% 矿区使用费。

四是资源使用费。对地面抽采煤层气暂不征收资源税（财税〔2007〕16 号第五条）。

五是先采气后采煤政策。2006 年 6 月 15 日发布的《国务院办公厅关于加快煤层气（煤矿瓦斯）抽采利用的若干意见》提出：必须坚持先抽后采、治理与利用并举的方针，采取各种鼓励和扶持措施，防范煤矿瓦斯事故，充分利用能源资源，有效保护生态环境。煤层中吨煤瓦斯含量必须降低到规定标准以下，方可实施煤炭开采。凡新设探矿权，必须对煤层气、煤炭资源进行综合勘查、评价和储量认定。煤层中吨煤瓦斯含量高于规定标准且具备地面开发条件的，必须统一编制煤层气和煤炭开发利用方案，并优先选择地面煤层气抽采。

六是煤矿安全费提取。财建〔2004〕119 号文件规定：生产一吨煤炭最高可提取 50 元瓦斯治理费（煤炭企业）。

七是煤层气开发补贴政策。中央财政按 0.2 元/立方米煤层气（折纯）标准对煤层气开采企业进行补贴，在此基础上，地方财政可根据当地煤层气开发利用情况对煤层气开发利用情况给予适当补贴，具体标准和补贴办法由地方财政部门自主确定。

八是煤层气发电补贴政策。上网电价比照国家发展改革制定的《可再生能源发电价格和费用分摊管理试行办法》（发改价格〔2006〕7 号）中生物质发电项目上网电价，每发 1 度电补助 0.25 元/千瓦时，相当于利用每方煤层气发电补助 0.65 元。

九是增值税政策。《关于加快煤层气抽采有关税收政策问题的通知》（财税〔2007〕16 号）规定：对煤层气抽采企业的增值税实行增值税先征后退政策；先征后退税款由企业专项用于煤层气技术的研究和扩大再生，不征收企业所得税。如对对外合作的煤层气企业（国内仅中联煤有这个权力），实行 5% 的税率；对自营企业，实行先征 13%，再返 8% 的政策。

十是企业所得税政策。《中华人民共和国企业所得税法》（新税法）规定：从事符合条件的环境保护、节能节水项目的所得，自项目取得第一笔生产经营收入所属纳税年度起，第一年至第三年免征企业所得税，第四年至第六年减半征收企业所得税。煤层气勘探开发适于这个新法。

十一是关税减免政策。《关于煤层气勘探开发项目进口物资免征进口税收的规定》的通知（财关税〔2006〕13 号）规定：中联煤层气有限责任公司及其国内合作者在中国境内进行煤层气勘探开发项目，进口国内不能生产或国内产品性能不能满足要求，并直接用于勘探开发作业的设备、仪器、零附件、专用工具，免征进口关税和进口环节增值税。

十二是煤层气抽采利用设备加速折旧。2007 年 2 月下发的《关于加快煤层气抽采有关税收政策问题的通知》（财税〔2007〕16 号）要求：对独立核算的煤层气抽采企业购进的煤层气抽采泵、钻机、煤层气监测装置、煤层气发电机组、钻井、录井、测井等专用设备，统一采取双倍余额递减法或年数总和法实行加速折旧；对独立核算的煤层气抽采企业利用银行贷款或自筹资金从事技术改造项目国产设备投资，其项目所需国产设备投资的 40% 可从企业技术改造项目设备购置当年比前一年新增的企业所得税中抵免；对财务核算制度健全、实行查账征税的煤层气抽采企业研究开发新技术、新工艺发生的技术开发费，在按规定实行 100% 扣除基础上，允许再按当年实际发生额的 50% 在企业所得税税前加计扣除。

另外，中国社会科学院金周英等人的研究成果表明，煤层气产量达到 100 亿立方米，其资金投入的回报可从以下几方面得到体现：

一是可发电 192 亿度（依据甲烷浓度为 43% 时，1 立方米标准气发电 2 度计算），可回收资金 84.48 亿元人民币；

二是安全生产标煤 6 亿吨，可避免死亡人员 1845 人，减少死亡损失 22.04 亿元人民币；

三是减排甲烷排放量 387 万吨，减少治理费用 6.4 亿元人民币；

四是减少烟尘排放 10.68 万吨，减少治理费用 0.32 亿元人民币；

五是减排二氧化硫量 17.16 万吨，减少治理费用 2.7 亿元人民币、损失费 10.9 亿元人民币；

六是按保守估计降低采煤成本 5% 计算，采出同量的煤炭可减少资金投入 135.8 亿元人民币；

七是增加就业岗位 31.45 万个。

综上所述，煤层气开发的长远战略效益（包括对采煤安全的贡献、降低采煤成本和提高环境效益等）要占累计资金总投入的 93%，也就是说，在当前条件下的国家社会效益要远远大于企业经济效益。从长远的角度来分析，煤层气经济效益将很可观。

3.3.6 具有一定煤层气产业化基础

1. 地面煤层气开发初步实现产业化

沁水盆地煤层气产业化基地建设初具规模，河东盆地煤层气产业化基地建设正在加速进行，计划在"十二五"期间形成规模。山西沁水盆地煤层气直井开发工程示范（国家沁南煤层气产业化示范工程）、山西沁水盆地煤层气水平井开发示范工程（端氏项目）、山西晋城矿区采气采煤一体化煤层气开发示范工程、鄂尔多斯盆地东缘煤层气开发示范工程（柳林地区煤层气储层伤害控制技术）4 个国家科技重大专项示范工程项目顺利完成；山西沁水盆地南部煤层气直井示范工程（二期）、"十二五"山西省科技重大专项"煤层气抽采关键技术及示范"正在实施推进；寺河、潘河、樊庄、成庄等开发项目基本达产；赵庄、郑庄、胡底等开发项目正在快速建设；潘庄和柿庄南对外合作项目完成了总体开发方案并将进入开发阶段；临—兴区块、柳林、大宁—吉县等煤层气区块勘探开发力度逐步加大，取得良好发展势头。"十一五"期间新增煤层气探明地质储量 1357 亿立方米，比"十五"期间增长 156%，煤层气地面开发实现了商业化的飞跃。2011 年，全省煤层气钻井施工 6592 口，现已获得煤层气探明地质储量 3154 亿立方米，占全国的 76%；2011 年，山西地面煤层气抽采量 20 亿立方米，同比增长 33%，占全国煤层气开采量的 87%，居全国首位；地面煤层气利用量为 15 亿立方米，占全国利用量的 83%。其中，通过大量的煤层气勘探和开发试验，发现了一批有价值的煤层气开发有利区块，如潘庄、柿庄南、三交等区块，资源保证程度的提高，为煤层气产业的发展奠定了坚实基础。

2. 煤矿瓦斯抽采基本实现规模化

"十一五"以来，山西省煤矿瓦斯抽采和利用总量得到了逐年大幅度地提升，尤其是晋煤集团、阳煤集团、焦煤集团、晋城市、阳泉市、吕梁市 6 个煤矿企业和地级市，年抽采量均已超过 1 亿立方米。从 2005 年以来，全省煤炭企业瓦斯抽采量每年增加 4 亿立方米以上，煤矿瓦斯利用量每年增加 2 亿立方米以上。2011 年，山西省煤矿瓦斯抽采量为 32 亿立方米，同比增加 14%，利用量达 13.25 亿立方米。煤矿瓦斯防治能力显著提高，瓦斯事故和死亡人数逐年大幅下降，2011 年瓦斯事故起数和死亡人数分别比 2005 年降低 65% 和 71%。

3. 全省输气管网主框架基本形成

"十一五"以来，山西省输气管道建设取得重大进展，端氏—晋城、端氏—博爱、端氏—沁水等煤层气长输管线陆续建成并已投入运行。目前全省有 5 条国家天然气过境主干管线已投入运营，已建成省级天然气（煤层气）输气管道 14 余条，省内支线天然气输气管道 18 余条。到 2011 年年底，在全省 11 市 119 个县（市、区）中，完成对 91 个县（市、区）的省级天然气管网覆盖，管网总里程将超过 2190 千米。长输管道的建设为煤层气规模化发展奠定了重要基础。

4. 煤层气利用市场初具规模

截至 2011 年 12 月底，山西全省基本建成 48 座瓦斯治理示范矿井、5 个示范县，建立地面固定式瓦斯抽采系统 308 套，移动式抽采系统 161 套。煤层气（煤矿瓦斯）利用范围不断拓展，广泛应用于城市民用、汽车燃料、工业燃料、发电等领域，煤层气（煤矿瓦斯）向全省 82 个县区供气，供气的村镇 479 个；居民用户 161.6 万户，受益人口约 600 万，其中农村用户 11.7 万，受益人口约 40 万；商业公福用户 4800 余户，工业用户 302 户，气化旅游区（点）70 个；煤层气燃料汽车 24118 余辆，其中 CNG 公交车 2443 辆、出租车 1.96 万辆、重卡 313 辆，其他车辆 1762 辆；瓦斯发电装机容量超过 100 万千瓦。2011 年销气量将达 17 亿立方米，减排二氧化碳 369.75 万吨、氮氧化合物 15.47 万吨、二氧化硫 20.57 万吨，替换标准煤 513.74 万吨，折原煤（5000 大卡）719 万吨。形成了煤层气勘探、抽采、输送、压缩、液化、化工、发电、汽车燃气、居民用气等完整的产业链，培育了国内最大规模的煤层气利用市场。

5. 煤层气抽采利用工程基本健全

山西目前建成了全国规模最大的地面煤层气开发示范工程、全国最大的井下瓦斯抽采工程、最大的煤层气燃料供应系统、最大的煤层气液化厂、世界最大规模的瓦斯发电厂和全国最大的煤层气地面抽采井网，这些将快速推进煤层气产业化步伐。

3.3.7 具有广阔的市场发展前景

煤层气可以用作民用生活燃料、工业燃料、发电燃料、汽车燃料和重要的化工原料，用途广、规模大，利用前景诱人。据测算，1 立方米纯煤层气的热值大约相当于

9.5 度电、3 立方米水煤气、1 升柴油、0.8 千克液化石油气、1.1~1.3 升汽油、1.21 千克标准煤，另外，煤层气燃烧后几乎没有污染物，因此它是相当便宜的清洁型能源。

山西煤层气产业化发展前景可观，开发利用煤层气具有保护全球环境、改善煤矿安全和增加新能源等多重效益。据有关资料显示，全省 2010 年，煤层气产量 60 亿立方米；地面开采煤层气 45 亿立方米，井下抽采煤层气 15 亿立方米；煤层气利用量 50 亿立方米，其中，城镇燃气 13.9 亿立方米，工业燃气 15.2 亿立方米，LNG 5.0 亿立方米，CNG 1.5 亿立方米，化工转化 10 亿立方米，发电 4.4 亿立方米；新增输配气管网 1099 千米，总长度 2000 千米以上；总产值 133 亿元。2020 年，煤层气产量 150 亿立方米，其中，地面开采量 115 亿立方米，井下抽采量 35 亿立方米，煤层气利用量 130 亿立方米；城镇燃气 40 亿立方米，工业燃气 42 亿立方米，LNG 15 亿立方米，CNG 3 亿立方米，化工转化 20 亿立方米，发电 10 亿立方米；新增输配气管网 2000 千米，总长度达 4000 千米以上，连接全国天然气管网；总产值达 290 亿元以上。

煤层气开发利用经济效益可期。据中联煤层气有限责任公司总经理孙茂远介绍，按照每立方米协议气价 1.1 元测算，项目内部收益率为 12.1%，全部成本 7.9 年后可回收，每立方米气可获利 0.3~0.4 元。如果政府实施"五免三减半"，即 20 年免缴增值税，所得税 5 年免征、3 年减半的政策，工程成本可降低 0.3 元/立方米，利润率则能提高到 50%，成本回收期相应缩短至 3~4 年。晋煤集团潘庄矿区地面煤层气预抽井日产气量目前超过 4 万立方米，若按照每立方米压缩煤层气的销售价格为 2 元计算，现有井组的煤层气日销售收入为 8 万元，年销售收入接近 3000 万元。

煤炭科学研究总院重庆分院瓦斯研究所所长文光才说，煤层气产业是一项庞大的系统工程，建设一个煤层气生产基地，除了带动运输、钢铁、水泥、化工、电力、生活服务等相关产业的发展外，还能推动本行业的相关技术、科研等产业，促进整个产业的良性发展，如钻机、煤层气抽取及输送设备、输送管道、监测监控设备、煤层气发电设备、利用煤层气生产化工原料设备等产业。我国煤层气产业一旦形成和发展起来，将给相关产业带来发展机会。

根据山西"四气"产业一体化发展规划，2015 年全省"四气"利用目标为 287 亿立方米。其中：居民用气 12 亿立方米（到 2015 年气化覆盖城镇人口 2000 万人，700 万户，每天/户按 0.48 立方米计）；公共福利及商业用气 20 亿立方米（其中，公共服务用户 4 亿立方米，商业用户 16 亿立方米）；工业燃气 60 亿立方米/年（发展 30 户年用气量 2 亿立方米的大型工业用户）；车用燃气 50 亿立方米（建设 1000 座加气站）；发电 112 亿立方米（支持重点城市煤层气分布式能源、城市供热为主的热电厂及五大瓦斯利用区瓦斯发电项目），液化调峰 13 亿立方米，煤层气液化 20 亿立方米，并结合市场需求情况，在充分保障山西省内需求的条件下余气外输。煤层气作为"四气"（煤层气、天然气、煤制天然气、焦炉气制天然气）的重要组成部分，是"气化山西"的主力军，

2015 年全省煤层气（煤矿瓦斯）利用量为 184 亿立方米。其中：居民用气 7 亿立方米；公共福利及商业用气 12 亿立方米；工业燃气 40 亿立方米/年；车用燃气 20 亿立方米；发电 80 亿立方米（支持重点城市煤层气分布式能源、城市供热为主的热电厂及五大瓦斯利用区瓦斯发电项目），液化调峰 5 亿立方米，煤层气液化 20 亿立方米。

另外，在对山西焦煤集团、长治煤气化、阳泉煤业、潞安矿业、晋城无烟煤矿业、亚美大宁煤层气（天然气）市场实地调研的基础上，采用主要耗气部门测算法，预测得出山西省 2020 年煤层气的总需求量达 72.0 亿立方米，周边省市天然气（煤层气）缺品将达 50 亿~80 亿立方米。具体如下。

（1）城市燃气需求预测：包括居民用气与公共福利用气。山西省城市燃气主要集中太原、晋城、潞城、长治、阳泉、榆次等中部和南部城市及离柳、大宁等矿区。城市燃气是今后煤层气开发利用的主要方向，发展空间较大。预计 2020 年将达到 18.49 亿立方米，在煤层气需求总量中约占 26%；

（2）工业燃气需求预测：煤层气做工业燃料主要用于冶金、建材、机械等行业，用户主要集中在太原、长治、朔州、阳泉、临汾、吕梁等较大城市的工业企业中。预计 2020 年将达到 16.59 亿立方米，在煤层气需求总量中约占 23%；

（3）化工需求预测：煤层气富含甲烷，可用于生产合成氨、尿素、甲醇及其下游精细化工产品，具有良好的经济、环境和社会效益。煤层气化工利用是山西省今后重点发展的产业，市场发展前景广阔。预计 2020 年化工转化对煤层气需求将分别达到 18.15 亿立方米，约占需求总量的 25%；

（4）发电需求预测：山西利用井下煤层气发电较早，目前主要集中在潞安、阳泉、离柳、大宁等矿区，大规模利用受市场、运输及价格等方面的限制。预计 2020 年发电需要煤层气达到 5.67 亿立方米；

（5）LNG 和 CNG：预计 2020 年 LNG 需求量将达到 10.0 亿立方米，占总需求量的 13.9%。CNG 汽车用气将达到 3.1 亿立方米，占总需求量的 4.3%；

（6）周边省市场需求预测：据预测，河北省到 2020 年天然气总需求量为 65 亿~80 亿立方米，而能落实气量为 50 亿立方米，缺口约 15 亿~30 亿立方米。河南、陕西情况类似。按此预测，2020 年周边省天然气（煤层气）需求缺口可达 50 亿~80 亿立方米。再考虑京、津地区和山东省，则缺口更大。山西及周边地区具有广阔的消费市场，市场前景极为乐观。

环渤海地区、东南沿海地区、长江三角洲地区、中部地区及东北地区的天然气市场需求均超过 120 亿立方米/年，是我国天然气消费的重点地区。中部地区及长江三角洲地区，是未来煤层气的主要消费市场。

根据有关专家分析，未来 5 年我国天然气缺口将达 1600 亿立方米，其中 50%若由煤层气替代，再算上其延伸的产业链，市场成长空间将超过 10 倍。

第4章 国际煤层气市场分析

4.1 国际煤层气产业发展概况

4.1.1 世界煤层气资源及开发概况

目前，全球有 74 个国家赋存煤层气资源，根据国际能源署 IEA（2003）的估计，全球陆上煤田埋深浅于 2000 米的煤层气资源总量约为 268 万亿立方米，可供开采的煤层气储量已达 137.8 万亿立方米，其中 90%的煤层气资源量分布在 12 个主要产煤国，即俄罗斯、加拿大、中国、澳大利亚、美国、德国、波兰、英国、乌克兰、哈萨克斯坦、印度、南非，煤层气资源量在 214.9 万亿立方米（如表 4-1 所示）。俄罗斯、加拿大、中国、美国、澳大利亚等国煤层气资源量均超过 10×10^{12} 立方米。从区域分布来看，世界煤层气资源主要分布在北美洲、俄罗斯/中亚和亚太地区。其中，北美地区占 35%，俄罗斯/中亚占 32%，亚太占 21%，欧洲占 10%，非洲占 2%（如图 4-1 所示）。已有 35 个国家开展了煤层气的开发利用研究工作，其中，美国、加拿大、澳大利亚、中国已形成煤层气产业，初步估计 2012 年年产气近 800 亿立方米，尤以美国发展最早、商业化程度最成熟。

表 4-1 世界主要产煤国家煤层气资源量

国家	煤层气资源量（万亿立方米）	煤炭资源量（万亿吨）
俄罗斯	17~113	6.5
中国	36.81	5.6
加拿大	22.7	7
美国	21.2	3.95
澳大利亚	14	1.7
德国	2.8	0.326
波兰	2.8	0.16
英国	1.6	0.19
合计	214.9	25.426

数据来源：2013 年太原煤层气会议.

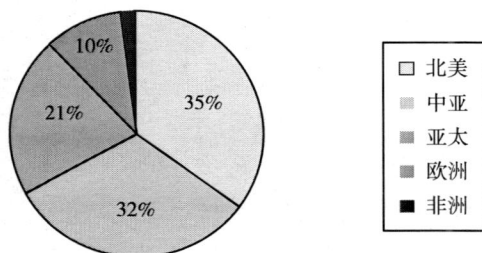

图 4-1 世界煤层气资源分布比例

俄罗斯煤层气资源量居世界第一，约为 $17\times10^{12}\sim113\times10^{12}$ 立方米。采煤工业主要集中在 4 个煤田，其煤层气资源储量（1800 米埋深以内）约为 16.17×10^{12} 立方米。其中，顿涅茨克煤田（位于乌克兰和俄罗斯）为 1.2×10^{12} 立方米，卡拉干达煤田（位于哈萨克斯坦）为 0.5×10^{12} 立方米，库兹涅茨克煤田（位于俄罗斯）为 13.1×10^{12} 立方米，伯朝拉煤田（位于俄罗斯）为 1.9×10^{12} 立方米。

加拿大煤层气资源量非常丰富，居世界第二，17 个盆地和含煤区煤层气资源量为 $17.9\times10^{12}\sim76\times10^{12}$ 立方米，其中阿尔伯达地区是加拿大最主要的煤层气资源基地，拥有煤层气资源量约为 15.4×10^{12} 立方米。

美国的煤层气资源量为 $11.3\times10^{12}\sim21.19\times10^{12}$ 立方米，全美含煤盆地大约有 15 个，已有 13 个进行了资源评价，这 13 个盆地可分为东部盆地和西部盆地两类，分别以黑勇士盆地和圣胡安盆地为代表，其中西部大盆地拥有美国煤层气资源的 70% 以上。

澳大利亚的煤盆地主要分布在东部沿海地区，而主要城市和工业区也在东部沿海地区，因此煤层气的开发和利用具有巨大的潜在市场。澳大利亚估算煤层气资源量为 $10\times10^{12}\sim14\times10^{12}$ 立方米，其潜在开发地区主要在东部 4 个二叠纪煤盆地，即为鲍恩盆地、悉尼盆地、加里里盆地和莫尔顿—苏拉特盆地。

印度煤炭资源丰富，多赋存于二叠纪和第三纪地层。其中位于佩宁苏拉的冈瓦那盆地储量最多，约占全国的一半以上。在泰米尔纳德邦沿海一带和古吉拉特邦坎贝盆地，还分布着一些褐煤田。在 1200 米以浅的 2046 亿吨煤炭储量中，褐煤占 3.3 亿吨。煤中甲烷含量随煤层碳化程度、埋藏深度和地质条件变化而不同。最具开发潜力的地区位于加尔各答西北 161 千米的达莫尔河谷盆地，面积约 6500 平方千米，煤层厚 $3\sim18$ 米，煤层气资源量为 1×10^{12} 立方米。印度煤层气的潜在生产区，都远离天然气的生产区，而且也远离煤矿的采煤区，这既有利于煤层气的市场开发，也不会影响煤矿的生产作业。

4.1.2 主要国家煤层气产业发展状况

随着国际油价持续攀升，世界常规能源供给形势日益严峻，国际上逐渐把发展非常规能源作为 21 世纪能源发展的主要议题。煤层气的开发利用具有热值高、污染少、安全性高的特点，完全可以成为石油和天然气等常规能源的重要补充。

煤层气开发是一项前期投入高、技术要求高的新兴行业，探明储量主要煤层气利用国基本集中在美国、俄罗斯、澳大利亚、加拿大及欧洲部分发达国家。美国是世界上开采煤层气最早和最成功的国家，煤层气商业化开发利用在全世界具有积极的示范作用。加拿大、澳大利亚、中国和印度等国家已开始重视煤层气的勘探和开发试验，并在煤层气资源的勘探、钻井、采气和地面集气处理等技术领域取得了重要发展，其中，澳大利亚等少数国家已进入了工业化开采阶段。目前，全球煤层气的日产量大约在 58 亿立方英尺（约合 1.64 亿立方米），其中 90% 以上的产量源自美国。

1. 美国煤层气产业发展状况

美国煤层气产量居世界第一，煤层气资源量预估为 2.12 万亿立方米。20 世纪美国就开始在井下开采煤层气，在 70 年代以前，美国煤矿抽放煤层气主要是为了煤矿井下安全，70 年代末到 80 年代初，美国能源部开始投入较大力量进行煤层气开发利用研究和示范工程的建设，通过采煤前预抽和采空区井抽放回收煤层气，并开始进行地面开采煤层气试验。1976 年，美国煤层气地面开发第一口井获工业气流，1980 年全世界第一个商业煤层气田——黑勇士盆地橡树林煤层气开发区建成投产，标志着美国煤层气工业进入起步阶段（也可以说是美国煤层气发展的突破期）。从此美国天然气研究所和许多天然气公司开始了大规模煤层气商业性开发。目前美国在圣胡安、黑勇士、北阿伯拉契亚、粉河、尤因塔、拉顿等个盆地形成煤层气资源商业产能，煤层气资源产量从 1983 年的 1.7×10^8 立方米迅猛提高到 1989 年的 26×10^8 立方米，到 1995 年已达到 250 亿立方米，基本形成产业化规模。1997 年美国煤层气年产量已超过 320×10^8 立方米，2005 年产量达 490×10^8 立方米，在美国气体能源总量中占 8%～10%。20 年来平均递增近 19%，2006～2012 年连续七年保持在 500×10^8 立方米以上，2009 年高达 560 亿立方米（如图 4-2 所示）。有关数据显示，美国迄今的煤层气产量累计已达到 20 万亿立方英尺（约合 6000 亿立方米）。煤层气的开发利用取得了举世瞩目的成就，并形成一定的产业化规模。

截至 2012 年底，美国煤层气生产井达到 3.8 万口，探明可采储量为 2.5 万亿立方米，年产气量为 538 亿立方米，最高为 560 亿立方米。主要开发盆地有 8 个，即圣胡安、黑勇士、粉河、尤因塔、拉顿、阿巴拉契亚、皮申斯、阿科马。目前，美国煤矿抽放出来的煤层气大部分都得到了利用，每年煤层气的回收、使用和销售量已达到 550×10^8 立方米，开采的煤层气除用于民用、发电和有少部分作为汽车燃料与化工原料外，大部分输入天然气管道系统，在一定程度上缓解了常规天然气供需紧张的局面。

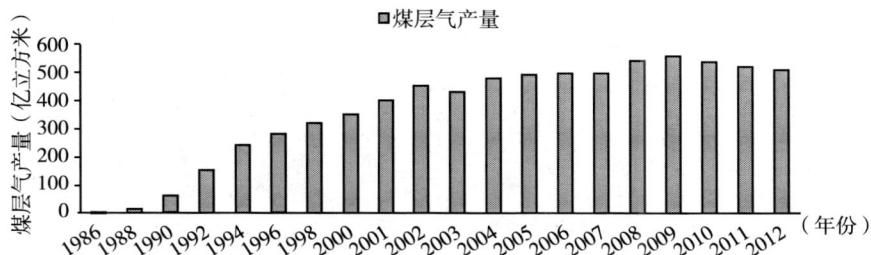

图 4-2　美国历年煤层气产量

美国煤层气生产基地状况。美国现有 15 个主要的含煤盆地，埋深 1200 米以浅的煤层气资源量为 11×10^{12} 立方米，美国煤层气资源主要集中在西部的落基山脉中—新代含煤盆地中，包括拉顿盆地、皮申斯盆地、圣胡安盆地、粉河盆地、尤因塔盆地、西华盛顿盆地等，其煤层气资源量占美国煤层气资源总量的 80% 以上，其余 15% 主要分布在东部的阿巴拉契亚含煤盆地（即北阿巴拉契亚、中阿巴拉契亚、黑勇士、卡霍巴等盆地）和中部的石炭纪含煤盆地中（如表 4-2、图 4-3 所示）。目前美国有六个大的产气盆地，其中，低煤阶盆地有 3 个，分别为粉河盆地、尤因塔盆地和拉顿盆地；中煤阶盆地有 2 个，分别为圣胡安盆地和黑勇士盆地；高煤阶盆地有 1 个，为阿巴拉契盆地。其中已形成煤层气生产规模的煤盆地有圣胡安、黑勇士和粉河盆地；煤层气勘探开发的新区有尤因塔、拉顿、中阿巴拉契亚煤盆地，其他有潜力的煤盆地也在积极开展煤层气勘探工作。

表 4-2　美国主要含煤盆地煤层气可采资源量

主要含煤盆地	煤层气可采资源量（万亿立方米）
西华盛顿	0.68
温德河	0.17
大绿河	8.89
尤因塔	0.28
皮申斯	4.1
圣安胡	2.38
拉顿	0.28
阿科马	0.11
黑勇士	0.57
切诺科	0.17
中阿巴拉契亚	0.14
北阿巴拉契亚	1.73
伊利诺斯	0.59
粉河	1.1

数据来源：2012 年国际煤层气会议和中国产业洞察网.

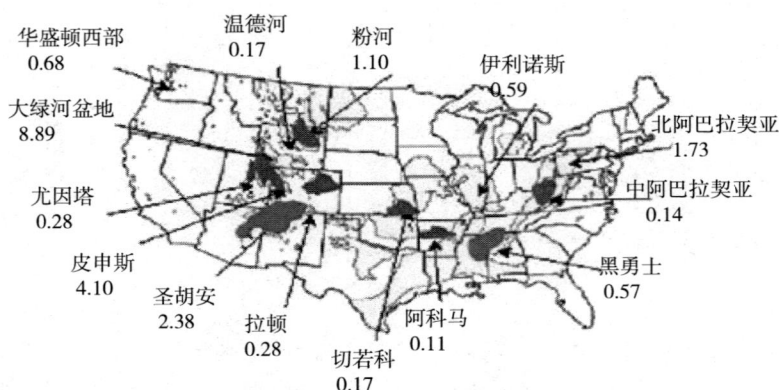

图4-3 美国煤层气主要生产盆地分布（单位：万亿立方米）

（1）圣胡安盆地。圣胡安盆地位于美国西部科罗拉多州西南部和新墨西州西北部，面积约为19425平方千米，估算煤炭资源量为3248亿吨，煤层气资源量为 2.38×10^{12} 立方米。圣胡安盆地的地质特点主要表现为煤层厚而广、中—高的气体含量、中—高的煤阶、适度的煤层渗透率、中—高的水产量、煤层超高压、煤层上下岩层的封闭性好等，因此被认为是世界上最具有生产能力的煤层气盆地。该盆地煤层气产量约占美国煤层气总产量的80%。

1953年，由菲利普斯公司钻探的6-17井被认为是该盆地中第一口煤层气井，1977年，由阿莫科公司钻探的CAHN No.1井被认为是第一口以煤层为目的的煤层气井，该井煤层气的成功生产证实了圣胡安盆地煤层气开发的可行性。该盆地煤层气的生产始于20世纪80年代后期，在90年代产量迅速增加，1997年，圣胡安盆地的煤层气产量达到 212.4×10^{12} 立方米，占美国当年煤层气产量的74.8%；2000年，煤层气产量占美国煤层气总产量的80%以上。2006年圣胡安盆地大约有4500口煤层气井在生产，年产煤层气 220×10^8 立方米。

（2）黑勇士盆地。黑勇士盆地位于美国密西西比州东北部和亚拉巴马州西北部，轮廓大致呈三角形，面积约15500平方千米，是美国著名的产煤盆地，也是世界煤层气工业人的发源地。该盆地煤层气资源量为 2.21×10^{12} 立方米，煤层气可采储量为 0.57×10^{12} 立方米。自1980年12月OAKGROVE煤层气田建成投产以来，黑勇士盆地已建成18个煤层气田，2006年的煤层气产量已达到 25×10^8 立方米。

（3）粉河盆地。粉河盆地位于美国西部的怀俄明州东北部和蒙大拿州东南部，处于落基山脉含煤盆地群，煤层第三纪，面积约66800平方千米，是美国新兴的煤层气开发基地之一，有利勘探面积约50%，煤层气资源量为3.34万亿立方米，煤层气可采资源量为 0.84×10^{12} 立方米，主要赋存在1000米以浅的煤层中。粉河盆地煤层厚度大、埋藏浅、煤顶埋深138~460米，含煤32层，厚度为12~120米、煤阶低（R_o 为0.3%~0.4%）、含气量极低（0.57~3.42立方米/吨，平均2.1立方米/吨）、高饱和（吸附饱和度 90%~100%）、渗透率非常高（32~550×10⁻³ 平方微米）、封盖条件好，使得粉河盆地煤层气的勘探开发费用很低，免去了煤层压裂和地面水处理的费用。

1986 年，WYATT 石油公司在该盆地钻探了第一口煤层气井，到 1998 年年底，共钻探 550 口煤层气井，盆地日产煤层气 249×10⁴ 立方米，单井平均日产量为 4530 立方米。1997 年粉河盆地煤层气产量为 3.6×10⁸ 立方米，到 2006 年年底，共钻探 16000 口煤层气井，年产煤层气 140×10⁸ 立方米。2009 年，粉河低煤阶煤层气产量为 160 亿立方米。

（4）拉顿盆地。拉顿盆地位于科罗拉多州东南部和新墨西哥州的东北部，为南北走向不对称的构造盆地，总面积约为 5700 平方千米，煤层气资源量为 0.29×10¹² 立方米。拉顿盆地煤层气开发目的层为上白垩系和古新世，煤层浅（煤层埋深 150~610 米），煤层薄（煤层厚 3~12 米），资源丰度为 0.51 亿立方米/平方千米，高含气量（1.4~11.3 立方米/吨），以低煤阶褐煤为主（R_o 一般<0.5%），煤系地层含水，总矿化度低，一般小于 2500 毫克/升，半数井水的总矿化度小于 1000 毫克/升。1993 年，该盆地开始钻探第一批煤层气井；1997 年煤层气产量为 5.6×10⁸ 立方米；到 2006 年，拉顿盆地共有生产井 3200 口，单井平均日产量为 2500 立方米，年产煤层气 37×10⁸ 立方米。2009 年，拉顿低煤阶煤层气产量为 27 亿立方米。

（5）尤因塔盆地。尤因塔盆地位于美国犹他州东北部，面积约 2.4 万平方千米，煤层气资源量为 0.56×10¹² 立方米。尤因塔盆地煤层气开发目的层为上白垩系 Mesaverde 组，煤层浅（埋深 300~900 米），煤层薄（煤层厚度 3~12 米），资源丰度为 0.23 亿立方米/平方千米，高含气量（4~12 立方米/吨），低煤阶（R_o 为 0.5%~0.6%），煤层高渗透率（1~20×10⁻³ 平方微米），煤系地层含水，总矿化度低。生产井超过 4200 口，平均单井日产气 2800 立方米。2009 年尤因塔低煤阶煤层气产量 40 亿立方米。

2. 加拿大煤层气产业发展状况

加拿大煤层气资源量居世界第二。加拿大煤层气开发源于 20 世纪 80 年代，据统计，加拿大 17 个盆地和含煤区煤层气资源量为 17~92×10¹² 立方米，其中加拿大西部阿尔伯塔省是最主要的煤层气资源基地。阿尔伯塔盆地属于低煤阶盆地，其煤层气资源量约为 18.01×10¹² 立方米。

早在 20 世纪 80 年代初期，加拿大就开始在西部盆地从事煤层气勘探，90 年代后对全国煤层气资源进行评价并在西部盆地及东部新斯科舍省部署了一批井，进行煤层气勘探和开采试验。目前阿尔伯塔东南部和中部、不列颠哥伦比亚的东北部和东南部及温哥华岛均为煤层气勘探开发工作区。位于阿尔伯达中南部地区的马蹄谷组是第一个实现了规模化商业生产的地区，单井产量一般在 2260~4000 立方米/天，平均为 2830 立方米/天，是加拿大煤层气开发最活跃的目的层。

加拿大煤层气开发的起步时间较晚，1987 年开始进行煤层气勘探，起初进展缓慢，加拿大在 2001 年时只有 250 口煤层气井，70 余口参数井，没有商品气产量。之后，一些石油和能源公司加大对煤层气勘探和开发试验的投入，煤层气开发从 2002 年开始迅猛发展，仅 2003 年，阿尔伯塔省就钻探 1015 口煤层气井，煤层气年产量达 $5.1×10^8$ 立方米。其中，80% 的井目的层是马蹄谷煤层，14% 的井目的层是曼恩维尔煤层，只有 6% 的井目的层为阿德莱煤层。到 2004 年，煤层气生产井增至 2900 多口，年产量 15.5 亿立方米。2005 年产量达 50 亿立方米，到 2006 年年底，阿尔伯塔省煤层气井达到 10732 口，煤层气年产量 $60×10^8$ 立方米。2008 年加拿大煤层气产量达 $70×10^8$ 立方米。截至 2009 年第一季度，加拿大共有 1.55 万口煤层气井（如表 4-3 所示）。

表 4-3　加拿大历年煤层气产量

年份	2003	2004	2005	2006	2007	2008	2009	2010	2011
产量（亿立方米）	5.1	15.5	50	60	65	70	84	140	160

数据来源：2013 太原国际煤层气会议.

加拿大煤层气生产基地情况。加拿大煤层气开发主要集中在西加拿大的阿尔伯塔盆地马蹄谷组和曼恩维尔群组。阿尔伯塔盆地位于阿尔伯塔省，面积约 12 万平方千米，煤层气资源量为 $18.07×10^{12}$ 立方米。2000 年开始大规模勘探开发，起步晚、发展快，目前有 1.55 万口煤层气井，单井日产气平均 2830 立方米（如表 4-4 所示），91% 的井开发上白垩统马蹄谷组，8% 的井开发下白垩统曼恩维尔群，约 1% 的井在阿得雷和库特内组。2009 年探明可采储量 $3.7×10^{12}$ 立方米，年产煤层气 $84×10^8$ 立方米，2010 年产煤层气 $140×10^8$ 立方米，2011 年产量高达 $160×10^8$ 立方米（如表 4-4 所示）。

表 4-4　世界主要国家煤层气年产量及单井产气量

年份	年产气量（亿方米/年）				单井产气量（立方米/天）			
	美国	加拿大	澳大利亚	中国	美国	加拿大	澳大利亚	中国
2009	560	84	50.2	10.13	4100	2300	2600	800
2010	538	140	63.5	15	3900	2400	2700	1000
2011	520	160	73.5	23.15	3750	2500	2800	1300

数据来源：整理所得.

（1）阿尔伯塔盆地马蹄谷组。煤层埋藏浅（200~800 米）；煤层多（30 层），累计厚大于 30 米，单层厚 0.5~3 米，下部煤层薄横向稳定，上部煤层厚但横向有的不稳定；低煤阶褐煤（R_o：0.4%~0.5%）；高含气量（1~5 立方米/吨）；高渗透率（$10×10^{-3}$~$500×10^{-3}$ 平方微米）；单井产量变化大。煤层气高产区位于卡尔加里和埃德蒙顿间，连续油管压裂高产走廊区平均单井日产气 3500 立方米，中部最高达 1.2 万~1.5 万立方米。

（2）阿尔伯塔盆地曼恩维尔群组。煤层埋藏浅（300~1200 米）；煤层单层厚 2~14 米，一般为 2~6 米，间距为 40~100 米；低煤阶褐煤（R_0：0.4%~0.7%）；含气量高（7~14 立方米/吨）；渗透率相对低（$3×10^{-3}~15×10^{-3}$ 平方微米）；直井日产气 2800~5600 立方米；水平井产量高，最高为 2.8 万立方米，一般为 8500~11500 立方米。

3. 澳大利亚煤层气产业发展状况

澳大利亚具有丰富的煤炭和煤层气资源，既是亚太煤炭市场主要的贸易商，同时也是主要的煤层气产量国。澳大利亚煤炭可采储量为 40 亿吨，煤层埋深普遍小于 1000 米，其中黑煤在澳大利亚的煤炭资源中占很大比重，其产量占世界总产量的 7% 左右。澳大利亚煤层气资源量为 $10×10^{12}~14×10^{12}$ 立方米，煤层气开发主要分布在鲍温、加利利、苏拉特、悉尼、佩斯 5 个盆地，其中潜在开发区主要在东部的悉尼、苏拉特和鲍温 3 个含煤盆地。悉尼盆地含煤面积为 49000 平方千米，煤层气资源约为 $4×10^{12}$ 立方米；苏拉特盆地含煤面积为 14000 平方千米，煤层气资源量为 $1.28×10^{12}$ 立方米；鲍温盆地估算的煤层气资源量为 $4×10^{12}$ 立方米，探明煤层气储量已超过 $283×10^{12}$ 立方米，该区煤层水平应力高，渗透率低。澳大利亚 2010 年生产井 5200 口，其中钻 U 型井 700 余口，探明可采储量 4934 亿立方米，年产气量为 65.5 亿立方米。2011 年澳大利亚的煤层气产量达到 73.5 亿立方米，主要在东部鲍温、苏拉特盆地（如表 4-4 所示）。

澳大利亚煤层气勘探工作始于 1976 年，1987~1988 年已经用地面钻井方法成功采出了煤层气。2000~2001 年，昆士兰天然气公司在靠近 chinachill 的 argyle-1 井取得煤层气生产成功，日产气量超过 28320 立方米，至此，煤层气的勘探和生产已经成为昆士兰的石油和天然气工业的基本部分。截至 2001 年，澳大利亚共计在 31 个地区进行了 140 多次勘探工作，钻勘探井和生产井 119 口。2001 年以后澳大利亚石油和天然气公司加大了勘探和钻井力度，使煤层气产量大增，到 2006 年钻井达到 3800 口，煤层气产量也从 1998 年的 $0.56×10^8$ 立方米猛增到 2006 年的 $20×10^8$ 立方米。澳大利亚煤层气目前已进入工业化开采阶段，近 6 年来产量大幅度提高，2008 年澳大利亚煤层气产量激增 39%，超过 $30×10^8$ 立方米，占该国天然气供应量的 13% 以上，2011 年煤层气产量更是高达 $73.5×10^8$ 立方米（如表 4-4 所示）。预计到 2020 年，煤层气的产量将占澳大利亚东部天然气市场需求量的 35%~50%。

澳大利亚是最早开展煤矿区煤层气抽采和利用的国家之一。政府一直大力支持煤层气抽采技术的理论研究，并提供大量资金开展低浓度瓦斯的利用技术研发，同时设立和颁布科研项目计划，鼓励开展和实施抽放和利用项目。目前抽采的煤层气已用于燃料、发电和生产甲醇。阿平矿煤层气发电项目是澳大利亚最大规模的温室气体减排项目之一，装机容量为 94×1 兆瓦，整套系统利用矿井通风瓦斯作为燃烧空气。该项目自 1996 年开始满负荷运行，每年减排 CO_2 当量近 300 万吨。

澳大利亚煤层气生产基地情况：目前澳大利亚煤层气生产主要在东部的鲍温、苏拉特两个盆地。

（1）鲍温盆地。含煤层系为二叠系，面积为 20 万平方千米，为逆冲断层控制反转构造及走滑断层控制负花构造。鲍温盆地煤层埋深浅（埋深 150~1000 米）、煤层厚（厚度为 5~12 米;）、高含气量（11~12 立方米/吨）、中煤阶肥煤（R_0：1.0%）、渗透率相对比较低（0.1~100×10^{-3}平方微米）、吸附饱和度为 90%~100%，水平井高产，钻 U 型井，煤层进尺 800 米，平均单井日产气 0.3~6.0 万立方米，采气速度 1.9%。

（2）苏拉特盆地。苏拉特盆地是叠合于鲍温盆地之上的一个白垩纪—第三纪含煤盆地，中生代为大型克拉通盆地，盆地面积为 30 万平方千米。有利面积为 1.4 万平方千米，两套煤层（即 Juandah、Taroom），煤层气资源量约为 0.9 万亿立方米。苏拉特盆地是 20 世纪 90 年代以来，世界低煤阶煤层气开发盆地之一。苏拉特盆地煤层埋深浅（埋深 150~650 米）、煤层厚（厚度 4~12 米）、高渗透（1~1000×10^{-3}平方微米）、含气量相对高（3.0~7.0 立方米/吨）、低煤阶褐煤、长焰煤（R_0：0.5%~0.6%）、吸附饱和度为 97.5%。目前苏拉特盆地钻井超过 2500 口，裸眼完井，井距 560 米，平均单井日产气 0.3~2.8 万立方米，采气速度 1.9%~2.1%。

4. 俄罗斯煤层气产业发展状况

俄罗斯煤层气资源丰富，居世界首位。俄罗斯煤层气开发较早但进展缓慢，目前主要在库兹涅茨克煤田进行了煤层气的开发利用。库兹涅茨克煤田蕴藏着丰富的碳氢气体资源。据估计，该煤田的煤层气储量约为 13.1×10^{12}立方米，储层深 1800 米。因此，库兹涅茨克煤田被列为在煤层气利用方面最有前景的煤田之一。

库兹涅茨克煤田范围内的别洛沃煤矿是俄罗斯煤层气含量最高的煤矿，煤层气排放量高达 50~70 立方米/分。每年通过抽气管道排出矿井的煤层气有 1 亿~2 亿立方米。目前该煤矿可以压缩 5~6 立方米/分从矿井中抽出的煤层气，并利用其发电。此外从煤矿抽出的煤层气在去掉煤颗粒和水分并提高浓度之后，还可以用于工业生产或居民采暖，也可用作汽车燃料。

1951 年，库兹涅茨克煤田首次采用投放法来降低煤层含气量，1990 年煤层气抽放能力达到顶峰，回收量为 2.16×10^8 立方米。在库兹巴斯煤田，开采高瓦斯煤层时采用瓦斯抽放方法进行巷道开拓，但煤层瓦斯抽放效率还不到 20%。现在采用地面抽入技术已将效率提升为 60%~80%。该煤田利用煤层气作燃料给燃气发动机提供动力，可满足煤矿的部分电力需求。沃尔库塔煤炭公司所属煤矿于 1975 年开始抽放煤层气作为蒸汽锅炉燃料。塞活那亚煤矿选煤厂所使用的煤炭干燥机以煤层气为燃料，蒸汽容量为 16 吨/小时；使用的瓦斯—空气加热器也以煤层气为燃料，仅这两项的煤层气年消耗量就达3000~3500 万立方米，可节省燃煤 5 万吨。俄罗斯天然气工业公司已经开始在库兹涅茨克塔尔金煤田进行煤层气的实验性开采，塔尔金煤矿的煤层气储量约为 458×10^8 立方米。目前的首要任务之一是对煤层气进行综合利用，包括生产发动机燃料，向全国统一天然气运输系统供应，以及用于发电和供热。

5. 欧盟煤层气开发利用状况

（1）英国。英国有南区、中区、北区和苏格兰地区 4 个煤田，煤层气资源总量约为 2×10^{12} 立方米，北海海底煤层也有潜在的巨大煤层气资源。英国陆地煤层气预测资源量约为 2.66×10^{12} 立方米，其中可采储量为 0.14×10^{12} 立方米。

英国煤层气开发选区评估正在进行中，已有 15 个区块获得开采许可证。英国大部分煤层中的甲烷含量为 4~11 立方米/吨，在南威尔士地区最高含量可达 19 立方米/吨。地面煤层气钻探于 1992 年开始实施，在苏格兰福斯河谷地区为实现商业开采积极推进开发活动，英格兰西北地区也在 2006 年年底进入开发阶段，但目前地面煤层气生产区没有进行大规模生产。随着煤井气和废井气产量增长，英国向大气排放的煤层气将大幅减少，预计 2010 年的排放量比 1990 年减少 55%。

英国生产少量煤层气，主要是来自生产矿区的煤井气和废弃矿区的废井气。1999 年以来已开始对废弃矿的煤层气进行商业性开采。Mansfield 附近的 The Shirebrook Energy Park 在 2000 年已开始生产并发电超过 9 兆瓦，足够向 1 万多户家庭供电。除此之外煤层气还作为有竞争力的低价燃料，供工业锅炉和小规模发电用。在英国约有 40% 的可回收瓦斯得到了利用。

（2）德国。德国煤炭资源主要分布在西部的鲁尔和萨尔，以及亚琛和伊本比伦，煤层气资源总量为 2.8×10^{12} 立方米。这四个煤田的煤层气平均含量为 10~24 立方米/吨（最高达 60 立方米/吨），年涌出量高达 9×10^8 立方米。目前，德国正实施鲁尔煤田（鲁尔煤炭公司、鲁尔燃气公司和汉堡 Connco 石油公司联合开发）和萨尔煤田煤层气开发方案。在鲁尔煤田主要针对莱因威斯特伐煤层进行大面积钻井，煤层气年产量达到 $20~30 \times 10^8$ 立方米，采出的煤层气经过处理后输入现有的天然气管道系统，并计划在萨尔煤田的苏兹巴赫地区钻井 100 口。

早在 20 世纪 70 年代，德国已经开始利用井下抽采出的煤层气，但是利用范围主要是在煤矿区，而且利用规模发展缓慢。井下抽采煤层气利用的主要途径是发电，德国的煤层气发电技术比较成熟，但是由于上网价格较低，使得煤层气发电的经济效益较差，这是德国煤层气难以实现规模化利用的重要原因。

除了利用井下抽采煤层气，德国也非常重视对废弃矿井中煤层气的利用。北威州是德国重要的煤矿区，拥有众多废弃矿井，矿井中蕴藏的煤层气资源量很大。北威州政府专门制订了利用废弃矿井中煤层气的计划，并且投入资金进行煤层气资源评估和相关技术开发。从此，北威州的废弃矿井煤层气发电大规模发展起来。

（3）波兰。波兰煤层气的资源总量为 3×10^{12} 立方米，是该国天然气资源总量的 10 倍。波兰国内 60% 的烟煤矿井是高瓦斯矿井，所以波兰政府已把开采煤层气作为减少进口天然气的手段。波兰煤层气开发利用的水平很高，3 个主要的烟煤盆地之一上西里西亚盆地的煤层气资源量约为 1.3×10^{12} 立方米，18 座矿井配备了瓦斯收集系统，共收集 9.12×10^8 立方米，其中 2.83×10^8 立方米被利用，收集、压缩处理后的煤层气进入天然气管道系统，输送到各工业区。

目前，波兰的煤层气主要用于发电和供热。

6. 印度煤层气产业发展状况

印度煤层气资源量约为 1×10^{12} 立方米，最具开潜力的地区位于加尔答西北 161 千米的达莫尔河谷盆地，面积约为 6500 平方千米，煤层厚度为 3~18 米，其地质条件类似于美国的煤层气产地。为此，印度政府在这里圈定了 7 个首批煤层气勘探开发靶区，引入竞争机制，划出若干有利块段，通过招标吸引商家参与开发。他们实施的示范项目由该国政府、联合国开发计划署和全球环境保护基金共同出资约 1500 万美元，采用先进钻井技术，从未采煤层或采空区中抽放煤层气，实验成功后正式开发。目前，这 7 个勘探开发靶区已开始运作。据印度国家石油公司在切里亚靶区施工的第一口井显示，单井气日产量可达 5000~6000 立方米。除该国公司外，外国公司也已进入另一靶区拉尼根杰施工。

印度煤层气的开发利用主要用作燃料和发电。

4.1.3 国外煤层气开采技术

世界煤层气工业界大量采用成熟开发方式是压力衰减法，即利用不同方法使煤层中的气体压力降低，随着气体压力的降低，煤层气由吸附态经过解吸变成游离态，游离态煤层气通过各种裂缝流入煤层气井。压力衰减法包括地面垂直井、采动区井和煤矿井下水平井等开采方式。

1. 美国煤层气开采技术概况

美国是目前世界上煤层气开发比较成功的国家。美国煤层气地面开采有两种情况，一种是在没有采煤作业的煤田内开采煤层气，所采用技术与常规天然气生产技术基本相似，对于渗透率低的煤层往往需要采取煤层压裂增产措施；另一种是在采煤矿区开采煤层气，采气与采煤密切相关，特别是采用地面钻孔抽采采空区煤层气，由于采煤时引起上覆煤层和岩层下沉和断裂，采空区上方岩石冒落，压力释放，透气性大大增加，瓦斯大量解吸并聚集于采空区，抽气容易，不需要进行煤层压裂处理。

1994 年以前，美国一些矿区在采煤之前首先钻探垂直井进行开采煤层气，打垂直井开采煤层气不仅抽排效率高，而且极大地降低了煤矿的通风费用，改善了矿工的安全条件。

美国西部大部分盆地中煤层有数米厚且多层砂岩、页岩互层。所以在西部盆地中主要采用裸眼造穴钻井和下套管水压裂钻井。裸眼造穴钻井工艺适用于在渗透率高、煤质易破碎和高压煤层的地区。

黑勇士盆地采用的煤气开采技术包括水平钻井、采空区钻井（在开采区）和垂直钻井（在开采区和未开采区）。

2. 加拿大煤层气开采技术概况

加拿大的煤炭资源主要是低变质煤，具有含气量低、致密、低压、低渗的特点，一般都需经过压裂后才能获得有商业价值的产量。初期，采用常规压裂方法，包括水力压裂（无支撑剂）、氮气泡沫压裂、液态 CO_2 压裂（无支撑剂），结果压裂液返排很少，几乎没有气体产出。后来，根据该国煤层的实际条件并借鉴在浅层气开发中的成功经验，发明了连续油管钻井和大排量氮气泡沫压裂等技术，并成功应用于煤层气开发。同时，借鉴美国的多分支羽状水平井技术，在渗透率较低的曼恩维尔煤层中开采煤层气取得了成功，水平井水平段长度最高可达 2500 米，日产量最高可达 $5.6×10^4$ 立方米。

3. 澳大利亚煤层气开采技术概况

澳大利亚在引进吸收的基础上发展和使用较多的新技术，主要是通过在煤层中注入气体增加煤层中气体流动的能量和气体的渗透，并置换出被煤炭吸附的 CH_4 气体。目前有两种方法实现注气增产：一是借助注 N_2 来剥离，二是用注入 CO_2 进行驱替解吸。

4. 德国煤层气开采技术概况

德国非常重视对煤层气发电技术和设备的开发，目前比较成熟的技术和设备有模块化燃气发电机组和供电—供热耦合机组 BHKW 设备，并已经在德国得到了规模的应用。

4.1.4 国外煤层气产业化经验

1. 美国煤层气产业化的成功经验

美国煤层气产业化是世界上最成功的国家，其产业化发展为世界其他国家煤层气产业的发展树立了榜样。美国之所以在煤层气研究、勘探、开发利用方面处于世界领先地位，并成为世界上率先取得煤层气商业化开发最成功的国家，主要是得益于它有十分理想的煤层气储层条件和完善的天然气管道系统，有众多的机构对煤层气勘探进行深入的研究，形成了系统理论技术，以及政府的优惠税收政策与完善的法律体系。

一是丰富的煤层气资源、发达的天然气管网等基础设施为美国煤层气产业的形成与发展奠定了物质基础。丰富的煤层气资源量要得到商业化开发必须有完善的输送管网设施。美国拥有完善的全国性的天然气管理系统，煤层气可以通过天然气管道输送到各类用户。由于有关天然气管道输送的政策对煤层气产业具有直接影响，为此美国联邦能源管理委员会于1985年相继颁布了第380号和第436号法令，允许分销商免除对管道公司的最低费用义务，向地方提供收购现货天然气的机会，并强令管道公司让出一部分输送能力给其他公司。从此，打破管道公司对天然气市场的垄断。1992年又颁布了第636号法令和637号法令，规定管道公司只能从事输送服务，实行天然气管道的市场开放政策；向天然气工业的输气部门提供更多的灵活性，并进一步确保天然气承运人的利益。这些条例的颁布，使得煤层生产商可以拥有多种选择来出售煤层气，既可通过市场中间商销售煤层气，或直接销售给附近市场的分销商和终端用户，也可以自由地将煤层气输入天然气管道。

二是煤层气勘探开发的系统理论技术为煤层气产业与产业化发展提供了技术支撑。美国率先形成了排水采气技术、储量激励增产技术和储层模拟技术，利用地面钻孔水力压裂技术和裸眼造穴完井技术开采煤层气资源，这些技术的实践应用为煤层气产业的发展提供了技术保障。

进行煤层气地面开发有两种情况：一种以圣胡安盆地为代表，在没有采煤作业的煤田开采煤层气，采用的技术与常规天然气生产技术基本相似，低渗透率煤层需要采取煤层激励增产措施；另一种以黑勇士盆地为代表，在生产矿区内开发煤层气。采气作业与采煤作业密切相关，采用地面钻井抽取采空区的煤层气时，由于采煤引起上覆煤层和岩层下沉与煤裂，采空区上方岩石冒顶，压力释放，透气性增加，瓦斯大使解吸聚焦于采空区，使得抽气容易，不需要进行煤层压裂处理。

三是税收优惠政策为煤层气产业的形成与发展创造了良好的环境。美国政府先后出台了《能源政策法》《能源意外获利法》《气候变化行动计划》等相关法规，为煤层气产业的发展提供了有利的外部环境。

1980年美国联邦政府出台了《能源意外获利法》，该法第29条是专门针对非常规燃料税收优惠问题，该税收优惠政策的出台在煤层气开发的初期起到巨大的推动作用。该政策对煤层气开采实行"先征后返"，即先按联邦税法征4%~6%的生产或开采税，然后给予每立方米煤层气2.82美分的政策补贴（当时煤层气售价约为6美分/立方米）。自1980年该法出台以后的10年间，美国黑勇士盆地煤层气开采得到的税收补贴大约是2.7亿美元，圣胡安盆地的税收补贴为8.6亿美元。另外，该政策具有一定的时效性，时间为10年，即1980~1992年钻成的井及于1992年12月31日以前开钻的井中，投产井于2003年前卖出的煤层气均可享受税收补贴政策。10年之后每生产和销售1兆Btu（英制热量单位，1Btu＝1055.06焦）煤层气得到的平均补贴为1.385美元。而1988年美国政府又把该项优惠政策延迟到1990年底，后来政府又第二次把截止日期推迟到1992年年底。在1979年12月31日至1993年1月1日之间钻探的井中生产出的煤层气产量，在2003年1月1日以前都可以享受到第29条税收政策规定的补贴。美国第29条税收补贴政策的截止日期的两次推迟，极大地促进了煤层气开发者在3个截止日期之前，以最大的努力钻探最多的井以期获得最大限度的税收补贴。

事实证明，美国的第 29 条税收优惠政策有效推动了美国煤层气井数和产量的增加，使美国煤层气年产量在不到 20 年的时间内，从 1983 年的不足 2×10^8 立方米迅速增加到 2000 年的 38.3×10^8 立方米，煤层气开发项目的内部收益率可达到 20%，各煤层气生产商的技术进步和规模化发展提速，最终使其成为具有竞争力的新能源产业。

四是完善的法律法规为煤层气产业发展提供了政策保障。美国联邦政府和州政府主要通过颁布和实施有关税收和矿区使用费征取、环境影响评价、井距控制、煤层保护、煤矿安全保证、钻井许可证发放等法律法规及调控煤层气价格等管理办法来促进煤层气产业发展。美国为减少甲烷的排放制定了强制性的技术标准，要求采煤企业在采煤过程中核准甲烷排放量或必须达到的抽采率；企业必须预先支付一笔抵押金，由政府依据其煤层气利用情况予以返还；同时利用征收的排污费建立煤层气开发利用补贴基金；美国通过立法取消政府对天然气（包括煤层气）价格的限制，保证煤层气与常规天然气一样实行市场价格体制。1983 年，亚拉巴马州颁布了煤层气产业法规，是最早颁布煤层气产业法规的美国州政府；1990 年，弗吉尼亚颁布了煤层气法规；1994 年，亚拉巴马州也颁布了煤层气法规，此后其煤层气产量大幅上升。

五是贷款、贷款担保、援助、培训资助等各种措施为煤层气产业发展提供了资金支持。1996 年 3 月，美国环保局发布《美国联邦政府对煤层气项目资助指南》，下列部门能够提供贷款或援助。

（1）农业部援助项目。农业部农村企业和合作开发局为农村提供贷款、贷款担保和援助资金，其主要对象是农村地区新技术应用项目或微利项目。由于许多高瓦斯矿井处于农村地区，比较容易从本地农村信贷部门获得煤层气项目贷款，贷款限额为 15 万美元。

（2）商业部援助项目。商业部经济发展局援助对象主要是长期经济困难地区。1992 年至 1994 年提供援助资金总额为 4610 万美元。煤层气发电、管道输气销售或居民用气项目都有资格获得援助。

（3）小企业管理局援助项目。小企业管理局运作着一个资本计划，该计划能够帮助小企业获得贷款从事能源技术和能源效率的改进。煤层气利用项目一般都符合条件，特别是煤层气提纯、生产甲醇或瓦斯汽车燃料都是优先考虑项目。美国环保局、能源部等政府机构和组织也可以为煤层气项目提供援助。

另外，在美国政府的政策引导下，许多私人金融机构和银行也愿意为煤层气开发提供资金支持。从 20 世纪 80 年代初开始，美国政府先后投入了 60 多亿美元进行煤层勘探开发活动，用于培训和研究的费用高达十几亿美元。

2. 加拿大煤层气产业化的经验

加拿大煤层气开发虽然起步较晚，但最近几年发展很快，其煤层气产业化快速发展的原因主要如下：

一是西部平原巨大而连续的煤层中煤层气资源丰富，并发现了马蹄谷组煤层气高产走廊。

二是前几年北美地区常规天然气储量和产量下降，供应形势日趋紧张，天然气价格日益上升，给煤层气产业的发展带来了机遇。

三是多年来加拿大政府一直支持煤层气的发展，并强调自主发展，一些研究机构根据该国以低变质煤为主的特点，开展了一系列的技术研究工作，在多分支水平羽状井、连续油管压裂等技术方面取得了进展，降低了煤层气开采成本。

3. 澳大利亚煤层气产业化的经验

一是加大煤层气勘探开发的投入。澳大利亚政府十分重视煤层气这一洁净能源的开发，对煤层气勘探开发给予了大量的资金支持。例如，2000～2001年度仅昆士兰的鲍恩盆地用于煤层气勘探费用就达4440万美元，占该盆地全部1.2亿美元勘探费的37%。

二是出台了许多配合政策。1997年为加强对煤层气的开发与管理，昆士兰州政府出台了一系列规定与措施，主要包括：煤层气的开采权受1989年的《矿产资源法》和1923年的《石油法》保护；煤层气的产权管理保持与石油完全一致；现有的石油和煤炭租赁区以及租赁申请区都将授权进行煤层气的开采；在租赁申请方面，煤层气和煤炭开采将享有同等的优先进入权；在矿权审批时，将以垂向上的深度划分矿权，以避免地表矿权申请的冲突；当煤层气作为煤矿开采的副产品并用于当地煤矿的发电时，将免交矿区使用费；煤炭与煤层气在地面允许同时作业，但应尽量避免相互间的真干扰。

此外，昆士兰州政府颁布了《昆士兰能源政策——清洁能源政策》，要求燃气发电量占发电总量的13%，大大激励了煤层气的勘探开发。特别是要求煤层中的瓦斯含量必须降到3立方米/吨以下，煤炭才能进行开采，从而保证了"先采气、后采煤"的实施，有利于煤矿的安全生产，促进了煤层气开采的发展。

三是注重技术创新。澳大利亚在短短的4年内煤层气产量快速增长，得益于技术创新。悉尼盆地煤的渗透率比美国差，BHPB公司没有照搬美国的一些成熟技术，而是针对本区块不同的地质条件研发了裸眼完井和U型水平井等钻井技术，大幅度提高了单井产量，形成了低成本开发技术系列。

四是注重降低成本，延长产业链。由于煤层气与常规天然气比较，产量一般偏低，前期投入大，地面建设费用也高，澳大利亚煤层气作业者BHPB公司采用各种措施，最大限度降低单井成本。它们在研制开发了一系列新技术提高产量和效率的同时，还通过将煤层气产品加工转化发电的方式，避开了直接销售煤层气带来的效益低下的矛盾，拉长了产业链，提高了企业效益。

4. 澳大利亚煤层气产业化的经验

澳大利亚煤层气开采政策受到 1989 年《矿产资源法》和 1923 年《石油法》的保护，煤层气和煤炭开采享有同等的优先进入权，在促进煤层气开采的政策方面，澳大利亚政府允许煤层气与煤炭在地面上同时作业。尤其国家标准规定"煤矿煤层气含量小于 3 立方米/吨、空气甲烷浓度小于 1% 才允许煤矿开采作业"。

5. 欧盟煤层气开发的优惠政策

20 世纪末，德国对煤层气的利用还大多局限于煤矿现场使用，如在锅炉中将煤层气和煤混合燃烧，用来取暖和发电。2000 年 4 月生效的《可再生能源法》及同年 10 月出台的"国家气候保护计划"，对德国的煤层气开发是里程碑。《可再生能源法》规定，今后 20 年内 500 千瓦以上的煤层气发电设备每生产 1 千瓦时电补贴约 7 欧分；利用煤矿瓦斯的供暖发电厂可享受每千瓦时 6.6%～7.7% 的固定退税率，新厂税率每年还可递减 2%。"国家气候保护计划"制定了到 2005 年二氧化碳排放比 1990 年减少 25% 的目标。在一系列政策法规的推动下，德国州政府提供高额的研究资金支持独立研究机构进行煤层气研究，煤层气开发及相关设备的研制均取得了很大进展。

英国在《陆上石油勘探开发许可证管理条例》和《企业投资管理办法》中明确规定，开采煤层气可享受税收优惠，其投资将通过减免所得税和经营红利而得到回报。另外《企业投资管理办法》要求投资者在 5 年之内不能撤资，而且要保持拥有原始股，才能享有规定的税收优惠，这样对煤层气投资者的初期融资具有一定的吸引力。

波兰政府规定给予从事石油、天然气以及煤层气企业 10 年免税优惠。

6. 印度煤层气产业化的经验

印度政府为推进煤层气产业的发展，将煤层气开发引入竞争机制，划出若干有利块段，通过招标吸引商家参与开发。并针对国内外投资者出台一系列优惠政策，主要包括：煤层气项目从商业性生产之日起 7 年免税，只征收很低的矿区使用费，免交煤层气开发需要的进口材料和设备关税；煤层气销售价格由市场调节，实行市场价格，政府不干预。

此外，在印度，煤层气已经依据"石油和天然气法"纳入天然气的定义和管理范畴，从法律上扩展了天然气的定义，为煤层气产业的发展提供了法律保证。

4.2 国际煤层气产业市场分析

4.2.1 全球能源市场运行态势

根据近几年《BP 世界能源统计年鉴》的数据分析，从 2008 年世界金融危机后，全球经济开始衰退，能源消费进入了低迷期，直到 2010 年全球各类能源消费和各地区能源消费才出现增长态势，但之后能源消费增速又呈下降趋势。2010 年全球能源消费强劲反弹，能源消费增长为 5.6%，达到 1973 年以来的最高涨幅，当年的能源消费总量超越了 2008 年经济衰退前所达到的峰值。但好景不长，仅维持一年。之后，连续两年全球能源消费量增长回落明显，2011 年全球一次能源消费远低于 2010 年 5.6% 的增长率，与过去十年的平均水平基本持平，增长 2.4%，2012 年能源消费量的增速由前一年的 2.4% 下降到 1.8%。从能源消费区域来分析，近几年，新兴经济体的能源消费继续快速增长，能源消费量的净增长全部来自新兴经济体。其中，中国和印度占全球新增能源消费量的 90%，经合组织国家的能源消费增幅也远高于平均水平，但有所下降，经合组织成员国的能源需求则出现了在过去五年中的第四次下降。从 2006 年至 2012 年全球能源消费情况分析来看，美国由于经济不景气，能源消费减少了 5.3%；欧盟国家也减少了 8.0%。与此同时，中国处于经济发展时期，能源消费增加了 55%。北美洲、欧洲和欧亚等这些经济发达地区的一次能源消费在减少，而中东、非洲和亚太地区的一次能源消费却在增加。

根据《BP 世界能源统计年鉴 2013》显示，受全球经济增长放缓和能源使用效率提高的影响，2012 年全球能源消费增速有所放缓，世界一次能源消费量达到 124.77 亿吨石油当量，较 2011 年上升 1.8%，所有化石能源消费增长都低于历史平均水平。由于经济下滑，北美、欧洲和欧亚地区一次能源消费量有所下降，其中北美地区下降 2%；而中南美、中东、非洲和亚太地区有所上升，非洲和亚太区都上升 4.7%（如表 4-5 所示）。国家统计局公布的统计公报显示，经初步核算，2012 年中国能源消费总量为 36.2 亿吨标准煤，比上年增长 3.9%。

表 4-5 2012 年各地区一次能源消费增速占比

区域	占比	增速
亚太	40%	（+4.7%）
欧洲和欧亚大陆	24%	（-0.5%）
北美	22%	（-2.0%）
中东	6%	（+4.5%）
中南美	5%	（+2.2%）
非洲	3%	（+4.7%）

数据来源：产业信息网.

从能源消耗的比例看，2012 年石油仍然是全球主导性燃料，占比最高的能源形式，占全球能源消费的 33%，但石油所占份额已连续 13 年出现下滑，其目前份额是自 1965 年公布统计数据以来的最低值；其次是煤炭，占比为 29.9%；全球核电使用量由于日本核泄漏事故影响大幅下降,从 2011 年的 6 亿吨石油当量下降到 5.6 亿吨石油当量,占比从 4.9%下降到 4.5%;而可再生能源的使用从 2.05 亿吨石油当量上升至 2.37 亿吨石油当量,占比从 1.7%上升至 1.9%;风电消费为 1.18 亿吨石油当量,占可再生能源使用的约 50%,同比增长 18.1%(如图 4-4 所示)。其中消费份额最大的美国和中国的份额分别是 27.1%和 19.3%。

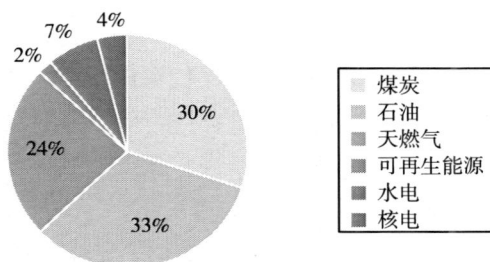

图 4-4 2012 年全球各类一次能源消费占比

根据有关机构统计显示,2012 年全球石油消费增长 0.9%,比 2011 年增长了 0.2 个百分点,成为化石燃料中全球消费涨幅最小的化石能源。全球石油产量增长 2.2%。中国原油消费量增长 6.0%,成为全球石油消费增长的最大来源国,但增速低于过去十年的平均水平。

2012 年全球天然气消费增长 2.2%,虽然增速低于 2.7%的历史平均水平,但天然气是 2012 年消费量加速增长唯一的化石燃料。美国天然气消费增量居全球首位,中国和日本紧随其后。不过,美国、中国和日本的天然气消费增长在一定程度上被欧盟和苏联地区的消费下滑所抵消。经济合作与发展组织(经合组织)国家的天然气消费增速自 2000 年以来首次超过非经合组织国家。亚太地区已经成为全球天然气需求增速最快的地区,2001~2012 年,以 6.7%的增速排在中东和非洲之前。其中,中国天然气消费量增长 10.2%,是天然气消费量增幅最大的国家。欧洲天然气消费减少 2.3%。全球天然气产量增长 1.9%,美国 4.7%的天然气产量增幅再度居全球首位,并继续保持全球最大天然气生产国的地位。

2012 年全球煤炭消费增长 2.5%,相对于 4.4%的历史平均值而言是增幅最小的化石能源,但仍然是消费增速最快的化石燃料。非经合组织国家的煤炭消费增长 5.4%,低于历史平均水平。尽管煤炭消费增长 6.1%,低于历史平均水平,但全球煤炭消费净增长全部来自中国,中国的煤炭消费量也首次超过了全球煤炭消费总量的一半。经合组织国家煤炭消费量下降 4.2%,其中美国煤炭消费减少近 12%,绝对降幅居全球首位,欧洲煤炭消费则增加了 3.4%,美国煤炭消费量的降幅抵消了欧洲与日本的增长。全球煤炭产量增长 2%。

2012 年全球非化石能源方面,全球核能发电量出现历史最大降幅,下降 6.9%,核能发电占全球能源消费的 4.5%，是 1984 年以来的最低比重。水力发电量增长 4.3%，高于历史平均水平，其中净增长全部来自中国，水力发电量占全球能源消费的 6.7%，为有史以来的最高份额。可再生能源方面，全球生物燃料出现 2000 年以来的首次下滑，下降 0.4%，但其发电量占全球发电总量的 4.7%，为历史最高水平。

从上述对 2012 年一次能源消费量及各类能源消费情况与历年对比分析可以得出，在全球能源消费结构中，能源消费仍然侧重于化石燃料，2012 年化石燃料在能源消费中的份额为 87%，但呈现缓慢下降趋势；可再生能源的份额继续有所提高，但目前仅占全球能源消费量的 1.9 %。同时，化石燃料消费结构也在发生变化，石油虽然仍是主导性燃料，但其所占份额已明显下降；煤炭消费增长幅度趋下降，但比例仍然较高；天然气消费增长幅度较大，未来呈继续强劲增长态势。

从全球能源消费地区和国家来看，全球一次能源消费的净增长全部来自新兴经济体，仅中国就贡献了全球能源消费增量的 71%。经合组织国家消费量下降，日本更是降幅明显——成为全球能源消费跌幅最大的国家。数据表明，能源消费所导致的全球二氧化碳排放量在 2011 年继续增加，但增速低于往年。

从能源消费与经济发展关系来看，能源消费需求与经济增长呈正相关，全球能源消费对全球经济发展贡献很大。综观全球，能源消费的增幅普遍高于经济增幅。但化石燃料消费比例过大，全球化石燃料消费产生的二氧化碳排放量出现大幅增长。

根据有关机构预测，未来各种能源消费在世界市场上所占的比例将会发生很大变化。随着经济的增长，随着需要大量静态能源的重工业与基础设施需求下降，而耗能低的第三产业增加，再加上重工业的技术改造，静态能源消费的增长肯定会放慢。运输能源消费与经济增长的趋势相同，但运输能源消费的增长有可能略慢于国内生产总值的增长。这是因为，尽管随着人们生活水平的提高，私人汽车拥有率提高，人们乘坐飞机的长途旅行增加，运输能源消费增加，但因为石油价格的上涨，运输工具在耗能方面会有新的技术进步。电力消费与经济增长完全同步，人们的收入越多，用电量的增长越快。收入提高后，人们都希望有更舒适的生活，使用更多的电器。未来时代是电器与电子的时代，世界电力消费量必然会大幅增加。

静态消费与电力消费的能源替代性很强，既可以用煤炭、天然气、石油，也可以用核能、可再生能源。但在运输方面，根据目前技术的发展情况来看，天然气与生物燃料代替石油的比例很小，也不会有很快的进展，石油仍会是最主要的运输消费能源。随着世界经济的增长，石油消费的增长有某种刚性，因为石油消费需求持续增长，石油价格也会持续增长，这会导致人们对天然气等洁净能源的需求的增加。

根据 BP 世界能源展望显示表明，全球能源消费在未来十年内仍呈现高速增长态势，但增速减缓。据预测，2011～2030 年，世界一次能源消费每年增长 1.6%，全球消

费量到 2030 年将增加 36%。一次能源消费增长减速，2000~2011 年的每年增速为
2.5%，2010~2020 年的每年增速减缓至 2.1%，而 2020~2030 年的每年增速预测下降到
1.3%。能源消费增长的贡献主要来自非经合组织，年均增长 2.5%，2030 年的能源消费
比 2011 年增加 61%，届时将占全球能源消费的 65%（2011 年为 53%），而经合组织
2030 年的能源消费量仅比 2011 年增加 6%（每年增长 0.3%），人均能源消费将有所减
少（2011~2030 年平均每年降幅为 0.2%）。从能源消费结构角度，在化石燃料中，天
然气增速最快，每年增长 2.0%（各能源消费增长速度如表 4-6 所示）。随着中国向低
煤炭密集型经济活动转型以及采取增效措施，中国的煤炭需求迅速减速，从 2000~2010
年的每年 9% 降至本十年内的 3.5%，进而在 2020~2030 年降至 0.4%。但中国的天然气
消费增长迅猛，到 2030 年超过目前欧盟天然气市场总量。在今后的 20 年里，中国天然
气的进口仍迅速增加，每年增长 11%。

表 4-6　2011~2030 年各能源消费增长速度

类型	煤炭	石油	天然气	可再生能源	核电	水电
增速（%）	1.2	0.8	2.0	7.6	2.6	2.0

数据来源：BP 国际能源展望.

据国际能源署的分析，到 2030 年，国际初级能源市场上最主要的产品仍然会是石
油，占世界能源市场供给的 1/3 左右，煤炭与天然气各占 1/4，核能、水力发电及可再
生能源（风能、太阳能、生物能源等）分别占 5%。

同样，未来世界能源供给会出现一些变化：目前，世界主要煤炭生产集中在北美与
中国，大约分别占 25%。到 2030 年，中国的煤炭生产会大大增加，约占世界总产量的
40%，北美、南亚、撒哈拉以南的非洲大约分别占世界总产量的 10% 左右。在 2010 年
前，石油的增产主要集中在中东地区。2010~2030 年，北美与南美的石油生产将逐渐增
加，俄罗斯及中亚地区的石油生产也会形成一定规模，世界石油供给将形成多渠道的格
局。天然气供给的变化比煤炭和石油更大，北美、俄罗斯、北非中东地区将分别占世界
天然气供给的 1/4，西欧、拉美、东南亚也会占一定比例。

国际能源署对未来世界能源需求变化的预测如下：在未来 30 年间，各国在世界能
源消费中所占的比例会出现很大变化。美国、欧洲及日本这三个能源消费大地区的能源
消费增长将被控制在平均每年 1% 以下；俄罗斯与东欧地区的能源消费将有所增长，但
增长的幅度不会太大；能源消费增长最快的是发展中国家，特别是那些新兴工业国，大
约每年平均增长 3%~5%，外界估计中国的能源消费增长大约在平均每年 5% 的水平。
按照这种速度发展，目前经济发达的经济合作与发展组织成员国消费的能源占世界能源
的一半，而到 2030 年，它们所占的比例将会下降到 1/3。相反，目前发展中国家消费的
能源占世界能源的 1/3，到 2030 年，它们所占的比例会上升为 60%。

4.2.2 国际煤层气市场运行走势分析

进入 21 世纪以来，天然气已成为当今世界发展最快的一种能源。世界能源专家一致认为，21 世纪是天然气的世纪。从过去 10 年世界各地天然气消费量的情况可以看出，天然气消费一直在持续增长，几乎每十年天然气消费增长约 5000 亿多立方米（如表 4-7 所示）。根据埃克森美孚公司预测，在今后的 20 年里，天然气需求的年增长率为 2.2%，在主要燃料中增长最快，在全世界需求增长中又以亚太地区需求增长最快。全世界发电将占天然气需求增量的一半。从世界各地区最近十多年的天然气消费量中明显看出，天然气消费增长最快的来自发展中国家，特别是新兴国家，中国近年来天然气消费量大幅度增加，是全球增长最快的国家，2012 年比 2011 年增加 9.9%，占世界天然气消费总量的 4.3%。随着世界经济持续增长，对能源的需求将会稳步增加。但由于世界原油价格持续上涨（如表 4-8 所示），特别是近几年，原油现货价格涨幅较大（如图 4-5 所示），而且世界能源供给趋势趋于紧缺和对环境要求越来越高，全球各个国家对天然气的需求必将快速增长。为了增加对天然气的供给，一方面加大对天然气开采；另一方面寻求天然气的替代品。目前，煤层气是天然气最佳替代品，一是全球煤层气资源量丰富，达到 107.8 万亿~124.8 万亿立方米，其中可采达 13 万亿立方米；二是煤层气的主要成分与天然气相似，可以同输共用；三是煤层气发发展迅速，已形成商业化。美国是世界上勘探开发利用煤层气最成功的国家，煤层气发展已形成规模化和商业化，其煤层气产量在 1983 年到 1995 年的 12 年间从 1.7 亿立方米迅猛增长到 250 亿立方米，2003 年年产量达 450 亿立方米，2004 年年产量达 500 亿立方米，最近几年，煤层气产量一直在 550 亿立方米左右。在美国煤层气产业成功实践的带动下，世界有很多国家和地区如加拿大、澳大利亚、印度、中国等已经对煤层气进行了勘探和开发。

另据第 25 届世界天然气大会的报告指出，未来 20 年，得益于不断增长的天然气产量和国际贸易发展的强力支持，全球天然气需求量将以每年 1.4% 的速度增长，到 2030 年将达 4.7 万亿立方米。天然气在全球一次能源结构中的比例将由 2010 年的 22% 提高至 2030 年的 25%。这对煤层气产业来说，发展空间巨大。

对于中国的天然气市场而言，中国天然气已经高速发展了近 10 年。根据美国、俄罗斯等天然气大国发展历程来看，天然气高速发展时期都已达到 20~30 年。按照这一推算，中国天然气市场还有近 20 年的高速发展期，我国天然气市场的发展前景广阔，潜力巨大。但是我国天然气自供给能力有限，巨大的市场空缺需要通过进口天然气、液化天然气或开发煤层气、页岩气等来弥补。目前，我国煤层气勘探开发利用进入了关键时期，初步实现商业化开发。面对巨大的天然气市场需求，煤层气勘探开发利用必将迎来高潮。

表 4-7 历年世界及各地区天然气消费量　　　　　单位：10 亿立方米

年份	世界	北美洲	中南美洲	欧洲及欧亚大陆	中东国家	非洲	亚太地区
2001	2453.6	759.8	100.7	1014.2	206.8	63.8	308.4
2002	2515.7	787.8	102.1	1017.5	217.6	65.8	325.0
2003	2599.3	778.9	107.9	1059.6	229.0	72.6	351.3
2004	2679.4	785.2	117.5	1083.2	247.1	79.7	366.6
2005	2766.7	777.3	122.9	1105.9	279.2	83.0	398.4
2006	2824.3	772.2	135.5	1112.2	291.5	88.1	424.7
2007	2930.4	813.7	134.6	1126.2	303.1	94.4	458.3
2008	3005.1	821.3	141.3	1130.6	331.9	100.1	479.8
2009	2930.6	809.9	135.1	1045.4	344.1	98.9	497.2
2010	3153.1	836.2	150.2	1124.6	377.3	106.9	557.9
2011	3222.9	863.8	154.5	1101.1	403.1	109.8	590.6
2012	3314.4	908.5	165.1	1083.3	411.8	122.8	625.0

数据来源：普氏公司.

表 4-8 历年国际原油现货价格

年份	迪拜原油价格（美元/桶）	布伦特原油价格（美元/桶）	美国西得克萨斯中级原油价格（美元/桶）
1990	20.45	23.73	24.50
1991	16.63	20.00	21.54
1992	17.17	19.32	2057
1993	14.93	16.97	18.45
1994	14.74	15.82	17.21
1995	16.10	17.02	18.42
1996	18.52	20.67	22.16
1997	18.23	19.09	20.61
1998	12.21	12.72	14.39
1999	17.25	17.97	19.31
2000	26.20	28.50	30.37
2001	22.81	24.44	25.93
2002	23.74	25.02	26.16
2003	26.78	28.83	31.07
2004	33.64	38.27	41.49
2005	49.35	54.52	56.59

（续表）

年份	迪拜原油价格（美元/桶）	布伦特原油价格（美元/桶）	美国西得克萨斯中级原油价格（美元/桶）
2006	61.50	65.14	66.02
2007	68.19	72.39	72.20
2008	94.34	97.26	100.06
2009	61.39	61.67	61.92
2010	78.06	79.50	79.45
2011	106.18	111.26	95.04
2012	109.08	111.67	94.13

数据来源：BP 国际能源统计年鉴.

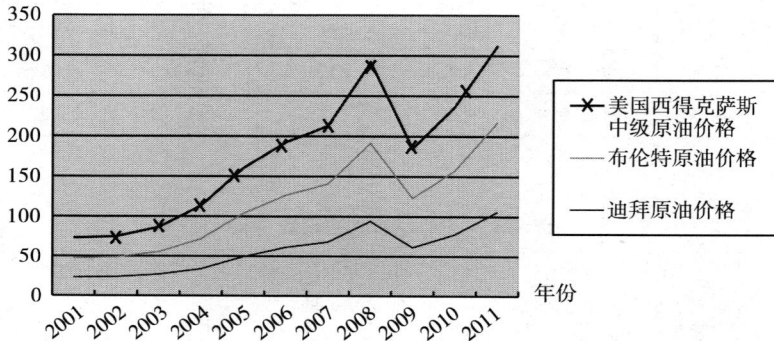

图 4-5   2001~2011 年原油现货价格变化

4.2.3 国外煤层气主要应用领域

20 世纪 80 年代初美国率先成功开采煤层气以来，世界各国相继开发煤层气。经过 30 多年发展，煤层气产业正在世界范围内逐步形成。目前全球共有 30 多个国家和地区进行了煤层气的勘探与开发，但仅有美国、加拿大和澳大利亚等少数国家形成工业化规模开采。在煤层气利用方面，目前，主要是煤层气用来发电和作为民用燃料。美国由于天然气管道系统发达，且实施天然气管道市场开放政策，符合条件的煤层气（煤层气允许进入天然气管道的条件是甲烷的体积分数要高于 95%）大部分注入天然气管道系统，与天然气共输同用，直接供给用户，除此之外，还有一部分煤层气用来生产汽车燃料及合成氨、甲醇等。德国、法国、加拿大、俄罗斯、澳大利亚和日本都是主要用来发电，尤其是德国，在瓦斯发电利用方面较为成功，鲁尔集团在萨尔洲每年获取甲烷浓度为 50% 的煤矿瓦斯，用于热电经营，发电技术采用燃气轮机和蒸汽机发电联合运行，2003 年开发了集装箱式结构的新的矿用瓦斯供电、供热、制冷耦合机组。印度和英国则主要把煤层气用作发电或汽车燃料（CNG）。

第5章 中国煤层气产业发展状况分析

5.1 中国煤层气资源状况

5.1.1 中国煤层气资源总量

20 世纪 80 年代开始，中国有关部门和学者对煤层气资源量进行了评价，结果存在很大差异，但结果表明中国煤层气资源量巨大（如表 5-1 所示）。据国土资源部 2006 年全国油气资源评价最新成果，全国 41 个聚煤盆地，114 个含气区带，埋深浅于 2000 米的煤层气面积为 41.5 万平方千米，远景资源量约为 $36.81×10^{12}$ 立方米，相当于 520 亿吨标煤，与陆上常规天然气资源量（根据国土资源部发布《全国油气资源动态评价（2010）》显示，我国天然气地质资源量为 52 万亿立方米、可采资源量为 32 万亿立方米）基本相当。其中埋藏深度浅于 1000 米的煤层气地质资源量达 $14.27×10^{12}$ 立方米；1000~1500 米煤层气可采资源量为 $10.87×10^{12}$ 立方米，这部分是目前我国煤层气开发的主要对象。

中国煤层气资源量约占世界煤层气资源总量（大约为 $268×10^{12}$ 立方米）的 13%，仅次于俄罗斯和加拿大，位居世界第 3 位。

2011 年，中国煤层气勘查新增探明地质储量 1421.74 亿立方米，新增探明技术可采储量 710.06 亿立方米。到 2011 年年底，全国累计探明地质储量 4334.56 亿立方米，累计探明技术可采储量 1962.04 亿立方米，剩余技术可采储量 2372.52 亿立方米（如表 5-2所示）。

表 5-1　中国煤层气资源历次评价结果

组织或专家	完成时间	资源量（10^{12}立方米）	说明
焦作矿业学院	1987 年	31.92	全国所有可采煤层
李明潮	1990 年	32.15	全国所有可采煤层

（续表）

组织或专家	完成时间	资源量 （10^{12}立方米）	说明
煤炭科学研究总院 西安分院	1991 年	30~35	未包括褐煤及藏、粤、闽、台地区的煤层
中国统配煤矿总公司	1992 年	24.75	
地矿部石油地质大队	1992 年	36.30	可采资源量 18.15×10^{12}立方米
张新民等	1995 年	32.68	
中联煤	2000 年	31.46	未包括褐煤及藏、粤、闽、台地区的煤层
国土资源部	2005 年	36.81	增加了褐煤区的煤层气资源量

资料来源：山西情报研究所.中国煤层气产业发展研究报告，2011.

表 5-2　中国煤层气探明地质储量（截至 2011 年）

地区	项目	储量面积 （平方千米）	探明地质储量 （10^8立方米）	可采储量 （10^8立方米）	单位
沁水盆地	枣园	50.70	137.87	74.86	中联煤
	潘庄	175.46	357.15	193.93	中联煤
	樊庄	182.22	352.26	176.13	中国石油
	郑庄	448.79	800.14	400.00	中国石油
鄂尔多斯盆地	韩城	41.70	50.78	25.05	中联煤
	柳林北	72.20	53.16	29.85	中联煤
	三交	461.74	435.42	217.71	中国石油
	大宁—吉县	400.00	295.00	149.50	中国石油
铁法矿区		135.49	77.30	37.00	铁法煤业
阳泉矿区	五矿	65.01	142.02	59.30	阳泉煤业
	大阳泉	10.79	18.08	6.64	大阳泉煤矿
	南庄	3.12	5.19	2.00	南庄煤矿
	荫营	15.12	26.05	7.12	荫营煤矿
东宝能长子		81.80	158.79	71.45	东宝能
港联韩城板桥		4.19	3.61	1.44	港联
截至 2010 年年底小计		2148.33	2912.82	1251.98	
2011 年		—	1421.74	710.06	
合计			4334.56	1962.04	

资料来源：2013 年太原国际煤层气会议和国土资源部网站.

5.1.2 中国煤层气资源分布

中国煤层气资源分布广泛，分布在不同地域、不同含煤盆地、不同成煤时代，埋藏深度、勘探程度和开发利用程度都有很大差别。

（1）从分布省份来看，煤层气资源广泛分布于我国 24 个省、市、自治区，主要包括：新、晋、陕、冀、豫、皖、辽、吉、黑、蒙、云、贵等（如表 5-3 所示）。其中，沁水（$4.0×10^{12}$ 立方米）、鄂尔多斯（$9.8×10^{12}$ 立方米）、二连（$2.0×10^{12}$ 立方米）、海拉尔（$1.6×10^{12}$ 立方米）、准噶尔（$3.8×10^{12}$ 立方米）、天山（$1.2×10^{12}$ 立方米）、吐哈（$2.1×10^{12}$ 立方米）、塔里木（$1.9×10^{12}$ 立方米）、滇东黔西（$3.5×10^{12}$ 立方米）9 个主要盆地的煤层气资源量均大于 $1×10^{12}$ 立方米，资源量共约为 $29.9×10^{12}$ 立方米，占全国煤层气资源总量的 76%，主要分布在中西部地区（如图 5-1 所示）。

表 5-3　各省煤层气盆地分布及资源量统计

省份	盆地及地区	资源量统计
安徽	淮南煤田、淮北煤田（准噶尔盆地）	埋深浅于 2000 米的煤层气资源量约 1 万亿立方米，煤层气资源丰富的两淮煤田煤层气储量达 9087 亿立方米；准噶尔盆地资源量为 3.8268 万亿立方米
黑龙江	鸡西盆地、勃利盆地、鹤岗盆地、依兰盆地、海拉尔盆地	鸡西盆地煤层气资源量可达 1874.86 亿立方米，一般均赋存于埋深小于 1000 米以下的煤层中；鹤岗盆地煤层气资源量为 715.14 亿立方米；海拉尔盆地的煤层气资源量约为 10.79 亿立方米
湖北	黄石地区	黄石地区预测煤层气资源量近 3 万亿立方米
湖南	下石炭统测水组和上二叠统龙潭组	湖南煤层气地质资源量和可采资源量分别为 780.80 亿立方米和 325.94 亿立方米；煤层气资源主要分布在下石炭统测水组和上二叠统龙潭组中，分别为 317.13 亿立方米和 463.67 亿立方米。其中，下石炭统测水组煤层气资源主要分布在涟邵目标区的渣渡、金竹山、太平寺、冷水江等含煤向斜区域；上二叠统龙潭组煤层气资源主要分布在郴耒目标区的永耒、梅田、白沙、马田等含煤向斜区域
四川	四川盆地	四川 1500 米以浅煤层气资源量达 3480 亿立方米
陕西	鄂尔多斯盆地（涉及内蒙古、山西、陕西、宁夏和甘肃 5 省区）	鄂尔多斯盆地资源量最大，为 9.8634 万亿立方米

（续表）

省份	盆地及地区	资源量统计
山西	沁水盆地（樊庄、潘庄、郑庄、成庄、晋城、柿庄、寿阳、阳泉、大宁、端氏、河东、和顺—左权、屯留、马必、沁源），鄂尔多斯盆地东缘	沁水盆地拥有全国 1/4 的煤层气资源，拥有 1/4 煤层气矿权登记面积，煤层气登记区块 15 个，面积为 13767.3 平方千米，拥有 90% 探明地质储量，现有产气量占全国煤层气产量的 93%。已探明地质储量为 1361.75 亿立方米，沁水盆地资源量为 3.95 万亿立方米。
山东	黄河北煤田，章丘、淄博煤田	估算黄河北、章丘、淄博煤田煤层气资源量为 1333.31 亿立方米
云南	滇东黔西盆地	滇东黔西盆地群资源量为 3.4723×10^{12} 立方米
新疆	塔里木盆地、天山盆地、吐哈盆地	吐哈盆地资源量为 2.1198 万亿立方米
宁夏	鄂尔多斯盆地	
贵州	滇东黔西盆地	
江西	丰城	煤层气资源量约为 5.45×10^{10} 立方米
内蒙古	鄂尔多斯盆地、阴山盆地、二连盆地	二连盆地资源量为 2.5816 万亿立方米
吉林	白山煤田六道江矿区、砟子矿区、松树镇矿区三个评价区	各煤层煤层气预测资源量的深度均在 1500 米以上，预测煤层气资源总量为 74 亿立方米
辽宁	阜新盆地	
河南	安阳、焦作、平顶山、荥巩、鹤壁、永夏、新安矿区	
甘肃	鄂尔多斯盆地	
河北	阴山盆地	

资料来源：山西科技情报研究所. 山西煤层气产业发展研究报告，2011.

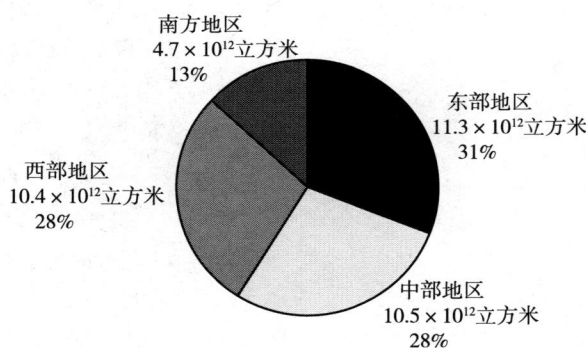

南方地区
4.7×10^{12}立方米
13%

东部地区
11.3×10^{12}立方米
31%

西部地区
10.4×10^{12}立方米
28%

中部地区
10.5×10^{12}立方米
28%

图 5-1　中国煤层气资源区域分布

（2）从区域分布来看，中国煤层气主要分布在华北、西北、东北和南方四个大区，华北和西北地区是煤层气的主要聚气区。华北地区煤层气总资源量为 $20.71×10^{12}$ 立方米，占全国的 56.3%；西北地区煤层气总资源量为 $10.36×10^{12}$ 立方米，占全国的 28.1%；南方地区煤层气总资源量为 $5.27×10^{12}$ 立方米，占全国的 14.3%；东北煤层气资源量为 $0.47×10^{12}$ 立方米，仅占全国煤层气总资源量的 1.3%（如图 5-2 所示）。

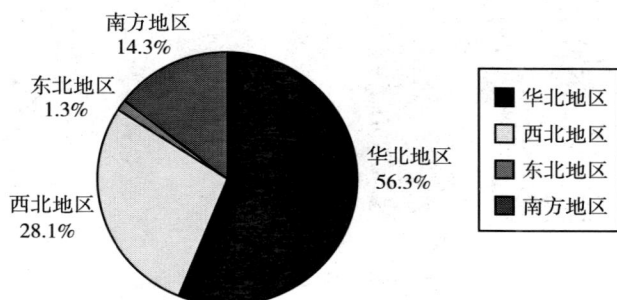

图 5-2　中国煤层气资源区域分布

（3）从大区分布来看，东部煤层气地质资源量最大，约为 113184 亿立方米，占全国的 31%，可采资源量为 43117 亿立方米；其次是中部和西部的地质资源量，各占全国的 28%，分别为 104676 亿立方米和 103592 亿立方米，可采资源量分别为 19981 亿立方米和 28583 亿立方米；南方地质资源量为 46622 亿立方米，占全国的 13%，可采资源量为 16964 亿立方米；青藏地质资源量最少，约为 44 亿立方米，仅为全国的 0.01%，可采资源量几乎没有（如图 5-3 所示）。

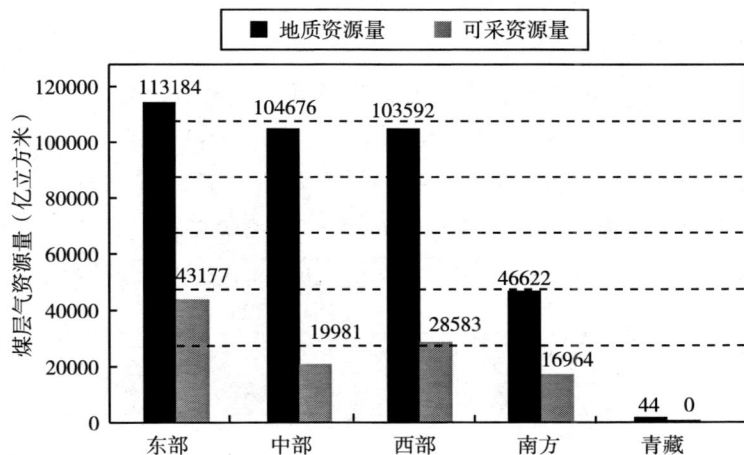

图 5-3　中国煤层气资源分布

（4）从煤层气资源的赋存深度来看，中国煤层气资源量的 67.6% 分布在埋深浅于 1500 米的范围内。其中 1000 米以浅的资源量最大，地质资源量为 $14.3×10^{12}$ 立方米，可采资源量为 $6.3×10^{12}$ 立方米，分别占全国煤层气资源地质总量的 38.8% 和可采资源总量的 57.9%；1000~1500 米的资源量为 $10.6×10^{12}$ 立方米，可采资源量为 $4.6×10^{12}$ 立方米，分别占全国煤层气资源地质总量的 28.8% 和可采资源总量 42.3%；1500~2000 米的煤层气地质资源量为 $11.9×10^{12}$ 立方米，占全国煤层气资源地质总量的 32.4%，由于目前煤层气开发技术水平有限，在此深度范围内不计算煤层气的可采资源量（如图 5-4 所示）。

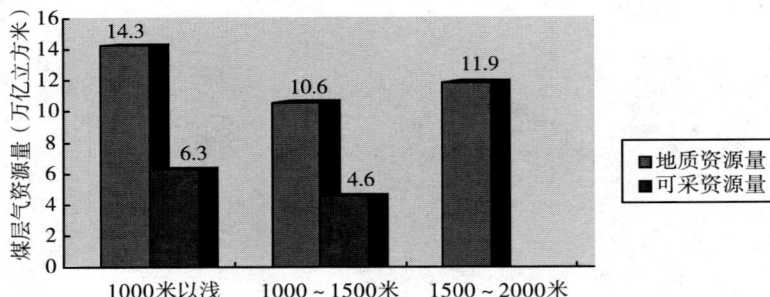

图 5-4 中国煤层气深度分布资源量

（5）按含气盆地煤层气资源量赋存情况来看，全国大于 5000 亿立方米的含煤层气盆地（群）共有 13 个，其中含气量为 5000 亿~10000 亿立方米的有川南黔北、豫西、川渝、三塘湖、徐淮 5 个盆地（群），含气量大于 1 万亿立方米的有鄂尔多斯盆地东缘、沁水盆地、准噶尔盆地、滇东黔西盆地群、二连盆地、吐哈盆地、塔里木盆地、天山盆地群、海拉尔盆地 9 个盆地（群），占总资源量的 76%。其中鄂尔多斯盆地资源量最大，为 9.8634 $×10^{12}$ 立方米，占全国煤层气资源总量的 26.8%；其次为沁水盆地，资源量为 $3.95×10^{12}$ 立方米，占全国煤层气资源总量的 10.7%；准噶尔盆地资源量为 $3.8698×10^{12}$ 立方米，占全国煤层气资源总量的 10.4%；滇东黔西盆地群资源量为 $3.4723×10^{12}$ 立方米，占全国煤层气资源总量的 9.4%；二连盆地资源量为 $2.5816×10^{12}$ 立方米，占全国煤层气资源总量的 7%；吐哈盆地资源量为 $2.1198×10^{12}$ 立方米，占全国煤层气资源总量的 5.8%。地质资源量为 $200×10^8$~$1000×10^8$ 立方米的含气盆地（群）有阴山等 6 个盆地（群）；地质资源量小于 $200×10^8$ 立方米的含气盆地（群）有辽西等 11 个盆地（群）（如表 5-4 所示）。

表 5-4 中国含气盆地煤层气资源量赋存情况

煤层气资源量 （亿立方米）	含气盆地 （群）	煤层气地质资源量 （亿立方米）	煤层气可采资源量 （亿立方米）
大于 10000 有 9 个	海拉尔盆地	15957.84	4503.79
	二连盆地	25816.63	21026.38
	沁水盆地	39500.42	11216.22
	鄂尔多斯盆地	98634.27	17870.59
	吐哈盆地	21198.33	4100.46
	准噶尔盆地	38698.37	8077.95
	天山盆地群	16261.50	6671.61
	塔里木盆地	19338.57	6866.68
	滇东黔西盆地群	34723.72	12892.88

（续表）

煤层气资源量 （亿立方米）	含气盆地 （群）	煤层气地质资源量 （亿立方米）	煤层气可采资源量 （亿立方米）
5000~10000 有 4 个	川南黔北	9674.49	3034.73
	豫西	6744.07	1154.37
	三塘湖	5942.14	1752.60
	徐淮	5784.61	1482.07
1000~5000 有 9 个	太行山东麓	4314.19	380.90
	宁武	3643.58	1129.16
	三江—穆棱河	3103.38	401.71
	川渝	3071.78	1414.38
	冀中	1773.32	212.08
	京唐	1418.66	309.85
	柴达木	1411.76	579.24
	大同	1428.11	470.63
	豫北—鲁西北	1180.73	85.48
200~1000 有 6 个	河西走廊	780.83	375.23
	湘中	780.75	324.39
	阴山	817.68	142.04
	滇中	384.53	156.9
	萍乐	280.63	126.96
	苏浙皖边	221.44	135.94
200 以下 有 11 个	桂中	195.36	73.81
	辽西	162.19	125.47
	敦化—抚顺	109.77	56.62
	冀北	91.16	29.18
	长江下游	82.33	38.19
	伊兰—伊通	52.51	12.08
	松辽	39.34	5.10
	浙赣边	30.04	14.53
	蛟河—辽源	29.21	5.41
	延边	29.12	7.01
	大兴安岭	0.75	0.51

数据来源：国土资源部油气资源战略研究中心．全国煤层气资源评价，2009.

（6）按可采煤层气资源量分布来看，中国煤层气可采资源总量约 10 万亿立方米，其中大于 1000 亿立方米的盆地（群）有 15 个，分别为二连、鄂尔多斯盆地东缘、滇东黔西、沁水、准噶尔、塔里木、天山、海拉尔、吐哈、川南黔北、川渝、三塘湖、豫西、宁武等。二连盆地煤层气可采资源量最多，约 2 万亿立方米；鄂尔多斯盆地东缘、沁水盆地的可采资源量在 1 万亿立方米以上，准噶尔盆地可采资源量约为 8000 亿立方米。

（7）从层系分布看，侏罗系煤层气为主，其次是石炭—二叠系，还有少量的三叠系煤层气。中生界和上古生界煤层气资源最为丰富，地质资源量分别为 $20.5×10^{12}$ 立方米和 $16.3×10^{12}$ 立方米，占全国的 55.7% 和 44.3%，可采资源量相应为 $6.2×10^{12}$ 立方米和 $4.7×10^{12}$ 立方米，占可采总量的比例分别为 56.8% 和 43.2%。而新生界则分布较少（如图 5-5、图 5-6 所示）。

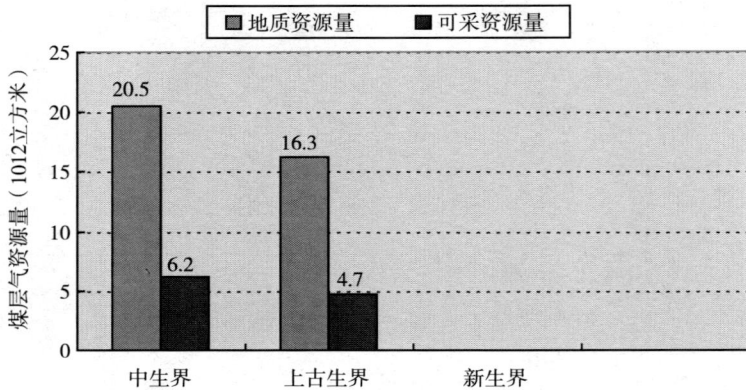

图 5-5　煤层气资源的层系分布

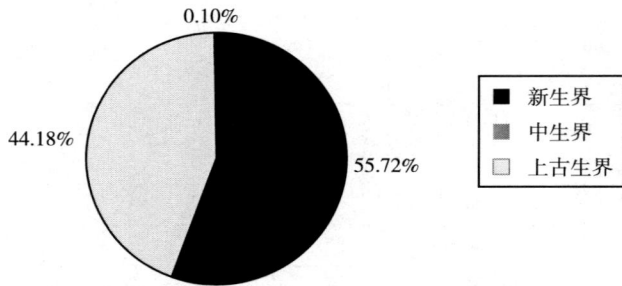

图 5-6　各层系煤层气资源量所占比例

（8）从地理环境分布看，煤层气资源集中分布于丘陵、山地和黄土塬地区，少部分分布在平原、高原、沙漠和戈壁。丘陵、山地和黄土塬地区地质资源量分别为 $12.3×10^{12}$ 立方米、$8.0×10^{12}$ 立方米和 $6.3×10^{12}$ 立方米，分别占全国地质资源总量的 33.4%、21.7% 和 17.1%；可采资源量分别为 $3.9×10^{12}$ 立方米、$1.5×10^{12}$ 立方米和 $3.1×10^{12}$ 立方米，占全国可采资源总量的 35.9%、13.8% 和 28.5%。另外平原、高原、沙漠和戈壁的地质资源量分别为 $1.5×10^{12}$ 立方米、$1.6×10^{12}$ 立方米、$2.8×10^{12}$ 立方米、$4.2×10^{12}$ 立方米，分别占全国地质资源总量的 4.2%、4.5%、7.6%、11.5%；可采资源量相应为 $0.3×10^{12}$ 立方米、$0.5×10^{12}$ 立方米、$0.6×10^{12}$ 立方米、$1.0×10^{12}$ 立方米，分别占全国可采资源总量的 2.8%、4.5%、5.4%、9.1%（如图 5-7 所示）。

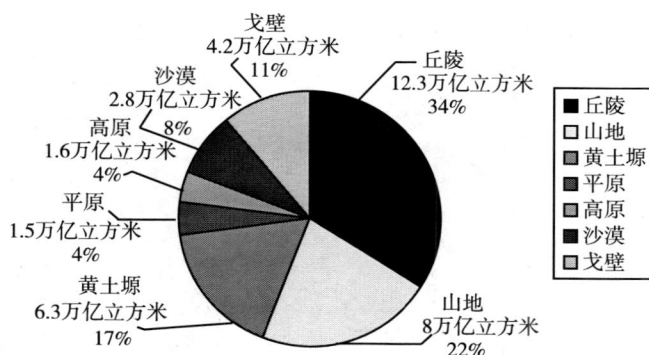

图 5-7　煤层气地质资源分布

（9）从煤阶分布来看，我国高煤阶贫煤、无烟煤煤层气资源量为 8.47×10^{12} 立方米，占 23%；中煤阶气煤、瘦煤煤层气资源量为 13×10^{12} 立方米，占 34%；低煤阶褐煤、长焰煤煤层气资源量为 16×10^{12} 立方米，占 43%（如图 5-8 所示）。我国高煤阶煤层气资源主要分布在华北中部沁水盆地、滇东黔西和河南焦作等一带；中煤阶煤层气分布较分散；低煤阶煤层气分布在西北和东北地区，鄂尔多斯东北缘和云南新生代盆地也有少量分布。分布在西北部和东北部的低煤阶（褐煤和长焰煤），虽然煤层含气量较低，但煤层厚度大且分布面积广，地质构造简单，煤储层渗透性好，是我国煤层气资源的一个重要领域。

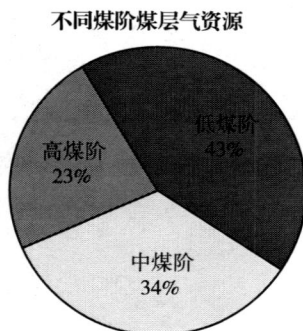

图 5-8　不同煤阶煤层气资源比例

（10）根据单层煤厚、含气量、煤层埋深、煤层渗透率和煤层压力特征五项参数指标，进行综合评价，将煤层气资源分为Ⅰ类、Ⅱ类和Ⅲ类 3 个资源类别。Ⅰ类、Ⅱ类和Ⅲ类地质资源量分别为 12.9×10^{12} 立方米、22×10^{12} 立方米和 1.8×10^{12} 立方米，占全国地质资源总量的 35.2%、59.9% 和 4.9%；可采资源量分别为 4.6×10^{12} 立方米、5.6×10^{12} 立方米和 0.67×10^{12} 立方米，占全国可采资源总量的 42.3%、51.5% 和 6.2%（如图 5-9 所示）。

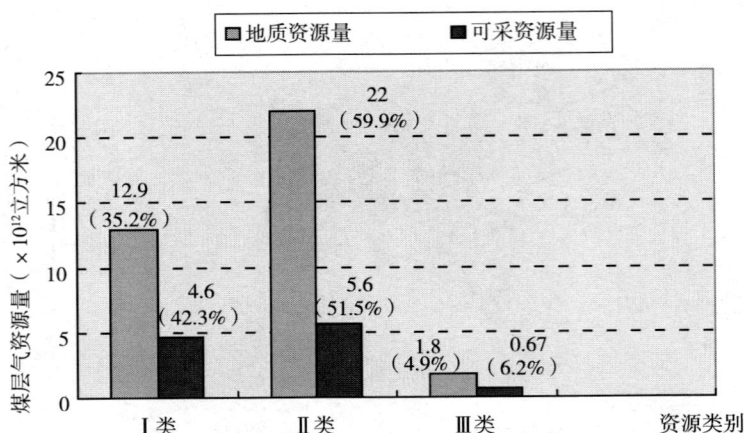

图5-9 中国煤层气资源类别分布量及其占比

（11）从煤层气资源矿权分布来看，全国煤层气有效矿业权99个。煤层气探矿权95个，总面积约为6.5万平方千米，煤层气探矿权分布在17个省。煤层气探矿权人25个，包括3家中直企业，22家地方煤层气企业。煤层气采矿权4个，总面积约为450平方千米，采矿权仅分布在山西、辽宁两省。采矿权人为中国石油天然气股份有限公司、辽宁省铁法煤业集团有限责任公司等。涉外煤层气探矿权20余个，分布在9个省，总面积为2.3万平方千米。

5.1.3 中国煤层气资源赋存条件

1. 地质构造

煤层在地壳中形成和分布受地质构造条件控制。正确认识煤层形成和分布的地质构造和沉积环境特征及时空演化，是确定煤层气开发前景的重要因素，也是制定煤层气资源储量评估方法和参数确定的依据。

中国煤田地质构造复杂，地史上的聚煤期有14个，其中早石炭世、晚石炭世、早二叠世、晚二叠世、晚三叠世、早中侏罗世、早白垩世和古近纪—新近纪的聚煤强度较大，为主要聚煤期。在这8个主要聚煤期中，以晚石炭世、早二叠世、晚二叠世、早中侏罗世和早白垩世聚煤期更为重要，相应煤系地层中赋存的煤炭资源占我国煤炭资源总量的98%以上，煤层气资源基本上也储集于这些地质时代煤层之中。

中国煤级分布在地域和层域上有明显的规律性，这种规律性受控于我国的大地构造特征及其演化，并与成煤时代相关。煤级展布呈现南北分带、东西分区的总体规律，区域上自北而南、自西向东煤阶增高。随含煤地层时代变老，煤阶呈逐渐增高趋势，上古生界以中煤阶和高煤阶为主，中生界以低煤阶为主，新生界第三系主要为低煤阶中的褐煤。比较适合煤层气勘探的煤阶是气煤—无烟煤3号，一般生气量大、吸附量大和解吸率高，有利于煤层气的富集高产。这种煤阶主要分布在华北和华南聚煤区，且在西北聚煤区也有连片分布。

东北赋煤区：部分上覆地层厚度较大或煤层气封盖条件较好，有利于煤层气开发。华北赋煤区：吕梁山以西的鄂尔多斯盆地东缘及吕梁山与太行山之间的山西断隆（包括沁水盆地），构造条件有利于煤层气开发；太行山以东华北盆地，煤层气开发困难。西北赋煤区：西北塔里木陆块、准噶尔及伊犁盆地，煤层气开发条件较好。华南赋煤区：煤层气资源开发条件较复杂。滇藏赋煤区：煤层气保存的构造条件差。

2. 含气性

中国煤层大多含气量较高。据对全国 105 个煤矿区调查，平均含气量 10 立方米/吨以上的矿区 43 个，占 41%；平均含气量 8~10 立方米/吨的矿区 29 个，占 28%；平均含气量 6~8 立方米/吨的矿区 19 个，占 18%；平均含气量 4~6 立方米/吨的矿区 14 个，占 13%。

从地域分布分析，煤层平均含气量以华南聚气区为最高，其次为东北聚气区和华北聚气区，西北聚气区最低；各区的甲烷浓度较为接近，由高到低依次为华南、华北、西北和东北聚气区（如表 5-5 所示）。

表 5-5　各煤层气聚气区煤层气平均含气量及含气饱和度

煤层含气性要素	聚气区			
	华北聚气区	华南聚气区	东北聚气区	西北聚气区
含气量（立方米/吨）	9.3	11.4	9.1	6.0
含气饱和度（%）	42	52	53	30

数据来源：中国煤层气的发展前景和趋势报告.

对每一个煤阶来说，其含气量都有一定的变化范围，但总体上看，含气量随煤阶的增大而增高。低煤阶的煤含气量一般为 2.5~7 立方米/吨，高煤阶的煤含气量可达 35 立方米/吨。

煤的灰分是指煤中的矿物质，据其含量可划分为四个级别，灰分含量小于 15% 为低灰分，15%~25% 为中灰分，25%~40% 为较高灰分，大于 40% 为高灰分。灰分含量越低，煤质越好，甲烷吸附量越高。

综合考虑灰分、煤阶因素认为：灰分含量小于 25%，煤阶为气煤—无烟煤 3 号（R_o 为 0.7%~4.0%）的煤层一般具有生气率高、吸附量高（大于 15 立方米/吨）、可解吸率高的三高特点，有利于煤层气富集高产。

3. 储层压力

煤储层压力的大小与煤层深度和压力梯度密切相关。超压为压力系数>1，压力梯度>0.98 兆帕/100 米；正常压力为压力系数=1，压力梯度=0.98 兆帕/100 米；欠压为压力系数<1，压力梯度<0.98 兆帕/100 米（如表 5-6 所示）。

表 5-6 煤储层压力状态及参数

储层压力状态	储层压力参数	
	压力梯度（KPa/m）	压力系数
低压异常（欠压）	<9.3	<0.95
正常	9.3~10.3	0.95~1.05
高压异常（超压）	>10.3	>1.05

数据来源：李贯中．中国煤层气产业发展前景及趋势，2010.

　　根据我国 51 个煤层的试井结果，储层压力系数为 0.29~1.6，平均为 0.88。其中淮南、六盘水、铁法和河东，压力系数平均分别为 1.08、1.03、1.02 和 1.01，以正常压力和超压储层为主；大城、淮北和鹤岗，压力系数分别为 0.95、0.93 和 0.91，以略欠压和接近正常压力储层为主；沁水煤田压力系数为 0.29~0.96，平均为 0.66，以欠压和严重欠压储层为主（如图 5-10 所示）。

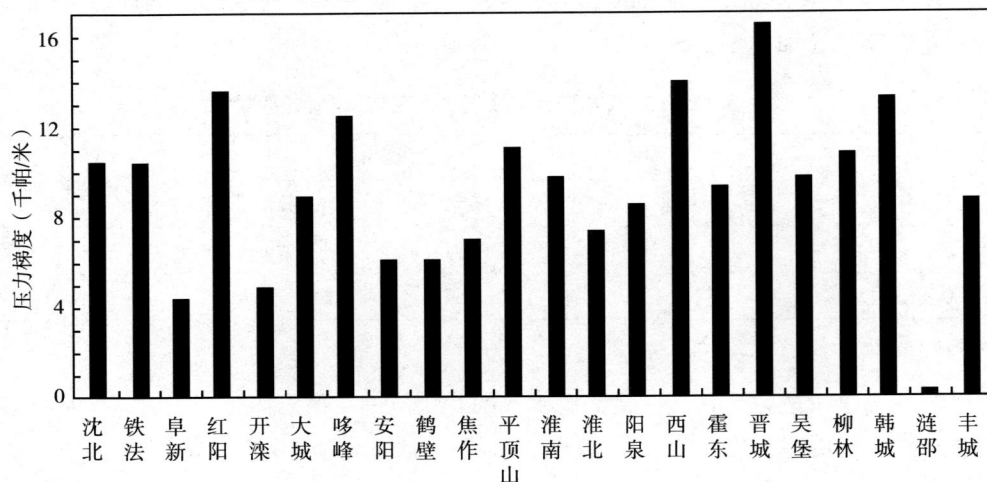

图 5-10 我国主要矿区煤层压力梯度

　　对我国 32 个矿区煤层气试井结果表明，各煤级煤储层超压状态占 33.2%，正常压力状态占 21.5%，欠压状态占 45.3%。各煤级煤储层中三状态都存在，其中中煤级煤储层大多数处于欠压状态（如表 5-7 所示）。

表 5-7 各煤矿区储层压力状态

聚气带	目标区	储层压力状态	聚气带	目标区	储层压力状态
松辽—辽西	铁法	欠压—高压	鄂尔多斯东缘	离柳—三交	正常—高压
	沈北	正常		吴堡	正常
	阜新	欠压	渭北	韩城	正常—超压

（续表）

聚气带	目标区	储层压力状态	聚气带	目标区	储层压力状态
浑江—红阳	红阳	正常—超压	沁水	阳泉—寿阳	欠压—正常
湘中—赣中	丰城	欠压		霍东	欠压
豫西	平顶山	高压		晋城	欠压
徐淮	淮南	欠压—高压		太原—西山	正常—超压
	淮北	欠压		峰峰	欠压—高压
冀中平原	大城	欠压—正常		安阳—鹤壁	欠压
京唐	开滦	欠压	太行山东	焦作	欠压

数据来源：李贯中. 中国煤层气产业发展前景及趋势，2010.

中国总体以欠压煤储层为主，少部分煤储层压力较高，储层压力梯度最低为 2.24千帕/米，最高达 17.28 千帕/米。

4. 煤层渗透率

中国煤储层的渗透率变化很大，测量值为 0～450 毫达，通常为 0.001～1.0 毫达，属于特低渗透层；其中，<0.1 毫达、0.1～0.5 毫达、0.5～1.0 毫达、1.0～5.0 毫达和>5.0 毫达的测量值分别占 34%、24%、11%、17% 和 14%。

中国煤层气储层试井渗透率测值为 0.002～16.17 毫达，平均为 1.27 毫达，以 0.1～1 毫达为主，渗透率较低。其中，渗透率小于 0.10 毫达的占 34%；0.1～1.0 毫达的占 35%；大于 1.0 毫达的占 31%；小于 0.01 毫达和大于 10 毫达的均较少。渗透率在 5 毫达以上的煤储层仅分布在华北的韩城、柳林、寿阳；渗透率介于 1～5 毫达的煤储层分布范围相对较广，包括韩城、柳林、寿阳、晋城、淮北、淮南、焦作、哆峰、铁法、平顶山等，其他地区煤储层渗透率均低于 1 毫达（见图 5-11）。

就煤田而言，沁水和柳林的煤储层渗透性较好，≥0.5 毫达的测量值分别为 50% 和 65%，≥1.0 毫达的测量值分别为 33% 和 53%；淮北和铁法次之，≥0.5 毫达的测量值分别为 44% 和 17%；鹤岗、大城、淮南、六盘水较差，测量值都小于 0.1 毫达，尤其是淮南和六盘水，<0.1 毫达的测量值分别占 83% 和 86%。

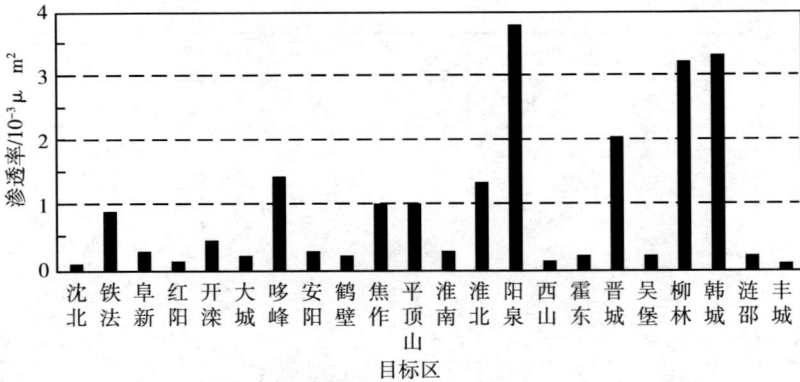

图 5-11　我国部分煤层气目标区煤储层试井渗透率分布

5. 聚气带规模

中国煤层气聚气带规模相差很大，小到几十平方千米，大到上万平方千米。资源丰度是煤层气区块开发有利目标的重要评价因素，它受控于煤层厚度、含气量、煤层密度、灰分含量等因素。具有煤层气开发价值的地区，资源丰度应在中等以上，即应大于 0.5×10^8 立方米/平方千米。我国各聚气区的平均资源丰度相差比较悬殊，西北聚气区显著高于其他地区，其次为东北聚气区，华北略低于东北，华南最低，其资源丰度为 0.15 亿~7.22 亿立方米/平方千米。

5.1.4 中国煤层气资源特点

我国煤层气资源总量丰富，地域分布广，埋深比较适中，成煤期多，煤田地质构造复杂，储层非均质性强，总体上具有低压、低渗和低饱和度的特征。

一是资源总量丰富，分布既分散又相对集中。据国土资源部煤层气资源评价，中国陆上埋深 2000 米以浅的煤层气资源量约为 36.81 万亿立方米，广泛分布在不同的含煤盆地中，我国中东部地区煤层气资源量占总量的 59%，其中沁水和鄂尔多斯两大盆地煤层气资源量已达 13.8 万亿立方米。具有优势开发潜力的资源又相对集中在华北地区的中东部，该地区既是常规气的发育区，又是洁净能源的消费区。开发该地区的煤层气资源可以缓解该地区天然气供需矛盾，降低对煤炭资源的依赖性。

煤层气资源与煤炭资源密切相关，其分布差异与煤炭资源量多少、煤层气含气量大小等因素相关。在含气区中，晋、陕、蒙含气区的煤层气资源量最大，已超过全国煤层气资源总量的一半，北疆区约为 7 万亿立方米。煤层气资源量大于 1 万立方米的 9 个含气带，都位于中部区的晋陕蒙和云贵川含气带以及西部区的北疆含气区，其中资源量最多的含气带是鄂尔多斯盆地北部含气带和沁水盆地含气带。开发前景最有利区块分布于晋、陕、蒙含气区，如韩城、阳泉、寿阳、晋城、柳林、三交等，其次为冀、鲁、豫、皖含气区的开滦、大城、焦作、平顶山、淮北与淮南等煤矿区。目前中国煤层气勘探开发最活跃的地区在晋、陕、蒙的鄂尔多斯盆地和沁水盆地，已展现出良好的开发前景。

二是埋深合适，利于煤层气开发。我国 68.3% 的煤层气资源量分布在埋深浅于 1500 米，其中埋藏深度浅于 1000 米的资源量占全国煤层气地质资源量的 38.77%。根据煤层气开发的成功经验，埋深在 1000 米以内的煤层气资源开发具有较好的经济效益和社会效益。目前我国煤层气开发的主要对象也是埋深浅于 1500 米。

三是煤田地质构造复杂、成煤期多、储层非均质性强。中国地壳运动具有多旋回性和复杂性，造成煤层及煤层气分布在区域、地质时代上的不均一性，特别是由于成煤构造前景不同、后期构造破坏的强度和范围不同、区域的热史影响不同，使得煤层气储层条件产生了区域地质和微观结构组成上强烈的不均一性。但华北地区的构造基底相对稳定，后期构造破坏在华北地区中部相对简单。特别是燕山后期的快速区域热变质作用使该地区煤储层条件相对有利。

四是高阶煤和低阶煤占主导，高阶煤可产气。中国煤层气主要赋存在高阶煤和低阶煤中，低、高阶煤中煤层气资源量占总资源量的 66%。根据美国煤层气理论，中阶煤是最有利的煤层气开发目标区，但中国勘探实践表明，为美国理论所否定的高阶煤区是目前最活跃的勘探区，并取得了产气突破。特别是我国高阶无烟煤产区沁水盆地已具备煤层气商业化开发价值。大部分中煤阶煤储层具有强烈的不均一性，限制了煤层气井的产能开发。我国低煤阶煤层气资源十分丰富，占很大比重。虽然目前个别地区开发低煤阶煤层气，且有气产出，但开发效果不明显。根据现有的煤层气勘探开发理论与技术，开采低煤阶煤层气资源难度较大，从长远目标来看，低煤阶煤层气是中国煤层气勘探开发一个相当重要的潜在接替领域。

五是煤层含气量分布不均，且具有低渗透率、低储层压力和低饱和度特征。中国煤层气含量分布的基本特点是：南高北低，东高西低。

平均气含量（干燥无灰基）：华南的煤矿区多为 10~15 立方米/吨，松藻矿区高达 27.1 立方米/吨；华北的煤矿区，除山东省外，多为 5~10 立方米/吨，其中阳泉、晋城、焦作、鹤壁和安阳矿区较高；东北的煤矿区，除红阳和抚顺较高外，一般较低，为 4~6 立方米/吨。

低渗、低压和低饱和是我国煤层气藏一个较为显著的特征，这给煤层气开发带来很大的难度。其中煤层的渗透率是开发煤层气的关键因素。

全国 115 个目标区煤层平均含气量为 4~27.1 立方米/吨，平均为 9.76 立方米/吨；含气饱和度为 20%~91%，平均为 45%，含气饱和度总体上较低（见表 5-8）。

表 5-8 全国目标区煤层的含气量及含气饱和度情况

聚气区	聚气带	含气量（立方米/吨）	含气饱和度（%）	聚气区	聚气带	含气量（立方米/吨）	含气饱和度（%）
华北	华北北缘	15.6	59	东北	三江—穆棱河	6.3	49
	京唐	10.0	56		松辽—辽西	9.0	50
	冀中平原	8.0	30~50		浑江—红阳	16.1	67
	太行山东	15.5	53	西北	柴北—祁连	5.9	29
	沁水	9.5	38		准南	6.3	31
	霍西	5.0	<30		塔北	4.0	<30
	大同—宁武	6.0	<30	华南	下扬子北缘	6.7	46
	鄂尔多斯东缘	8.0	43		湘中—赣中	14.2	58
	渭北	10.1	47		东南	7.1	34
	鄂尔多斯西部	5.2	<30		上扬子北缘	13.2	>50
	桌贺	8.0	38		川东	12.7	72
	豫西	12.9	60		川南—黔北	8.9	43
	徐淮	7.1	31		滇东—黔西	9.8	53
	豫北—鲁西	9.8	<30		黔桂	8.4	40
					渡口—楚雄	4.8	<30

数据来源：李贯中. 中国煤层气产业发展前景及趋势，2010.

5.2 中国煤层气勘探开发利用现状

5.2.1 中国煤层气勘探开发历程

中国煤层气资源勘探起步于新中国成立后的煤田地质勘探。在进行煤田地质普查、详查、精查的同时也对煤层瓦斯含量进行了测定，初步探明了煤层瓦斯的富集程度、含量和分布规律，为以后煤层气资源评价、勘探和开发奠定了基础。

中国煤层气资源勘探开发主要经历了五个阶段。

第一阶段是矿井瓦斯抽放发展阶段（1952~1987 年），这个阶段是以 1952 年我国在抚顺矿务局龙凤矿建立瓦斯抽放站为起点，到 1987 年，我国煤层气勘探开发主要处于矿井瓦斯抽放发展阶段，主要进行井下瓦斯抽放及利用、煤的吸附性能和煤层气含量测定工作。该时期的工作成果，为后来全国煤层气资源预测和有利区块选择等积累了重要的实际资料。

第二阶段是资源评价、技术探索、煤层气技术引进消化阶段（1987~1993 年），这个阶段主要以 1987 年石油、地矿、煤炭系统在 30 多个煤层气目标区开展前期研究和技术探索为标志，随后原能源部于 1989 年 9 月邀请美国有关煤层气专家来华介绍情况，并于 1989 年 11 月在沈阳市召开我国第一次"开发煤层气研讨会"。之后，国家"八五"攻关项目组、地方企业、全球环境基金（GEF）资助设立了多个煤层气研究项目，对煤层气进行了勘探试验。同时，许多外国公司也纷纷出资在我国进行煤层气风险勘探。在这期间，我国引进了煤层气专用测试设备和应用软件，设备的引进和人员交流使我国在煤层气资源评价、储层测试技术、开采技术等方面取得了较大的发展。

第三阶段是优选有利目标、技术储备和勘探选区阶段（1994~2000 年），这个阶段以 1994 年中石油成立煤层气经理部开展全国选区评价和勘探技术研究与试验为起点。之后，国务院于 1996 年 5 月批准成立中联煤层气有限责任公司，实行专营煤层气勘探开发与利用外资进行对外合作。在国家有关部门的支持和有关政策的引导下，中国煤层气勘探开发进入一个规范管理、有序发展、基础研究与开发试验并举的阶段。自此，中国煤层气勘探开发又掀起了第二次高潮。

第四阶段煤层气勘探开发试验、步入正规阶段（2001~2005 年），为了推进煤层气的产业化进程，2002 年国家"973"计划设立了"中国煤层气成藏机制及经济开采基础研究"项目，从基础及应用基础理论的层面对制约我国煤层气发展的关键科学问题进行系统研究，并将其成果应用于煤层气的勘探开发中。2004 年，晋煤集团成立蓝焰公司，煤层气从井下抽采向地面开发又迈了一步，自此我国煤层气从井下到地面进行全面开发试验，煤层气勘探开发技术不断提高，预示着我国煤层气即将进入商业化开发。

第五个阶段是煤层气产业形成发展及商业化初具规模阶段（2006 年至今），"十一"以来，一批煤层气产业示范项目的成功实施，特别是沁水盆地南部煤层气开发利用高技术产业化示范工程一期全面竣工投产，并达到了产能建设规模，这标志着中国煤层气地面开发正式步入快速发展的大规模商业化轨道，加速了中国煤层气产业化的进程。2006年，中石油成立华北油田煤层气分公司，实施沁水盆地煤层气开发工作。2008 年，中石油成立煤层气公司，全面推进煤层气勘探开发工作。自此，我国煤层气产业进入了商业化运营的启动阶段，煤层气产业迎来了快速发展的好时机。

5.2.2 中国煤层气勘探开发主力军

我国进行煤层气勘探开发的国内外企业与单位约有 50 多家，主要涉及中石油、中国石油化工集团公司（以下简称"中石化"）、煤炭系统企业、大专院校和国外公司。具体涉及的企业及公司如图 5-12 所示。

中石油有：华北煤层气公司，主要在沁水盆地、鄂尔多斯东缘勘探开发等；大庆、玉门，主要在海拉尔、鹤岗、潮水勘探；国家工程中心，主要从事国家科技攻关、技术服务以及标准制定；廊坊分院，主要从事煤层气综合研究、煤层气勘探与开发前期；华北油田，主要在沁水勘探开发；渤钻、川陕、长城公司，主要在宁武、阜新开发，并从事技术服务；煤层气公司，主要在沁水以外勘探开发与对外合作；勘探院，主要负责国家煤层气 973 项目。

中石化有：华东公司，目前在延川和顺、伊犁、织金区块勘探；石油勘探开发研究院，主要从事煤层气资源评价与综合研究。

煤炭系统企业有：中海中联煤，主要是在矿权内勘探开发和专营对外合作；煤炭科学研究总院西安、重庆分院，主要进行科研攻关、瓦斯治理与技术服务；晋煤、阳煤、潞煤、兰花、榆神集团，主要在沁水盆地、鄂尔多斯东缘进行煤层气开发；贵州煤田局、四川煤田局、云南煤田局，主要在六盘水、古舒、云南等地进行勘探；河南、淮南煤层气公司，主要在两淮、焦作、平顶山进行煤层气开发；新疆煤田地质局、黑龙江煤田地质局，主要在准东、准东、吐哈、铁法、依兰等地进行煤层气勘探开发。

大专院校有：地质大学（北京、武汉），主要是实验室、科研；矿大（徐州、北京），主要是实验室、科研。

国外公司有：龙门、亚美、菲利普斯、格瑞克、BP、中澳、壳牌、道拓、奥瑞安、富地、中澳、远东、亚加、能源、亚太、耀天、奥瑞安国际、特拉维斯特、瑞弗莱克、中海沃邦、博雅等 20 多家，主要从事煤层气技术服务或煤层气勘探工作。这些从事煤层气勘探、开发、科研和技术服务的企业与公司正成为中国煤层气勘探开发的主力军。

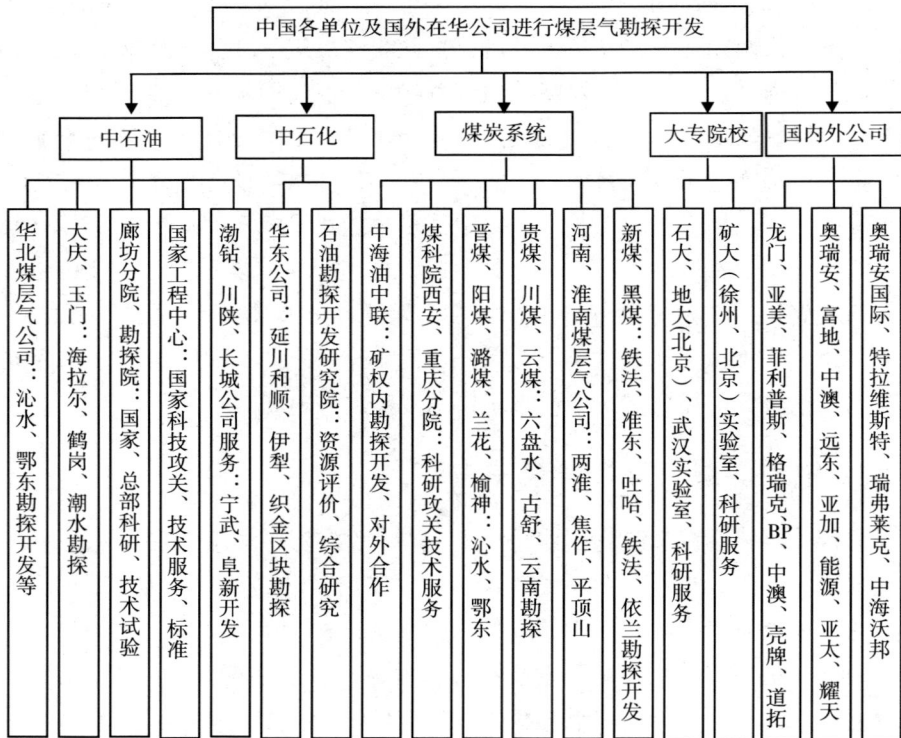

图 5-12　煤层气勘探开发的境内单位及企业

资料来源：赵庆波. 中国煤层气技术论坛. 2011 年.

5.2.3 中国煤层气勘探现状

截至 2012 年年底，全国煤层气有效矿业权 113 个。其中，探矿权 106 个，采矿权 7 个，总面积 65520 平方千米；探矿权 65285 平方千米，采矿权 235 平方千米。煤层气 106 个探矿权分布在全国 17 个省份，安徽占 9%，黑龙江占 5%，湖北占 3%，湖南占 3%，四川占 1%，陕西占 4%，山西占 24%，山东占 3%，云南占 6%，新疆占 7%，宁夏占 7%，贵州占 1%，江西占 1%，内蒙古占 16%，吉林占 1%，辽宁占 5%，河南占 2%。煤层气采矿权 7 个主要分布在中部地区的山西省、陕西省和辽宁省。煤层气探矿权人共有 25 个，其中，中央直属企业有 3 家，其余 22 家属于地方性煤层气企业。涉外煤层气探矿权有 24 个，分布在全国 9 个省，总面积约为 25298 平方千米。我国目前已在 48 个煤层气勘探区进行了煤层气勘探、评价，遍布全国 14 个省（区），其中山西有 28 个勘探项目。

全国约有 30 多个煤层气先导性生产试验井组，主要分布在山西、陕西、内蒙古、辽宁、河南、湖北、安徽和深圳；共有煤层气勘探开发利用示范工程 11 个，大部分集中在山西境内的沁水盆地和鄂尔多斯盆地（如表 5-9 所示）。

表 5-9　全国煤层气勘探开发利用示范工程

省份	煤层气示范工程
山西省	沁水盆地南部煤层气开发利用高技术产业化示范工程
	晋城矿区采气采煤一体化煤层气开发示范工程
	山西沁水盆地数字化、规模化煤层气田示范工程
	柿庄南示范工程
	沁水盆地南部煤层气直井开发示范工程
	沁水盆地煤层气水平井开发示范工程
	寿阳区煤层气综合利用示范工程
	鄂尔多斯盆地东缘（柳林）煤层气开发示范工程
新疆维吾尔自治区	阜康矿区白杨河煤层气示范工程
湖南省	邵阳市短陂桥矿区煤层气抽采示范工程项目
辽宁省	阜矿集团五龙刘家区地面钻井预抽煤层气示范工程

资料来源：政府网站和各种报告整理所得.

"十一五"以来，煤层气勘探快速推进，全国煤层气钻井数量大幅度增加。截至 2012 年底，我国累计煤层气地面钻井 12547 口，其中，生产井 3400 多口，水平井 300 多口，开发排采井 2500 多口，主要钻探井单位是晋城煤业集团煤层气有限公司、中石油煤层气公司和中联煤（见表 5-10 和图 5-13）。

表 5-10　全国历年钻井数及探明储量

年份	新钻井数 （口）	开发井数 （口）	累计钻井数 （口）	累计探明储量 （亿立方米）
2003	0	30	210	1023
2004	96	38	306	1023
2005	252	98	558	1023
2006	622	663	1180	1023
2007	1120	1760	2300	1130
2008	500	2240	2800	1343
2009	600	2810	3400	1852
2010	1400	3995	5426	2734
2011	3145	7478	8571	4156
2012	3796	—	12547	5518

数据来源：由网站和煤层气会议整理所得.

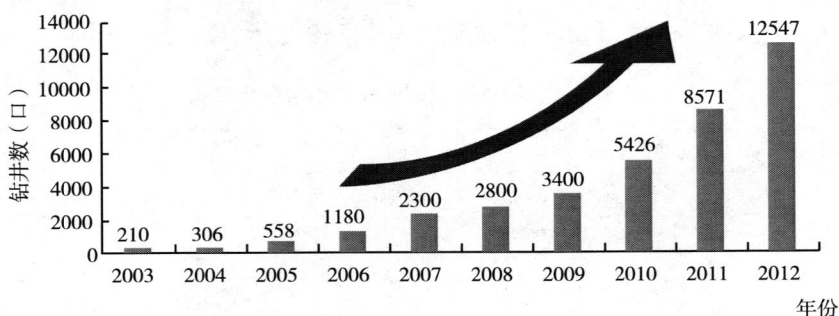

图 5-13　历年全国煤层气地面钻井数

近几年，煤层气探明储量显著增长，从 2008 年以来，新增煤层气探明储量达 4175 亿立方米，占总探明储量的 76%。2012 年煤层气探明储量新增 1343.6 亿立方米，比上年增长 32.2%；新增探明技术可采储量 710.06 亿立方米，同比增长 27.0%。截至 2012 年年底，全国累计探明储量达到 5518 亿立方米，同比增长 32.7%，其中：中石油公司为 2000 亿立方米；累计探明技术可采储量 2041.06 亿立方米，同比增长 53.3%，占总量的 48.7%；剩余技术可采储量 2024.70 亿立方米，同比增长 53.6%。

我国煤层气探明储量区分布较集中，主要分布在沁水盆地南部和鄂尔多斯盆地东南部。其中：沁水盆地探明储量约为 2007.69 亿立方米，占探明储量的 69.17%；鄂尔多斯盆地探明储量约为 817.76 亿立方米，占探明储量的 28.17%；铁法探明储量约 77.3 亿立方米，占探明储量的 2.66%（如图 5-14 所示）。

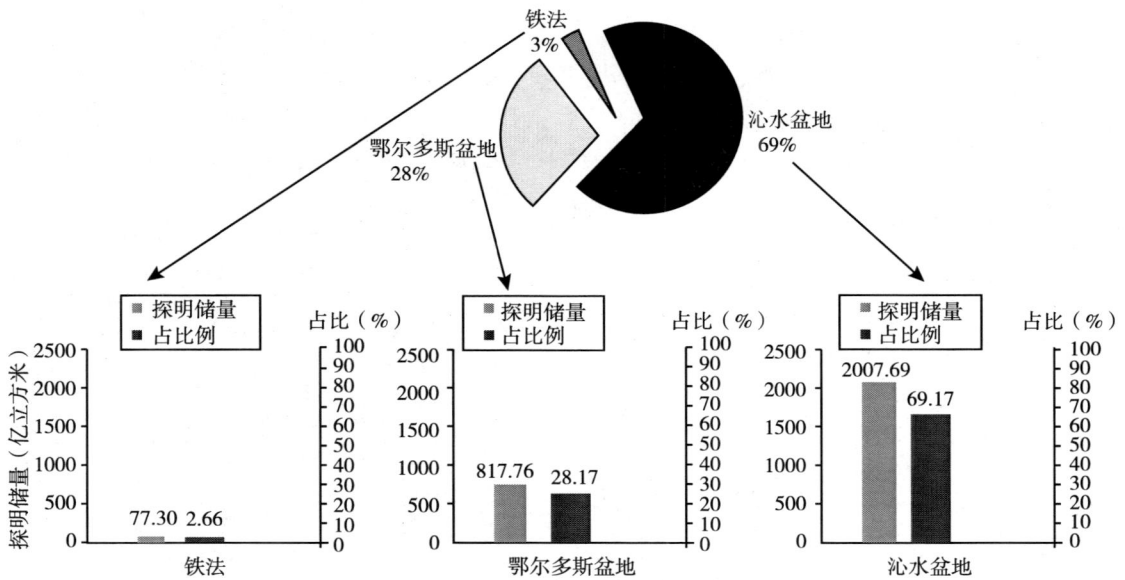

图 5-14　煤层气探明储量分布情况

沁水盆地作为我国特大型煤层气田，勘探潜力巨大。

山西组 3 号煤层和太原组 15 号煤层厚度大，分布稳定，含气量高，渗透性在全国相对最好，煤层气可采性良好。除了已探明的南部区块以外，柿庄南和柿庄北、马璧、沁南、沁源、寿阳、和顺、下黄崖等区块均属于煤层气富集区和极有利目标区。寿阳区块以太原组 15 号煤层作为目的层，已获得经济单井产量的突破，韩庄井田多口煤层气井产量达到 1000 立方米/天以上。阳泉钻井 461 口，日产量 15 万立方米，获得商业化生产的产能。

鄂尔多斯盆地东缘勘探开发前景广阔，具有形成大型煤层气田的条件。

鄂尔多斯盆地东缘具有较好的含煤性、含气性和可采性。渭北区块的韩城—合阳井区、临汾区块的午城—窑渠井区、吕梁区块的柳林—三交井区、吕梁区块的保德—神府井区是四大煤层气富集区。鄂尔多斯盆地东缘煤层气勘探开发前景广阔，具有商业化产气能力和形成大型煤层气田的条件，必将成为全国煤层气规模化、产业化、商业化运作的"甜点"区。

5.2.4 中国煤层气开发现状

20 世纪 50 年代，中国开始抽放瓦斯，70 年代逐步推广。21 世纪以来，煤层气抽采利用发展较快，煤层气产能规模不断扩大，产量增幅较大。从 20 世纪 90 年代初到 2012 年年底，全国累计煤层气抽采量达 656 亿立方米（如图 5-15 所示），其中，地面煤层气抽采量达 88 亿立方米，井下抽采量为 568 亿立方米。全国累计煤层气利用量仅为 248.81 亿立方米（如图 5-15 所示），其中，井下煤层气利用量为 186.88 亿立方米（如

图 5-16 所示），地面煤层气利用量为 61.93 亿立方米（如图 5-17 所示）。全国煤层的利用率为 37.9%，其中，地面煤层气利用率为 70.4%，井下煤层气利用率为仅 32.9%，煤层气利用率较低。特别是地面煤层气的产量在近七年呈数量级增长，从 2005 年的不足 1 亿立方米，猛增到 2012 年的 27 亿立方米。2005~2012 年煤矿瓦斯抽采量中，山西的阳泉煤业集团、晋城煤业集团和淮南煤业集团占全国前三位。

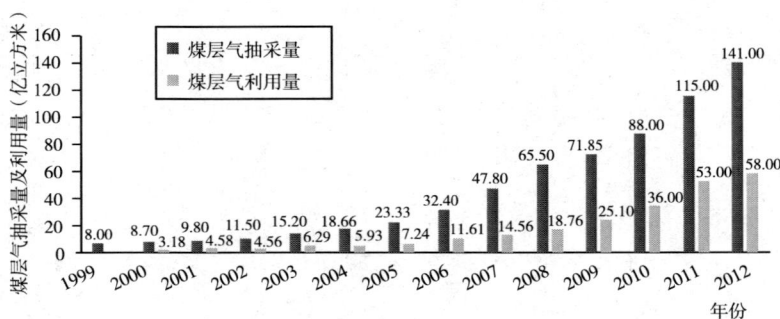

图 5-15　历年全国煤层气抽采量与利用量

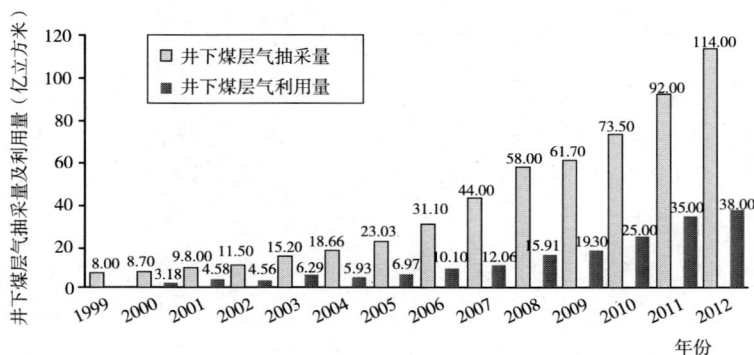

图 5-16　历年全国井下煤层气抽采量与利用量

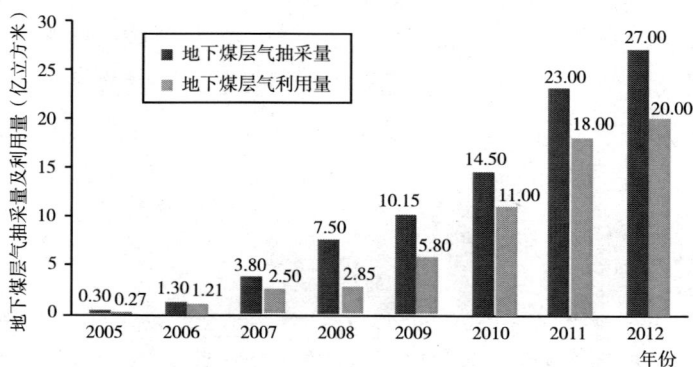

图 5-17　历年全国地面煤层气抽采量与利用量

近两年来，我国煤层气每年抽采量突破了百亿方，煤层气利用率首次突破了 40%，达到 43.36%，实现了历史性跨越。2011 年全国煤层气抽采量为 115 亿立方米，利用量为

53 亿立方米，同比分别增加 36.7% 和 51.4%。其中，井下瓦斯抽采量为 92 亿立方米，利用量为 35 亿立方米，同比增加 22.7% 和 52.2%。2012 年全国煤层气抽采量为 141 亿立方米，利用量为 58 亿立方米，地面开发产量比上一年增长 13%，煤矿区煤层气产量比上年增长 9.9%，但增速同比有所下降。晋城煤层气勘探开发利用走在全国前列，全市从事地面煤层气开采的企业有 8 家，分别是晋煤集团、中石油、中国海洋石油总公司（以下简称"中海油"）、萨摩亚美中能源、格瑞克、兰花集团、阳城惠阳新能源公司、晋城煤运分公司，2012 年晋城地区煤层气抽采量为 40.2 亿立方米，同比增长 23.3%。其中，地面抽采煤层气 22.5 亿立方米，采用规模化开采且计入工业产品产量 25 亿立方米。

2012 年全国地面煤层气产量为 27 亿立方米，利用量为 20 亿立方米，利用率为 74%。其中，晋城煤业集团为 15.8 亿立方米，中石油为 6.5 亿立方米，中联煤为 3.9 亿立方米，中石化为 458 万立方米，其他为 7542 万立方米（如图 5-18 所示）。2012 年，全国煤矿区地面煤层气产量为 13.06 亿立方米，占全国地面煤层气产量的 48.37%，已有十余个煤炭企业开展地面煤层气资源开发，效果明显。目前，我国抽放纯煤层气量达到 2 亿立方米以上的矿区有阳泉、晋城，抽放量为 1 亿立方米以上的有松藻、淮南、抚顺等地。

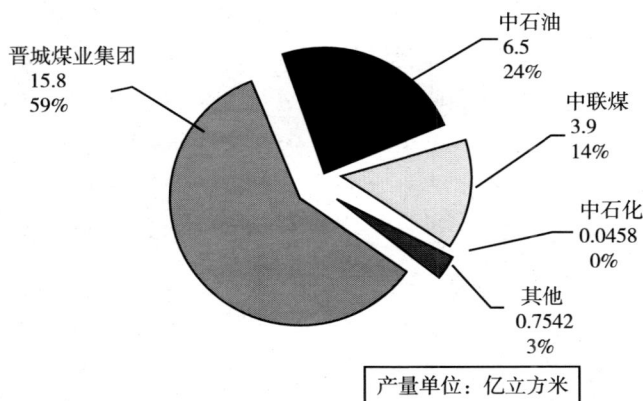

图 5-18　各企业地面煤层气产量及占比

5.2.5 中国煤层气利用现状

煤层气的主要成分是甲烷，煤层气可作为优质的民用燃料、工业燃料、化工原料、液化天然气燃料、合成油原料等。不同浓度的煤层气，其利用方向也不尽相同。一般情况下，中高浓度的煤层气，常用作民用燃料（$CH_4 > 40\%$）、工业燃料（$CH_4 > 40\%$）、发电（$CH_4 > 30\%$）、煤层气液化（$CH_4 > 40\%$）与浓缩富集；低浓度煤层气主要是用来细水雾输送及低浓度发电；矿井乏风中甲烷主要是用来混燃发电（见表 5-11）。目前，我国煤层气来源主要是地面抽采煤层气和井下抽采煤层气，其中地面抽采的煤层气浓度较高，一般通过管道直接与天然气混输，供下游用户使用，或通过 CNG（压缩煤层气）

或 LNG（液化煤层气）的方式对外运输；井下抽采煤层气浓度一般较低，需要经过提纯处理后才能利用。另外，煤矿通常离城市较远，井下抽采的煤层气利用范围受限制，因此井下抽采的煤层气主要用作矿区生活燃料、矿区供热锅炉、矿区煤层气瓦斯发电（主要发电供矿区生产、生活用）。

表 5-11　不同浓度煤层气利用情况

不同浓度煤层气	利用范围
中高浓度煤层气	民用燃料（$CH_4>40\%$）
	工业燃料（$CH_4>40\%$）
	发电（$CH_4>30\%$）
	煤层气液化（$CH_4>40\%$）
	浓缩富集
低浓度煤层气	细水雾输送及低浓度发电技术
矿井乏风中甲烷	混燃发电及热逆流转反应技术

资料来源：陈贵峰．煤层气利用现状及趋势．2009.

我国煤层气无论从利用量，还是利用率，都不是很高，与美国煤层气利用有很大差距。到 2012 年底，我国煤层气累计利用量仅为 248 亿立方米，是 2009 年美国煤层气利用量的一半。其中，地面煤层气利用量为 62 亿立方米；井下煤层气利用量为 186 亿立方米。2012 年，我国煤层气利用率为 41%，达到历史最高水平。其中，井下煤层气利用率仅为 33%，远小于"十二五"规划中提到的 60% 利用率的目标；地面开采煤层气利用率为 74%，比 2011 年的 78% 降低了 4 个百分点，同样没有完成"十二五"规划中提到的 100% 利用率的目标（如图 5-19 所示）。

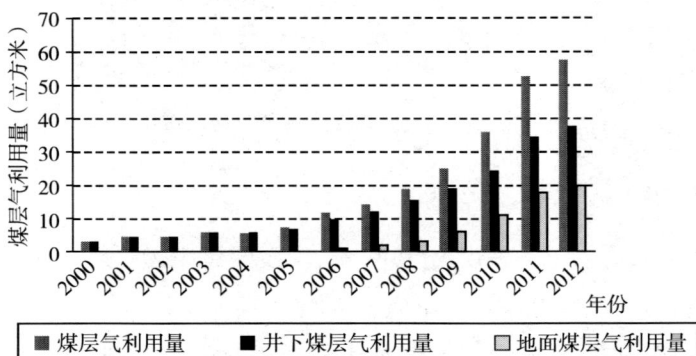

图 5-19　历年全国煤层气利用量

我国煤层气利用处于起步阶段，利用量小，利用率低，主要有两方面的原因：一是中国煤层气资源赋存条件复杂，低渗、低压和低饱和导致地面抽采煤层气量较低，而井下抽采煤层气浓度偏低，其很大部分排放到大气中，据估计每年因采煤直接向大气释放煤层气约 200 亿立方米；二是中国煤层气产业体系还没完全健全，煤层气上、中、下游发展不协调，存在"气源与用户相脱节"或"有气输不出"等，导致煤层气利用效率低。目前，我国煤层气利用领域主要有民用、发电、化工、液化、汽车燃料等。

1. 民用燃料

目前，我国煤层气用于管道供应的规模较小，输送压力较低，一般采用低压储气，主要用于居民燃气和工业锅炉。煤层气民用是高质量浓度煤层气利用的主要方式，所需甲烷浓度大于 40%。煤层气作为民用燃气主要集中在矿区或离矿区距离较近的城镇，一般通过短距离管道供应附近用户使用，也有的通过 CNG 或 LNG 运输槽车向远距离居民供应。由于大部分矿井提供的瓦斯气热值接近于天然气，可供居民炊事、采暖及公用事业用。

我国煤层气民用量占煤层气总利用量的 70% 以上，利用煤层气作为城市气源较好的矿区有辽宁抚顺、铁法、山西阳泉、晋城、安徽淮南、重庆松藻、中梁山、河南鹤壁等地。到 2012 年年底，煤层气民用用户已达到 120 万户，按煤层气"十二五"规划，到 2015 年达到 320 万户，应用前景好。

2. 煤层气发电

煤层气用于发电，对其浓度要求不同，这与煤层气发电机组密切相关。煤层气发电可以使用直接燃用煤层气的往复式发动机和燃气轮机，也可用煤层气作为锅炉燃料，利用蒸汽发电。发电是煤层气利用的最直接途径，通过发电、制冷、制热三联供技术，最大限度地提高煤层气资源利用率。目前，国外煤层气（煤矿瓦斯）发电主要侧重于浓度 30% 以上的瓦斯发电技术，对于浓度为 6%~25% 的低浓度瓦斯，由于跨越 5%~16% 的瓦斯爆炸范围，目前还没有有效的利用方式。而我国矿井抽放的煤层气浓度普遍较低，其 CH_4 体积分数在 30% 以下的低浓度煤层气数量占 60% 以上。

我国煤层气发电最主要应用的是内燃机、燃气轮机和发电站的混燃锅炉，主要是针对中高浓度瓦斯的利用。中国第一个煤层气发电示范项目是辽宁抚顺矿务局的老虎台电站，引进了燃气轮机，瓦斯体积分数为 40.4%。后来晋城煤业集团的寺河矿区采用了改进型的燃气轮机，瓦斯体积分数为 55%~65%。国内第一个内燃机瓦斯发电项目是在山西的五里庙煤矿电站，采用的是瓦斯发电机组，瓦斯体积分数在 30% 以上。

我国在低浓度瓦斯发电方面已取得突破。低浓瓦斯发电的重要工艺环节是低浓度瓦斯输送系统，目前，比较成熟的低浓度瓦斯输送技术有两种，一种是由胜动集团研发的"细水雾低浓度瓦斯输送系统"，另一种是由设在淮南矿业集团的煤矿瓦斯治理国家工程研究中心研发的"气水二相流低浓度瓦斯输送系统"。山东胜动油田动力机械集团公司是第一家成功研制低浓度瓦斯发电机组的公司，可将浓度高于 6% 的低浓度瓦斯转换成电能，该技术于 2005 年 12 月通过国家安监总局的鉴定，已具备生产利用低浓度瓦斯

（6%～25%）发电机组的能力，并在淮南矿区谢一矿采用低浓度瓦斯细水雾输送机发电技术，成功进行了低浓度瓦斯（10%左右）利用发电的工业性试验。国内研制低浓度瓦斯电机组的厂家还有济南柴油机厂、南通宝驹气体拉动机厂、河南柴油机重工等。

此外，矿井乏风是煤矿瓦斯最难利用的部分，其主要障碍为流量大、浓度低（甲烷浓度小于 0.6%），目前该领域的应用研究尚处起步阶段。

近年来，随着煤层气（煤矿瓦斯）抽采利用优惠政策的出台和完善，国内企业利用煤层气（煤矿瓦斯）发电的积极性高涨。瓦斯发电装机规模逐年上升，技术研发和装备制造水平不断提高。截至 2012 年年底，国家电网公司经营区域内已有山西、辽宁、安徽、重庆、黑龙江、四川、江西、陕西、河南、宁夏 10 个省（市、区）拥有煤层气发电，全国煤层气发电利用量已超 50 亿立方米，煤矿瓦斯用户超过 189 万户，实施煤矿瓦斯回收利用 CDM 项目 60 余项，全国瓦斯发电机组已超过 1200 台，瓦斯发电装机容量为 150 万千瓦，其中，国产发电机组占 70%；进口机组占 30%。山西、安徽煤层气电厂较多，装机规模较大，分别为 278 台 279.9 兆瓦、54 台 47.1 兆瓦，辽宁、江西和宁夏各有 1 个煤层气电厂，其中晋城 12 万千瓦瓦斯电厂是世界上最大的瓦斯发电厂，拥有 60 台发电机组，年发电量约 8.4 亿度，年利用煤矿瓦斯约 1.8 亿立方米。根据国家"十二五"煤层气发展规划，到 2015 年全国煤层气发电装机容量超过 285 万千瓦。

3. 煤层气液化

煤层气液化是指煤层气（煤矿瓦斯）经净化、提纯后，在一定的温度压力下，从气态变成液态的工艺。煤层气（煤矿瓦斯）液化后，体积将缩小 600 倍，会大大降低运输成本。使用 LNG 槽车运送，可以随气源和用户的改变而改变运输路线，甚至可以作为现有的天然气管道调峰资源使用。煤层气液化可分为地面煤层气（CBM）液化和煤矿瓦斯（CMM）液化。目前，煤层气液化的主要功能是调峰和培育市场。煤层气体积分数为 80% 以上的气体大部分都用作煤层气液化。

煤矿瓦斯一般浓度较低且含有氧气，若直接加压液化会引起爆炸。通常采用深冷精馏的方法，把含氧煤矿瓦斯的分离和液化在低温的条件下逐步完成，提纯制得液化煤层气。该方法可把浓度为 35%～50% 矿井瓦斯的提纯液化为浓度为 99.8% 的 LNG。由北京国能时代公司研发的煤矿瓦斯液化装置于 2007 年 8 月在阳煤集团五矿完成工业化试验，2008 年 4 月通过由国家煤矿安全监察局技装司组织的专家组验收。目前，北京国能时代公司正在山西左权县建设年产 2.2 万吨 LNG 的煤矿瓦斯液化项目。

地面煤层气浓度一般在 90% 以上，经脱碳、脱硫、脱汞和脱水后，可直接加压、深冷液化成液化煤层气（LCBM）。2009 年 7 月 5 日，山西港华煤层气公司煤层气液化项目投产。该项目是全国第一个规模最大、工艺最新的煤层气液化项目，一期日处理能力 25 万立方米/天，二期日处理能力 65 万立方米/天。

随着煤层气液化技术的不断成熟及应用，一大批煤层气液化项目得以实施，如山西晋城阳城舜天达煤层气液化项目、香港中华煤气重庆煤层气液化项目、中国联盛投资集团的山西沁水顺泰能源煤层气液化项目、阳泉含氧煤层气液化项目、山西能源煤层气投资控股有限公司晋城沁水县煤层气液化项目、山西町店镇顺泰煤层气液化项目、松藻煤电公司的煤层气液化项目、晋城沁水嘉峰镇煤层气液化项目等（如表 5-12 所示）。

表 5-12 我国主要煤层气液化项目

公司名称	煤层气液化项目
阳城舜天达天然气有限公司	山西晋城阳城舜天达煤层气液化项目
香港中华煤气公司	重庆煤层气液化项目
中国联盛投资集团	山西沁水顺泰能源煤层气液化项目
	阳泉含氧煤层气液化项目
山西能源煤层气投资控股有限公司	晋城沁水县煤层气液化项目
	山西町店镇顺泰煤层气液化项目
重庆松藻煤电公司	松藻煤电公司的煤层气液化项目
山西晋煤集团与香港中华煤层气有限公司	晋城沁水嘉峰镇煤层气液化项目

资料来源：由政府网站整理所得.

4. 工业燃料

煤层气热值与天然气基本相当，燃烧后很洁净，因为其优质、清洁、价廉，是上好的工业燃料，被广泛用作工业锅炉、陶瓷生产和氧化铝焙烧等。例如，煤层气用于耐火材料煅烧可将温度提升到 1800 ℃，在不增加成本的前提下，可生产出更优质的产品。国内的煤层气工业利用项目主要有铁法煤层气供法库县陶瓷城项目和阳泉煤层气氧化铝焙烧项目。

山西省阳泉市已建成以瓦斯气为燃料的隧道窑 110 条，使能源利用率普遍提高了 30%。阳泉还建设了利用煤层气（煤矿瓦斯）作为工业原料焙烧 80 万吨/年氧化铝焙烧项目，年耗煤层气 1.26×10^8 立方米（混合物），甲烷浓度为 35%。江西斯米克陶瓷集团利用丰城矿务局抽采的煤矿瓦斯为工业燃料生产建筑陶瓷，每天消耗煤矿瓦斯约 40 万立方米。铁法煤层气供法库县陶瓷城项目：甲烷浓度为 41%，年利用量为 3500×10^4 立方米，已有 10 家企业使用煤层气。山西晋城煤层气也提供给晋城陶瓷厂、九州玻璃厂等企业用于生产。

另外，煤层气可替代煤炭作为玻璃厂和冶炼厂的洁净燃料，不仅成本低、热值高，而且有利于改善环境，提高产品质量。

5. 汽车燃料

汽车用 CNG 的技术指标为 CH_4 体积分数必须达到 90%～100%，C_2 以上的烷烃体积分数不超过 6.5%。高浓度煤层气中 CH_4 成分占绝对优势，经过压缩装瓶后可直接使用，低浓度煤层气经浓缩后 CH_4 体积分数可达 95%以上，C_2 以上的烷烃含量极少，再经过压缩装瓶后就可以使用。因此，煤层气非常适合于生产汽车用 CNG，用以代替汽油，提高燃烧效率，降低燃烧排放，减轻环境污染，而且价格比汽油便宜。

高浓度的煤层气或经过浓缩后的低浓度煤层气，压缩到 20 兆帕，储存于车载气瓶中供出租车、城市公交车和部分私家乘用车使用，是汽车燃料理想的替代品。目前出租车和私家乘用车储气规模一般为 15 立方米左右，公交车可达 70 立方米左右，续驶里程较短，约 200 千米，只能在有煤层气加气站周边行驶。例如，将煤层气液化（温度为 −162℃）直接注入车内储液瓶供汽车使用可成倍提高储量规模（液态煤层气密度为标准状态下的 600 多倍），出租车或私家乘用车储气规模一般为 40 立方米左右，公交车可达 200 立方米左右，续驶里程可达 400~800 千米。有据有关机构测算，1 立方米纯煤层气的热值相当于 1.13 升汽油，每标方煤层气大约相当于 1.1~1.3 升汽油，100 千米耗气量约 30.82 立方米，其费用大大低于汽油费用。目前我国煤层气汽车覆盖区域以晋城为基地，太原为中心的周边城市，主要是山西省和河南省部分城镇，且以出租车和公交车为主。截至 2012 年年底，全国以煤层气为燃料的汽车已超过 9000 辆，其中山西省晋城市已达 4000 多辆。

5.2.6 煤层气利用技术

中国从"七五"开始重视煤层气科技的研究与发展，首先从煤层气储存形式和产出机理进行研究，初步建立了中国煤层气成藏和富集规律理论以及煤层气评价与选区理论和技术，然后在煤层气重点有利地区进行煤层气勘探和开发的试验，尝试利用国外成熟的煤层气开采技术进行实践，以期获得适合中国煤层气自身条件的勘探开发技术体系。通过一系列"十五"科技攻关项目的实施，中国煤层气科技的研究取得显著成绩：

一是完善了中国煤层气资源评价和选区的方法与理论，并基本摸清了中国丰富的煤层气资源总量；

二是建立了煤层气实验室和野外测试及分析的方法、技术、指标体系等；

三是建立了煤层气垂直井钻井、测井、完井、压裂增产和排采生产的工艺技术体系和规范；

四是开展了一些新型的煤层气勘探开发技术的试验，主要包括欠平衡钻井技术、多分支水平井技术、清洁压裂液携砂压裂及氮气泡沫压裂技术和二氧化碳注入技术等；

五是总结出一些煤层气地质理论知识，打破国外中煤阶成藏优势论，在高煤阶、低煤阶领域取得突破。

这些科技成果是"十一五"期间中国煤层气科技长足发展和发挥更重要的支撑作用的关键基础。

从技术角度，我国经过多年的试验，煤层气勘验开发技术已有了长足的进步，主要表现在以下几个方面：

一是多分支水平井钻井技术。对于机械强度高、井壁稳定的中高煤阶区，通过钻多分支井增加煤层裸露面积，沟通天然割理、裂隙，提高单井产量和采收率，效果相当显著。这也是解决低渗（小于 $0.5×10^{-3}$ 平方微米）薄煤层（厚度小于 2 米）区煤层气开采的主要技术手段。目前我国基本掌握了该项技术，已完钻多口多分支水平井。

二是煤层气井压裂大地电位裂缝监测技术。已发展成直读式压裂裂缝方向、长度监测技术。

三是煤层气井绳索式取心技术。由半盒管已发展为全封闭，1000 米井深从井底割心到地面装罐仅用 7 分钟，有效地保护了煤心样品。

四是煤层气测井评价技术。建立了煤层气测井系列，解释含气量等参数，减少取心和分析化验费用，与实验室含气量误差小于 1 立方米/吨。

五是实验室内煤层气快速解吸技术。原解吸周期由 60 天缩短为 2 天。

六是数值模拟技术。模拟常规钻井、定向羽状水平井年产量，确定合理井距、井网几何形态，评价单井、井组开采效果和气藏开发水平。

七是压裂改造技术。针对煤层破胶难（低温）、返排难（低压）、造水平缝难（支撑剂嵌入煤层），采用变排量压裂，控制缝高和滤失，获得了长半径水平缝。

八是煤层气井排采技术。煤层气井开采中煤粉迁移严重，并且煤岩强应力敏感特性在强抽排条件下会引起渗透性下降，数值模拟某井确定最大限度克服应力敏感的每天降液速度由初期的 10~12 米、液面 280 米后调整为 15 米左右，获得了煤层气井排采动液面的最佳控制认识。

九是注气升压技术。通过煤层气井向煤层内注入 N_2 或 CO_2 降低煤储层中 CH_4 的分压以加快 CH_4 的解吸，或将 CH_4 从煤层中置换出来。该技术有利于增加低渗低压煤层气藏的产量和采出率，在中国有很好的应用前景。

十是采气采煤一体化技术。该技术是将煤层气开发与煤炭开采紧密结合，各种煤层气开采方式配套使用，达到既降低煤层气生产成本，又能充分开发煤层气，从而大大改善煤矿安全生产条件优越性的双重目的。这一技术是将各煤层气开发方式进行整合，使采气和采煤活动有机衔接，并不需要过多的投资，但需要煤层气开发与煤炭开发相互协调、加强统一规划，需要观念的更新和利益的平衡。

十一是极小曲率半径钻井（TRD）技术。在地面垂直井的煤层段用专门装置造一个直径约 18 米的洞穴，在洞穴内通过高压管线由地面向煤层中注入高压射流水柱，在煤层中形成具一定规模的水平井段，从而实现排水开采煤层气的目的。该项技术是由澳大利亚研制成功的，可在一口地面垂直井的同一煤层施工多个呈放射状分布、深度可达 180 米的水平孔段。对于煤层气开发井的增产强化，TRD 技术是一个潜在有效手段，其作业成本仅为水力压裂的 1/2，而增产效果却是水力压裂的 2 倍，具有良好的推广应用前景。中国的晋城、阳泉、铁法、铜川等矿区的条件适合于应用此项技术煤层气技术。

十二是低伤害技术。煤层是一种有机质高度富集的可燃有机岩石，微细孔隙发育，对水、添加剂、微细固体颗粒等十分敏感。而当前，在中国煤层气井施工中，钻井均采用回转式水基钻井液钻井工艺，储层强化改造基本上全部采用水基压裂液携砂的压裂工艺。这种工艺技术很容易对煤储层产生严重伤害，致使煤层气井很难获得理想的气产量。冲击式空气循环钻井工艺，泡沫压裂液携砂的储层强化工艺，对煤层的伤害比较轻微，在美国已广泛应用，取得了良好的效果。我国则由于设备、资金等方面的原因，至今连试验都尚未进行，更谈不上应用了，这种落后状况急待改变。

5.3 中国煤层气产业化的发展模式

5.3.1 中国煤层气产业运行管理模式

20 世纪以来，伴随着我国煤层气产业的迅速发展及商业化进程的加快推进，逐渐形成了三种典型的煤层气开发模式：产品分成模式、合资模式和自主开发模式。这三种开发模式是在特定环境中的不同条件下形成的，均有其特有的优势。

1. 产品分成模式

产品分成模式就是合作经营煤层气者采取产品分成的方式开发煤层气的模式，是当前我国煤层气开发的主导模式。这种模式是借鉴石油工业对外合作的经验，按照油气工业国际合作的惯例确立的以产品分成合同为主的对外合作模式。合作期一般分为勘探期、开发期和生产期三个阶段，期限一般为 30 年。勘探期一般由外方合作者独自承担风险和相关费用；开发期通常按双方协商确定的参股比例共同进行投资，一般中方占51%，外方占 49%；生产期按照国家有关规定，以实物缴纳应缴税费后外方按协定确定的比例回收勘探费用，其余部分按照中外双方的投资比例分配。

（1）产品分成模式的优势。一是符合国际惯例。目前国际能源开采合作广泛采用产品分成模式，且这种模式在我国煤层气领域的应用已有 10 年时间；二是规避资源国勘探风险。这种模式规定勘探期的风险和全部费用由合作者承担，有效地避免或降低了资源国的勘探风险；三是从这种模式中可学到国外企业先进的技术和管理经验；四是双方的关系是合营关系。这种关系相对比较灵活，不存在控股的问题。这种合同模式不仅维护了资源国的主权利益，也有效保护了外方合作者的利益，增强了外国企业的投资信心和力度。

（2）产品分成模式的不足。一是合作对方投资考察期较长，难以满足现阶段大规模煤层气开发的需求；二是由于在煤层气开发和生产阶段需要巨额资金，且投资回收期比较长，因而在没有雄厚的资金支持情况下，需要牺牲某些其他条款来平衡双方的利益诉求。

（3）"产品分成模式"的主要项目有以几种。

①山西晋城潘庄项目。这是由中联煤与美国萨摩亚合作成立的美中能源有限公司开发，合同期为 25 年，合作区块面积约为 150.8 平方千米。该项目规划年产气可达$5×10^8$立方米。目前已钻井 167 口，其中有 6 口是水平井，并建有压缩气站，采用国际上先进的多分支水平井钻技术，使日产量达到了$3×10^4$立方米。煤层气主要提供给晋城市民用及发电。

②山西柿庄南项目。这是由中联煤与美国格瑞克能源公司合作开发，区块面积为 455.29 平方千米，已探明煤层气地质储量$137.87×10^8$立方米，可采储量$74.86×10^8$立方米，具有良好的开发前景。目前，该区块已钻 15 个井组，日产气量达$3×10^4$立方米，除供一座 8000 千瓦电站使用外，还建立了一座日压缩能力$3.×10^4$立方米的 CNG 加气站。2007 年用槽车向山西长治、晋城和河南林州等周边省市的城镇供气，实现了小规模商业化排采。

③山西三交项目。该项目位于山西省离石市，最早由中联煤和美国阿科公司于 1998 年 6 月签署。目前与奥瑞安能源（国际）公司合作，合同区面积为 461.2 平方千米。目前已完成 24 口煤层气参数和生产试验井，2 个先导性井组——林家坪试验排采区和碛口试验排采区。林家坪试验排采区的井组最高日产气量达 9800 立方米，平均日产气量稳定为 4500~6000 立方米；碛口试验排采区的井组最高日产气量达 9600 立方米，平均日产气量稳定为 4300 立方米。

④六盘水矿区保田青山项目。2005 年 9 月，中联煤与加拿大能源有限公司签署了合作开发六盘水矿区保田青山区块煤层气资源的产品分成合同。保田青山区块项目合同区面积约为 947 平方千米，煤层气资源量约为$1600×10^8$立方米，该合同为贵州省地面煤层气开发提供了良好的契机。

⑤淮北矿区宿州项目。2006 年 3 月，中联煤与加拿大宏图研探公司签署了合作开发淮北矿区宿州区块煤层气资源的产品分成合同。合同区块面积为 856 平方千米，煤层气资源量约为$1200×10^8$立方米。

2. 合资模式

合资模式即为中外合资经营模式。合作双方联合投资，共同经营，共同分享股权及管理权，共担风险。一般按照出资比例折合成股权，或者是资源方由专业机构对煤层气探矿权和采矿权价值进行评估，折合成合资企业股份。

（1）合资模式的优势。一是合资公司一般实行公司董事会制度，严格按照公司法和企业章程进行运作，所有重要的决议都必须提交由双方推荐组成的董事会审批通过。

二是利益共享，风险共担，但合资公司通常要向政府支付矿区使用费和税金。三是合资模式运行效率高。投资方为了加快资本回收，一般公司无论是决策速度，还是执行力度都十分果断。

（2）合资模式的不足。一是资源方和投资方共同承担勘探风险不符合资源主体方的利益要求。煤层气作为一个能源行业，也作为一个风险投资行业，资源方不宜参与风险勘探。二是假如投资方控股，资源方就失去了有效的监督权和管理权，处于十分被动的地位。三是在整个项目开发的过程中所涉及的煤层气文件资料全部归合资公司所有，不利于服务煤矿生产、保障煤矿安全。

（3）采用"合资模式"的主要项目有以下几种。

①易高环保投资有限公司煤层气液化合资项目。它是全球最大的煤矿煤层气液化合资项目，由美国联邦环保署出资，于2010年1季度在松藻煤矿开工，2011年竣工。该项目将应用中国科学院的"含氧煤层气催化脱氧"技术，每年利用松藻煤矿产出的 1.1×10^8 立方米煤层气，经过提纯、冷却、液化后，生产出 9100×10^4 立方米液化煤层气，同时减少156万吨二氧化碳排放量。

②中华煤气与山西省晋城无烟煤矿业集团合作发展煤层气液化项目。中华煤气占70%股权，合资期为30年。项目投资分两期，第一期年产液化煤层气 1×10^8 立方米，于2008年8月投产，目标市场之一为华东地区。第二期将另外增加日产量 60×10^4 立方米。

③2010年中油燃气旗下合营公司中油中泰与中石油旗下煤层气公司订立战略合作框架协议，合作发展及销售山西省大宁至吉县及保德勘发煤层气，为期30年。大宁至吉县区块的煤层气探明储量已获得确认的有 1000×10^8 立方米。其规划将获得每年 10×10^8 立方米的生产能力，目前已有12个煤层气生产井口建成。保德区块的煤层气探明储量已获得确认的有 500×10^8 立方米，其规划为每年 5×10^8 立方米的生产能力，目前已有11个煤层气生产井口建成。

④深煤层注入/埋藏二氧化碳开采煤层气技术研究项目。由中联煤、加拿大百达门公司和环能国际控股有限公司合作开展，合作项目为期5年，试验地点选在山西省晋城市沁水盆地深部柿庄北区块等地。2004年4月，双方已经成功完成了在沁水盆地南部TL-003井的野外二氧化碳注入试验，共向该井的目标煤层中注入纯净二氧化碳193吨，试验证明煤层气采收率大幅提高。目前双方正在设计和模拟多井注入试验，计划在更多的地区进行推广。中联煤将成为国内独家拥有这项先进技术的公司，这项技术也是我国煤层气产业长期发展的储备技术。

3. 独立开发模式

独立开发模式是指一些有实力的大企业或煤业集团，如中联煤、晋城煤业集团等，独立开发煤层气资源的模式。这种模式的企业一般资金和技术都比较雄厚，且有自己专业的施工队伍，通常独自承担风险。

（1）独立开发模式的优势。一是可以充分利用原有的勘探资料以及自己的技术施工队伍；二是可以减少采煤与采气之间的矛盾，真正实现采煤采气一体化；三是可以把煤矿瓦斯治理和煤层气开发利用结合起来，多方面利用国家的优惠政策；四是可以实现近距离的利用，减少运输和销售费用。

（2）独立开发模式的不足。一是需要企业有足够的资金；二是由于技术等限制原因，企业对勘探开发煤层气信心不足；三是由于煤层气开发周期和投资回收期比较长，使企业短期效益不明显，导致企业主动开发煤层气的积极性不高。

（3）采用"独立开发模式"，其主要项目有以下几种。

①晋城煤业集团寺河矿煤层气地面预抽采项目。该项目在寺河矿区形成 150 口煤层气井的井组规模，已经建成比较完备的集输管网、集气站和压缩站，年抽采能力达到 $1.2×10^8$ 立方米。目前正在供应晋城、长治、太原、郑州、焦作、开封等城市，以及矿区周边的农村居民。

②阜新矿业集团煤层气开发利用科技项目。阜新矿业集团开发利用煤层气的科技项目开始于 1992 年，到 1997 年 6 月，一期工程完工。1998 年下半年，开始煤层气开发利用的二期工程——用煤层气取代煤制气，让城区居民用上安全无害的洁净能源。到 2003 年 3 月，阜新市煤气公司正式向城区 7 万户居民供应煤层气，一年中最高日供气量达到 $17×10^4$ 立方米。2003 年开始三期工程，供气规模达到日供气量 $21.64×10^4$ 立方米。

③中联煤层气有限责任公司山西潘河煤层气高技术产业化示范项目。项目计划施工 900 口煤层气生产试验井，共分为三期完成。一期工程钻井 150 口，建成一个年产 $1×10^8$ 立方米的煤层气生产示范基地。其中 $3000×10^4$ 立方米压缩外运，供山西晋城、长治和河南林州等市城镇居民使用。二期工程计划施工 400 口煤层气生产试验井，新增煤层气产能 $3×10^8$ 立方米；三期计划施工 350 口煤层气生产试验井，新增煤层气产能 $3×10^8$ 立方米，三期完工后使项目产能达到 $7×10^8$ 立方米。

④陕西韩城王峰—龙亭煤层气先导性试验项目。由中联煤独自开发建设，该项目已经累计完成钻井 247 口直井，压裂排采 11 口，平均日产量 7000 立方米，年产能为 $1.5×10^8$ 立方米，已建成日压缩能力 $4×10^4$ 立方米的 CNG 压缩站一座及其地面配套设施，并为韩城市居民输送民用商业气。

⑤国家级山西沁水南部煤层气高技术产业化示范项目。2005 年初，中联煤启动实施该示范工程项目，当年完成钻井 100 口，压裂 40 口，排采 40 口，铺设管网 40.6 千米，建成煤层气年产能 $7000×10^4$ 立方米，同时，建成日处理能力 $8×10^4$ 立方米的压缩煤层气压缩站、集气站及其配套管输和监测系统，实现煤层气商业试生产。项目一期工程已实现售气，平均日销售压缩煤层气 $5×10^4$ 立方米。建设的下游项目包括压缩煤层气站和液化煤层气站以及第一条跨省的端氏—晋城—博爱煤层气管线。沁南煤层气示范工程

将成为我国第一个真正具有商业推广意义的煤层气生产示范基地。

5.3.2 中国煤层气勘探开发模式

由于煤层气抽采目的、抽采对象、抽采条件和资源条件的不同，形成了不同的开发模式。我国煤矿区煤层气的开发方式主要分为井下瓦斯抽放、煤矿区地面预抽、采煤采气一体化开发等；原始煤储层煤层气的开发可分为直井开发和水平井开发。我国煤层气的成煤地质条件相当复杂，各种煤类齐全，煤层气开发不可能仅仅采用单一的开发模式。如何针对不同的煤层气地质条件选择合适的开发模式，对于开发我国煤层气资源，实现我国煤层气产业化具有十分重要的意义。

1. 井下瓦斯抽放模式

井下瓦斯抽放模式是从矿井下采掘巷道中打钻孔，在地面上通过瓦斯泵造成负压来抽取煤层气中的气体，也就是矿井瓦斯抽放。矿井瓦斯抽放资源回收利用率低，井下作业难度大，并受制于煤炭采掘生产的进程。矿井瓦斯抽放主要以矿井安全生产为目的。从 1952 年开始，我国首先在辽宁抚顺煤矿进行井下瓦斯抽放利用工作，经过近 60 年的发展，高瓦斯矿井一般采用井下瓦斯抽放模式。目前已形成了多种抽放模式（本煤层抽放、邻近层抽放、采空区抽放）并重的瓦斯抽放技术。但从商业角度，目前这种抽入模式无法形成规模效益。

2. 预抽煤层气模式

预抽煤层气模式就是在煤层开采之前对其进行煤层气抽取。主要有穿层钻孔预抽、顺煤层钻孔预抽和顺煤层长孔预抽三种方式。

穿层钻孔预抽方式工程量大，成本高，适用于煤层渗透性好的条件。在我国煤矿中，采用穿层钻孔预抽煤层气的布置方式很多，其中约有 70%以上工作面采用穿层钻孔抽采邻近层瓦斯，如阳泉煤业集团公司自 1957 年顶板穿层钻孔抽放工艺试验成功以来，穿层钻孔成为煤层气开发的主要手段，每年矿井煤层气排放量（换算成纯量）达到 4.05×10^8 立方米，其中矿井煤层气涌出量的 1/4 是靠抽放方式解决的。另外，天府、松藻、中梁山等矿区的工作面瓦斯抽采率也普遍超过 50%。

煤层气长钻孔预抽方式一次钻孔控制的范围较大，准备工程量较少，允许有较长时间进行预抽，特别适合于构造简单、力学强度较高、可钻性好的煤层。山西大宁煤矿使用国外千米钻机成功实现了井下顺层长钻孔的施工，在国内首次实现顺煤层钻孔长度超过 1000 米。

3. 采煤采气一体化开发模式

采煤采气一体化是指通过实施地面钻井，地下顺煤层长钻孔抽，边采（掘）边抽，采空区抽放结合的单一中厚煤层气瓦斯综合治理模式，以实现煤炭与煤层气资源的合理开发、综合利用及其产业的健康发展。其主要思想是通过煤层开采引起的岩层移动，强化煤气中天然裂隙网络，在采空区四周形成一个连通的采动裂隙发育区即应力场释放区，这种动态应力释放场为煤层气的释放提供了充分的运移通道和驱动能量，从而使煤储层的渗透率显著提高，使临近煤储层中的大部分煤层气向应力场释放区域运移。因为在整个采气的过程中伴随着煤炭的开采，所以被称为采煤采气一体化开发模式。

这种开发模式适合于煤层发育比较复杂、地表开发条件不好、垂直钻井和水平钻井很难施工的矿区。例如，两淮地区、辽宁的阜新抚顺矿区、黑龙江的鸡西—鹤岗、铁法矿区、重庆的送灶矿区等。其中晋城煤业集团将寺河矿和成矿作为实验矿井进行采煤采气一体化模式的配套试验最为成功，矿井的生产潜能不断得到释放，煤层气抽采率达到了 50% 以上。

4. 地面垂直井开发模式

这种开采模式是在地面打钻井进入煤层，通过排水降压使煤层中的吸附气解吸出来，由井筒流到地面，或利用自然压差或瓦斯泵通过井筒抽取阻击和残留在受采动影响区的岩石、未开采的煤层之中及采空区内的煤层气。这种开采方式产气量大，资源回收率高，机动性强，可形成规模效益。它要求有厚度较大的煤层气或煤层群，煤储层的渗透性要较好以及较有利的地形条件。由于中国煤储层普遍渗透性很低，因此在钻井中还需要对煤层进行压裂和造穴等激励措施以提高产气量。

我国目前适合这种开发模式的矿区主要为煤储层渗透率较高的沁水盆地南部地区和鄂尔多斯盆地东南缘的河东煤田。

5. 多分支水平井开发模式

煤层气多分支水平井是指在一个或两个主水平井眼旁侧钻出多个分支井，能够穿越更多的煤层割离裂缝系统，最大限度地沟通裂缝通道，增加泄气面积，使更多的甲烷气进入主流道，提高单井产气量。特别适合于煤层厚度大且分布稳定、渗透率较低的煤储层，具有可以增加有效供给范围、提高导流能力、减少对煤层的伤害、单井产量高、经济效益好、有利于环境保护等优点。尤其是美国羽状水平井超前抽采技术的成功研制和应用，不仅探索了一种高效开发煤层气资源的开采技术，同时也加速了煤矿瓦斯超前抽采的速度。

目前我国在沁水盆地、宁武盆地等地区已完成多分支井多口，沁水盆地南部单井日产量达到 6000~40000 立方米，比直井压裂方法单井产量提高 5~10 倍。

5.4 中国煤层气发展实现产业化面临的障碍

5.4.1 对煤层气产业的经济扶持政策力度不够

开发利用煤层气的社会综合效益要远大于它的经济效益，特别是在煤层气产业发展初期，投入高、风险大，政府应该给予更多的优惠政策鼓励企业从事煤层气的勘探开发。美国煤层气产业之所以成功及快速发展，关键在于美国政府于 1980 年颁布的《原油意外获利法》第 29 条税收补贴政策，使煤层气具有比常规天然气更优惠的政策，美国早期在税收、借贷等方面的鼓励政策起到了决定性的作用。

我国现行的煤层气开发利用政策与法规，只是比照常规天然气，没有出台更优惠的煤层气激励政策。因而，没有为煤层气产业搭建可与常规天然气竞争的平台，极大地影响了中外企业开发煤层气的积极性，亟待落实和细化《国务院办公厅关于加快煤层气（煤矿瓦斯）抽采利用的若干意见》（国办发〔2006〕47 号）。

5.4.2 相关政策落实不到位，企业积极性不高

目前，虽然我国政府出台了许多积极鼓励发展煤层气产业的政策，如 2006 年财政部、海关总署、国家税务总局联合出台了《关于煤层气勘探开发进口物资免征进口税收的规定》，2007 年财政部、税务总局等出台《关于加快煤层气抽采有关税收政策问题的通知》，2007 年财政部出台《关于煤层气（瓦斯）开发利用补贴的实施意见》等，但这些政策并没有得到很好的落实，相关的配套政策没有到位，甚至有些政策还需要进一步完善。煤层气作业新兴产业，煤层气的开发利用具有前期投资大、回收期长、初期产量低、生产成本高、风险大、效益低等特点，这就意味着，勘探开发初期及配套煤层气利用项目，单靠某一个企业难以承担。所以，一些煤层气开发企业在发展初期表现出积极性不高，而一些利用企业甚至处于亏损状态。同时，中国煤层气下游基础建设缺乏，如煤层气生产出来之后怎样运输，煤层气发电并网是否该给予更多优惠政策等，所以这些问题都会影响企业对煤层气投资的积极性。

5.4.3 煤炭、煤层气矿业权重叠，管理体制不顺，导致煤层气开发与煤炭开采间的矛盾突出

煤层气与煤炭属于同一储层的共生矿产资源。目前，煤炭探矿权管理归各省区，煤层气探矿权的管理权则在国土资源部，也就是矿权和气权的审批权分别在不同的部门，煤层气是部一级发证，煤炭则是部省两级发证。目前，全国 6.5 万平方千米煤层气矿业权有 1.2 万平方千米与煤炭矿业权重叠，全国 98 个煤层气探矿权中有 86 个煤层气探矿权涉及矿权重叠问题，86 个煤层气探矿权与 1406 个煤炭矿业权重叠，重叠总面积约

12534 平方千米，其中：煤炭探矿权重叠 242 个，重叠面积 9137 平方千米；煤炭采矿权重叠 1164 个，重叠面积 3397 平方千米。煤层气与煤炭资源的矿权交叉（重叠），对两种能源的开发、对两个产业的发展，均产生了不良影响。

过去七八年里，由于我国煤炭供需矛盾比较突出，煤炭价格一路飙升，从而造成国内众多煤矿企业纷纷扩大勘探区域，千方百计地改扩建现有矿井和新建矿井，追求短期利益，不仅不重视采煤之前的煤层气开采，由于矿权和气权分离，而且还对煤层气企业的勘探开采设置重重障碍，煤层气开发与煤炭开采间的矛盾日趋严重。特别是在具体开发过程中出现矿权重叠问题，由于相关部门、企业之间产生了经济利益和管理权限方面的分歧，出现了部门之间、企业之间不协调，一些地方煤层气抽采与煤炭开采不协调，各自为政、自行发展，这既不利于调动各方面参与煤层气开发利用的积极性，也影响煤炭产业的发展。

5.4.4 煤层气输送管网基础设施薄弱

煤层气与天然气虽然可以混输共用，两者拥有共同的市场用户，但与发达国家相比，我国煤层气开发潜力较大的地区仍缺乏可利用的天然气管线，这就造成了煤层气生产区与市场脱节。市场需求不能对煤层气的开发起到强有力的拉动作用，无形中增加了煤层气开发的成本，增加了煤层气项目的投资风险。

5.4.5 煤层气价格市场形成机制尚未完全建立

我国煤层气价格当前仍实行政府指导价，虽然我国对煤层气实行了价格补贴，如国家财政对煤层气（煤矿瓦斯）补贴标准为 0.2 元/立方米，但现行的煤层气的价格远低于同等热值的汽油、柴油，即使与天然气价格相比，不如天然气价格高。这种低价形势对山西、辽宁等重点开发区域的煤层气企业影响很大，在某程度影响煤层气开发企业的积极性和主动性。

5.4.6 科研投入不足，技术创新不够，科研工作薄弱

我国煤田地质构造复杂，煤层气赋存条件差，煤层气抽采环境变化较大，煤层气储层大多具有低渗透、低饱和、低储层压力的"三低"特点，煤层透气性不好，从理论和技术方面都存在许多关键性难题，煤层气抽采难度较大，随着矿井开采深度加大，地应力和压力增加，煤层气抽采难度还会进一步增大，一些关键技术和设备急需突破和改进。同时，缺乏一些公益性、前瞻性、基础性、共性关键技术与装备等安全技术研究，资金、科研投入不足，致使煤层气开发利用与治理等方面的技术研究工作和创新进展缓慢。另外，目前国内专门从事煤层气开发利用研究的单位很少，科研力量薄弱。由于从人才、基础设施到资金支持严重缺位，导致瓦斯防治、利用等方面的研究进展缓慢。比

如，一个年产 400 万吨的煤矿建设一套井下瓦斯抽放系统需要 2000 万元左右，建设瓦斯发电项目，前期投入和运营管理费用都比较高，单凭企业很难进行瓦斯治理和利用投资。

5.4.7 瓦斯发电上网难，导致煤层气井下抽采利用率低

利用井下抽放的瓦斯发电，是我国许多高瓦斯矿井瓦斯开发利用的首选，目前全国的总装机容量为 9 万千瓦，随着瓦斯治理进程加快，瓦斯发电方兴未艾，装机容量未来可达 25 万千瓦。虽然国家的相关政策中明确了瓦斯发电上网的各种规定，但由于部门利益、行业保护，瓦斯发电上网存在重重障碍。有的地方虽然允许瓦斯发电上网，却故意压低上网电价，有的地方甚至干脆就不允许瓦斯发电上网。

5.4.8 社会对煤层气的观念上存在诸多误区

2005 年以来，随着我国煤层气勘探开发利用力度加大以及一批煤层气勘探开发利用示范工程项目的成功实施，掀起了煤层气勘探开发利用新一轮的热潮，引起了国内外企业的广泛关注和积极参与。正因为如此，在对待煤层气与煤层气产业发展上却出现了诸多误区。

误区一是盲目乐观，认为煤层气开发非常容易，煤层气开发技术已经完全成熟，只要打井就能出气，投资煤层气就一定能赚钱，这种过于乐观的思想已误导不少企业盲目投资。

现实并不是这样。我国煤层特殊的"三低"（低压、低饱和、低渗透）地质条件，需要适合中国特点的技术攻关，国家还因此成立了煤层气研究中心。目前我国煤层气开发利用水平较低，只在山西沁水南部地区具备了规模性开发条件，还有许多地区需要大量的勘探工作，盲目投资只会造成浪费。

误区二是盲目悲观，认为技术难，地面上难以抽采，井下抽采不好利用，难以形成产业化。中国煤层气仅在个别地区有商业前景，不具备产业化发展的条件和前途，而且煤层气开发的价值远低于煤炭开采的价值，煤层气不应作为独立的资源开采，即使进行煤层气开发，也应该以煤炭企业为主体，这种过于悲观和陈旧的观点正限制着中国煤层气产业的发展。根据几年来的实践，常规抽采的技术问题已经解决，在我国已探明的储量区产业化是有可能实现的。

误区三是认为煤层气开发是亏损的，只应由煤矿企业利用安全技术资金来进行煤层气抽放。煤层气应以瓦斯治理为主，不应作为资源开发。煤炭企业治理瓦斯只是从安全角度出发，不以营利为目的，不考虑经济效益，单井产量低，大约是专业煤层气开发企业产量的一半。煤层气开发企业则不同，需要盈利，有利可图才行。只有以盈利为目的，利益引导，才能进一步促进煤层气产业的形成和发展。

误区四是煤层气资源对外合作不应实行专营权。这种观点一方面严重违背现行的法律和对外合作已取得的丰硕成果，另一方面将对中国煤层气对外合作的健康发展和国家利益的保护产生非常有害的影响。实际上，对外合作签署的作业区块只占全国煤层气总资源量的 10% 左右，而且不影响煤炭企业的自营勘探行为，更不影响煤炭生产。相反，煤层气开发巨大的资金和技术缺口，需要通过开放来引进国外的技术资金，带动国内产业提升。

5.5 中国煤层气产业发展规划及相关政策

5.5.1 中国煤层气产业发展规划

2011 年 12 月，国家发展和改革委员会、国家能源局发布了《煤层气（煤矿瓦斯）开发利用"十二五"规划》，主要分析了煤层气（煤矿瓦斯）开发利用现状和面临的形势，提出了未来五年我国煤层气（煤矿瓦斯）开发利用的指导思想、基本原则、发展目标、重点任务和保障措施，是指导我国煤层气（煤矿瓦斯）开发利用、引导社会资源配置、决策重大项目、安排政府投资的重要依据。

该规划提出，要以邓小平理论、"三个代表"重要思想为指导，深入贯彻落实科学发展观，坚持市场引导，强化政策扶持，加大科技攻关，统筹布局，合理开发，加快沁水盆地和鄂尔多斯盆地东缘煤层气产业化基地建设，推进重点矿区煤矿瓦斯规模化抽采利用，保障煤矿安全生产，增加清洁能源供应，保护生态环境。

其发展目标是到 2015 年，煤矿瓦斯事故起数和死亡人数比 2010 年下降 40% 以上；煤层气（煤矿瓦斯）产量达到 300 亿立方米，其中：地面开发 160 亿立方米，基本全部利用，煤矿瓦斯抽采 140 亿立方米，利用率 60% 以上；瓦斯发电装机容量超过 285 万千瓦，民用超过 320 万户。"十二五"期间，新增煤层气探明地质储量 1 万亿立方米，建成沁水盆地、鄂尔多斯盆地东缘两大煤层气产业化基地。

（1）煤层气勘探方面。以沁水盆地和鄂尔多斯盆地东缘为重点，加快实施山西柿庄南、柳林、陕西韩城等勘探项目，为产业化基地建设提供资源保障。推进安徽、河南、四川、贵州、甘肃、新疆等省区勘探，实施宿州、焦作、织金、准噶尔等勘探项目，力争在新疆等西北地区低阶煤煤层气勘探取得突破，探索滇东黔西高应力区煤层气资源勘探的有效途径。到 2015 年，新增煤层气探明地质储量 1 万亿立方米。

（2）煤层气地面开发。"十二五"期间，重点开发沁水盆地和鄂尔多斯盆地东缘，建成煤层气产业化基地，已有产区稳产增产，新建产区增加储量、扩大产能，配套完善基础设施，实现产量快速增长。继续做好煤矿区煤层气地面开发。开展安徽、河南、四川、贵州、甘肃、新疆等省区煤层气开发试验，力争取得突破。到 2015 年，煤层气产量达到 160 亿立方米。其中，沁水盆地"十二五"期间，建成寺河、潘河、成庄、潘庄、赵庄项目，加快建设大宁、郑庄、柿庄南等项目，新建马必、寿阳、和顺等项目，项目总投资 378 亿元，到 2015 年形成产能 130 亿立方米，产量 104 亿立方米，基本实现形成勘探、开发、生产、输送、销售和利用等一体化产业基地；鄂尔多斯盆地"十二五"期间，建成柳林、韩城—合阳项目，加快建设三交、大宁—吉县、韩城—宜川、保德—河曲等项目，新建临兴、延川南等项目，项目总投资 203 亿元，到 2015 年，形成产能 57 亿立方米，产量 50 亿立方米；加快辽宁阜新、铁法矿区煤层气开发，推进河南焦作、平顶山、贵州织金—安顺等项目开发试验，项目总投资 23 亿元，到 2015 年，形成产能 9 亿立方米，产量 6 亿立方米。

（3）煤矿瓦斯井下抽采。"十二五"期间，全面推进煤矿瓦斯先抽后采、抽采达标，重点实施煤矿瓦斯抽采利用规模化矿区和瓦斯治理示范矿井建设，保障煤矿安全生产。2015 年，煤矿瓦斯抽采量达到 140 亿立方米。其中，一是在山西、辽宁、安徽、河南、重庆、四川、贵州等省市 33 个煤矿企业、8 个产煤市（区），开展煤矿瓦斯规模化抽采利用重点矿区建设。重点落实区域综合防突措施，新建、改扩建抽采系统，增加抽采管道、专用抽采巷道和钻孔工程量，配套建设瓦斯利用工程。到 2015 年，建成 36 个年抽采量超过 1 亿立方米的煤矿瓦斯抽采利用规模化矿区，工程总投资 562 亿元。二是建成黑龙江峻德矿、安徽潘一矿等瓦斯治理示范矿井。分区域选择瓦斯灾害严重、有一定发展潜力的煤矿，再建设一批瓦斯治理示范矿井，推进瓦斯防治理念、技术、管理、装备集成创新，探索形成不同地质条件下的瓦斯防治模式，发挥区域示范引导作用。

（4）地面煤层气输送与利用。煤层气以管道输送为主，就近利用，余气外输。依据资源分布和市场需求，统筹建设以区域性中压管道为主体的煤层气输送管网，适度发展煤层气压缩和液化。开展煤层气分布式能源示范项目建设。优先用于居民用气、公共服务设施、汽车燃料等，鼓励用于建材、冶金等工业燃料。在沁水盆地、鄂尔多斯盆地东缘及豫北地区建设 13 条输气管道，总长度为 2054 千米，设计年输气能力 120 亿立方米。

（5）煤矿瓦斯输送与利用。煤矿瓦斯以就地发电和民用为主，高浓度瓦斯力争全部利用，推广低浓度瓦斯发电，加快实施风排瓦斯利用示范项目和瓦斯分布式能源示范项目，适度发展瓦斯浓缩、液化。鼓励大型矿区瓦斯输配系统区域联网，集中规模化利用；鼓励中小煤矿建设分散式小型发电站或联合建设集配管网、集中发电，提高利用率。到 2015 年，瓦斯利用量为 84 亿立方米，利用率为 60% 以上；民用超过 320 万户，发电装机容量超过 285 万千瓦。

"十二五"煤层气（煤矿瓦斯）产业技术发展重点：开展煤层气成藏规律、高渗富集规律研究及有利区块预测评价，低阶煤煤层气资源赋存规律研究，煤与瓦斯突出机理研究等。

（6）关键技术与装备。开展构造煤煤层气勘探、低阶煤测试、空气雾化钻进、煤层气模块化专用钻机、多分支水平井钻完井、水平井随钻测量与地质导向、连续油管成套装备、清洁压裂液、氮气泡沫压裂、水平井压裂、高效低耗排采、低压集输等地面开发技术与重大装备研发；研究地面钻井煤层预抽、采动卸压抽采、采空区抽采一井多用技术，研发煤与瓦斯突出预警和监控、瓦斯参数快速测定、深部煤层和低透气性煤层瓦斯安全高效抽采、低浓度瓦斯和风排瓦斯安全高效利用等关键技术及装备，示范区域性井上下联合抽采技术，推广低浓度瓦斯安全输送技术及装备。

5.5.2 中国煤层气产业发展相关政策

煤层气作为一个独立矿种，在地质赋存条件和开发技术方面既不同于固体的煤炭，也不同于流体的石油和天然气，但它以煤炭为载体，同时又可以与天然气共享管道且共同服务于最终用户，因此，煤层气与煤炭、天然气之间形成既独立又相互依赖的关系。煤层气勘探开发初期具有高风险、高投资，但煤层气市场需求潜力巨大、效益可观。对于独立的煤层气企业来说，承担风险较高，这就需要政策的支持和鼓励。20 世纪 80 年代以来，中国政府一直十分重视煤层气的勘探与开发利用工作，特别是 21 世纪以来，先后出台了一系列法规与优惠政策，以鼓励和支持煤层气产业的发展。

1. 国务院及中央部委颁发的法规与条例

（1）《中华人民共和国煤炭法》第 35 条规定，国家鼓励煤矿企业开发利用煤层气。

（2）2001 年 3 月，全国人大通过的《国民经济和社会发展第十个五年计划纲要》提出 "开发煤层气资源"。

（3）国务院令〔2001〕第 317 号 "中华人民共和国对外合作开采陆上石油资源条例"（第一次修订）第三十条规定：对外合作开采煤层气资源由中联煤实行专营，并参照本条例执行。批准中联煤享有对外合作进行煤层气勘探、开发、生产的专营权；在国家计划中实行单列，按项目安排地质勘探费、资源补偿费和科研项目经费；还明确中联煤作为一级预算单列单位。

2007 年 9 月，国务院关于修改《中华人民共和国对外合作开采陆上石油资源条例》的决定（国务院令〔2007〕第 506 号）对《中华人民共和国对外合作开采陆上石油资源条例》作如下修改：将第三十条规定修改为 "对外合作开采煤层气资源由中联煤层气有限责任公司、国务院指定的其他公司实施专营，并参照本条例执行"。

（4）2004 年，《外商投资产业指导目录》将煤层气勘探、开发列为 "鼓励外商投资产业目录" 项目，煤层气勘探开发企业可享受国家有关优惠政策待遇。

（5）2005 年 6 月 22 日，国家发改委发布《关于印发煤矿瓦斯治理与利用总体方案的通知》（发改能源〔2005〕1137 号），研究制订了《煤矿瓦斯治理与利用总体方案》，统一了煤层气（煤矿瓦斯）的概念，明确提出了"采煤采气一体化"概念，将"煤矿瓦斯抽放"改为"煤矿瓦斯抽采"。

（6）2006 年，煤层气开发列入中国政府"十一五"规划重点项目，出台了《煤层气（煤矿瓦斯）开发利用"十一五"规划》。从引导投资方向、改善投资结构等目标入手，原国家计委和科技部将煤层气的勘探、开发列入《当前国家重点鼓励发展的产业、产品和技术目录》和《中西部地区外商投资产业指导目录》。《中西部地区外商投资优势产业目录》是由国家发改委员会与商务部共同制定。根据该目录，在中西部地区进行煤层气开发的外商投资企业将享受中央和地方政府更多的政策优惠。

（7）2006 年 6 月，国务院出台的《国务院办公厅关于加快煤层气（煤矿瓦斯）抽采利用的若干意见》（国办发〔2006〕47 号），明确提出了煤层气抽采利用项目经各省（区、市）煤炭行业管理部门会同同级人民政府资源综合利用主管部门认定后，可享受有关鼓励和扶持政策。主要包括：井下抽打系统项目，地面钻探、泵项目，输配气管网项目，煤层气压缩、提纯、储存和销售站项目，利用煤层气发电、供民用燃烧及生产化工产品项目等。煤层气年输气能力 5 亿立方米及以上的输气管网项目或跨省（区、市）输气管网项目，由国务院投资主管部门核准；年输气能力 5 亿立方米以下的输气管网项目，由省级人民政府投资主管部门核准。煤层气发电并网项目，由省级人民政府投资主管部门核准。煤矿企业自采自用煤层气项目，同煤矿企业自主决策，报地方人民政府投资主管部门备案。国土资源管理部门要依法加强对煤层气勘查开采活动的监督管理，严格执行国家关于最低勘探投入量和施工期的基本要求，对达不到要求的，按照《矿产资源勘查区块登记管理办法》的有关规定予以处理。煤层中吨煤瓦斯含量必须降低到规定标准以下，方可实施煤炭开采。煤矿安监局要会同有关部门组织制定具体标准，并加强监督检查。坚持采煤采气一体化，依法清理并妥善解决煤层气和煤炭资源的矿业权交叉问题。凡新设探矿权，必须对煤层、煤炭资源进行综合勘查、评价和储量认定。煤层中吨煤瓦斯含量高于规定标准且具备地面开发条件的，必须统一编制煤层气和煤炭开发利用方案，并优先选择地面煤层气抽采。限制企业直接向大气中排放煤层气，对超标准排放煤层气的企业实施处罚。煤层气抽采利用项目建设用地，按国家有关规定予以优先安排。煤矿企业提取的生产安全费用可用于煤层气井上、井下抽采系统建设。统筹规划煤层气和天然气输送管网建设。煤层气经处理后，质量达到规定标准的，可优先并入天然气管网及城市公共供气管网。煤层气售价由供需双方协商确定，各级人民政府价格主管部门要加强监管，防止无序竞争。煤矿企业利用煤层气发电，可自发自用；多余电量需要上网的，由电网企业优先安排上网销售，不参与市场竞争，发电机组并网前要符合并网的技术要求和电网安全运行的有关标准。利用煤层气发电，其上网电价执行国家价格主管部门批准的上网电价或执行当地火电脱硫机组标杆电价。进一步加大煤层气抽采利用的科技攻关力度，加大科技投入。对煤层气实行税收优惠政策。煤层气抽采利用设备在基准年限基础上实行加速折旧，折旧资金在企业成本中列支。对地面直接从事煤层气勘探开采的企业，2020 年前可按国家有关规定申请减免探矿权使用费和采矿权使用费。各级人民政府要积极筹措资金，为煤层气抽采利用项目提供资金补助或贷款贴息。

（8）2007 年，商务部、国家发改委、国土资源部出台《关于进一步扩大煤层气开采对外合作有关事项的通知》，明确为避免"多头对外"，由商务部、发改委同相关部门在中联煤层气有限责任公司之外再选择若干家企业，在国务院批准的区域内与外国企业开展煤层气合作开采的试点工作。

（9）2008 年，环境保护部发布《煤层气（煤矿瓦斯）排放标准（暂行）》，规定要求自 2008 年 7 月 1 日起，新建矿井及煤层气地面开发系统的煤层气，浓度大于或等于 30% 的禁止排放，低于 30% 的不作要求。2010 年 7 月 1 日起，现有矿井及煤层气地面开发系统的煤层气，浓度大于或等于 30% 的禁止排放，低于 30% 的不作要求。

（10）2010 年，商务部、发改委、国土资源部、国家能源局在 2007 年商务部、发改委、国土资源部联合下发的《关于进一步扩大煤层气开采对外合作有关事项的通知》（商资函〔2007〕第 94 号，以下简称《通知》）的基础上，同意中国石油天然气集团公司、中国石油化工集团公司、河南省煤层气开发利用有限公司三家公司在国务院批准的区域内与外国企业开展合作开采煤层气资源。

（11）2011 年 1 月 14 日中华人民共和国国家质量监督检验检疫总局、中国国家标准化管理委员会宣布，自 2011 年 6 月 1 日起实施《车用压缩煤层气 GB/T 26127-2010》，该标准规定了车用压缩煤层气的术语和定义、质量要求、检验方法、标识与储存以及适用范围，并规定车用燃料的压缩煤层气的压力不大于 20MPa。

（12）2011 年 5 月 23 日，国务院办公厅转发发改委、安全监管总局的《关于进一步加强煤矿瓦斯防治工作若干意见的通知》（国办〔2011〕26 号）要求：加强煤矿瓦斯防治监管检查，提高准入门槛，强化基础管理，加大政策支持。对已批在建年产 30 万吨以下高瓦斯矿井和 45 万吨以下瓦斯突出矿井，不具备瓦斯防治能力的矿业企业要退出。严厉打击超能力生产，严肃查处并关闭矿井瓦斯超限事故矿井。

2. 煤层气税收、价格优惠政策

（1）增值税优惠政策。财政部、国家税务总局制定了增值税优惠政策（国办通〔1997〕8 号），具体规定：中外合作开采陆上煤层气，按实物征收 5% 的增值税，不抵扣进项税额；自营开采陆上煤层气增值税实行先征后返的政策，即按 13% 的税率征收，返还 8%，实际负担 5%。

2007 年 2 月 7 日，财政部、国家税务总局联合下发的《关于加快煤层气抽采有关税收政策问题的通知》（财税〔2007〕16 号）规定：对煤层气抽采企业的增值税一般纳税人抽采销售煤层气实行增值税先征后退政策。先征后退税款由企业专项用于煤层气技术的研究和扩大再生产，不征收企业所得税。煤层气抽采企业应将享受增值税先征后退政策的业务和其他业务分别核算，不能分别准确核算的，不得享受增值税先征后退政策。对独立核算的煤层气抽采企业购进的煤层气抽采泵、钻机、煤层气监测装置、煤层气发电机组、钻井、录井、测井等专用设备，统一采取双倍余额递减法或年数总和法实行加速折旧，具体加速折旧方法可以由企业自行决定，但一经确定，之后年度不得随意调整。对独立核算的煤层气抽采企业利用银行贷款或自筹资金从事技术改造项目国产设备投资，其项目所需国产设备投资的40%可从企业技术改造项目设备购置当年比前一年新增的企业所得税中抵免。对财务核算制度健全、实行查账征税的煤层气抽采企业研究开发新技术、新工艺发生的技术开发费，在按规定实行100%扣除基础上，允许再按当年实际发生额的50%在企业所得税税前加计扣除。对地面抽采煤层气暂不征收资源税。

（2）企业所得税优惠政策。根据财政部、国家税务总局联合下发的《关于外国石油公司参与煤层气开采所适用税收政策问题的通知》（财税字〔1996〕62号）规定：从事合作开采石油资源的企业所得税问题的规定，均适用于开采中国陆上煤层气资源的企业；对外合作开采煤层气的企业所得税实行二免三减半政策，即从煤层气生产的获利年开始，第一年和第二年免征所得税，第三年至第五年减半征收企业所得税。

2007年2月7日，财政部、国家税务总局联合下发的《关于加快煤层气抽采有关税收政策问题的通知》（财税〔2007〕16号）规定：对独立核算的煤层气抽采企业利用银行贷款或自筹资金从事技术改造项目国产设备投资，其项目所需国产设备投资的40%可从企业技术改造项目设备购置当年比前一年新增的企业所得税中抵免。对财务核算制度健全、实行查账征税的煤层气抽采企业研究开发新技术、新工艺发生的技术开发费，在按规定实行100%扣除基础上，允许再按当年实际发生额的50%在企业所得税税前加计扣除。对地面抽采煤层气暂不征收资源税。

（3）关税减免政策。根据《国务院关于调整进口设备税收政策的通知》（国发〔1997〕37号）规定：为进一步扩大利用外资，引进国外的先进技术和设备，促进产业结构的调整和技术进步，保持国民经济持续、快速、健康发展，国务院决定，自1998年1月1日起，对国家鼓励发展的国内投资项目和外商投资项目进口设备，在规定的范围内，免征关税和进口环节增值税。对符合《当前国家重点鼓励发展的产业、产品和技术目录》的国内投资项目，在投资总额内进口的自用设备，免征关税和进口环节增值税。而煤层气勘探及开发利用属于当前国家重点鼓励发展的产业。

2006年10月25日，财政部、海关总署、国家税务总局关于印发《关于煤层气勘探开发项目进口物资免征进口税收的规定》（财关税〔2006〕13号）的通知规定：中联煤层气有限责任公司及其国内外合作者，在我国境内进行煤层气勘探开发项目，进口国内不能生产或国内产品性能不能满足要求，并直接用于勘探开发作业的设备、仪器、零附件、专用工具，免征进口关税和进口环节增值税。除了中联煤层气有限责任公司外，其他从事煤层气勘探开发的单位，应在实际进口发生前向财政部提出申请，经财政部商海关总署、国家税务总局等有关部门认定后，享受上述进口税收优惠政策。

2011 年 8 月 8 日，国家财政部下发《关于"十二五"期间煤层气勘探开发项目进口物资免征进口税收的通知》（财关税〔2011〕30 号）规定：自 2011 年 1 月 1 日至 2015 年 12 月 31 日，中联煤层气有限责任公司及其国内外合作者，在我国境内进行煤层气勘探开发项目，进口国内不能生产或国内产品性能不能满足要求，并直接用于勘探开发作业的设备、仪器、零附件、专用工具（详见该通知所附管理规定的附 1《勘探开发煤层气免税进口物资清单》，以下简称《免税物资清单》），免征进口关税和进口环节增值税。国内其他从事煤层气勘探开发的单位，应在实际进口发生前按有关规定程序向财政部提出申请，经财政部商海关总署、国家税务总局等有关部门认定后，比照中联煤享受上述进口税收优惠政策。符合通知规定的勘探开发项目项下暂时进口《免税物资清单》所列的物资，准予免税。进口时海关按暂时进口货物办理手续。超出海关规定暂时进口时限仍需继续使用的，经海关批准可予延期，在暂时进口（包括延期）期限内准予按通知规定免税。符合通知规定的勘探开发项目项下租赁进口《免税物资清单》所列的物资准予免征进口税收，租赁进口《免税物资清单》以外的物资应按有关规定照章征税。

（4）煤层气价格政策。根据国务院办公厅 1997 年国办通〔1997〕8 号文件规定：煤层气价格按市场经济原则，由供需双方协商确定，国家不限价。

2007 年 4 月 20 日，《国家发改委关于煤层气价格管理的通知》（发改价格〔2007〕826 号）规定：民用煤层气出厂价格由供需双方协商确定。现已纳入地方政府管理价格范围内的，要积极创造条件尽快放开价格。未进入城市公共配气管网的民用煤层气销售价格由供需双方协商确定；进入城市公共配气管网并纳入政府管理范围的民用煤层气销售价格，按照与天然气、煤气、液化气等可替代燃料保持等热值合理比价关系的原则确定。要加强对城市燃气公司煤层气配气费用的管理，努力降低配气成本。要根据购进煤层气价格的变化，及时调整进入城市公共配气管网的民用煤层气销售价格。同时采取提高低保补助标准和最低工资标准等措施，切实保护城镇低收入居民的利益。

（5）财政补贴政策。财建〔2004〕119 号文件规定：生产一吨煤炭最高可提取 50 元瓦斯治理费（煤炭企业）。

2007 年 4 月 20 日，财政部出台了《关于煤层气（瓦斯）开发利用补贴的实施意见》（财建〔2007〕114 号）规定：中华人民共和国境内从事煤层气开采的企业出售或自用作民用燃气、化工原料等，且已安装可以准确计量煤层气抽采、销售和自用的计量设备，并能准确提供煤层气开发利用量的都可以享受财政补贴。补贴标准为：财政按 0.2 元/立方米煤层气（折纯）标准对煤层气开采企业进行补贴，在此基础上，地方财政可根据当地煤层气开发利用情况对煤层气开发利用给予适当补贴，具体标准和补贴办法由地方财政部门自主确定。中央财政安排的煤层气补贴资金按以下方式计算：补贴额度＝（销售量+自用量−用于发电量）×补贴标准。

（6）煤层气发电补贴政策。2007 年 4 月 2 日，国家发改委印发《关于利用煤层气（煤矿瓦斯）发电工作实施意见的通知》（发改能源〔2007〕721 号）提出：国家鼓励各类企业利用各种方式开发利用煤层气（煤矿瓦斯）。全部燃用煤层气（煤矿瓦斯）发电并网项目由省级人民政府投资主管部门核准；煤矿企业全部燃用自采煤层气（煤矿瓦斯）发电项目，报地方人民政府投资主管部门备案。省级人民政府投资主管部门要将核准和备案情况及时报送国务院投资主管部门。电力产业政策鼓励煤矿坑口煤层气（煤矿瓦斯）发电项目建设。鼓励采用单机容量 500 千瓦及以上煤层气（煤矿瓦斯），开发单机容量 1000 千瓦及以上发电机组，以及大功率、高参数和高效率的煤层气燃气轮机（煤矿瓦斯）发电机组。煤层气（煤矿瓦斯）电厂所发电量原则上应优先在本矿区内自发自用，需要上网的富余电量，电网企业应当予以收购，并按照有关规定及时结算电费。煤层气（煤矿瓦斯）电厂不参与市场竞价，不承担电网调峰任务。煤层气（煤矿瓦斯）电厂上网电价，比照生物质发电项目上网电价（执行当地 2005 年脱硫燃煤机组标杆上网电价补贴电价）。高于当地脱硫燃煤机组标杆上网电价的差额部分，通过提高煤层气（煤矿瓦斯）电厂所在省级电网销售电价解决。

国家发改委制定的《可再生能源发电价格和费用分摊管理试行办法》（发改价格〔2006〕7 号）中生物质发电项目上网电价（第十一条），发 1 度电补助 0.25 元。

（7）煤层气抽采利用设备加速折旧政策。2007 年 2 月，财政部、国家税务总局下发《关于加快煤层气抽采有关税收政策问题的通知》（财税〔2007〕16 号）要求：对独立核算的煤层气抽采企业购进的煤层气抽采泵、钻机、煤层气监测装置、煤层气发电机组、钻井、录井、测井等专用设备，统一采取双倍余额递减法或年数总和法实行加速折旧；对独立核算的煤层气抽采企业利用银行贷款或自筹资金从事技术改造项目国产设备投资，其项目所需国产设备投资的 40% 可从企业技术改造项目设备购置当年比前一年新增的企业所得税中抵免；对财务核算制度健全、实行查账征税的煤层气抽采企业研究开发新技术、新工艺发生的技术开发费，在按规定实行 100% 扣除基础上，允许再按当年实际发生额的 50% 在企业所得税税前加计扣除（税前抵扣，第二年不再纳入所得税）。

3. 煤层气资源管理及优惠政策

（1）探矿权与采矿权管理办法。根据《矿产资源勘查区块登记管理办法》和《矿产资源开采区块登记管理办法》规定，煤层气勘查、开采、登记管理实行一级管理制度，由国务院地质矿产主管部门负责审批与管理。

煤层气勘查许可证有效期最长为 7 年。需要延长勘查工作时间的，探矿权人应当在勘查许可证有效期届满 30 天前到登记管理机关（国务院地质矿产主管部门）办理延续登记手续，每次延续时间不得超过 2 年。

探矿权人应按要求和规定完成最低勘查投入，即第一勘查阶段，每平方千米 2000 元；第二勘查年度，每平方千米 5000 元；从第三勘查年度起，每个勘查年度每平方千米 10000 元。探矿权人当年度的勘查投入高出最低勘查投入标准的，高出部分可以计入下一个勘查年度的勘查投入。

（2）探矿权与采矿权使用费用及减免办法。《矿产资源勘查区块登记管理办法》第十二条规定，国家实行探矿权有偿取得的制度。探矿权使用费以勘查年度计算，逐年缴纳。探矿权使用费标准：第一个勘查年度至第三个勘查年度，每平方千米每年缴纳 100 元；从第四个勘查年度起，每平方千米每年增加 100 元，但最高不得超过每平方千米每年 500 元。

《矿产资源开采区块登记管理办法》第九条规定，国家实行采矿权有偿取得的制度。采矿权使用费，按照矿区范围的面积逐年缴纳，标准为每平方千米每年 1000 元。

煤层气探矿权、采矿权使用费的减免按以下幅度审核：探矿权使用费，第一个勘查年度可以免缴，第二个至第三个勘查年度可以减缴 50%；第四个至第七个勘查年度可以减缴 25%。采矿权使用费，矿山基建期和矿山投产第一年可以免缴，矿山投产第 2~3 年可以减缴 50%，第 4~7 年可以减缴 25%，采矿结束当年可以免缴。

（3）煤层气矿区使用费的征收办法。煤层气开采的矿区使用费按陆上常规天然气对外合作规定缴纳（按气田计算）即年度煤层气产量不超过 10 亿立方米，免征矿区使用费；年度煤层气产量超过 10 亿立方米且低于 25 亿立方米，交纳 1% 矿区使用费；年度煤层气产量超过 25 亿立方米且低于 50 亿立方米，交纳 2% 矿区使用费；年度煤层气产量超过 50 亿立方米的，交纳 3% 矿区使用费。

（4）资源使用费。对地面抽采煤层气暂不征收资源税（财税〔2007〕16 号第五条）。

（5）矿权管理政策。2007 年 4 月 17 日，国土资源部下发了《关于加强煤炭和煤层气资源综合勘查开采管理的通知》（国土资发〔2007〕96 号），支持和鼓励煤炭矿业权人综合勘查开采煤层气资源，投资人申请煤炭探矿权，应提交煤炭和煤层气综合勘查实施方案。国土资源管理部门设置煤炭探矿权，应对煤炭和煤层气综合勘查实施方案进行严格审查。煤炭探矿权人在依法取得煤炭勘查许可证后，应对勘查区块范围内的煤炭和煤层气进行综合勘查。进一步加强煤层气矿业权管理，国土资源部根据国家矿产资源规划，综合考虑煤层气、煤炭资源赋存状况和煤炭矿业权设置方案，在煤层气富集地区，划定并公告特定的煤层气勘查、开采区域。煤层气勘查、开采结束前，不设置煤炭矿业权；国土资源部主要采用招标方式出让煤层气探矿权，按照投标企业的性质、业绩和勘查实施方案等情况，依法择优确定探矿权人。煤层气探矿权人应对勘查区块范围内的煤炭资源进行综合勘查、评价，并对煤层气资源进行小井网抽采试验，提交煤层气和煤炭综合勘查报告，按规定的程序进行储量评审、备案；具备规模化地面抽采条件的，煤层气探矿权人应按照兼顾后续煤炭开采的原则，选择适当的生产工艺流程，合理编制煤层气开发利用方案，依法向国土资源部申请煤层气采矿权；妥善解决煤炭、煤层气矿业权重叠问题，煤炭和煤层气矿业权发生重叠的，要求双方协商开展合作或签订安全生产协议。双方无法签订合作协议的，国土资源部门按照有关规定进行调解。调解不成的，由国土资源部门按照采煤采气一体化、采气采煤相互兼顾的原则，对支持煤炭国家规划区内的煤炭生产企业综合勘查开采煤层气资源。

4. 对外合作对策

（1）2001 年 9 月 23 日，国务院令（第 317 号）规定中联煤层气有限责任公司享有对外合作，进行煤层气勘探、开发、生产的专营权。2007 年 9 月 18 日，国务院令（第 506 号）修改煤层气资源由中联煤层气有限责任公司和国务院指定其他公司实施专营。

（2）商务部、发改委、国土资源部 10 月 17 日商资函〔2007〕第 94 号文件规定，按照既打破独立专营，吸引国外有经验、有实力的企业参加煤层气开发，又避免"多头对外"，又选择中石油、中石化、河南省煤层气开发利用有限公司（以下简称"河南煤层气"），在国务院批准的区域内与国外企业开展煤层气合作开采试点。

（3）国外企业。5 年以上煤层气勘探开发经验，先进技术队伍，有作业管理能力，充足资金。煤炭采矿持证区块，不列入对外合作专营范围。

5.6 中国能源市场发展趋势

5.6.1 中国能源市场现状

"十一五"以来，我国无论能源产量，还是能源消费量均增长幅度较大，特别是随着我国经济的持续高速发展，对能源的需求量会越来越大。"十一五"期间，我国一次能源生产总量从 2006 年的 23.22 亿吨标准煤增加到 2010 年的 29.6 亿吨标准煤，提高了 27.5%。其中石油、天然气产量稳定在 1.8 亿~1.9 亿吨；原煤产量 2010 年比 2005 年增长了 1.5 倍，2010 年达到 32 亿吨；发电装机容量五年里扩建了 4 亿多千瓦，是过去 50 年装机容量的总和，2010 年突破 9.5 亿千瓦。五年期间，人均能源消费水平从 2006 年的 1.97 吨标准煤增长到 2.38 吨标准煤。从能源结构上看，2010 年，煤炭、石油、天然气、核电、水电、其他可再生能源分别占 74.7%、11.3%、5.0%、1.0%、7.5% 和 0.5%，与 2005 年相比，煤炭、石油所占比重分别下降 1.8 和 1.3 个百分点，天然气、核电、水电和其他可再生能源分别增加 1.8、0.1、0.8 和 0.4 个百分点（如图

5-20 所示）。

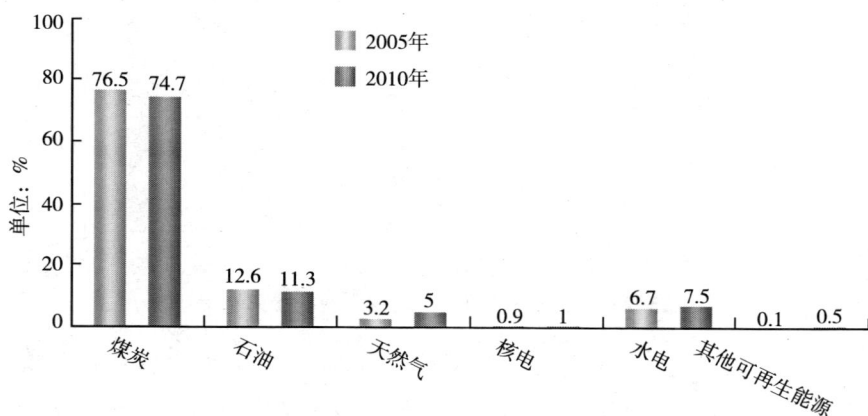

图 5-20　2005 年与 2010 年各能源分别占比

数据来源：中国能源统计年鉴.

从上述可以看出，"十一五"期间我国能源消费量的增幅高于能源产量的增幅，但一次能源结构中化石能源所占的比重有所降低，天然气和非化石能源的比重有所增加，可再生能源增加的幅度较大。

根据国家能源局的部署，非化石能源消费占一次能源消费的比重要在 2015 年达到 11.4%，2020 年达 15%。国家发改委发布的《中国应对气候变化的政策与行动 2012 年度报告》也表明，随着天然气、水电等清洁能源开发利用力度的加大，"十二五"期间，我国在能源消耗总量不断上升的情况下，非化石能源消费量在全部能源消费中的比例将明显提高。不过，从"十二五"前两年的进展来看，非化石能源占一次能源消费的比重从 2010 年的 8.6% 增长到 2012 年的 9.1%，两年间仅提高 0.5 个百分点，想要实现 2015 年 11.4% 的目标压力很大。2011 年非化石能源利用量为 2.83 亿吨，在能源消费总量中占 8.1%，比 2005 年提高 3.4 个百分点，但与 2010 年相比不增反降了 0.5 个百分点，2012 年扭转了 2011 年非化石能源占一次能源消费比例不升反降的不利局面，比重达到 9.1%，提高了 1 个百分点（如图 5-21 所示）。2012 年煤炭占一次能源消费总量的比重约为 66.4%，比 2011 年的 68.4% 降了 2 个百分点；石油和天然气分别占一次能源消费总量的 18.9% 和 5.5%，分别提高了 0.3 和 0.5 个百分点。2012 年非化石能源消费量达 3.3 亿吨标煤，比上年增长了 17.8%，增速提高了 17.5 个百分点。其中，水电新增装机 1 亿千瓦，总量达 2.49 亿千瓦，居世界第一，发电量超过 8000 亿千瓦时，比上年增长 21%；核电发电量 940 亿千瓦时，比上年增长 8.4%；风电装机达 6300 万千瓦，年发电量超过 1000 亿千瓦时，比上年增长约 25%。

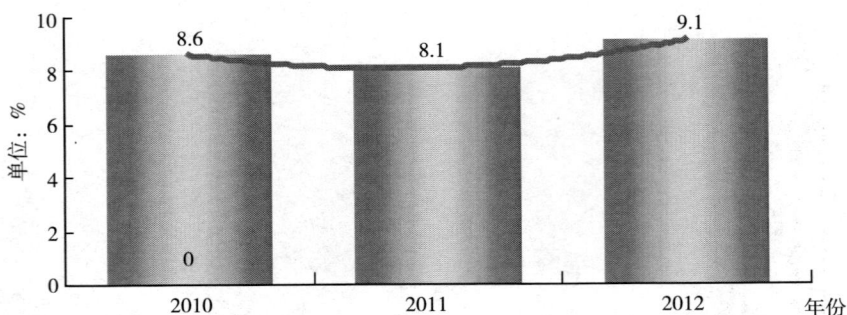

图 5-21　非化石能源占一次能源消费比重

从近两年的能源市场走势来看，受经济下行的影响，以煤炭为主的化石能源消费总量减少，这意味着，非化石能源占比相对提高，但随着经济增速逐渐提高，化石能源的消费还会大幅增长，非化石能源的占比可能还会面临下降的风险。

从宏观方面看，我国能源供应保障能力明显提高，可再生能源和新能源发展迅速，能源结构调整步伐加快。与此同时，日益凸显的环境资源问题和节能减排压力迫使传统能源产业加快转型升级，但从能源消费结构所占比的变化趋势来看，增加非化石能源消费比重的难度很大。

5.6.2 中国能源市场分析

根据有关部门统计显示，我国从 1981 年到 2000 年的 20 年时间里，能源消费年均增长速度大体上为经济增长速度的一半，1981 年能源消费总量为 4.895 亿吨标准煤，2000 年上升到 9.79 亿吨标准煤，20 年翻一番。自 2001 年以来，我国能源消费总量一直处于高速增长态势，2001 年我国一次能源消费总量为 1041.4 百万吨油当量（相当于 14.87 亿吨标准煤），2012 年已达到 2735.2 百万吨油当量（相当于 37.34 亿吨标准煤），12 年里一次能源消费总量翻了 2.5 倍（见表 5-13）。但是，中国能源消费水平还是比较低的，人均能耗大约为 2.6 吨标准煤，还没有超过全球平均水平。

21 世纪以来，我国石油和天然气的产量增幅远小于消费量增幅，供需矛盾逐渐凸显。根据 BP 国际能源统计显示，2012 年石油和天然气的产量分别为 207.5 百万吨油当量和 1072 亿立方米，分别占全球总产量的 5.0% 和 3.2%。而 2012 年石油和天然气的消费量分别为 483.7 百万吨油当量和 1438 亿立方米，分别占全球消费量的 11.7% 和 4.3%（见表 5-14）。我国石油和天然气对外依存度正逐年大幅提高，2012 年石油对外依存度超过一半，达到 57.1%；天然气对外依存度也已高达 25.4%，比上年提高了 3.4 个百分点。我国煤炭资源丰富，既是煤炭生产大国，也是煤炭消费大国。2012 年我国煤炭产量为 1825 百万吨油当量，占全球煤炭产量的 47.5%，而煤炭消费量为 1873.3 百万吨油当量，超过了全球煤炭消费量的一半，占比达 50.2%（见表 5-15）。

表 5-13　历年中国能源消费量

年份	石油 （百万吨）	天然气 （10亿立方米）	煤炭 （百万吨油当量）	核能 （百万吨油当量）	水电 （百万吨油当量）	可再生能源 （百万吨油当量）	一次能源 （百万吨油当量）
2001	228.4	27.4	720.8	4.0	62.8	0.7	1041.4
2002	247.5	29.2	728.4	5.7	65.2	0.8	1073.8
2003	271.7	33.9	868.2	9.8	64.2	0.8	1245.3
2004	318.9	39.7	1019.9	11.4	80.0	0.9	1466.8
2005	327.8	46.8	1128.3	12.0	89.8	1.1	1601.2
2006	351.2	56.1	1250.4	12.4	98.6	1.5	1784.7
2007	369.3	70.5	1320.3	14.1	109.8	1.9	1878.7
2008	376.0	81.3	1369.2	15.5	132.4	3.8	1969.9
2009	388.2	89.5	1470.7	15.9	139.3	6.9	2101.5
2010	437.7	106.9	1609.7	16.7	163.4	14.1	2338.0
2011	459.4	130.5	1760.8	19.5	158.2	25.4	2540.8
2012	483.7	143.8	1873.3	22.0	194.8	31.9	2735.2

数据来源：BP 能源统计年鉴 2013.

表 5-14　2012 年中国能源消费量占世界比例　　单位：%

年份	石油	天然气	煤炭	核能	水电	可再生能源	一次能源
2011~1012年变化情况	5.0	9.9	6.1	12.5	22.8	25.1	7.4
2012年占世界总量比例	11.7	4.3	50.2	3.9	23.4	13.4	21.9

数据来源：BP 能源统计年鉴 2013.

表 5-15　历年中国能源产量

年份	石油 （百万吨）	天然气 （10亿立方米）	煤炭 （百万吨油当量）
2002	188.9	32.7	775.2
2003	189.6	35.0	917.4
2004	174.1	41.5	1081.3
2005	181.4	49.5	1174.8

年份	石油 （百万吨）	天然气 （10亿立方米）	煤炭 （百万吨油当量）
2006	184.8	58.6	1264.3
2007	188.3	69.2	1345.8
2008	190.4	80.3	1401.0
2009	189.5	85.3	1488.5
2010	203.0	94.8	1617.5
2011	202.9	102.7	1768.0
2012	207.5	107.2	1825.0

数据来源：BP能源统计年鉴2013.

从上面各能源消费量变化来看，石油、天然气、煤炭等化石能源仍然是我国当前主要能源，在能源消费结构中，化石能源煤炭、石油、天然气占比接近90%，尤其是煤炭消费贡献超过70%。按照我国煤炭资源储量和资源环境约束条件，现有的煤炭产量的增速已接近极限，有的煤矿区出现枯竭。由于石油、天然气资源有限，随着石油和天然气的消费大幅增加，对外依存度还会增加，这使我国能源安全面临极大供给风险。同时，随着全球对环境保护意识的增强，面对日益恶劣的环境污染，对以煤炭为主的化石能源消费会受到越来越多的限制，逐步减少对它们依赖，比重会逐渐降低。因此，大力开发和发展非化石能源来弥补化石能源的减少，既是形势所迫，也是必然趋势。

5.6.3 中国能源发展趋势

我国正处于工业化、城市化加速发展的历史阶段，按照世界发达国家发展历程来看，我国能源需求正处于持续增长阶段。同时，未来10~20年我国面临环境容量、环境需求和全球气候变化等诸多问题挑战。为了兑现2009年向世界承诺的到2020年单位国内生产总值的二氧化碳排放要比2005年下降40%~45%的目标，我国在2011年发布的《国民经济和社会发展第十二个五年规划纲要》中具体明确了能耗指标，要在"十二五"时期，单位GDP能耗要降低16%，碳强度要降低17%，到2015年能源消费总量将控制在41亿吨标准煤左右，非化石能源占一次能源消费的比重达到11.4%，到2020年非化石能源占一次能源消费比重达到15%。但随着经济发展和人民生活水平的提高，对能源的需求增加是不可阻挡的。为了既能实现人们对能源需求的满足，又能完成能耗降低的目标，政府多来年一直制订完善应对方案，并提出了能源消耗总量控制，优化能源结构，减少化石能源消费比重，增加非化石能源消费比例，并加快发展新能源，抑制高耗能行业过快增长。

按照当前中国经济发展速度，未来十年里，我国能源需求仍会保持高速增长态势。为了满足能源需求，煤炭能源仍处于消费主体地位，但煤炭产量增长缓慢，消费比重会逐渐降低，到 2020 年煤炭产能基本能满足国内对消费的需求。从供应能力来看，如今我国一次能源生产总量跃居世界第一，供应能力显著增强，随着技术的发展与创新，天然气、电力和可再生能源增长会加快，而石油和天然气的增长速度远比不上消费增速，国内供应难以满足消费需求的增长。在这种情况下，发展新能源或寻找替代能源是大势所趋。目前，我国新能源的利用主要体现在太阳能上，其次是水能、核能和生物能。从能源需求来看，在日本出现核泄漏事故后，全球核能发展放缓，国际天然气市场面临严重的能源供应缺口。在可再生能源短期内难以完全弥补能源缺口的情况下，对石油和天然气等传统化石能源的需求就会出现大幅上涨。因此，在全球天然气发展的大格局下，我国进行能源结构调整，加快推行能源结构"气化"进程。目前，我国正在进行煤层气、页岩气等非常规气体的勘探开发与利用，就是加快"气化"进程的明显佐证。未来随着煤层气、页岩气等非常规气体勘探开发力度增大，其产量也会迅猛增长，可有效地弥补我国天然气资源的不足，减少对外依赖度。

5.7 中国煤层气市场需求预测及分析

目前，我国在能源结构调整上实行"油、气资源并重"的能源战略。与世界天然气消费相比，我国天然气的消费量有很大差距，从 2006 年到 2012 年，人均天然气消费量提高了 110%，但人均天然气消费量很低。2012 年中国人均消费天然气为 95 立方米，与世界人均消费天然气水平相比，相差 5.5 倍。根据国家"十二五"能源规划，"十二五"末，天然气占一次能源的消费比重由 4% 提升到 8%，天然气使用量超过 2500 亿立方米。届时，我国天然气的产销量会严重不足，存在巨大的供给缺口。而煤层气的主要成分与天然气相同，可与天然气同输共用，且我国煤层气资源又极为丰富，可作为天然气的必要补充。

为此，通过对中国煤层气市场需求预测及分析，使煤层气行业适时做出战略调整，以适应我国能源市场的需求。本书主要是利用我国历年天然气产量与消费量的数据，通过建立灰色预测模型，对全国天然气未来市场的供需量进行预测，其供需缺口量可作为天然气的替代——煤层气市场的需求量。

5.7.1 灰色预测模型的基本理论

灰色系统是介于白色系统和黑色系统之间的一种系统。白色系统是指系统内部特征是完全已知的；黑色系统是指系统内部信息是完全未知的。而灰色系统则是其内部一部分信息已知，另一部分信息未知或不确定。灰色预测是指对系统行为特征值的发展变化进行预测，对既含有已知信息又含有确定信息的系统进行预测，也是对在一定范围内变化的、与时间序列有关的灰色过程进行预测，从而得到具备潜在规律的数据集合，借以建立灰色模型进行预测。

目前使用最广泛的灰色预测模型是关于数列预测的一个变量，一阶微分 GM（1，1）模型，是基于随机原始时间序列，经时间累加后所形成的新的时间序列呈现的规律，可用一阶线性微分方程的解来逼近。经证明，经一阶线性微分方程的解所揭示的原始时间序列呈指数变化规律。因此，当原始时间序列隐含着指数变化规律时，此预测模型是非常成功的。

灰色系统理论在工程控制、管理决策和社会经济等许多领域得到了广泛的应用，利用灰色系统理论建立的灰色预测模型，能对系统做长期预测，尤其是在经济数据序列较短且具有明显的趋势时，预测精确度较高。影响煤层气产量、消费量的诸多因素都代表着系统低层次的灰色量，对它们逐一做出定量的描述很困难。煤层气的产量、消费量是这些低层次灰色量综合作用结果的集中体现，是系统的总体输出。本书采用 GM（1，1）模型，以煤层气抽采量、井下抽采量、地面抽采量、天然气的产量和消费量的历史数据作为预测依据。建模步骤如下。

1. 构建初始时间序列

对于一个变量：如果 $X^{(0)}$ 有 m 个相互对应的数据，则可以形成一个数列：

$$X^{(0)} = （x^{(0)}_{(1)}，x^{(0)}_{(2)}，\cdots，x^{(0)}_{(m)}）$$

这里 $X^{(0)}$ 为对应 m 年的数据。

2. 一次累加序列

为了削弱时间序列随机性使规律更加明显，采用一次累加，得到弱随机数列：

$$x^{(1)}_{(k)} = \sum_{i=1}^{k} x^{(0)}_{(i)}，（k = 1，2，3，\cdots，m）$$

形成新的数列：

$$X^{(1)} = （x^{(1)}_{(1)}，x^{(1)}_{(2)}，\cdots，x^{(1)}_{(m)}）$$

3. 建立一阶灰色微分方程

对数据累加后的数列用线性动态模型来模拟和预测，建立一阶灰色微分方程 GM（1，1）预测模型：

$$\frac{dx^{(1)}}{dt} + ax^{(1)} = b$$

其中，a，b 均为待定参数，a 为发展灰数，b 为内生控制灰数。若 $\hat{a} = [a，b]^T$，用最小二乘法估计参数 $\hat{a}$，则有 $\hat{a} = (B^T B)^{-1} B^T Y$

$$B = \begin{bmatrix} -[x_{(2)}^{(1)} + x_{(1)}^{(1)}]/2 & 1 \\ -[x_{(3)}^{(1)} + x_{(2)}^{(1)}]/2 & 1 \\ \vdots & \vdots \\ -[x_{(m)}^{(1)} + x_{(m-1)}^{(1)}]/2 & 1 \end{bmatrix}, \quad Y = [x_{(2)}^{(0)}, \ x_{(3)}^{(0)}, \ \cdots, \ x_{(m)}^{(0)}]^T$$

解微分方程：

$$\hat{x}_{(k+1)}^{(1)} = \left| x_{(1)}^{(0)} - \frac{b}{a} \right| e^{-ak} + \frac{b}{a}, \quad (k = 1, \ 2, \ 3, \ \cdots, \ m)$$

$$\hat{x}_{(k+1)}^{(0)} = \hat{x}_{(k+1)}^{(1)} - \hat{x}_{(k)}^{(1)}, \quad (k = 1, \ 2, \ \cdots, \ m)$$

由此式便可计算出第 $m+1$ 年的预测值。

4. 灰色模型的建模优劣精度通常用后验差检验方法进行分析

后验差检验是根据模型预测值与实际值之间的统计情况进行检验的方法。其内容是：以残差（绝对误差）ε 为基础，根据各期残差绝对值的大小，考察残差较小的点出现的概率，以及与预测误差方差有关指标的大小。具体步骤如下：

设 k 时刻值 $x_{(k)}^{(0)}$ 与预测值 $\hat{x}_{(k)}^{(1)}$ 之差 $\varepsilon_{(k)}^{(0)}$ 为 k 时刻残差：

$$\varepsilon_{(k)}^{(0)} = x_{(k)}^{(0)} - \hat{x}_{(k)}^{(1)}, \quad (k = 1, \ 2, \ \cdots, \ m)$$

其中，$x_{(k)}^{(0)}$ 为给定的原始数据；$\hat{x}_{(k)}^{(1)}$ 为通过预测模型得到的预测值。

残差均值：

$$\bar{\varepsilon} = \frac{1}{m} \sum_{k=1}^{m} \varepsilon_{(k)}^{(0)}$$

残差方差

$$S_1^2 = \frac{1}{m} \sum_{k=1}^{n} (\varepsilon_{(k)}^{(0)} - \bar{\varepsilon})^2$$

原始数据的均值

$$\bar{x} = \frac{1}{m} \sum_{k=1}^{m} x_{(k)}^{(0)}$$

原始数据方差

$$S_2^2 = \frac{1}{m} \sum_{k=1}^{m} (x_{(k)}^{(0)} - \bar{x})^2$$

后验差比值

$$C = \frac{S_1}{S_2}$$

后验差比值 C 是反应模型精度的指标，C 越小越好。C 越小表示 S_2 越大，而 S_1 越小，S_2 越大，表明历史数据方差大，历史数据离散程度就大。S_1 越小表明残差方差小，残差离散程度小。尽管 C 越小表明历史数据很离散，而模型所得的预测值与实际值之差并不太离散。一般要求 $C<0.35$，最大不能超过 0.65。根据实验，一般把模型精度分为 4 个等级，见表 5-16。

表 5-16　历年中国能源消费量

等级	好	合格	勉强	不合格
等级代号	I	II	III	IV
C	<0.35	$0.35 \leqslant C<0.45$	$0.45 \leqslant C<0.50$	$0.50 \leqslant C<0.60$

5.7.2 基于灰色模型的中国天然气供需预测及分析

根据新一轮油气资源评价和全国油气资源动态评价（2010 年），我国常规天然气地质资源量为 52 万亿立方米，最终可采资源量约 32 万亿立方米。主要分布在塔里木盆地、鄂尔多斯盆地、四川盆地、柴达木盆地、松辽盆地、渤海湾、准噶尔盆地、东海和莺琼盆地 9 个气区。到 2011 年年底，全国累计探明地质储量 4334.56 亿立方米，剩余技术可采储量 2372.52 亿立方米，探明程度为 11.8%。从天然气地质资源储量来看，我国天然气资源丰富，有较大的发展空间。

从天然气探明地质储量的进展来看，我国天然气探明地质储量每个时期都有较大的突破。"八五"期间新增天然气探明地质储量为 0.7 万亿立方米；"九五"期间新增天然气探明地质储量为 1.15 万亿立方米；"十五"期间新增天然气探明地质储量为 2.43 万亿立方米；"十一五"期间新增天然气探明地质储量为 3.12 万亿立方米；"十二五"开始的前两年就超过了 1.72 万亿立方米，2011 年为 7659.54 亿立方米，2012 年为 9612.2 亿立方米。

目前，国内对天然气的需求增长较快，但天然气占我国一次能源消费的比重仍偏低，2012 年为 4.6%，与国际平均天然气消费水平（23.8%）差距较大。随着我国改革深入，尤其是城镇化水平越来越高，城镇人口规模不断扩大，对天然气的需求也将日益增加。加快发展天然气，提高天然气在我国一次能源消费结构中的比重，可显著减少二氧化碳等温室气体和细颗粒物（PM2.5）等污染物排放，实现节能减排、改善环境，这既是我国实现优化调整能源结构的现实选择，也是强化节能减排的迫切需要。

根据《天然气发展"十二五"规划》，"十二五"期间，新增常规天然气探明地质储量 3.5 万亿立方米（技术可采储量约 1.9 万亿立方米）。为促进天然气产业有序、健康发展，本书在我国历年天然气产销量的基础上，对我国天然气未来产量与消费量进行预测，确定其常规天然气的供需状况，分析其供需趋势，为天然气企业或政府部门合理安排天然气生产规模提供重要的依据。

1. 中国天然气供给能力预测及分析

我们以 1995~2012 年全国天然气实际产量为基础数据①，将数据带入 GM（1，1）模型的公式中，经过 Matlab 软件进行计算，得到结果如表5-17所示。

表 5-17 历年中国能源消费量

单位：10^8 立方米

年份	1995	1996	1997	1998	1999	2000
实际值	160.61	171.27	187.51	209.33	236.33	269.71
预测值	160.61	181.94	204.25	229.31	257.44	289.01
残差	0	−10.67	−16.74	−19.98	−20.71	−19.30
年份	2001	2002	2003	2004	2005	2006
实际值	308.27	352.41	402.13	457.43	518.42	584.77
预测值	324.47	364.26	408.94	459.10	515.42	578.63
残差	−16.20	−11.85	−6.81	−1.67	3.89	6.14
年份	2007	2008	2009	2010	2011	2012
实际值	656.81	734.43	817.74	944.80	1025.30	1077.00
预测值	649.61	729.30	818.74	919.19	1031.90	1158.49
残差	7.20	5.13	−1.14	25.61	−6.60	−81.49
残差均值	−9.18					
残差方差	465.52					
后验差	C 0.0725，<0.35，表现为"好"，属于等级为（Ⅰ）					

从表 5-17 中可以看出，后验差比值 C 为 0.0725，预测模型等级 Ⅰ，表现为"好"。我们把 1995~2012 年全国天然气实际产量与预测值作图，如图 5-22 所示。

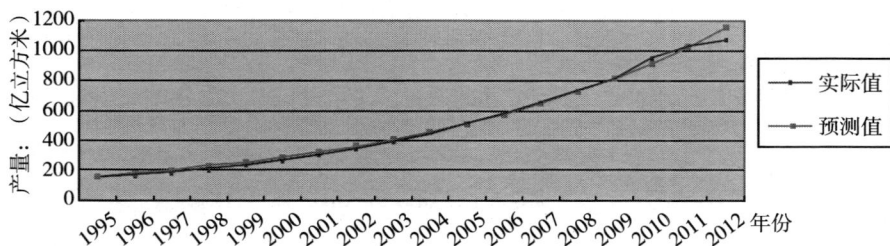

图 5-22 全国历年天然气实际产量值与预测值

从图 5-25 可以看出，1995~2012 年全国天然气实际产量与预测值的对比图拟合情况良好。天然气的产量在逐年的平缓增长，但最近几年增长幅度较大。

据此，2013~2030 年全国天然气产量的预测值如表 5-18 所示。

① 该数据来源：中国历年能源年鉴、BP 统计年鉴以及相关部门领导讲话等相关资料整理所得.

表5-18　全国天然气产量预测值

单位：10^8 立方米

年份	2013	2014	2015	2016	2017	2018	2019	2020	2021
实际值	1300.6	1460.1	1639.2	1840.2	2066.0	2319.4	2603.9	2923.3	3281.9
年份	2022	2023	2024	2025	2026	2027	2028	2029	2030
预测值	3684.4	4136.4	4643.7	5213.3	5852.8	6570.7	7376.6	8281.4	9297.2

利用表5-18和表5-19的数据，作1995~2030年全国天然气产量预测值图（如图5-23所示）。

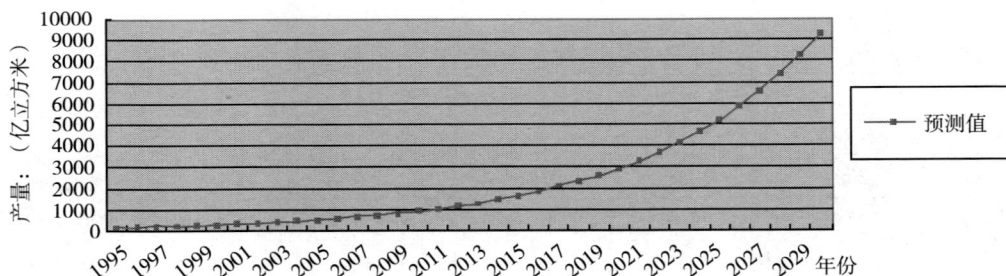

图5-23　1995~2030年全国天然气产量预测趋势

从图5-23可以看出，目前我国天然气产量处于较低水平。随着制约常规天然气勘探开发的屏障逐步清除，我国天然气产量将会在2015年迎来产量高峰，并在以后的十多年里供应能力迅速提高。

2. 中国天然气需求能力预测及分析

我们以2000~2012年全国天然气消费量（见表5-19）为基础数据（该数据来源：中国历年能源年鉴、BP统计年鉴以及相关部门领导讲话等相关资料整理所得），将数据带入GM（1，1）模型的公式中，经过Matlab计算机软件进行计算，得到结果如表5-19所示。

表5-19　2000~2012年全国天然气消费量拟合情况

单位：10^8 立方米

年份	2000	2001	2002	2003	2004	2005	2006
实际值	245.03	274.30	291.84	339.08	396.72	467.63	561.41
预测值	245.03	254.87	299.34	351.56	412.88	484.92	569.5
残差	0	19.43	-7.5	-12.48	-16.16	-17.29	-8.09

（续表）

年份	2007	2008	2009	2010	2011	2012	
实际值	705.23	812.93	895.20	1090.40	1313.00	1471.00	
预测值	668.86	785.54	922.57	1083.52	1272.54	1494.53	
残差	36.37	27.39	−27.37	6.88	40.46	−23.53	
残差均值	1.39						
残差方差	480.76						
后验差	C 0.0556，<0.35，表现为"好"，属于等级 I						

从表 5-19 中可以看出，后验差比值 C 为 0.0556，小于预测模型等级 I，表现为"好"。我们把 2000～2012 年全国天然气实际消费量与预测值作时间与消费量关系图，显示如图 5-24 所示。

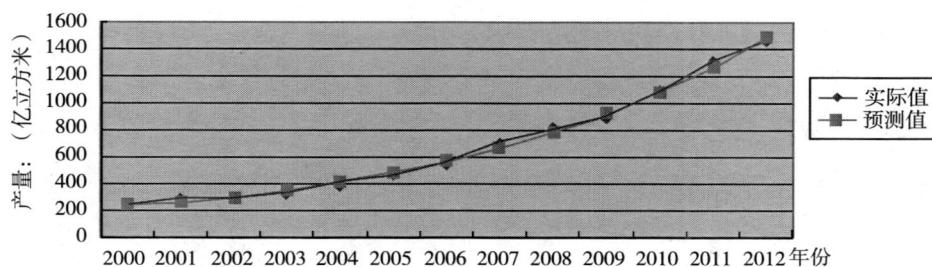

图 5-24 全国天然气实际消费量与预测值

从图 5-24 可以看出，2000～2012 年全国天然气实际消费量与预测值的对比图拟合情况良好。从图 5-27 中可以看出，我国天然气消费量逐年升高，从 2009 年开始年增长幅度较大。

据此，2013～2030 年全国天然气消费量的预测值如表 5-20 所示。

表 5-20 全国天然气产量预测值

单位：10^8 立方米

年份	2013	2014	2015	2016	2017	2018	2019	2020	2021
实际值	1755.26	2061.46	2421.08	2843.44	3339.48	3922.05	4606.25	5409.81	6353.55
年份	2022	2023	2024	2025	2026	2027	2028	2029	2030
预测值	7461.93	8463.67	10292.5	12088.0	14196.8	16673.4	19582.1	22998.2	27010.2

利用表 5-19 和表 5-20 中 2000～2030 年全国天然气消费量预测值作趋势分析图（如图 5-25 所示）。

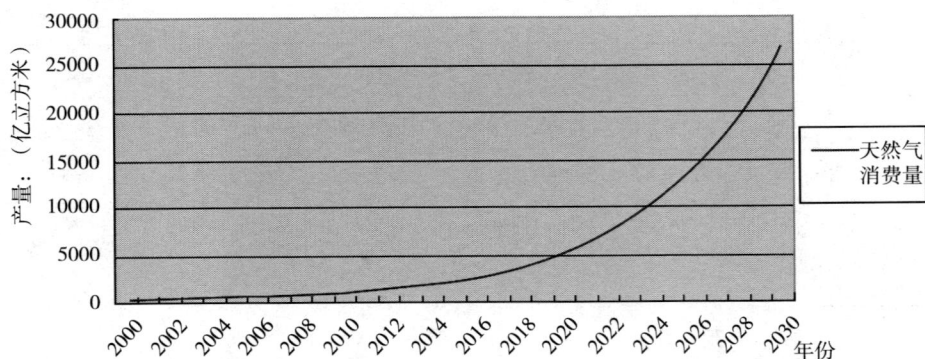

图 5-25 2000~2030 年全国天然气消费量预测值

从图 5-25 可以看出，我国天然气消费量从 2000 年以来一直缓慢增长，2010 年后，天然气消费量明显开始大幅度增长。从趋势图看，"十二五"期间，我国天然气消费量会突飞猛进，预测 2015 年的消费量是 2010 年的 2.25 倍；"十三五"期间，天然气消费量比"十二五"更高，预测 2020 年消费量是 2015 年的 2.24 倍。在 2011~2020 年的 10 年里，天然气的消费量增长了近 5 倍。

我们以 2000~2030 年全国天然气产量与消费量的预测值作图 5-26。

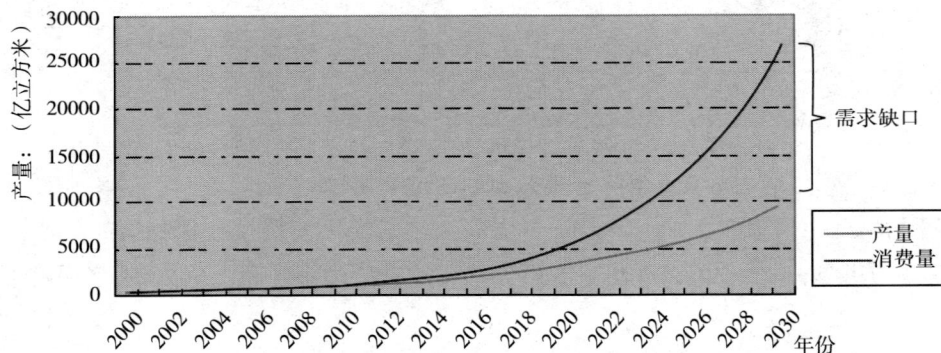

图 5-26 2000~2030 年全国天然气产量与消费量预测值

由图 5-26 可以看出，我国天然气的产量与消费量都在逐年增长，但是从 2010 年以后消费量的增长速度明显快于产量的增长速度。随着时间的推移，天然气产消量形成的缺口越来越大，产量供不应求。从表 5-18 与表 5-20 可知，到 2015 年我国天然气供需缺口将达 781.88 亿立方米，2020 年将高达 2486.51 亿立方米，5 年的时间供需求缺口翻 3 倍。通过预测可知，国内天然气增产有限，天然气需求缺口只能通过进口和寻找替代能源等途径来满足，2015 年进口量将占总消费量的 30% 左右，未来这一比例还会增加。

3. 我国天然气进口能力预测

我国天然气进口主要通过 LNG 和长输管道两种途径。

（1）LNG 方面。根据国家规划和进展，目前已建、在建和规划中的 LNG 项目达 13 个，具体 LNG 项目如表 5-21 所示。初步测算，到 2015 年，我国引进 LNG 的规模在 3630 万吨左右，约合 470 亿立方米。根据各个项目实施进展情况，部分进度延后，预计到 2015 年，进口 LNG 规模可达 100 亿立方米。

表 5-21　我国 LNG 项目及规模

类别	项目名称	规模（万吨/年）	投产或拟投产时间
已建	广东 LNG 项目	370	2006 年
	福建 LNG 项目	260	2008 年
	上海 LNG 项目	300	2009 年
	珠海 LNG 项目	300	2010 年
	浙江宁波 LNG 项目	300	2013 年
在建或规划中	深圳 LNG 项目	200	2013 年
	海南 LNG 项目	200	2012 年
	粤东 LNG 项目	200	2012 年
	粤西 LNG 项目	200	2012 年
	江苏 LNG 项目	350	2014 年
	大连 LNG 项目	300	2011 年
	唐山 LNG 项目	350	2013 年
	山东 LNG 项目	300	2010 年
合计		3630	

数据来源：太原煤层气会议，2013.

（2）管道天然气，主要有以下线路。

①"西气东输"二线。"西气东输"二线工程西起新疆霍尔果斯口岸，南至广州，东达上海，途经新疆、甘肃、宁夏、陕西、河南、湖北、江西、湖南、广东、广西、浙江、上海、江苏、安徽 14 个省区市，干线、支干线全长 9102 千米。

工程设计输气能力为 300 亿立方米/年，总投资约 1420 亿元；2009 年 12 月西段建成投产，2011 年全线贯通。"西气东输"二线配套建设 3 座地下储气库，其中一座为湖北省云应盐穴储气库，另两座分别为河南省平顶山、江西省南昌市麻丘水层储气库。预计到 2015 年，供气量可达 150 亿立方米。

②中缅管线。"中缅跨境输气管道项目"2010 年 6 月已经正式进入实施阶段。按中缅双方达成的共识，管道年输气能力将达 100 亿立方米，计划输入昆明的气量约为 30 亿立方米，政策维持 30 年不变。预计到 2015 年，可进口 30 亿立方米/年。

从上述 LNG 项目和长输管线预测可知，2015 年我国进口天然气量约 280 亿立方米。

其中，LNG100 亿立方米，西气东输二线 150 亿立方米，中缅管线 30 亿立方米。

按照 LNG 与长输管线设计能力全部产能运营，到 2020 年我国进口天然气量最大约为 870 亿立方米。其中，LNG470 亿立方米，西气东输二线 300 亿立方米；中缅管线 100 亿立方米。

4. 中国天然气供需缺口分析

根据上述对我国天然气供需预测，可以得出：我国天然气在今后将长期处于供不应求状态。

随着国家低碳经济战略的深入推进，我国天然气消费需求旺盛的势头将会持续到 2030 年，甚至更长时间。从图 5-26 可以看出，"十二五"和"十三五"期间天然气需求缺口将会进一步扩大，预计 2015 年天然气供需缺口约为 501.9 亿立方米、2020 年接近 1616 亿立方米（如表 5-22 所示）。预计 2015 年天然气缺口率突破 30%，达到 33.6%；2017 年突破 40%；2020 年将超过 50%。巨大的缺口，严重威胁着天然气的供应安全。

表 5-22 中国天然气供需缺口

年份	预测产量（亿立方米）	进口量（亿立方米）	预测需求量（亿立方米）	供需缺口（亿立方米）	供需气缺口占产量比（%）
2013	1300.6	180	1755.3	274.7	21.1
2014	1460.1	240	2061.5	361.4	24.8
2015	1639.2	280	2421.1	501.9	30.6
2016	1840.2	300	2845.4	705.2	38.3
2017	2066.0	400	3339.5	873.5	42.3
2018	2319.4	520	3922.1	1082.7	46.7
2019	2603.9	760	4606.3	1242.4	47.7
2020	2923.3	870	5409.8	1616.5	55.3

5.7.3 中国煤层气市场需求分析

根据上文对中国天然气供需能力预测及结果分析，中国今后相当长的时期里常规能源天然气存在供不应求的状态，并且这种状态随着时间的推移会越来越显著。弥补天然气供需缺口完全依赖进口，存在多方面的风险。

一是价格风险。随着天然气价格的不断上升，增加了进口天然气的成本，从而会影响到我国的天然气的利用。

二是天然气资源的有限性风险。作为自然资源的天然气，随着全球的利用，其可利用量越来越少，必然会出现资源匮乏。

三是政治环境风险。由于天然气资源分布不均，且天然气是洁净能源，各国对其依赖程度会变得越来强，这就会出现为争夺天然气资源造成的地区或区域性摩擦，导致天然气进口价格和进口量波动。

针对上述风险，加强天然气替代能源的勘探开发利用力度，增加非常规气体的供应量，来弥补常规天然气资源供应不足，是我国未来必须面对的现实问题。而煤层气与天然气组分基本相同，可与天然气同输共用，且我国煤层气资源丰富，这将使煤层气在弥补常规天然气供应缺口上发挥重要作用。

第6章 山西省煤层气产业发展状况分析

6.1 山西省煤层气资源概况

6.1.1 山西省煤层气资源储量

山西是我国的主要煤炭生产基地，全省含煤面积约为 6.2 万平方千米，占全省土地面积的 40%。根据山西国土资源厅的煤炭资源储量简表显示，山西 2000 米以浅的煤炭资源储量为 6551.98 亿吨，其得天独厚的煤炭资源蕴藏着极其丰富的煤层气资源。根据山西汾渭能源咨询有限公司对山西省煤层气资源评价结果显示，山西省 2000 米以浅的煤层气资源量为 9.96×10^{12} 立方米，约占全国煤层气资源量（36.81×10^{12} 立方米）的 27%，居全国首位，与美国煤层气资源量相当。另据有关部门资料显示，山西省 2000 米以浅的煤层气资源量为 10.39×10^{12} 立方米，约占全国煤层气资源量的 28.2%，其中沁水盆地和河东盆地的煤层气资源量占山西全省煤层气总资源量的 90%（如图 6-1 所示），是山西煤层气开发利用的两大重点区域。按热值当量换算，1000 立方米天然气约相当于 1 吨原油，那么沁水盆地和山西省煤层气储量分别约相当于 1.15 亿吨和 100 亿吨原油。

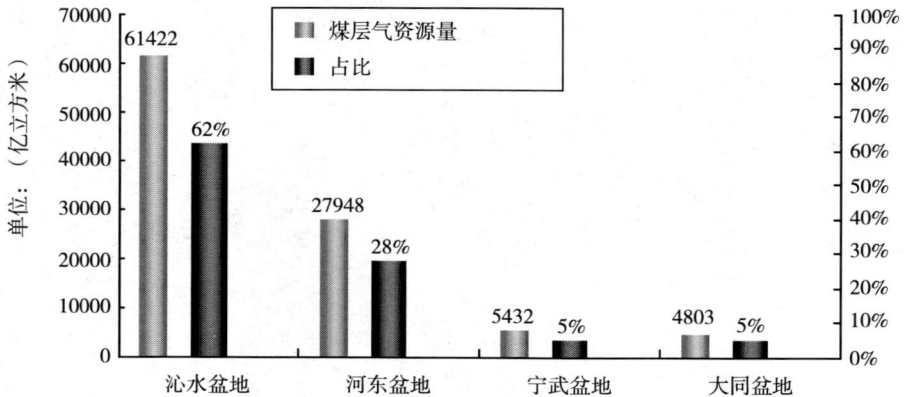

图 6-1 山西四大聚气盆地煤层气资源量分布情况

根据山西石炭二叠系含煤（气）岩系沉积特征及其聚煤（气）规律，以及构造展布特征，可将山西煤层气聚气单元划分为 4 个聚气盆地，即以吕梁—五台隆起为界，北侧有大同、宁武和河东 3 个聚气盆地，南侧有沁水聚气盆地。在 4 个聚气盆地中含有六大煤田，即大同煤田、宁武煤田、河东煤田、西山煤田、霍西煤田和沁水煤田，17 个含气区，见表 6-1。

表 6-1 　山西煤层气聚气单元与聚煤单元对比

聚气单元			聚煤单元		
聚气区	聚气盆地	含气区	矿区	煤田	聚煤区
华北	大同	大同	大同	大同	华北
	宁武	宁武	平朔、朔南、轩岗、岚县	宁武	
	河东	保兴、三交北、三交—柳林、石楼、大宁—吉县	河保偏、离柳、石隰、乡宁	河东	
	沁水	古交、刑家社、东社、介北、临东、寿平、和顺、武襄、霍东、沁南	西山、东山、阳泉、霍州、汾西、霍东、武夏、潞安、晋城	西山霍西沁水	

资料来源：山西科技情报研究所．山西煤层气产业发展研究报告，2010.

四大聚气盆地具体情况如下。

（1）沁水聚气盆地。位于山西省中部和东南部，包括太原西山、霍西、沁水 3 大煤田，有 10 个煤层气含气区，即古交、邢家社、东社、介北、临东、寿平、和顺、武襄、霍东和沁南。沁水盆地既是我国北方煤炭资源最重要的赋存地，也是我国煤层气资源最富集且目前勘探程度最高、规模性开发较好的聚气盆地。

（2）河东聚气盆地。位于吕梁山西部，包括河东煤田，有 5 个煤层气含气区，即保兴、三交北、三交—柳林、石楼、大宁—吉县。河东聚气盆地在 20 世纪 80 年代煤田勘探中，10 余钻孔有煤层气逸出，是山西最早进行煤层气勘查的聚气盆地，也是最有潜力开发的煤层气聚气盆地。

（3）宁武聚气盆地。位于宁武煤田中部和南部，只有宁武 1 个煤田和宁武煤层气含气区。宁武聚气盆地内有高瓦斯矿井分布，是山西未来煤层气开发的主要盆地。

（4）大同聚气盆地。位于大同煤田左云县以南部分，包括大同煤田，有 1 个大同煤层气含气区。大同聚气盆地内含有高瓦斯矿井，是山西煤层气未来期待开发的主要盆地。

目前，山西煤层气勘探区块有 26 个（如表 6-2 所示），已获国家批准煤层气探明地质储量为 750 亿立方米，技术可采储量为 395 亿立方米，主要集中在沁水盆地南部、阳泉矿区和离柳矿区。

表6-2 山西煤层气勘探区块基本情况

区块名称	所属煤田	面积（km²）	探矿权单位
河曲	河东	560	中联煤
保德	河东	518	中联煤
保兴	河东	3323	中联煤
三交北	河东	1123	中联煤
三交	河东	462	中联煤
杨家坪	河东	14	中石化
柳林	河东	200	中联煤
石楼	河东	3601	中联煤
吉县	河东	5282	中石油
宁武北	宁武	346	中石油
宁武南	宁武	403	中石油
古交	西山	1046	中联煤
寿阳	沁水	1962	中联煤
和顺	沁水	1057	中石化
白壁关	霍西	243	中联煤
下黄岩	沁水	185	中煤大地
沁源	沁水	3663	中联煤
夏店	沁水	630	中石油
沁南	沁水	2256	中石油
马必	沁水	1303	中石油
寺庄北	沁水	374	中联煤
寺庄南	沁水	455	中联煤
樊庄	沁水	95	中石油
郑庄	沁水	870	中石油
潘庄	沁水	151	中联煤
郑村	沁水	14	中石油

资料来源：李宝卿. 煤层气开发利用与操作，2011.

6.1.2 山西主要煤田煤层气资源分布情况

山西煤层气资源主要分布在沁水、河东、西山、霍西、宁武和大同六大煤田，大同、宁武、保兴、三交北、三交—柳林、石楼、大宁—吉县、古交、邢家庄、东社、介北、临东、寿平、和顺、武襄、霍东和沁南 17 个含气区中（如表 6-3 所示），其中沁水煤田和河东煤田的煤层气最为富集，约为全省煤层气资源总量的 84%；大同煤田属贫甲烷区（如图 6-2 所示）。17 个含气区中沁南、和顺、霍东、寿平、大宁—吉县、武襄等主要含气区煤层气资源量约占 67%（如图 6-3 所示）。

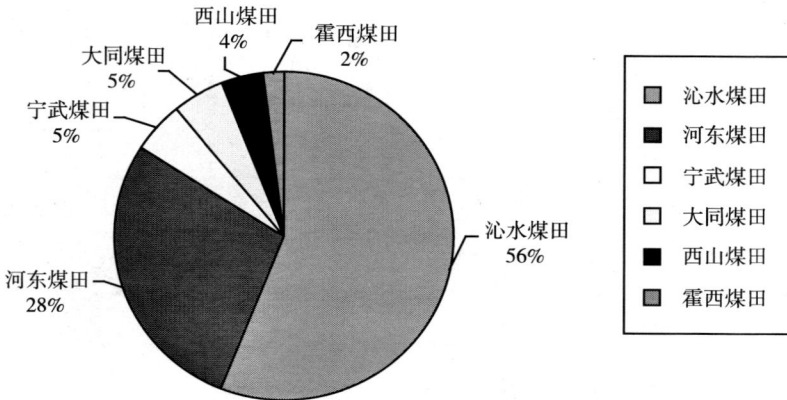

图 6-2　山西六大煤田煤层气资源量所占比例

表 6-3　山西省煤层气资源量分布情况

聚气盆地	煤田	含气区	煤层气资源量（亿立方米）
大同	大同	大同	4803
宁武	宁武	宁武	5432
河东	河东	保兴	6384
		三交北	1328
		三交—柳林	3944
		石楼	6101
		大宁—吉县	10192
		小计	27949
沁水	西山	古交	583
		刑家庄	2319
		东社	599
		小计	3501
	霍西	介北	271
		临东	1279
		小计	1550

（续表）

聚气盆地	煤田	含气区	煤层气资源量（亿立方米）
沁水	沁水	寿平	13157
		和顺	10855
		武襄	8924
		霍东	9468
		沁南	13966
		小计	56370

资料来源：张亮.山西煤层气资源评价及开发利用，2007.

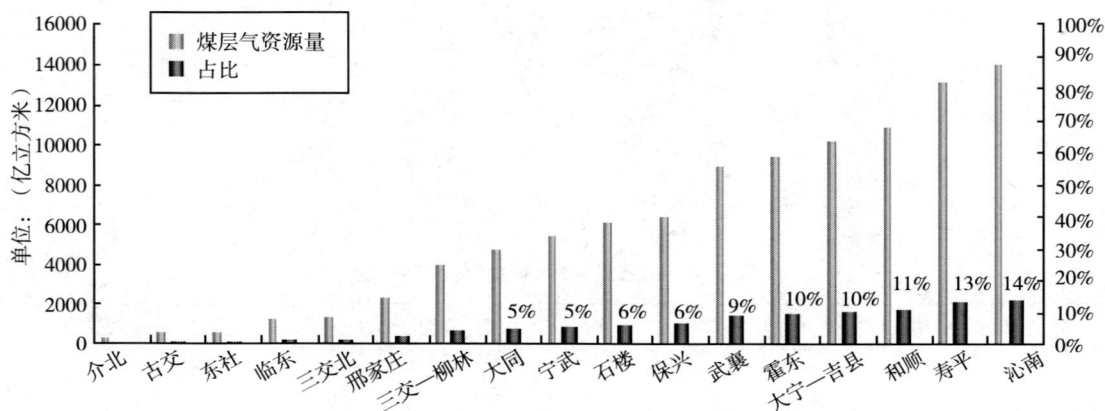

图6-3　山西17个含气区煤层气资源量及占比情况

1. 沁水煤田

沁水煤田位于山西省中南部，含煤面积为32000平方千米，盆地面积为23362平方千米，勘探区面积为5943.29平方千米，煤层气资源量为56371亿立方米，主力煤层为山西组3号、太原组9、15号，煤种主要为贫煤和无烟煤，变质程度较高，埋藏深度为300~600米，煤层总厚为5~15米，平均为10米左右；含气量为5.0~38.7立方米/吨，平均为15.5立方米/吨，实测煤层气含量在7立方米/吨以上，局部达到38.7立方米/吨；渗透率一般在1mD以上；煤层气资源丰度为1.7亿~2.8亿立方米/平方千米。根据煤储层参数、煤层埋藏深度和地质构造等特点，本煤田可划分北部和南部两个勘探开发有利区块。北部有利区：包括阳泉、和顺、马坊、寿阳、盂县等城镇环绕地带。煤厚15米，含气量为7~18立方米/吨，气资源丰度为2.8亿立方米/平方千米。南部有利区包括屯留、长子、阳城、沁水、安泽等县城连线范围，煤厚10米，含气量为5~38立方米/吨，气资源丰度为1.7亿立方米/平方千米。

2. 河东煤田

河东煤田位于山西省西部，含煤面积约为17000平方千米，盆地面积为11276平方千米，勘探区面积为 6009.82 平方千米，煤层气资源量为 27948 亿立方米，主力煤层为山西组 4、5 号，太原组 8、9 号，北部变质程度较低，煤种以长焰煤和气煤为主，含气量较低，中部—南部变质程度较高，煤种以肥煤和焦煤为主，整个煤田地质构造简单，埋藏深度 400~1500 米，煤层总厚为 8~25 米，平均为 15 米左右；含气量为 4.15~23.0 立方米/吨，平均为 12.64 立方米/吨；渗透率为 1~10mD，平均为 3.2mD；含气饱和度为 3.5%~95%，平均为 75%；煤层气资源丰度 1.05~3.04 亿立方米/平方千米。本煤田可划分出 2 个勘探开发有利区。中部有利区：包括三交北与三交区块的中西部、柳林区块、石楼区块北部。该区煤层埋深适中，煤层厚度大，渗透率高，含气饱和度高达 80%，是近期煤层气勘探开发的重点区。南部有利区：位于大宁—吉县区块中部，煤层总厚达 16 米，含气量为 11~23.4 立方米/吨，含气饱和度为 76.5%~90.8%，具有高压、高渗、高含气量、高饱和度的"四高"特征，为河东煤层气田勘探开发的首选区。

3. 西山煤田

西山煤田位于山西省中部吕梁山东麓，含煤面积约为 1898.4 平方千米，盆地面积为 1371 平方千米，勘探区面积为 806.07 平方千米，煤层气资源量为 3501 亿立方米，主力煤层为山西组 2 号，太原组 8 号，煤种以焦煤为主，煤层层数多（7~11 层）、煤层总厚度为 6~17 米，平均厚度为 15 米左右；含气量为 4.25~22.57 立方米/吨，平均为 18.61 立方米/吨；变质程度中等，裂育发育，渗透性好，埋藏深度适中，煤层气资源丰度为 1.52~3.45 亿立方米/平方千米，煤层气资源量大，约为 3501×10^8 立方米。本煤田可划分 2 个勘探开发有利区块，北部有利区为古交区块，含煤 10 余层，平均总厚度为 14.67 米，平均含气量为 9.6 立方米/吨，煤层气资源丰度为 1.92 亿立方米/平方千米；南部有利区：包括东南部的邢家区块和西南部的东社区块。邢家区块含煤 7~11 层，平均厚度为 16.6 米，平均含气量为 15.26 立方米/吨，煤层气资源丰度为 3.45 亿立方米/平方千米；东社区块含煤 5~7 层，平均厚度为 6.9 米，平均含气量为 16.17 立方米/吨，煤层气资源丰度为 1.52 亿立方米/平方千米，该煤田适合煤层气的勘探开发。

4. 霍西煤田

霍西煤田位于山西省中部吕梁山东麓，含煤面积约为 1898.4 平方千米，盆地面积为 876.11 平方千米，勘探区面积为 223.69 平方千米，煤层气资源量为 1550 亿立方米，主力煤层为山西组 2 号，太原组 8 号，煤种以焦煤为主，煤层层数多（4~8 层）、煤层总厚度为 6~17 米，平均厚度为 9 米左右；含气量为 4.25~22.57 立方米/吨，平均为 12.06 立方米/吨；变质程度中等，裂育发育，渗透性好，埋藏深度适中，煤层气资源丰度为 1.56~1.82 亿立方米/平方千米，煤层气资源量大，约为 1550 亿立方米。本煤田可划分 2 个勘探开发有利区块，东北部有利区为介北区块，含煤 6~8 层，平均总厚度为 8.72 米，平均含气量为 13.19 立方米/吨，煤层气资源丰度为 1.56 亿立方米/平方千米；东南部有利区为临东区块，含煤4~6层，平均厚度为9.8米，平均含气量为13.66立方米/吨，煤层气资源丰度为1.82亿立方米/平方千米。该煤田介北和临东区块适合煤层气的勘探开发，霍西煤田其余部分在喜马拉雅运动前煤层埋藏浅，约为0~250米，煤层气大量逸散，不易开发。

5. 宁武煤田

宁武煤田位于山西省中部吕梁山东麓，含煤面积约为1898.4平方千米，盆地面积为1498.37平方千米，勘探区面积为171.99平方千米，煤层气资源量为5432亿立方米，主力煤层为山西组2号，太原组8号，煤种以焦煤为主，煤层层数约为6层、煤层总厚度为25.76米左右；平均含气量为5.57立方米/吨；变质程度中等，裂育发育，渗透性好，埋藏深度适中，煤层气资源丰度为3.63亿立方米/平方千米，煤层气资源量大。宁武煤田中、南部属石炭二叠系太原组与山西组，保存条件好，是未来重点勘探开发区域。

6.1.3 重点矿区井下煤层气资源特征

1. 阳泉矿区

阳泉矿区位于沁水煤田北部，总面积为2668平方千米（含远景区和后备区），煤层气资源量约为6448亿立方米，吨煤含气量为7.13~18.17立方米/吨，平均为17.2立方米/吨；瓦斯绝对涌出量为27.76~324.1立方米/分，抽出率为10.08%~76.27%，压力为0.2~1.5兆帕，属易抽煤层。现有13对生产矿井，其中除一对为瓦斯突出矿井外，其余全部为超级瓦斯矿井，为井下煤层气重点抽采地区。

2. 晋城矿区

晋城矿区位于沁水煤田南部，面积为6206平方千米（含远景区和后备区），煤层气资源量约为6112.52亿立方米，吨煤含气量为12.0~28.7立方米/吨，平均为18立方米/吨，压力一般为0.2~1.5兆帕，局部可达1.9兆帕，瓦斯绝对涌出量为15~386立方米/分，抽放率为35%~40%，属可以抽放—易抽放煤层。现有8对生产矿井，寺河、成庄属高瓦斯矿井，为井下煤层气重点抽采地区。

3. 潞安矿区

潞安矿区位于沁水煤田东部边缘中段，面积为2297平方千米（含远景区和后备区），煤层气资源量约为1575.95亿立方米，吨煤含气量为7.17~18.0立方米/吨，压力为0.1~0.5兆帕，瓦斯绝对涌出量为15~63.54立方米/分，最大抽放率为9.4%，属可以抽放—较难抽放煤层。现有3对矿井属高瓦斯矿井。

4. 西山矿区

西山矿区位于山西省中部，面积为 458.8 平方千米，煤层气资源量约为 1260 亿立方米，吨煤含气量为 2.62~15.49 立方米/吨，压力为 0.11~1.9 兆帕，瓦斯绝对涌出量为 54.17~183.1 立方米/分，抽放率为 16%~72.2%，属可以抽放—易抽放煤层。现有 10 对生产矿井，其中高瓦斯矿井 7 对。

5. 离柳矿区

离柳矿区位于河东煤田中南部，煤层气资源量约为 695 亿立方米，吨煤含气量为 15~23 立方米/吨，压力为 0.92~1.7 兆帕，瓦斯绝对涌出量为 26.78~191.592 立方米/分，抽放率为 12.95%~20%，属可以抽放煤层。现有 6 对生产矿井，其中除沙曲矿为突出矿井外，其余均为高瓦斯矿井。各重点矿区煤层气资源情况如表 6-4 所示。

表 6-4 山西省重点煤矿区煤层气资源情况表

矿区	地理位置	煤层气资源量（亿立方米）	吨煤含气量（立方米/吨）	抽放率（%）
阳泉矿区	沁水煤田北部	6448	17.20	10.08~76.27
晋城矿区	沁水煤田南部	6112.52	18.00	35.00~40.00
潞安矿区	沁水煤田东部边缘中段	1575.95	7.17~18.00	9.40
西山矿区	山西省中部	1260	2.62~15.49	16.00~72.20
离柳矿区	河东煤田中南部	695	15~23	12.95~20.00

资料来源：李宝卿．煤层气开发利用与操作，2011．

6.2 山西省煤层气产业发展状况分析

6.2.1 山西将煤层气产业列为战略性新兴产业

近几年，煤炭资源大省山西举起了新型清洁能源煤层气产业化发展的大旗。太原、阳泉、晋城等多个地区正在加快煤层气产业发展，引领山西新型清洁能源发展战略。为了加快清洁能源的发展，2010 年山西省提出"气化山西"的转型发展目标，出台了煤层气、天然气、焦炉煤气、煤制天然气产业一体化发展规划，明确规定到 2015 年煤层气供气量达 46 亿立方米，利用量达 16 亿立方米。

《山西省"十二五"规划纲要》提出，"十二五"期间，山西生产总值目标为年均增长 13%，山西将在获得国家资源型经济转型综合配套改革试验区的基础上，大力推进工业新型化，即充分利用高新技术和先进适用技术改造提升传统产业，实现传统产业优化升级、产品更新换代。在产业发展方面，将打造钢铁、铝、镁、铜等几大冶金基地，推进山西省"7+2"战略性新兴产业取得突破性发展，即在国家确定的新能源、节能环保、生物、高端装备制造、新型材料、新一代信息技术和新能源汽车七大产业的基础上，增加煤层气产业和现代煤化工产业。其中作为能源大省，山西首次将煤层气产业列入战略性新兴产业，这必将再次推动煤层气产业发展进入高潮。

6.2.2 山西拟加快煤层气开发及其产业化进程

山西省煤层气资源丰富，尤其是沁水煤田和河东煤田煤层气资源占全国煤层气资源总量的25.2%，占山西煤层气总资源量的93.4%。在"气化山西"的大背景下，山西正在大力推进煤层气产业化力度，规划建设年产气500亿立方米的能力，这与大庆油田的油气当量相当，等于在山西建设一个新大庆。

《山西省"十二五"规划纲要》明确提出，加快建设"气化山西"进程，特别是加快煤层气勘探开发利用的产业化进程。按照规划，到2015年山西煤层气产量将达到130亿立方米，相当于节约1550多万吨标准煤，减排二氧化碳1.86亿吨。到2015年末，山西煤层气发电装机总容量将达到100万千瓦，年发电量达到60亿度以上，这给煤层气勘探、开采技术设备，以及煤层气发电装备制造技术企业均带来发展机会。同时，还出台了加快煤层气发电产业发展实施方案，明确指出，"十二五"期间，山西省将规划煤层气发电项目21个，新增装机容量30万千瓦，年新增发电量18亿度，重点发展沁水、河东和潞安地区的煤层气发电项目。山西省还将建立专项基金，用于煤层气发电厂的建设和煤层气发电装备制造技术研发项目补贴，并在项目用地、勘探、税收、政府补贴等方面予以优惠。

据太原市政府部门表示，"十二五"期间，太原将建设东光热电厂、瑞光热电厂二期工程、古交太原供热工程、小店燃气热电厂以及利用燃气（煤层气）供热等一系列工程。其中，按照山西省确定的"气化山西"目标，太原市将连通多条天然气过境管线，引进吕梁、晋城等地煤层气，供应工业及民用，在山西全省率先实现"气化太原"。到2015年将形成气源布局，城中区基本实现燃气全覆盖。

山西晋城市政府部门则表示，"十二五"期末晋城市煤层气抽采能力力争在2010年的基础上实现翻番，煤层气年液化能力达到9亿立方米，全市形成40亿立方米的管输能力，煤层气加气站将普及全市主要集镇和交通干道，基本实现全市镇镇通煤气，城乡煤层气覆盖率达到70%以上，全市瓦斯发电总装机实现翻番，达到60万千瓦。

晋煤集团也表示，"十二五"期间，该公司利用自身煤层气资源丰富、抽采利用技术的优势，继续壮大瓦斯发电产业，到2015年建成世界最大的瓦斯发电集群。

据山西相关部门规划，到"十二五"末，山西加气站数量将达到393座，建设规划投资约为140亿元。到2015年年末，山西11个地市和经济相对发达的县市都将拥有加气站，山西天然气加气站网络将基本形成，加气难问题将得到彻底解决。

另外，山西省有关部委提交的煤层气"十二五"发展规划，2015 年，新增煤层气探明地质储量为 7350 亿立方米，煤层气（煤矿瓦斯）产量达到 203 亿立方米，总利用量达到 184 亿立方米，煤层气发电装机容量超过 300 万千瓦。其中地面煤层气抽采量达到 146 亿立方米；煤矿瓦斯抽采量达 57 亿立方米，利用量为 38 亿立方米，实现抽采利用率为 66.7%。

6.2.3 山西煤层气利用成效显著

煤层气（煤矿瓦斯）利用范围不断拓展，从最初只是矿区锅炉燃料使用，逐渐广泛应用于城市民用、汽车燃料、工业燃料、发电以及化工等领域，到 2012 年年底，煤矿瓦斯用户超过 220 万户，煤层气燃料汽车已超过 10000 辆，瓦斯发电装机容量超过 120 万千瓦。"十一五"以来，累计利用煤层气（煤矿瓦斯）70 亿立方米，相当于节约煤炭资源 1000 万吨，减排二氧化碳约 1 亿吨。

目前，已经投产运行的项目有如下几项。

（1）由晋煤集团和香港中华煤气有限公司共同出资约 6 亿元建设的山西易高年产 60 万立方米液化煤层气项目（在沁水县），该项目采用目前世界上最先进的液化工艺，将抽取的煤层气就地液化处理，既便于运输，又更为清洁，是目前亚洲最大规模的煤层气液化项目。

（2）由山西中电明秀发电有限公司投资 23.93 亿元建设的亚洲最大的瓦斯利用项目——山西中电明秀沁水 120 兆瓦瓦斯发电项目（在沁水县），该项目设计安装 28 台 4000 千瓦高效内燃发电机组和 4 台 3000 千瓦余热发电机组，总装机规模 120 兆瓦，年发电量将达到 9.42 亿千瓦时，减排二氧化碳 350 万吨，成为亚洲领先的瓦斯发电厂之一，实现销售收入 8.3 亿元。

（3）由晋煤集团投资 7.8 亿元建设的天煜煤层气项目（在沁水县），该煤层气液化工厂总占地面积 120 亩，设计日产 90 万立方米，一期工程日处理煤层气 30 万立方米，二期工程日处理煤层气 60 万立方米，目前一期工程已投产运行。

（4）山西港华煤层气 90 万方液化工程，该项目为 2006 年港洽会引资项目，位于沁水县嘉峰镇潘庄村，工程总规模为日处理液化煤层气 85 万立方米，总投资 6 亿元。其中一期工程日处理 30 万立方米、总投资 4 亿元，2008 年 11 月投产，运行平稳；二期工程日处理 60 万立方米、总投资 2 亿元，2011 年 5 月建成投产。

（5）国内首个天然气、煤层气和瓦斯气综合利用为一体的示范园区（在寿阳），该园区总投资 30 亿元，项目投产后，园区内每年燃气资源综合利用总量将达到 10 亿立方米，减少煤矿瓦斯排放 5 亿立方米，外用液化煤气 13 万吨。年综合产值则将超过 20 亿元，解决就业 500 余人，拉动投资 100 亿元，替代燃煤 1000 万吨，全面解决烟尘排放和酸性气体污染的问题。

（6）亚洲最大的瓦斯发电厂——寺河矿瓦斯发电厂，总投资 8.75 亿元的寺河煤层气电厂是目前世界上利用煤矿井下抽放瓦斯气为燃料发电的装机容量最大的发电厂，是首批获得国家批准的"清洁发展机制"煤层气 CDM 项目之一。该项目主要利用寺河煤矿井下抽放的煤层气为燃料发电，采用燃气发动机发电机组、余热锅炉和蒸汽轮机发电机组组成的联合循环发电装置。电厂总装机容量为 120 兆瓦，年发电量为 8.4 亿度，每年消耗纯瓦斯达到了 1.8 亿立方米。寺河瓦斯发电厂的建成投产，对改善煤矿安全状况、利用清洁能源、保护环境等将产生多重社会效益。

（7）截至 2011 年年底，晋城市共建成投运煤层气液化项目 3 个，即山西港华煤层气有限公司晋城煤层气 90 万立方米液化项目、中联煤沁水 50 万立方米煤层气液化项目、新奥集团 15 万立方米煤层气液化项目，日液化煤层气 155 万立方米，年可液化煤层气 4.6 亿立方米，进一步降低了运输成本，扩大了供应半径，拓宽了用户市场。

正在建设的项目有：

（1）山西能源投资控股公司的 100 万立方米/日煤层气液化项目。

（2）山西寿阳县的 90 万吨/年煤层气经甲醇制二甲醚项目。该项目由山西华圆高科技开发中心和美国和声实业有限公司共同投资建设，总投资 53 亿元。其中一期 20 万吨/年二甲醚项目投资 7 亿元，是目前亚洲最大的煤层气开发利用项目。项目建成后，预计年均销售收入可达 36 亿元。

（3）山西耀元煤层气开发有限公司太原南峪煤矿瓦斯发电项目等（如表 6-5 所示）。

通过一系列煤层气利用项目的实施，利用规模不断扩大，山西省煤层气已经销往全国 7 个省 20 多个地市，形成了煤层气液化压缩、管道输送、发电、民用、化工使用的产业链。

表 6-5　山西煤层气利用项目

序号	已投产项目	序号	在建项目
1	山西易高年产 60 万立方米液化煤层气项目（在沁水县）	1	山西能源投资控股公司的 100 万立方米/日煤层气液化项目
2	山西中电明秀沁水 120 兆瓦瓦斯发电项目（在沁水县）	2	山西寿阳县的 90 万吨/年煤层气经甲醇制二甲醚项目
3	天煜煤层气项目（在沁水县）	3	山西耀元煤层气开发有限公司太原南峪煤矿瓦斯发电项目
4	山西港华煤层气 90 万立方米液化工程		
5	国内首个天然气、煤层气和瓦斯气综合利用为一体的示范园区（在寿阳）		
6	亚洲最大的寺河矿瓦斯发电厂		

序号	已投产项目	序号	在建项目
7	山西港华煤层气有限公司晋城煤层气 90 万立方米液化项目		
8	中联煤沁水 50 万立方米煤层气液化项目		
9	新奥集团 15 万立方米煤层气液化项目		

6.2.4 山西煤层气管道建设、气站配置速度加快

煤层气开发利用工程是一项复杂的系统工程，既能促进产业结构调整和产品升级换代、保护生态环境、提高人民群众生活质量，又能推动经济发展的造福工程。由四川石油勘察设计研究院所作的《山西煤层气管网规划》于 2003 年通过评审后，标志着山西省天然气开发利用工程建设进入了实质性阶段。尤其是 2009 年山西省委、省政府为了加快燃气开发利用步伐，确立了"气源多元、管网互通、战略互供、长期稳定供气"的基本思路后，全省的天然气工程建设由此全面展开，煤层气管道建设和气站配置速度明显加快。截至 2012 年底，建成输气管网 1500 千米，建成加气站 70 座，在建输气管网约 1000 千米，在建加气站 30 多座。

从 2006 年山西第一条煤层气管道"晋城—侯马"煤层气管线动工以来，到 2012 年底，山西已建成了包括国家主干线管网和省天然气输气主管网以及省内其他支线管网约 30 多条，大部分集中于近五年建成。如由山西通豫煤层气输配有限公司投资建设的全国第一条跨省煤层气长输管线"端氏—晋城—博爱煤层气输气管道工程"于 2010 年底竣工投产，该输气管线可将沁水煤田的煤层气直接输送至河南焦作地区，在服务沿线地区（沿途经山西晋城市的沁水县、阳城县、泽州县，河南焦作市的沁阳市、博爱县，共途经两个省、两个市、5 个县、14 个乡镇和 82 个村庄单位）的同时，也为山西省煤层气管网建设再添新"脉"；"端氏—沁水煤层气外输管道工程"于 2009 年 7 月建成运营，该管道全长 35 千米，起点设在山西沁水县端氏镇金峰村，末点为西气东输沁水增压站，管径 610 毫米，设计压力 6.3 兆帕，年输气能力 30 亿立方米，这条管道为煤层气资源地与西气东输管道的连接通道，2011 年进气 5.5 亿立方米；由山西国际能源集团、格盟国际和中石化合资成立的山西国化能源有限责任公司建设的"太原—和顺—长治煤层气（天然气）管道工程"于 2012 年 2 月投入运营，该管线全长 460 千米，主干线管径 508 毫米，途经太原、晋中、长治 3 市；由山西国际电力燃气产业集团有限公司投资逾 40 亿元兴建的"山西吕梁煤层气（天然气）管道"于 2012 年 12 月 15 日全线贯通，该管线总长度 1682 千米，主干线位于山西西部吕梁山区，由北向南贯穿山西省，起点为五台县，经神池、保德、吕梁、临县、柳林、石楼、大宁，终点为临猗县，管网

沿线吕梁、忻州、临汾等 6 市 47 个县区，前期将接收来自陕京三线的天然气，该管线为山西规划三纵之一的西纵主干管网，可将河东煤田煤层气入网送气。

特别是煤层气富集地区煤层气管道建设和气站配置速度更是突飞猛进，基本形成了外输内用的管网输送网络。如晋城境内近五年就有 7 条国家和山西省规划的煤层气输送管道相继建成运营，即沁水—晋城输气管道、与其并行的沁水—晋城（井下瓦斯气）输气管道、晋城—长治煤层气输送管道、端氏—晋城—博爱煤层气输气管道、沁水—侯马—河津输气管道、端氏—长治—林州—安阳—邯郸、端氏—八甲口（接西气东输管网）等，这些管道目前基本建成并投入运营，成为全国煤层气的管网集输中心，使晋城市地面煤层气管网输送能力将达到 48 亿立方米，井下煤层气管网输送能力将达到 3.2 亿立方米。

同时，山西省为了实现"气化山西"目标，规划到"十二五"末建成"五横三纵，九站一中心"，即五横为国家主干线的陕京一、二、三线，榆济线和西气东输管线；三纵为三条从北向南横贯晋中的管线；九站是指 9 座 CNG 母站；一中心是一座液化调峰站为主要设施的天然气供应、调峰及安保中心，从而实现山西境内天然气利用的网络化覆盖。

目前在山西境内的太原市、晋城市、阳泉市、吕梁的柳林县等市县建成煤层气加气站约 60 多座。其中山西国际电力燃气产业集团已建成 CNG 加气站 21 个和 LNG 加气站 8 个。山西国际电力燃气产业集团"十二五"规划建设 LNG 加气站 34 座、CNG 加气站 39 座。2009 年由晋煤集团山西晨光物流有限公司、中国煤层气有限公司、第四方物流（北京）有限公司联合正式启动国内首个煤层气汽车运输网建设，规划以太原为中心，辐射银川、石家庄、北京、呼和浩特、西安和郑州等城市煤层气汽车运输网络，先期将在山西省架设 20 个加气点，这些规划必将进一步推动煤层气气站的配置速度。

6.3 山西省煤层气产业化发展的有利条件

6.3.1 地面煤层气开发利用取得了较大发展，初步实现产业化

21 世纪以来，随着地面煤层气开采技术引进吸收消化，山西地面煤层气勘探开发呈现快速增长势头，目前已有 30 余家企业在山西境内进行煤层气各类勘探钻井，到2012 年底，在沁水煤田和河东煤田施工各类煤层气井已达 8000 多口，全省煤层气抽采量达 52 亿立方米，居全国首位，年输气能力超过 60 亿立方米，覆盖 11 个市 81 个县。同时，煤层气还被利用到工业燃料、瓦斯发电、汽车加装煤层气等多个领域，超过 1 万多辆汽车加上了这种清洁能源。尤其是晋城无烟煤矿业集团与美国美中能源公司、中联

煤合作开发的潘庄井田地面煤层气项目获得较大进展，已完成 300 多口地面井钻井压裂任务，日产量达 10 万立方米以上。截至 2012 年年底，晋煤集团累计建成各类地面抽采井 4792 口，地面煤层气年抽采能力达 36 亿立方米，是 2005 年的 14 倍。2012 年，共完成地面抽采煤层气 23 亿立方米，煤层气开采技术和规模全国领先。中联煤承担的沁南煤层气开发利用高技术产业化示范工程一期 150 口井气田也于 2009 年建设全面竣工投产，达到了 1×10^8 立方米/年的产能建设规模，这标志着山西煤层气地面开发正式步入快速发展的大规模商业化轨道。

另外，山西沁水盆地煤层气直井开发工程示范等 4 个国家科技重大专项示范工程项目顺利完成。寺河、潘河、樊庄、成庄等开发项目基本达产，赵庄、郑庄、胡底等开发项目正在快速建设；潘庄和柿庄南对外合作项目完成了总体开发方案并将进入开发阶段；临—兴区块、柳林、大宁—吉县等煤层气区块勘探开发力度逐步加大，取得良好发展势头，这为煤层气产业的发展奠定了坚实基础。

6.3.2 井下煤层气抽采规模日益扩大，基本实现规模化

20 世纪 50 年代，山西阳泉煤业集团就开始了井下瓦斯抽采利用，主要用于职工食堂、井口加温和锅炉燃料等。"十一五"以来，为了防止煤矿瓦斯事故和降低空气污染指数，加大了煤矿井下煤层气抽采利用力度，煤矿瓦斯抽采和利用总量得到了逐年大幅度的提升，尤其是晋煤集团、阳煤集团、焦煤集团、晋城市、阳泉市、吕梁市 6 个煤矿企业和地级市，年抽采量均已超过 1 亿立方米。从 2005 年以来，全省煤炭企业瓦斯抽采量每年增加 4 亿立方米以上，煤矿瓦斯利用量每年增加 2 亿立方米以上。2012 年煤矿瓦斯抽采量为 28.04 亿立方米，利用量为 9.53 亿立方米，利用率达到 34%。

6.3.3 输气管网初具规模，主框架基本形成

随着国家西气东输工程的实施，山西输气管网从无到有。尤其是"十一五"期间，山西省输气管道建设取得重大进展，端氏—晋城、端氏—博爱、端氏—沁水等煤层气长输管线陆续建成并已投入运行。目前全省已建成临汾—河津、临汾—运城、应县—金沙滩—大同、盂县—阳泉、大盂—忻州—原平、大盂—太原、太原—平遥等 14 余条省级天然气（煤层气）输气管道，全长约 1000 千米，已具备了向大同、朔州、忻州、太原、阳泉、晋中、长治、临汾、运城 10 市 62 县区供气的条件，气化覆盖率达到 52.1%；省内支线完成忻州—定襄、东镇—绛县等 12 余条煤层气天然气输气管道的建设，支线管线约 250 千米；省内总计管线 1500 千米。长输管道的建设为煤层气规模化发展奠定了重要基础，标志着山西煤层气步入了规模开发的新时代。

6.4 山西省煤层气开发利用模式

山西省是全国煤层气资源最为富集的地区，也是全国煤层气开发利用较为成功的地区。但在煤层气勘探开发过程中存在两方面现实矛盾问题，即：一方面是由于煤层气开采企业矿权与资源地矿权重叠严重，阻碍了煤层气勘探开发进程，煤层气开发远远没有达到预期效果；另一方面，出于煤炭安全生产的考虑，国家相关文件规定每吨煤炭煤层气含量小于 8 立方米，才准许开采煤炭，否则，必须先开采煤层气，使其降到 8 立方米的标准之下，这就要求加大煤层气开发利用。这些不和谐的声音，既影响煤层气开采开发，又大大影响了煤炭开采进度。为此，为了实现煤层气开采企业矿权和煤炭开采企业矿权双方互利共赢，高效开发利用，近年来，煤层气开采企业与煤炭企业在煤层气勘探开发过程中形成了几种可以合作的模式。

（1）沁南模式。在矿权重叠区协议划分、分别开采、下游利用方面合作。沁水南部从事煤层气勘探开发的企业主要有中联煤、中石油、晋煤集团、山西能源产业集团等，煤层气大部分区块划归中联煤和中石油，大约各有 2000 平方千米，山西省内煤企可采块较少，只有不到 500 平方千米。当前各企业主要在各自的区块内进行煤层气勘探开发，但晋煤集团在煤层气勘探开发中实现了规模化、商业化，并对煤层气进行了综合利用，且发展速度较快，现有的区块无法满足大规模的开发利用，为此在与中联煤和中石油矿权重叠区进行了协议划分、分别开采、下游方面利用合作的方式实现双方互利共赢。这种合作模式加快推进了山西乃至我国煤层气产业化的进程，并已发挥出巨大的经济效益、社会效益和环境效益。

（2）潞安模式。采煤采气一体化，又称为"华潞模式"，即华北油田公司与山西潞安集团共同合作开发煤层气模式。华北油田公司在长治地区 3000 千米的煤层气田中，有 600 千米气权与山西潞安集团的煤矿权相重叠。为高效快捷、积极稳妥地推进煤层气勘探开发，华北油田公司与潞安集团协商，双方秉承"互相尊重、统筹经营、有序开发、互利双赢"的原则，共同出资进行煤层气开发，既避免煤层气直接排放、造成能源浪费和大气污染，又实现了煤炭的安全生产、高效开采，达到治理瓦斯、确保煤矿安全的目的。这种融洽和谐的伙伴关系，形成了互补效应，避免了矿权之争带来的各自为战、无序开采和资源浪费等问题，同时也加快了各企业集团发展步伐。"潞安模式"为加快煤层气和煤炭的安全、高效开发利用，助推山西转型发展探索出一条新路。

（3）三交模式。共同开发，先采气后采煤。又称临县"三交合作模式"，即中联煤、中奥、中石油三家煤层气开发企业与临县政府共同合作开发煤层气模式。三交区块主体局部隶属柳林县，矿权人为中石油，目前合作方是奥瑞安国际能源公司。政府负责出台土地征用、拆迁补偿标准，从项目准备、申报、临时用地等方面积极协调与涉煤企业的合作关系，理顺了三交地区矿权利益重叠利益之间的关系。同时，促成了中石油煤层气公司与大土河集团光明煤矿、东辉集团西坡煤矿、美锦集团锦源煤矿等主要煤炭企业合作，并签署了框架协议，彼此承认对方的矿业权并交换技术资料，在生产中密切配合。在临县三交地区的煤层气与煤炭勘探开发中，这种相互合作成功探索出一条科学解决煤炭企业与煤层气企业利益之争的"三交合作模式"，被国土资源部认可为"理想的合作模式"并推向全国。这为煤层气开采开发中解决气权与矿权矛盾提供了宝贵的经验和可参照的模式。

6.5 山西省煤层气产业发展规划与发展政策

6.5.1 山西煤层气产业发展规划

山西富煤、无油的资源条件，形成了以煤为主的能源生产和消费结构，一方面造成了能源利用效率低下，另一方面造成了严重的环境污染。但山西省具有丰富的煤层气资源，约占全国煤层气资源总量的1/3。全国"煤层气十二五规划"中的两大基地有利开发区基本处在山西境内。开发利用新能源，特别是丰富洁净、高效气体能源是调整能源结构、提高能源效率、保护生态环境、保障能源安全、发展低碳经济最为有效的途径之一，为此，山西省为了促进和加快气体能源的发展，2010 年 8 月 17 日，山西省人民政府办公厅出台了《山西省人民政府办公厅关于加快推进我省"四气"产业一体化发展的若干意见》（晋政办发〔2010〕72 号），这个规划明确了要紧紧抓住国家支持新能源和节能环保产业等新兴产业发展，大力发展低碳经济的战略机遇，依托丰富的"四气"清洁能源、良好的产业发展基础和广阔的市场空间，力争用十年时间，全面建设"四气"一体化、规模化、产业化的新型产业体系，使之成为山西省经济发展的"新引擎"，为建设宜居山西、绿色山西，实现"气化山西"发挥重大作用。

1. 发展原则

一是重点突破、跨越发展的原则。在煤层气资源程度高的重点区块，焦炭企业集中的县市，特别是十大焦化园区内，在劣质煤和水资源匹配好的重点地区，在全省天然气煤层气干线管网沿线，实施"四气"一体，统筹规划，合理布局，集中力量，重点突破。特别是要加大力度推进煤层气地面勘探开发，煤层气井下抽采综合利用（提纯、液化、发电和风排瓦斯利用），全省天然气煤层气管网建设；全省天然气（煤层气）加气站工程建设等。

二是统筹规划、合理布局的原则。全省"四气"产业重点项目建设，要按照"五优先"原则推进，即优先气源区、优先人口密集区、优先风景名胜区、优先重污染区、优先大工业区。在利用方向上，以大中城市民用和工业燃气、气代油为主，鼓励精细化工转化和井下瓦斯用于民用发电和提纯液化。要统筹上游勘探开发、中游集输、下游综合利用，形成有机整体，促进"四气"产业有机、综合、平衡、协调发展。

三是适度竞争、有序发展的原则。为提高"四气"开发利用规模和产业一体化水平，在"四气"开发利用上，特别是在中游管网建设和下游综合利用上，要适度引入竞争机制。按照"积极统筹上游（煤层气、天然气资源勘探开发），适度开放中游（管网建设），有序搞活下游（综合利用）"的原则，加快"四气"产业链建设步伐。特别要在加快煤层气上游勘探开发及对全省输气管网建设和加气站建设上予以优先安排，并在适度超前的前提下，大力开发培育省内"四气"下游利用市场，实现"四气"产业上中下游同步、协调、有序发展。

四是省内优先、余气外输的原则。山西省富煤、无油、缺气（天然气），长期以来，能源消费结构极不合理，生态环境、人民生活质量受到严重影响。因此，要在优先保证山西省用气安全的前提下，创造条件外输余气（煤层气）。

五是强化监管、实施准入的原则。积极培育和建设规范有序的燃气市场体系，完善以市场为主导的燃气价格形成机制；培育诚实守信、运作规范、治理结构健全的市场建设运营主体，强化市场主体约束和优胜劣汰机制；建立职责主体明确、监管调控有效、协调配合到位的宏观调控和行业监管体制，确保"四气"产业安全高效和快速有序健康发展。同时，鉴于"四气"行业的相对垄断性、高度公益性和高度危险性，"四气"行业特别是在管网建设和加气站建设方面，在引入竞争机制的同时要实行严格的准入制度。

2. 主要任务

到2020年，通过建设六大煤层气开发利用基地（开发区）、4568千米省级天然气煤层气干支线管网、五大煤矿瓦斯抽采利用区、十大焦炉气综合利用园区，实现"12341的主要任务"，即打造一个新兴产业（"四气"一体化产业）；突出"两条主线"（煤层气、天然气）；实现年供气量300亿立方米；实现四个全覆盖（119个县、市、区天然气、煤层气全覆盖，交通干线全覆盖，重点工业用户全覆盖，重点旅游区全覆盖）；实现新增产值1000亿元（即到2020年力争实现新增年度最大工业总产值1103亿元）。

3. 实现目标

在"十二五"和"十三五"规划期内，通过加大煤层气勘探开发力度、积极落实新增天然气用气量、加快焦炉气分离甲烷和煤制天然气工程建设，力争到2015年全省供气量总目标达到150亿立方米，到2020年达到360亿立方米左右，把山西率先建成我国最大的清洁气体能源开发利用基地。具体目标如下。

一是地面开发煤层气可采量规划目标：2015年，实现新增煤层气探明储量1543亿立方米，可采储量 770 亿立方米。其中沁南地区新增探明储量 600 亿立方米，新增可采储量 300 亿立方米。2020 年，实现新增煤层气探明储量 2500 亿立方米，可采储量 1300 亿立方米。

二是地面开发和井下抽采煤层气产能规划目标：2015 年，煤层气产量达到 85 亿立方米，其中，地面抽采达到 46 亿立方米（沁水 40 亿立方米、河东 6 亿立方米），井下抽放达到 39 亿立方米（如表 6-6 所示）。2020 年达到 154 亿立方米，其中，地面抽采达到 110 亿立方米（沁南 50 亿立方米、沁北 20 亿立方米、河东 40 亿立方米），井下抽放达到 44 亿立方米。

三是井下瓦斯利用规划目标：2015 年，规划井下瓦斯抽采利用达 25.5 亿立方米，实现抽采利用率 65.38%；2020 年，利用量达 33 亿立方米，完成利用率 75%（如表 6-6 所示）。

四是煤矿风排瓦斯气利用规划目标：2015 年，规划煤矿风排瓦斯气排量 40 亿立方米，氧化利用 8 亿立方米，利用率为 20%；2020 年，瓦斯风排量为 35 亿立方米，氧化利用 16 亿立方米，利用率为 45.7%。

表 6-6　山西省煤矿瓦斯抽采利用

年份	井下抽采量（亿立方米）	利用量（亿立方米）					抽采利用率（%）
		发电	燃料	液化	其他	合计	
2008	21.6	4	2.7	0	0.97	7.67	35.5
2015	39	10	6	5	4.5	25.5	65.38
2020	44	15	8	8	2	33	75

数据来源：山西煤层气"十二五"规划报告.

4. 全省省级输气干支线管网建设总目标

建设"三纵三横"省内输气主干管网和支线输配管网，到 2010 年，全省新增输气管道总里程 1030 千米，年输气能力 75.5 亿立方米，可覆盖太原、大同、朔州、忻州、晋中、阳泉、临汾、运城等 10 个地级市，共有 62 个市、区、县将被气化（包括 CNG 供气），气化覆盖率达到 52.1%，这个目标目前已实现。

到 2015 年，全省新增输气管道总里程 1900 千米，年输气能力 155 亿立方米，实现全省所有市县全部气化，气化覆盖率达到 100%（包括 CNG 供气），2020 年，全省新增输气管道总里程 978 千米，年输气能力 194.5 亿立方米。

5. 综合利用目标

积极培育省内"四气"下游利用市场，围绕"燃（气）、（气代）油、（发）电、化（工转化）"四条利用主线，加快综合利用步伐。到 2015 年，全省"四气"利用总量 90 亿立方米，其中，全省城市燃气 15 亿立方米，工业燃气 30 亿立方米，化工转化 10 亿立方米，发电 5 亿立方米，CNG15 亿立方米，LNG15 亿立方米。外输 30 亿立方米。到 2020 年，全省"四气"利用总量 280 亿立方米，其中，全省城市燃气 30 亿立方米，工业燃气 100 亿立方米，化工转化 80 亿立方米，发电 10 亿立方米，CNG30 亿立方米，LNG30 亿立方米。外输 80 亿立方米。

6. 其他部门和企业规划

山西煤层气（天然气）产业"十二五"发展规划包含以下几方面内容。

（1）发展目标。未来五年，初步完善煤层气开发和利用管理的体制机制，逐步形成与经济社会建设相适应的煤层气（天然气）供应网络，构建勘探、开发、利用相配套，民用燃气、工业燃气、煤层气发电、煤层气化工相衔接，产业布局合理、经济效益、社会效益、环境效益突出的产业格局。2015 年，新增煤层气探明地质储量 7350 亿立方米；煤层气（煤矿瓦斯）产量达到 203 亿立方米；总利用量达到 184 亿立方米。煤层气发电装机容量超过 300 万千瓦。具体目标如下。

（2）探明地质储量目标。"十二五"期间，新增煤层气探明地质储量 7350 亿立方米，其中：沁南地区新增探明地质储量 3750 亿立方米，沁北地区新增探明地质储量 900 亿立方米，河东煤田新增探明地质储量 2700 亿立方米。

（3）地面煤层气开发目标。2015 年，煤层气抽采量达到 146 亿立方米（完成煤层气钻井 20330 口），其中，沁南为 67.5 亿立方米，沁北为 28.5 亿立方米，河东煤田为 42 亿方，西山煤田为 8 亿立方米。基本全部利用。

（4）煤矿瓦斯抽采目标。2015 年，煤矿瓦斯抽采量达 57 亿立方米，利用量 38 亿立方米，实现抽采利用率 66.7%。

（5）输气管网建设目标。建成"三纵十一横、一核一圈多环"的输气管线网络，逐步实现全省一张网、全覆盖。到 2015 年，全省新增省级管道 3270 千米，辅之相应支线管道，省级管网年输气能力达到 250 亿立方米，实现全省市、县、区和 100 个重点镇输气管网基本覆盖，进而形成城乡协调的大燃气网空间格局。

（6）综合利用目标。2015 年全省煤层气（煤矿瓦斯）利用量为 184 亿立方米。其中：居民用气 7 亿立方米；公共福利及商业用气 12 亿立方米；工业燃气 40 亿立方米/年；车用燃气 20 亿立方米；发电 80 亿立方米（支持重点城市煤层气分布式能源、城市供热为主的热电厂及五大瓦斯利用区瓦斯发电项目），液化调峰 5 亿立方米，煤层气液化 20 亿立方米。

山西国家高新技术产业开发区能源天然气（煤层气）的产业规划是，"十二五"末，管网建设总长度达到 3300 千米，输气能力达到 150 亿立方米/年，建设 CNG 加气母站 9 座，加气站 300 座，服务 1098 个新农村，服务不锈钢、铝厂、玻璃制品、耐火材料、陶瓷精品加工、镁合金加工、碳素深加工、精密铸造、城市用气等十大新型产业集群。力争气化 2000 万人口、占全国气化人口总数的 5%，力争全省城镇气化率达到 85%，农村气化率达到 25%，使全省气化率达 75%，使天然气在山西一次性能源消费中的比例从不足 1% 上升到 5%，使山西天然气利用占全国天然气消费量的近 5%；力争销气量实现 100 亿立方米，实现减排二氧化碳 2175 万吨、氮氧化合物 91 万吨、二氧化硫 121 万吨，替换标准煤 3022 万吨，折原煤（5000 大卡①）4230.8 万吨。

6.5.2 山西省促进煤层气产业发展政策

1. 地区政策

目前鼓励外商投资到山西省投资的政策主要有：

一是对外商到山西省投资《外商投资产业指导目录》（2011 年修改订中限制类和限定外商股权比例项目的设立条件和市场开放条件，可比东部地区适当放宽；

二是鼓励东部地区的外商投资企业到山西省再投资，外商投资比例超过 25% 的项目，视同外商投资企业，享受相应待遇；

三是允许沿海地区的外商投资企业到山西省承包经营管理外商投资企业的内资企业；

四是对设在山西省省级以上经济技术开发区的企业由所在地市政府和开发区管委会给予特殊的优惠政策。对高新技术企业和技术含量的项目给予更加优惠的政策。

2. 税收政策

（1）所得税政策包括以下几方面。

①实行优惠税率。对外商投资企业所得税按 30% 的税率征收企业所得税，但是在山西省太原市设立的企业按 24% 的税率征收企业所得税，对在山西省太原市国家高新技术产业开发区及省级以上经济技术开发区设立的企业按 15% 税率征收企业所得税；对从事能源、交通基础设施项目的生产性外商投资企业可按 15% 的税率征收企业所得税。

②实行所得税减免政策。对经营期在 10 年以上的生产性外商投资企业可享受从获利年度起第 1 年至第 2 年免税，第 3 年至第 5 年减半征收企业所得税的待遇；对国家鼓励的外商投资企业，在 5 年的减免税期满后，还可延长 3 年减半征收所得税；对外商投资设立的先进技术型企业，可享受 2 年免税 6 年减半征收企业所得税的待遇；对出口型企业，除享受上述两免三减半所得税优惠外，只要企业年出口额占企业总销售额的 70% 以上，则均可享受减半征收企业所得税的优惠。减半后的税率低于 10% 的，按 10% 的税

---

① 1 大卡 = 1 千卡 = 4185.85 焦耳。

率征收企业所得税。外国企业向我国境内转让技术，凡属技术先进或条件优惠的，经国务院税务主管部门批准，免征企业所得税。从事《外商投资产业指导目录》中鼓励类项目的外商投资企业，追加投资形成的新增注册资本额达到或者超过6000万美元的，或追加投资形成的新增注册资本额达到或超过1500万美元且达到或超过企业原注册资本50%的，其投资者在原合同以外追加投资项目的所得，不单独计算并享受税法第八条第一、二款所规定的企业所得税定期减免优惠。

③实行所得税退还、抵扣等优惠政策。一是再投资退税。外商投资企业的外国投资者，将从企业取得的利润直接再投资于该企业，或投资开办其他外商投资企业，经营期不少于5年的，经税务机关批准，退还其他再投资部分已交纳的所得税的40%税款；直接投资开办、扩建产品出口型或先进技术型外商投资企业，全部退还其他再投资部分已交纳的企业所得税税款。

二是亏损弥补。外商投资企业和外国在山西省境内设立的从事生产、经营的机构发生的年度亏损，可以用下一年度的所得税弥补；下一纳税年度的所得不足弥补的，可以逐年延续弥补，但最长不得超过5年。

三是购买国产设备投资抵免企业所得税。对外商投资企业和外国企业购买国产设备，符合《外商投资产业指导目录》鼓励类项目，经批准其购买国产设备投资额的40%可以从购买设备当年比前一年新增的企业所得税中抵免。

四是技术开发费加倍抵扣。外商投资企业技术开发费比上年增长10%及以上，经税务机关批准，允许再按技术开发费实际发生额的50%，抵扣当年度的应纳所得税额。对外商投资企业在投资总额内采购国产设备，如该类进口设备属进口免税目录范围，可按规定抵免企业所得税。

（2）城市房地产税。生产性外商投资企业免征城市地产税10年；非生产性外商投资企业免征城市房地产税5年；在山西省投资开办产品出口或先进技术型外商投资企业、《外商投资产业指导目录》中鼓励类项目和山西省优势产业的，在经营期内免征城市房地产税。

（3）流转环节税。自1994年1月1日起，对外商投资企业实行与国内企业统一的增值税、消费税和营业税。

营业税：外国企业向我国境内转让技术免征营业税；外商投资企业（包括外商投资设立的研究开发中心）取得的技术转让收入免征营业税。

增值税：对外商投资企业在投资总额内采购国产设备，如该类设备属替代进口设备且属进口免税目录范围，全额退还国产设备增值税并按有关规定抵免企业所得税。

（4）进口环节税。目前对国家鼓励和支持发展的外商的投资和国内投资项目进口设备，免征关税和进口环节增值税：

对属于《外商投资产业指导目录》中的鼓励类并转让技术的外商投资项目，在投资总额内进口的自用设备，除《外商投资项目不予免税的进口商品目录》所列商品外，可按照《国务院关于调整进口设备税收政策的通知》，免征关税和进口环节增值税。

可保证政策的连续性，以 2002 年 4 月 1 日以前按照原《外商投资产业指导目录》批准（以项目可行性研究报告批复日期为准）的外商投资鼓励类和限制乙类项目，可按照《国务院关于调整进口设备税收政策的通知》（国发〔1997〕37 号）的规定，继续免征关税和进口环节增值税。

外商投资设立的研究开发中心，在投资总额内进口国内不能生产或性能不能满足的自用设备及其配套的技术、配件、备件，可按上述通知的规定免征关税和进口环节增值税。

对已设立的鼓励类外商投资企业（包括 2002 年 4 月 1 日前按原《外商投资产业指导目录》批准的限制乙类外商投资企业）、外商投资研究开发中心、先进技术型和产品出口型外商投资企业技术改造，在原批准的生产经营范围内进口国内不能生产或性能不能满足需要的自用设备及其配套的技术、配件、备件、也可继续按上述通知的规定免征关税和进口环节增值税。

3. 土地政策

投资于工业、商业、金融、旅游、服务业、商品房屋等项目用地的，通过出让方式取得土地使用权；投资于农业、能源、交通、城市基础设施以及其他公用设施建设等项目用地的，可以通过划拨方式取得土地使用权。

外商投资企业从取得土地使用权之日起，5 年内免交场地作业费；外商投资煤炭深加工转化和综合使用、钢铁和铝冶炼加工、化工、机械电子、建材、轻纺、农林牧副开发项目、高技术项目和现有工业企业的技术改造的，以及外商投资产品出口型企业和先进技术型企业的，从取得土地使用权之日起，5 年内免交土地使用费期满后，还可以按照所在市、县规定的下限标准减半交纳土地使用费 5 年。外商投资企业的土地使用费减免期满后，应在国家规定的幅度内从低计收。

外商投资从事农林牧渔开发性项目，兴办交通、能源、基础设施的项目，开发利用滩涂或者改造利用废弃土地的项目，开发不以营利为目的的教育、文化、医疗卫生、体育、环境保护等社会公益事业项目，经省土地管理部门批准在土地使用期内可免收土地使用费。

以出让方式取得土地使用权的外商投资企业，不再交纳土地使用费。

4. 金融政策

外商投资企业境内融资时，允许中资商业银行接受方股东担保。允许外商投资企业以外汇质押方式向境内中资外汇指定银行申请人民币贷款。

允许境内中资商业银行在中外合资、合作企业外方股东应增加的股本金同步到位的前提下，对中方股东发放不超过 50% 的股本贷款。

允许境内外商投资企业以其外方投资者海外资产向境内中资银行的海外分行提供抵押，由中资商业银行的海外分行或国内分行向其发放贷款。

符合条件的外商投资企业可申请发行 A 股或 B 股。

按照积极稳妥的原则，向在国家重点鼓励的能源、交通等领域投资的外国投资者提供履约保险人、保证保险等保险服务。

根据《技术更新改造项目贷款贴息资金管理办法》，对企业用于技术更新改造项目提供中短期贴息贷款。

6.6 山西省煤层气产业发展存在的问题

山西煤层气产业近年来发展迅速，但是在煤层气产业发展过程中，还存在以下几方面问题。

6.6.1 缺乏科学规划指导，致使煤层气产业开发过程中问题突出

规划是指导和规范产业发展的重要依据。可山西在煤层气产业开发过程中缺乏统一规划，随着煤层气产业化进程的推进，一系列矛盾与问题逐步凸显。

一是对山西煤层气资源的储量及可采储量存在缺乏详查。从地质勘探部门获悉，目前，山西煤层气的地质资源量只是一个预测或预估数据，而可采资源储量也是利用通用公式推导出来的。若以这样的数据进行规划指导，往往会造成盲目开发和资源的浪费。

二是对煤层气资源产权的配置缺乏科学合理的布局，造成一些占有煤层气区块产权而缺乏开发实力的企业推进缓慢，在现实中占有煤层气资源不开发的现象比较突出。

三是在实际煤层气开发中缺乏可操作开发法规的硬约束。基于煤炭与煤层气共生伴生关系，国家只是原则性地提出"采煤采气一体化"，但对一体化主体确定、责任权利义务等法规都缺乏明确的强制性的硬约束，导致煤、气两类开发主体矛盾难以协调。

四是煤层气开发项目建设缺乏统一的规划和管理。目前，煤层气开发项目建设基本上是多头规划、多头审批，既有勘探方面的重复钻井，也有项目管理上的各自为政，由此又造成了项目重复建设的投资浪费和管理成本的上涨。

6.6.2 煤炭与煤层气探矿权、采矿权重叠，导致采煤采气矛盾连绵不断，制约煤层气产业化进程

目前，山西境内共有矿业权 35 个，其中有 28 个与煤炭矿业权重叠，重叠率占

78%，重叠面积为3447.6平方千米，几乎覆盖了全省所有煤炭规划矿区。由于煤炭矿权与煤层气矿权重叠问题，国土资源部于2007年发文制定了相应解决和协调办法，但因涉及面太广，又直接关系到矿井生产安全与煤炭资源的生产接替、协调等，难度较大，没有制定出更加详尽切实可行的办法妥善解决，致使出现矛盾与问题时缺乏协调的政策法规依据，使采气和采煤很难在时间和空间上实现科学、合理、安全的一体化部署，而山西省未在这方面出台地方性政策法规来规范，致使煤气之争不断，对煤层气产业化进程有一定的影响。

6.6.3 体制不畅、监管缺位，出现煤层气管理调控作用乏力

目前，我国煤层气产业的政策体制存在不畅，煤层气产业发展规划由国家发改委审批制定，即煤层气资源开发审批权在国土资源部，而煤炭矿业权则按矿井规模分别由省、部两级国土部门登记发证。在这种政策体制下，山西省的绝大部分煤层气资源产权集中在央企而非地方煤炭企业手中，且山西煤层气企业没有对外合作专营权。这样就出现了煤层气资源垄断经营，这种现象，一方面导致煤层气产业发展规划与煤层气资源审批相脱节；另一方面导致地方各级政府对煤层气产业发展的指导协调显得苍白无力。

6.6.4 产业布局存在各自为战，导致煤层气产业集群效应差

目前，山西境内煤层气开发利用基本上是各自为战，绝大部分煤层气项目建设针对的是上游勘探开发，对中游管网等基础设施配套和下游煤层气利用项目并没有引起足够的重视。由于对各开发利用主体缺乏有效协调，中、下游煤层气处理集输环节的不配套，致使开发出的煤层气资源与消费市场脱节，下游用户市场难以开拓，特别是开发规模较大的地区因处理、输送设施不配套，形成了大量煤层气只能在区域内自采自用。同时，存在勘探期间的煤层气无法充分利用，只能无效排放。近年来，虽然各种配套设施建设有所改善，但这些配套项目多数是自成体系，难以实现生产要素的优化组合和资源共享。

6.6.5 相关法律法规体系不完善，致使产业的发展动力相对不足

煤层气勘探开发初期，存在投入高、开采难度大、产出周期长、投资回收期长等特点。因此，煤层气产业的发展需要国家与地方政策的大力支持，如美国、澳大利亚等相对煤层气开发较好的国家都相应建立了一整套产业政策支持体系，颁布了比常规天然气更优惠、更适宜的有利用煤层气产业发展的优惠政策。山西是中国煤层气开发较好的省份，但山西煤层气产业发展十多年，产业化进程推进的速度并不快，可以说是差强人意。究其原因，地方政府没有出台足够、强有力支持煤层气产业发展的政策措施。

我国虽然也制定了一些煤层气产业支持政策，但大多比照常规天然气，缺乏具有产业个性的强有力的支持；煤层气的市场价格政策机制尚未构建。国家对煤层气产品价格的管理，也是原则性地提出要比照常规天然气的价格，基本上实行煤层气与常规天然气一致的价格标准，甚至有的地方价格更低。这种过低的气价，不仅难以激发和调动企业生产的积极性，而且也难以维持企业的正常运转。

总地来说，由于相关法律法规体系不完善，尤其是地方性法律法规不健全，致使煤层气资源勘探投入不足，煤层气开发企业在产业发展初期积极性不高，出现了煤炭企业瓦斯，利用率不高，有的甚至直接排空现象，严重阻碍了煤层气产业发展。

6.6.6 基础理论研究进展缓慢、技术创新体系建设滞后，制约煤层气产业发展进度

煤层气的开发利用是我国的一个新兴产业，从理论和技术方面还存在许多关键性的创新课题。国内专门从事这方面研究的单位很少，相关院校也没有设置这样的专业学科，无论是基础理论，还是应用研究；无论是人才储备，还是技术储备都显得相当不足。例如，煤层气勘探技术、排采技术、煤层气资源评价技术、煤层气利用路线的研究都滞后于煤层气产业发展速度。山西作为全国煤层气开发较好的地区，在这方面较为薄弱，山西煤炭地质部门存在煤层气工程多、技术研究少，山西各大高校、科研机构参与煤层气项目课题研究也不多。因此，在基础理论研究方面，目前对煤与瓦斯突出机理还没有充分认识，尚未建立起符合山西地质条件的煤层气存储、渗流、开发等地质理论；在技术创新方面，在产业的勘探、开发、集输、利用等环节，都程度不同地存在技术短缺的问题，这种理论研究和技术创新的缺位，影响煤层气产业化、规模化进程。

6.6.7 行业标准尚不规范，致使对产业发展难以进行有效监管

目前，对煤层气行业管理，大多是比照常规天然气或相关产业的某些条款，或针对产业发展中某些共性问题的解决而出台的一些文件，缺乏系统的、可操作性的、具有强制约束力的法规来规范，致使产业发展难以协调。例如，资源的占用方面，缺少企业准入门槛和有效的监管办法等，致使对"跑马圈地""占而不探"等行为都不能进行有效约束；资源的开发利用方面，由于缺少安全管理规范及质量标准，采煤、采气产业密切衔接、服务采煤的法规约束，不仅采煤、采气的矛盾难以解决，而且还为采煤作业留下隐患；环境的保护方面，由于缺少行业特色的约束性法规，使生产过程中排空、噪声、扬尘、污水和固体废弃物处理无法监管；产品管理方面，缺乏安全质量规范标准和监管法规。所有这些都在影响和制约着煤层气产业的有序、规范和健康发展。所以，必须加快建立与完善系统的行业监管标准和法规。

6.6.8 一些法律法规调整滞后，仍是协调煤、气关系的制度障碍

《中华人民共和国矿产资源法》规定：国有矿山企业"开采主要矿产的同时，对具有工业价值的共生和伴生矿产应当统一规划，综合开采，综合利用，防止浪费"，"禁止任何单位和个人进入他人依法设立的国有矿山企业和其他矿山企业矿区范围内采矿"；在《中华人民共和国矿产资源法实施细则》分类细目中把煤和煤层气都认定为矿产资源。这就是说，包括煤炭和煤层气在内的矿山企业都可以取得煤炭、煤层气的矿业权，都有开采煤层气的权利，且都是受法律保护的。在《中华人民共和国煤炭法》及煤炭、煤层气发展规划中都明确支持煤炭企业实施采煤采气一体化，"任何单位或者个人需要在煤矿采区范围内进行可能危及煤矿安全的作业时，应当经煤矿企业同意，报煤炭管理部门批准"。

这些规定无疑都确认了煤炭企业开采煤层气的主体地位及其合法性，但在《矿产资源勘查区块登记管理办法》中，对煤层气探矿开采权实行"申请在先原则"和"排他性原则"。所谓排他性原则，"是指同一矿区或者工作区不得同时存在两个以上矿业权"。这样，在非煤企业先于煤炭企业获得煤层气勘探开发权的前提下，给煤炭企业落实采煤采气一体化，以及协调煤、气企业关系设置了难以逾越的制度障碍。

6.6.9 煤层气利用受限制

目前，煤层气利用受到诸多因素制约：在煤层气开发区域，没有与之配套的长输管线，致使开发与市场脱节，出现"点天灯"现象；缺乏低浓度瓦斯的安全输送和利用技术，大量低浓度瓦斯只能稀释后排空；瓦斯上网发电难、入网价格低，发电企业无利可图，限制了瓦斯抽采利用；煤层气综合利用缺乏安全管理规范、行业标准和监管法规，影响了煤层气产业健康有序发展。

6.7 山西省煤层气行业市场预测及其分析

6.7.1 基本方法的选取

国内外学者和机构对能源需求预测进行了广泛的研究，提出了许多能源需求预测的方法。大致可分为两大类：一类是用统计分析方法找出现象与能源需求之间的关系，并根据这些关系来预测能源需求的方法。这些方法有能源消费弹性系数法、回归分析法、单位能耗法、因素分析法、部门耗能分析法等。另一类是时间序列预测方法，主要包括确定性时间序列分析方法和随机性时间序列分析方法。确定性时间序列分析法是设法消除序列中的随机性波动，拟合确定性趋势，这种方法常常是许多经济时间序列作长期粗

略预测的基础。随机性时间序列分析法是根据随机理论对随机序列进行分析。

所有的能源需求预测方法都有其优缺点。目前，比较常用的能源需求预测方法有能源需求弹性系数法、单位能耗法、ARMA法、部门耗能法、灰色系统法和趋势预测法。运用上述方法对我国历年来的能源需求进行预测，并与实际能源消耗量相比较，能源需求弹性系数法的误差相对来说较小，准确度较高，在对能源消费总量的预测上有比较明显的优势。因此，本书在对山西能源消费量的估算运用能源弹性系数与回归分析相结合的方法来进行预测。

能源消费弹性系数，是指一个国家、地区或区域的能源消费增长率与经济增长率之比，反映能源消费增长速度与国民经济增长速度之间比例关系的指标。能源作为社会生产活动和人类生存的物质基础，是社会经济发展的原动力。能源消费与经济增长之间必然存在某种函数关系。一般而言，经济增长必然伴随着能源消耗的增加。目前国内外通常采用能源消费弹性系数来定量地表示能源消费与经济增长之间的关系。经济增长率普遍采用国内生产总值（GDP）的增长率，具体公式如下：

$$能源消费弹性系数 = \frac{能源消费增长率}{经济增长率} = \frac{能源消费增长率}{GDP\ 增长率}$$

从上式可以看出，能源消费弹性系数直接反映了经济增长对能源消费的依赖关系。能源消费弹性系数越大，说明经济增长利用能源的效率就越低，反之则越高。

能源消费弹性系数方法是一种宏观的计量经济分析方法。它宏观地反映了一个国家、地区或区域能源消费与国民经济发展的统计规律。当一个国家、地区或区域处于某个历史发展阶段时，能源消费弹性系数大体有一个比较稳定的数值范围。因此，根据历史统计数据，进行回归分析，找出能源消费的弹性系数，然后利用这个值来预测今后年份的能源消费需求量是可行的。

6.7.2 山西煤层气需求量预测

1. 基本思路

利用能源弹性系数法来预测山西煤层气需求量的具体思路是：首先，根据能源消费弹性系数法预测山西能源需求量总量，即根据山西省历年能源消费弹性系数的变化规律，先确定未来一定时期的能源消费弹性系数，再根据相关部门预测或有关部门规划得出未来一定时期国内生产总值（GDP）的增长速度，从而算出能源消费增长速度。在此基础上，以某年能源消费量为计算基数，依据能源消费增长速度计算出各年限的能源消耗量，也就是能源需求量。其次，结合山西省能源结构调整目标，确定各年度天然气在总能耗中的比例，最终预测出未来各年限的天然气需求量规模。最后，根据煤层气在天然气中比例，得出煤层气消费量，即煤层气需求量。

2. 西能源需求量预测模型的确定

山西省能源消费水平受各方面因素影响变化较大，如生产技术水平、管理水平、市场环境、产业结构、发展目标等因素。在一定时期，国内生产总值增长速度对能源消费水平影响更大。因此，本书对山西省能源需求总量的预测主要考虑地区生产总值增长速度和能源消费弹性系数两个因素，并通过地区生产总值增长速度与能源消费弹性系数的相互关系利用 SPSS 软件拟合模型来预测山西能源需求量。

能源消费与社会经济增长具有一定的相关性，可以用一定的函数关系来描写它们，如与柯布-道格拉斯生产函数有类似的形式。

$$E = kG^b \qquad (6-1)$$

式中，E 为当年社会能源消费总量；G 为当年国内生产总值 GDP；k、b 为待定系数。

如果 E_1，E_2，$\cdots$，E_n 分别为时期 1，2，$\cdots$，n 的能源消费量，G_1，G_2，$\cdots$，G_n 分别为时期 1，2，$\cdots$，n 的国内生产总值；ΔE，ΔG 为相应的变化量，对于能源消费弹性系数的计算公式为

$$e = \frac{\Delta E/E}{\Delta GP/G} \qquad (6-2)$$

对于以上两式，可以推得 b，即为能源消费弹性系数 e，对式（6-1）两边取对数：

$$\ln E = \ln k + b \ln G \qquad (6-3)$$

设 $Y = \ln E$，$a = \ln k$，$X = \ln G$，则式（6-3）可以改写为

$$Y = a + bX \qquad (6-4)$$

通过一元线性回归，即可得（6-4）式中的 a 和 b，也即找出了 E 和 G 的函数关系及能源消费弹性系数。

为此，我们根据《山西统计年鉴》2000～2012 年山西省能源消费总量与地区生产总值，利用能源消费弹性系数预测未来年份的能源需求（见表6-7）。

表6-7　山西能源消费总量和 GDP 及其增长速度与能源消费弹性系数数据

年份	山西省能源消费总量（万吨标准煤）	山西省 GDP（亿元）	山西省 GDP 增长速度（%）	山西省能源消费增长速度（%）	山西省能源消费弹性系数
2000	6735	1845.72	——	——	——
2001	7968	2032.14	10.1	18.30	1.81
2002	9339	2294.29	12.9	17.21	1.33
2003	10387	2636.14	14.9	11.22	0.75

（续表）

年份	山西省能源消费总量（万吨标准煤）	山西省GDP（亿元）	山西省GDP增长速度（%）	山西省能源消费增长速度（%）	山西省能源消费弹性系数
2004	11268	3036.83	15.2	8.48	0.56
2005	12238	3419.47	12.6	8.61	0.68
2006	13415	3822.97	11.8	9.62	0.82
2007	14531	4373.48	14.4	8.32	0.58
2008	14575	4727.73	8.1	0.30	0.04
2009	15059	4983.03	5.4	3.32	0.61
2010	16250	5675.67	13.9	7.91	0.57
2011	17708	6413.51	13.0	8.97	0.69
2012	18694	7061.28	10.1	5.57	0.55

数据来源：《山西统计年鉴2013》及整理所得.

根据式（6-3），对表6-7中的数据进行处理，即对GDP和能源消费总量取对数，结果如表6-8所示。

表6-8　山西能源消费总量与GDP对数数据

年份	lnE	lnG
2000	8.82	7.52
2001	8.98	7.62
2002	9.14	7.74
2003	9.25	7.88
2004	9.33	8.02
2005	9.41	8.14
2006	9.50	8.25
2007	9.58	8.38
2008	9.59	8.46
2009	9.62	8.51
2010	9.70	8.64
2011	9.78	8.77
2012	9.84	8.86

数据来源：由表6-7取对数所得.

可以根据式（6-1），利用SPSS数据处理软件，对2000~2012年的山西省能源消费总量和 GDP 的关系建立如下模型：

$$Y = 3.712 + 0.696X$$

从而确定山西能源需求量预测模型为

$$E = 40.9356G^{0.696} \tag{6-5}$$

由（6-5）可知，2000～2012 年山西省的能源消费弹性系数平均值为 0.696，即 GDP 增长 1 个百分点，能源消费增长 0.696 个百分点。

3. 能源消费弹性系数的确定

根据《山西统计年鉴 2008》和《山西统计年鉴 2013》显示，"十五"期间前两年山西能源消费弹性系数较高，虽然从 2003 开始，能源消费弹性系数有所下降，但整个"十五"期间能源消费弹性系数均值大于 1，达到 1.026。这一数字说明了山西省国民经济产业结构不合理、能源利用效率低，也反映了山西省耗能部门在国民经济中的比重偏大，科学技术水平比较低下。随着科学技术的进步，能源利用效率的提高，产业结构正向合理性变化，耗能工业也在不断地降低能耗，2003 年以来，山西能源费弹性系数均小于 1（如表 6-7 所示）。"十一五"期间，山西能源消费弹性系数均值为 0.524，2008 年山西能源弹性系数仅为 0.04，这并不意味着山西经济发展与能耗关系不密切，原因是：一是从 2008 年下半年爆发金融危机，高耗能产业受到了影响；二是 2008 年中国举办奥运会，限制了高耗能产业的高速度发展。随着 2010 年全国经济的缓慢复苏，作为全国煤炭大省的山西，能源消费水平也在逐渐上升，能源弹性系数又开始缓慢上升。山西目前仍处于不发达省份，且又以重工业为主，随着国民经济高速发展和人民生活水平的提高，能源消费水平将会快速增长。从世界发达工业国家发展过程来看，处于工业初、中期，一般经济高速度发展伴随着能耗的增加。为了使山西省经济社会仍保持在高速发展，我们认为"十二五"期间的能源消费弹性系数仍保持目前的平均水平为 0.69。到 2018 年以后，随着科学技术水平的发展，尤其是加大了环境保护，增强节能降耗减排的力度，其能源消费弹性系数会略有下降，因此，我们预测到 2030 年山西能源消费弹性系数会降到 0.5 左右。

4. 山西能源需求量的预测

由表 6-7 可知，山西省"十一五"期间 GDP 年均增长速度为 10.72%。根据山西省提出的发展战略，结合当前中国经济发展的宏观环境，据此，我们推测 2013～2020 年山西省 GDP 年均增长速度仍保持在 10% 左右，即按 11% 来进行计算。2021～2030 年随着经济规模的不断扩大，经济发展速度有所放缓，即 GDP 年均增长速度有所放缓，我们估计下降为 9%。

根据上述对能源消费弹性系数和 GDP 年均增长速度的分析，2013～2017 年山西能源消费弹性系数仍处在高位，为 0.69，从 2018 年开始逐渐降低，到 2030 年会降低到

0.52，而 2013~2020 年 GDP 年均增长速度为 11%；2021~2030 年 GDP 年均增长速度为 9%，按（6-5）预测 2015~2030 年的山西能源需求总量，结果如表 6-9 所示。

表 6-9　2015~2030 年山西能源消费量预测表

年份	山西省能源消费总量 （万吨标准煤）	年份	山西省能源消费总量 （万吨标准煤）
2013	19911.48	2022	22664.50
2014	21398.16	2023	21680.12
2015	22995.85	2024	20702.78
2016	24712.81	2025	19735.45
2017	26557.98	2026	18780.92
2018	25957.31	2027	16095.47
2019	25317.33	2028	13746.55
2020	24641.64	2029	11700.01
2021	23652.78	2030	9923.89

5. 山西煤层气需求量预测

天然气属于清洁能源，其二氧化碳排放量比煤炭和石油都低，在中国能源需求量快速增长的大背景下，改善能源结构、节能减排、降低二氧化碳排放量，提高天然气在能源构成中的比重，实现向低碳经济发展，是我国未来发展的必然趋势。为此，中国政府提出了两个指标：一是到 2020 年，非化石能源要达到一次能源消费量的 15%；二是单位 GDP 的二氧化碳排放量，2020 年要比 2005 年降低 40%~45%。国家能源局提出，到 2015 年将天然气在一次能源中的比例提高到 8.3%，2020 年提高到 12%。由于我国能源消费基数很大，天然气在能源构成中要如此大幅度提高，是一项十分艰巨的任务。山西省经济社会发展除了符合国家的能源政策外，同时，要结合山西能源发展的实际情况。目前，山西经济社会发展正处于高速发展时期，对能源的需求比较高。特别是在煤炭高污染能源受限的情况下，石油资源又匮乏，天然气能源必然成为能源需求的亮点。但由于天然气输送管网及基础设施比较薄弱，还不能承担起能源消费的主体。随着管网及基础设施的逐步完善，以天然气为主的清洁能源在一次能源消费中的比重会逐渐加大。因此，我们把 2013 年山西省天然气在一次能源消费中的比例确定为 8%；2015 年达到 10%；2020 年达到 15%；2025 年达到 25%；2030 年提高到 50%。

根据表 6-9 中山西能源消费总量值，可算出山西天然气消费量，即天然气需求量。由于山西没有天然气资源，而煤层气资源丰富，因而，天然气需求量近似为煤层气需求量。经预测，2015 年山西煤层气需求量为 172.9 亿立方米；2020 年为 277.91 亿立方米；到 2030 年达到 373.08 亿立方米。2015~2030 年山西煤层气每年的需求量如表6-10 所示。

表 6-10　2015~2030 年山西煤层气需求量预测表

年份	山西省煤层气需求量（亿立方米）	年份	山西省煤层气需求量（亿立方米）
2013	119.77	2022	323.78
2014	144.80	2023	326.02
2015	172.90	2024	342.45
2016	204.39	2025	370.97
2017	239.62	2026	395.39
2018	253.72	2027	423.57
2019	266.50	2028	413.43
2020	277.91	2029	395.87
2021	320.11	2030	373.08

6. 山西煤层气需求分析

随着山西省经济社会发展，人民生活水平的提高，对环境的要求也越来越高，燃气市场需求会剧增。从表6-10 和图6-4 的山西煤层气需求预测可以看出，山西煤层气需求在未来20 年内迎来用气高峰期，到2027 年达到最高峰，为423.57 亿立方米。2010年，山西提出"气化山西"战略，主要通过过境天然气、煤制天然气、焦炉煤气和煤层气"四气"来实现。其中焦炉煤气由于制气过程污染重，气体中含有较多杂质，热值低，燃烧后会产生烟尘，省城和主要地市均在缩减焦炉煤气，使天然气逐渐成为燃气市场上的主角。可山西的天然气主要依赖外部供应，气源受制于供气方。近两年来随着全国天然气需求量猛增，导致供气紧张，山西省不得不对一些地区限量供应，使这些地区出现"气荒"现象。随着省城和各地级市县的居民用气改造，天然气用户数和用气量还会急剧增长。特别是随着城市公共汽车和出租车的"油改气"进一步推广和扩大，对天然气的需求量会更大。而根据我国未来天然气产量与需求量的关系，天然气供应今后将长期处于紧张的局面。山西通过依靠外输天然气来满足整个市场需求，在某种程度存在极大风险。一旦全国天然气出现供应紧张，山西天然气就会面临气源无法保证的局面。作为天然气替代品的煤层气储量丰富，且已具备产业化规模，必将会成为山西未来燃气市场的主角。山西省煤层气勘探开发已近10 年了，无论在资源上还是在技术上，都具有很大的优势。随着"四气合一"传输的技术性问题得到解决，山西省气体运输管网中，焦炉煤层气、煤制天然气、过境天然气、煤层气这四种气体实现混合运输，届时山西燃气市场会迎来一片光明，而煤层气市场也会进入使用高峰时期，煤层气产业开发随之步入产业化、商业化时代。

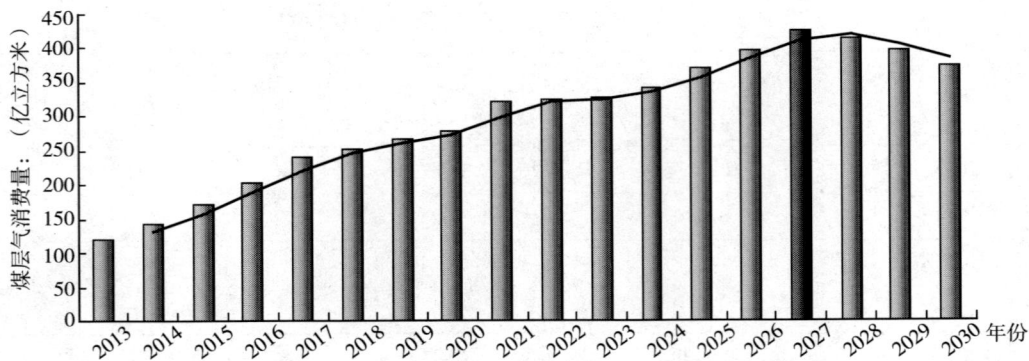

图 6-4　2013~2030 年山西煤层气消费量预测趋势

数据来源：由表 6-10 整理所得．

第7章 煤层气产业化开发的发展规模、费用核算及不确定性分析

7.1 煤层气产业发展规模预测

煤层气是一种新兴的清洁能源，在当前能源需求急增且又面对清洁能源资源有限的现实背景下，大力开发煤层气迫在眉睫。目前，煤层气勘探开发利用在我国还处于煤层气产业化、规模化初期。随着我国经济社会的持续高速发展，煤层气的消费需求越来越大。一些企业会越来越关注煤层气行业，并会进入煤层气行业。由于我国煤层气产业刚起步，煤层气开发利用的经济评价工作十分薄弱。煤层气开发利用项目能否得到有益的投资回报，成为投资企业或投资人十分关心的问题。只有煤层气资源投资有利可图，才会引起投资者的兴趣，这也是促进煤层气产业发展的条件。所以，对煤层气开发利用进行经济性分析，是十分必要的和紧迫的。充分利用现有的数学工具对煤层气开发利用进行分析、研究，确定煤层气开发利用投资的最低生产规模和实现一定盈利水平的目标生产规模，对指导煤层气开发企业实现经营安全生产，提高经济效益具有重要的现实意义。

从煤层气产业发展历程来看，煤层气产业发展规模预测的应用较少，主要原因是煤层气产业发展过程中不稳定因素居多，无法准确预判。随着煤层气产业化、规模化发展，投资主体越来越重视煤层气开发利用的经济性评价工作，并对投资煤层气项目的抗风险能力要求越来越高。如何有效避免在煤层气产业项目中的潜在风险，对煤层气产业项目作出科学合理的投资决策至关重要。我们使用管理学中的盈亏平衡分析法，通过计算煤层气开发企业在生产经营过程中，销售收入与销售成本相等时的盈亏平衡产量或盈亏平衡销售额，从而来预测煤层气产业发展中最低生产规模、警惕生产规模、安全生产规模和最佳生产规模，进而为煤层气企业进行煤层气产业开发利用提供决策依据。

7.1.1 盈亏平衡分析法的基本原理

盈亏平衡分析是通过盈亏平衡点（BEP）分析项目成本与收益的平衡关系的一种方

法。对于一个项目而言，各种不确定因素（如投资、成本、销售量、产品价格、国家政策、地区政策项目寿命期等）的变化会影响投资方的经济效益，当这些因素的变化达到某一临界值时，就会影响投资方对项目投资的取舍。在这点上，销售收入与生产支出相等，对于所研究的项目方案来说，既不亏损也不盈利。盈亏平衡分析就是要找出项目方案的盈亏平衡点，为投资方判断是否投资决策提供依据。

盈亏平衡分析法是进行总产量计划时常使用的一种定量分析方法。盈亏平衡分析的基本方法是建立成本与产量、销售收入（扣除税金）与产量之间的函数关系，通过对这两个函数及其图形的分析，找出用产量和生产能力利用率表示的盈亏平衡点，一般情况下为这两个函数的交点。进一步确定项目对减产、降低售价、单位产品可变成本上升等诸因素变化所引起的风险的承受能力。

按投资项目的销售收入与产品销售量（一般情况下，产品销售量等于产品产量）之间关系，盈亏平衡分析有线性和非线性两种情况。

1. 线性盈亏平衡分析

线性盈亏平衡主要分析销售收入、生产成本与产品产量的关系。线性盈亏平衡分析的前提条件假设：

（1）产量等于销售量，销售量变化，销售单价不变，销售收入与产量呈线性关系，企业不会通过降低价格增加销售量；

（2）项目正常生产年份的总成本可划分为固定和可变成本两部分，其中，固定成本不随产量变动而变化，可变成本总额随产量变动呈比例变化，单产品可变成本为常数，总可变成本是产量的线性函数；

（3）项目在分析期内，产品市场价格、生产工艺、技术装备、生产方法、管理水平等均无变化。

盈亏平衡点（Q_0）就是项目处于盈亏平衡状态时的数值，其中盈亏平衡状态就是销售收入等于总成本、项目盈利为零的状态，即

$$TR = TC \tag{7-1}$$

式中，TR 为销售收入；TC 为总成本。

$$TR = pQ - T_U Q \tag{7-2}$$

$$TC = C_F + C_V Q \tag{7-3}$$

式中，p 为产品价格；Q 为销售量；T_U 为单位产品营业税金及附加税利率；C_F 为固定成本总额；C_V 为单位产品的变动成本。

根据盈亏平衡的定义，在项目盈亏平衡时，销售收入等于总成本，即 $TR = TC$。由此可以得出盈亏平衡点的产销量（如图 7-1 所示）。

$$\mathrm{BEP}_Q = \frac{C_F}{p - C_v - T_U} \tag{7-4}$$

式中，BEP_Q 为盈亏平衡时的产销量；

由于单位产品营业税金及附加常常为产品价格与营业税金及附加税率的乘积，所以上式可变为：

$$BEP_Q = \frac{C_F}{p(1-r) - C_v} \quad (7-5)$$

式中，r 为营业税金及附加的税率。

（7-5）式为表明在不发生亏损时所必须达到的最低限度的产量。由图 7-1 可以看出，盈亏平衡点越低，说明项目盈利的可能性越大，亏损的可能性越小，对某些不确定因素变化所带来的风险的承受能力就越强。

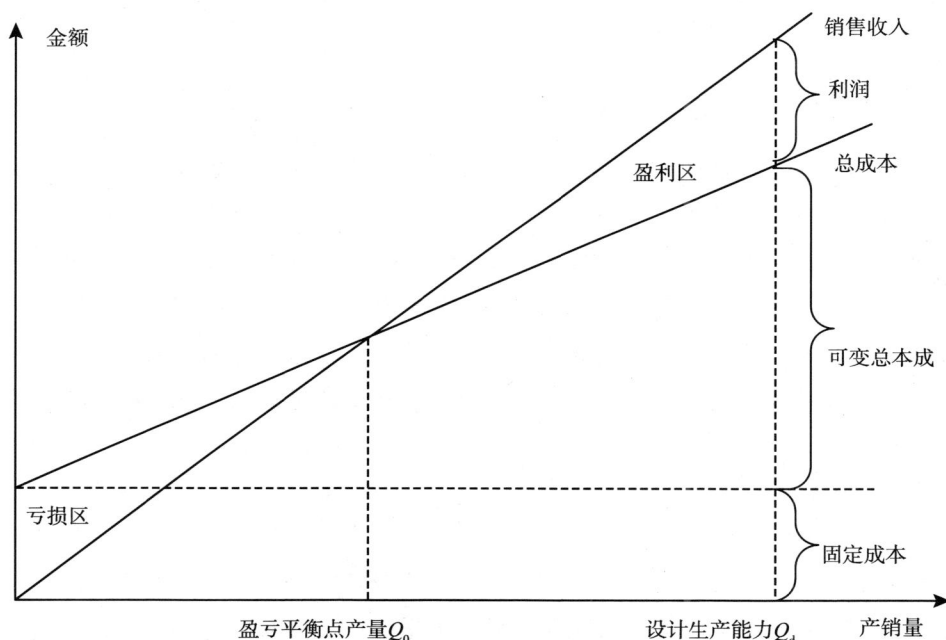

图 7-1 盈亏平衡基本量

若项目设计生产能力为 Q_d，则盈亏平衡生产能力利用率 BEP（%）：

$$BEP（\%） = \frac{BEP(Q)}{Q_d} \times 100\% = \frac{C_F}{TR_n - C_V - T} \times 100\% \quad (7-6)$$

式中，TR_n 为年营业收入；C_V 为年可变成本；T 为年营业税金及附加。

2. 非线性盈亏平衡分析

在生产实践中，由于产量扩大到一定水平，原材料、动力供应价格上涨等原因造成项目生产成本与产量并非呈线性关系，也由于市场容量的制约，当产量增长后，产品售价也会下降，价格与产量呈某种函数关系，因此，销售收入与产量就呈非线性关系（如图 7-2 所示）。

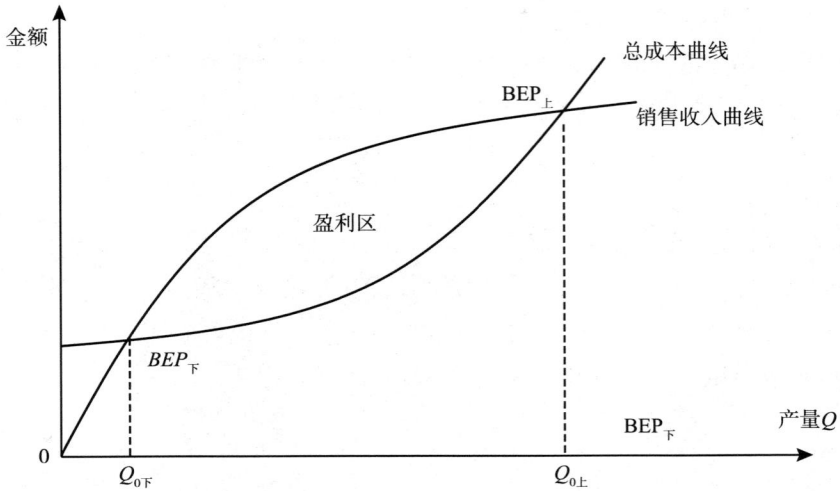

图 7-2 非线性盈亏平衡关系示意

由销售量及成本变动引起的经营风险大小与项目固定成本占总成本的比例有关。固定成本占总成本的比例越大，盈亏平衡产量越高，盈亏平衡单位产品变动成本越低。高的盈亏平衡产量和低的盈亏平衡单位产品变动成本会导致项目在面临不确定因素的变动时发生亏损的可能性增大。也就是说，固定成本的存在扩大了项目的经营风险，固定成本占总成本的比例越大，这种扩大作用越强。固定成本占总成本的比例取决于产品生产的技术要求及工艺设备的选择。一般来说，资金密集型的项目固定成本占总成本的比例比较高，因而经营风险也比较大。

7.1.2 山西煤层气产业发展规模的预测与分析

从山西煤层气开发利用的发展过程来看，由于缺乏煤层气开发投资的总体规划和可行性研究，普遍存在各自为政，开发利用效率低下，规模效益差等现象，在相当程度上影响着山西煤层气产业的发展。因此，研究确定山西煤层气开发的最低生产规模和合理生产规模，对煤层气开发企业，对山西煤层气产业发展具有重要的指导意义。

1. 山西煤层气产业发展生产规模的建立

根据煤层气开发项目实际情况，煤层气开发项目的总投资应包括：固定资产投资、流动资金投资和建设期利息三部分，具体内容情况如下。

固定资产投资包括建设期排采费、建设投资两部分，建设投资包括钻井工程费用、采气工程费用、地面工程费用三项。钻井工程费用包括钻井费用、固井费用、测井费用、套管及套管附件费用；采气工程费用包括射孔费用、压裂费用、投产作业费用、螺杆费用、抽油机地面和井下费用；地面工程费用包括井场工程费用、站场工程费用、采气管线工程费用、穿越工程费用、供电工程、通信工程、道路部分和其他费用等。

流动资金投资是指为维持生产所占用的全部周转资金，包括货币资金、存货、预付账款、待摊费用等。流动资金可通过两种方法估算，即扩大指标估算法和分项详细估算法。对于煤层气开发企业，应根据生产经营规模、生产技术条件等因素，按实际需要量估算，为简化计算，根据煤层气开发企业的经验，一般采用扩大指标估算法，通常按照年经营成本的 18% 来估算煤层气开发项目的流动资金。按照国家有关规定，流动资金的筹资，可 30% 由开发企业自筹，70% 由银行贷款。

建设期资本化利息是指用于煤层气开发项目的银行贷款，在建设期内发生并按规定允许在投产后计入固定资产原值的利息。建设期贷款利息通常按如下的公式进行：建设期每年应计利息 =（年初借款累计额 + 当年借款额/2）× 实际年利率；如果用 K 表示固定资产原值，K_t 表示第 t 年的贷款额，i 为贷款利率，n 为建设期，则按复利计算的建设期固定资产投资的本利和为：

$$K = \sum_{t=0}^{n} Kt\,(1+i)^{\,n-t} \tag{7-7}$$

为确定煤层气开发的最低投资规模，假设煤层气开发企业的年均生产能力为 Q，每立方米煤层气的单价为 p，单位产品营业税金及附加为 T_U，则销售收入为：

$$TR = p \times Q - T_U \times Q = (p - T_U) \times Q$$

煤层气开发项目的生产成本费用可分为生产成本、管理费用、财务费用和营业费用四大类，它们可归为固定成本和变动成本，若用 C_F 表示煤层气开发企业的固定成本总额，用 F 表示年均固定资产折旧，f 表示固定资产折旧以外的年均固定费用，m 表示固定资产的平均使用寿命，s 表示固定资产的净残值率，则有：

$$C_F = F + f = \left[\sum_{t=0}^{n} K_t\,(1+i)^{\,n-t}\right] \frac{i(1-s)\,(1+i)^{\,m}}{(1+i)^{\,m}+1} + f \tag{7-9}$$

若用 C_v 表示可变成本总额，C_v 表示单位可变成本，则有 $C_V = C_v \times Q$

用 TC 表示总成本，则总成本函数为：

$$TC = C_F + C_V = F + f + C_v Q \tag{7-10}$$

所以，盈亏平衡产量：

$$BEP_{Q_0} = \frac{F+f}{p - T_u - C_v} = \frac{F+f}{p(1-r) - C_v} \tag{7-11}$$

一般煤层气开发项目的营业税金及附加指的是城市建设维护税、教育费附加和资源税。按照有关规定，城市建设维护税为增值税的 5%；教育附加费为增值税的 3%；根据财政部、国家税务总局〔2007〕16 号文件，对地面抽采煤层气暂不征收资源税。

若煤层气开发利用项目的标准投资收益率为 λ，投资总额为 M，则煤层气开发最低生产量为：

$$Q_d = \frac{C_F + \lambda M}{p(1-r) - C_v} \tag{7-12}$$

设 Q_1 为企业报告期产量，通常把 $\dfrac{(Q_1 - Q_0)}{Q_1}$ 的比例作为经营安全率（用 A 表示），当 $A \geqslant 30\%$ 时为经营安全，则安全生产规模为

$$\frac{(Q_1 - Q_0)}{Q_1} \geqslant 30\% \Rightarrow Q_1 \geqslant \frac{Q_0}{0.7} \tag{7-13}$$

当 $A \leqslant 10\%$ 时为生产经营的警惕区，警惕生产规模为：$Q_j \leqslant \dfrac{Q_0}{0.9}$。

2. 山西地面煤层气产业发展规模预测

我们以山西省沁水盆地某开发区块地面煤层气开发利用的评价基础数据来预测山西煤层气产业发展的生产规模。

山西沁水盆地某开发区块 2.6 亿立方米的产能，建设期为 2 年，生产期为 16 年，18 年计算期内共产气 26 亿立方米，共投资 9.12 亿元，共建设 300 口井，平均售价为 1.38 元/立方米，年固定成本为 5489 万元，单位变动成本为 0.726 元，按照目前煤层气行业最低投资收益率 12% 来考虑，利用盈亏平衡分析模型，可确定该区块的盈亏平衡产量、警惕产量、经营安全产量、最低生产量如表 7-1 所示。

表 7-1　生产规模

指标名称	盈亏平衡产量	警惕产量	经营安全产量	最低生产量
生产规模（10^4 立方米）	10771.19	11967.99	15387.42	11355.78

按照目前国外煤层气资源量向储量转化率 20% 计算，山西煤层气资源储量约为 1.992×10^{12} 立方米。按照采收率 50% 来计算，山西煤层气资源经济可采储量为 0.996×10^{12} 立方米。粗略按计划 100 年期限，则平均每年可利用 99.6×10^8 立方米。由此，可以推出，在现有的技术和设备条件下，山西地面煤层气项目的产能建设总共最大为 100 亿立方米。按现有开发煤层气企业的经验，一口井正常产气量一般在 8~10 年，我们按照一个区块经过产能递补平均 18 年的产气量来计算，如按上述 2.6 亿产能规模建设，评价计算期为 18 年，需要同时建设 40 个同等规模的产能，才能满足最大产能 100 亿立方米。由于煤层气特殊的地质条件和地理环境，只能以区块来进行开发，山西煤层气产业发展规模也只能按各区块来计算，并进行加总。由此，我们可以粗略估算出，山西煤层气产业发展规模各产量如表 7-2 所示。

表 7-2　生产规模

指标名称	盈亏平衡产量	警惕产量	经营安全产量	最低生产量
生产规模（10^8 立方米）	43.09	47.87	61.55	45.43

3. 山西煤层气产业发展规模预测分析

通过上述对某区块煤层气开发利用的盈亏平衡产量、警惕产量、经营安全产量和最低生产量，推导出在现在技术和设备条件下，山西煤层气产业未来发展的适度规模。从表 7-2 可以看出，山西煤层气产业从一个产业发展长远利益角度来看，每年极限产能为 100 亿立方米，年均整体行业达到约 45 亿立方米才能实现 12% 的基本投资收益率。要想在此基础上提高煤层气产量，实现更高的投资收益率，唯一的办法是加大煤层气开发利用技术的研究力度，提高煤层气采收率和利用率。

通过上文对山西沁水煤层气某区块的生产规模的预测和山西煤层气产业发展规模预测，一方面，让煤层气开发企业了解掌握煤层气不同开发规模的盈亏平衡产量、警惕产量、经营安全产量以及最低生产量，从而指导煤层气开发企业及时根据市场供求状况合理安排生产，降低生产成本，提高经济效益；另一方面，为煤层气行业或相关政府部门制定鼓励发展煤层气产业政策时提供技术支持。在制定煤层气产业发展规划时，既要考虑煤层气资源的有限性，又要考虑能源行业发展的规律性；在推进煤层气产业化进程中，既要考虑煤层气产业发展速度，又要适度控制煤层气产业发展整体规模，不能一哄而上。

另外，煤层气产业发展规模大小确定也是一个复杂的问题，从某个区块角度，只需考虑规模经济就可以，但从整个产业发展角度，又要考虑经济发展的需求。对于煤层气开发企业来说，在一定时期、一定生产经营条件下生产能力的综合表现也不是一成不变的，社会因素、技术因素等变化都会增加其复杂性，需要管理者根据企业内部条件和外部环境的变化及时进行调整。因此，本书对山西煤层气产业发展预测只是在现有的生产技术和设备下，对其进行一种定性和定量相结合分析，对指导山西煤层气产业发展具有一定的现实意义。

7.2 煤层气产业化开发示范基地的费用核算分析

煤层气是一种新兴产业，煤层气资源开发投资是一种商业行为，因此，为提高煤层气勘探开发综合效益，必须对煤层气勘探开发投入费用进行合理计算、分析，而煤层气产业化开发的费用构成是其核算的基础。

煤层气产业化开发示范基地的建设涉及煤层气勘探、煤层气开发与煤层气利用以及与煤层气相关的产业等多个方面。重点环节在煤层气利用，从煤层气利用角度，围绕煤层气产业链进行延伸或拓展；关键环节在煤层气勘探与开发，只有开采出煤层气才有可能被利用，才有可能产业化。煤层气产业化示范基地的费用核算与煤层气勘探开发密切相关，煤层气勘探开发费用的高低直接决定煤层气利用程度和煤层气产业化进程。由于煤层气利用涉及不同产业，费用核算与产业直接相关且自由度较大，所有产业又无法形成一个统一标准，所以，煤层气产业化开发示范基地的费用核算只考虑煤层气勘探与开发，也就是煤层气利用前的成本构成。

目前，煤层气勘探开发方式有地面钻井、井下抽放和采空区抽放三种。能形成商业化开发的煤层气勘探开发方式主要是地面钻井。我们以一个煤层气区块开发项目来阐述煤层气勘探开发费用核算构成。一个煤层气区块开发项目从费用构成角度来看，主要分为两个方面，即投资估算和成本费用估算。

7.2.1 投资估算分析

对于一个煤层气勘探开发项目的组成，目前，根据其评价指标和方式不同，有多种划分方法。

1. 直接法

从井上井下的角度来划分，有两种情况。

一种是直接把煤层气勘探开发项目分为地面井工程和地面设施建筑工程二类。其中：地面井工程主要包括钻井工程、测井、试井、分析化验、射孔、压裂工程、排水采气设施等；地面设施建筑工程主要包括井场工程、提纯工程、水处理工程、储气罐、大型加压站、输气管线、供排水及消防、供电工程、机修工程、交通运输工程、基地建设工程、通信工程、供热工程、其他工程等。

另一种是把煤层气勘探开发项目分为地面井工程和地面工程二类。其中地面井工程主要包括六个部分，即：①钻井工程，主要包括钻井、固井和测井等；②压裂工程，主要包括射孔和水力压裂；③作业工程，主要包括设备安装、下抽水泵、安装油管、水管和地面抽水设备（抽油机和螺杆泵等）；④排采工程，主要包括排采方案和确定降速；⑤集气工程，主要包括除尘、脱水、脱硫工程；⑥供电工程，主要包括抽采井、增压站的动力驱动系统。地面工程主要包括井场工程费、站场工程费、采气管线工程费、穿越工程费、供电工程费、通信工程费、道路工程费等。

2. 投资费用构成法

从煤层气开发项目中投资费用支出角度来划分，在目前煤层气勘探开发技术的实现情况下，煤层气开发项目投资估算主要包括建设期排采费、建设投资、建设期利息及流动资金等部分。

建设期排采费主要是指钻井费用，包括直井（定向井）和水平井的费用。通常按新建亿能产能的花费来计算。建设期排采费不计入建设投资，但参与经济评价计算。

建设投资主要包括钻井工程、采气工程和地面工程三大部分。

（1）钻井工程。根据我国目前煤层气钻井工程成功的经验，主要有直井和水平井两种钻井方式。直井产生的费用有钻井费用、固井费用、测井费用、套管及套管附件。钻前费用包括直井和定向井二部分，它与钻进进尺密切相关。水平井根据现实情况，往往采用定额来估算。

（2）采气工程。采气工程主要包括直井的射孔费、压裂费、投产作用费、螺杆泵费、抽油机费、压力计及控制器费等；水平井的投产作用费、螺杆泵费、抽油机费、压力计及控制器费等。

（3）地面工程。地面工程主要包括工程费用、其他费用及预备费三部分。其中，工程费用主要包括井场工程费、站场工程费、采气管线工程费、穿越工程费、供电工程费、通信工程费、道路工程费等。

7.2.2 成本费用估算

煤层气勘探开发项目成本费用估算也有多种，目前，主流是财务净现值法。

1. 财务净现值法费用核算构成

净现值法又称收益现值法，它是资源性资产价值评估最常用的方法。其基本原理是：假定煤层气资源以某种方式投入开发，未来产生的净现金流按照一定的折现率折算成现值。对于煤层气勘探开发来说，一般有地面钻井、井下抽放和采空区抽放等形式，能形成商业化开发的煤层气勘探开发方式主要是地面钻井。用净现值法来核算煤层气勘探开发费用主要是在地面钻井方式下产生的现金流的费用构成。

净现值法现金流包括现金流入和现金流出二部分，现金流入包括销售收入、各种补贴收入、回收资产残值和回收流动金；现金流出主要包括建设投资、流动金投资、经营成本和税费。其中，现金流中的收入、建设投资和经营成本需直接计算，其他各项主要以它们为基础计算。

在净现值法核算煤层气勘探开发费用时，关键是建设投资和经营成本估算。建设投资主要包括钻井投资和地面工程投资两部分。经营成本主要发生在煤层气排采、集输和处理过程中。现金流中的收入主要是指煤层气的销售收入和补贴收入。资产回收主要指固定资产残值回收。税费主要包括增值税、城建税、教育附加费、矿产资源补偿费、资源税和所得税。

2. 煤层气开发项目成本费用实际构成

根据煤层气勘探开发项目实际经验，煤层气开发项目成本费用构成主要包括生产成本、管理费用、财务费用和营业费用四大部分。

（1）生产成本。生产成本主要由采气操作成本、增加煤层气中央处理厂的处理成本、固定资产折旧费等。其中采气操作成本包括人员费用、材料费、燃料费、动力费、井下作业费、维护修理费、运输费、工农土地赔偿费、综合服务费等。

（2）管理费用。主要包括摊销费、矿产资源补偿费及其他管理费等。

（3）财务费用。主要指生产经营期内固定资产借款利息和流动资金贷款利息之和。

（4）营业费用。主要指营业收入的费用，如煤层气营业收入、补贴收入、增值税、资源税、城市维护建设税、教育附加费等。

7.3 煤层气产业化中不确定因素分析

7.3.1 煤层气藏地质特征对煤层气产业化的影响

煤层气产业化的前提是煤层气产量的保证，而煤层气产量与煤层气采收率密切相关。煤层气采收率受煤层气藏地质特征控制，如煤阶、埋深、吸附特征、渗透率与气含量等。

煤阶对煤层气的产出影响很大。在我国，煤层气勘探开发大多集中在中高煤阶含煤区，低煤阶含煤区的勘探开发研究在我国相对还很薄弱，且低煤阶的煤层气含量在我国占相当部分，约占全国煤层气资源量的40%。目前，我国在高煤阶煤区对煤层气勘探开发取得了初步成果，但采收率明显偏低，尤其是煤粉治理成为煤层气开发的关键问题。煤粉常造成裂缝、井筒堵塞，导致煤层气渗透性、永久性伤害，影响煤层气井高产、稳产。

气含量越高煤层气产出越高。考虑到经济因素，煤层气井开发中产量低于某一数值时将停止生产，这会造成大量残余吸附气未被采出。

埋深也会影响煤层气产出，影响煤层气产业化。目前，我国主要是开采1500米以浅埋深的煤层。对于2000米或更深的煤层还没有相应的开采技术来进行勘探开发。

吸附能力也是因为废弃压力和残余吸附气的存在而影响煤层气采收的。因为在废弃压力一定的情况下，不同吸附能力的煤，其残余吸附气含量不同。如果在气含量相同的情况下，残余吸附气含量高的煤的采收率较低。假定废弃压力为0.3MPa，则无烟煤的残余吸附气含量为3.58立方米/吨，而气煤的残余吸附气含量仅为1.16立方米/吨，如果煤层原始气含量均为8立方米/吨，则无烟煤的采收率仅为55%，而气煤的采收率则高达86%。

渗透率也影响煤层气产量。一般来说，渗透率高，产量高，而我国煤层渗透普遍较低，也是形成我国煤层气产出量低的一个重要因素。

7.3.2 开发技术条件对煤层气产业化的影响

井网布置、钻完井技术、排采工艺及强化增产措施等开发技术条件都会影响煤层气产量，进而影响煤层气产业化进程。不同的井网布置方式和井距通过不同的井间干扰和废弃压力直接影响煤层气产量，一般来讲井距越小，总产量越高，废弃压力越低，最终采收率越高。钻完井技术主要通过对储层的伤害、泄流面积及储层渗透率、渗流方式等的改变影响煤层气产量。目前的钻完井新技术在降低钻井成本的同时，大大降低了入井液对煤储层的伤害、增加了泄流面积。排采工艺对煤层气产量的影响很大，不合理的工作制度可能导致过早结束井的生产，而不能有效地将气体产出，从而降低了煤层气产量。强化增产措施是指通过注氮气或二氧化碳或二者的混合气，来增加煤层气产量的方法。有资料显示，注二氧化碳可以使采收率提高 77%～95%，注氮气可以使采收率提高 50%。

7.3.3 "气""煤"矛盾对煤层气产业化的影响

矿权和气权分离，是目前煤层气开发面临的最大问题。煤层气和煤炭是同一储层的共生矿产资源。但目前，矿权和气权的审批权分别在不同的部门，为避免瓦斯爆炸，国家原则上规定先采气再采煤，实行采煤采气一体化，但在实际执行中存在很大困难，甚至难以执行。中国经济的高速发展，对能源有着迫切需求，停止煤矿生产，让煤层气先开采不现实，也不可行。这种现状导致"气"和"煤"的矛盾日益加深，纠纷越来越多，例如，中联煤与当地大小煤炭开采企业之间纠纷不断。有些煤炭企业不惜违反"先抽后采"的规定，直接将瓦斯排入大气。也有一些企业打着开发煤层气的幌子，圈占资源，开采煤炭。

同时，中石油和中联煤等大的煤层气开采企业更多地关注储量丰富的大气区，但煤层气伴生于大大小小的煤矿，产生不了规模效应的小矿区便自己收集供小范围使用，或者为了安全生产点起了"天灯"，这也形成了煤层气产量较低的主要因素之一。

7.3.4 煤层气勘探开发利用技术对煤层气产业化的影响

我国煤层气赋存条件与国外存在巨大差距，由于成煤期后构造破坏强烈，构造煤发育，低压、低渗、低饱和是我国煤层气储层的主要特性，而且煤层气储层的原地应力比较大。要解决这些问题，必须建立自己的开发技术体系，探索适合地层实际的独有技术，这是实现煤层气经济有效开发的前提。由于我国的地质状况与国外有差异，因此外方进入中国之后的技术改造阻力较大。而一些公益性、前瞻性、基础性、共性关键技术与装备等安全技术研究，从人才、基础设施到资金都缺乏必要的支持，特别是社会公益性研究被大大削弱，瓦斯治理和利用等方面的技术研究和创新进展缓慢。

能够被利用的煤层气分为两种，一种是煤矿开采前抽采的煤层气，这种煤层气中甲烷含量超过 95%，实质上就是天然气；另一种则在开采过程中产生的煤层气，这种煤层气中因为含氧或其他杂质成分较多，需要进行分离液化才能利用，目前技术条件下，含氧煤层气的利用是非常难的，我国仍处在工业示范阶段。另外，煤层气的综合利用是一个系统工程，对不同的地区，不同的资源量，不同的技术条件，要进行不同的工业设计和技术方面的研究，恰恰针对我国煤层气的成藏机理、富集规律研究，高阶煤层和低含气量厚煤层中的煤层气开采技术、低渗透性构造煤储层改造技术、油气共伴生煤田煤层气的开发技术、不同煤田类型采用的不同钻井技术以及煤层气井压裂技术等均落后于煤层气技术先进国家，这就加大了煤层气开发利用的成本和技术难度，影响煤层气产业化进程。

7.3.5 资金与市场受限对煤层气产业化的影响

煤层气产业除了面临开发技术、勘探技术、矿权归属等迫切需要解决的难题外，由于我国煤层气开发企业、煤炭开采企业与政府间的协调关系不顺，没有完全建立协调机制，导致投资渠道不畅。具体表现为：一方面各种资金蜂拥而至，出现煤层气勘探开发利用"虚热"现象，一个最明显的特征就是到处在抢地盘，煤炭企业与煤层气公司争夺煤层气资源时有发生；另一方面资金与产业链的对接问题存在不通畅。

煤层气的利用仍面临诸多问题。《全称规划》指出的受限因素包括：在煤层气开发区域，没有与之相配套的长输管线，致使开发与市场脱节，出现"点天灯"现象；缺乏低浓度瓦斯的安全输送和利用技术，大量低浓度瓦斯只能稀释后排空；瓦斯发电上网难、入网价格低，发电企业无利可图，限制了矿井瓦斯抽采利用；煤层气综合利用缺乏安全管理规范、行业标准和监管法规，影响了煤层气产业健康有序发展。

7.3.6 专营权的实施对煤层气产业化的影响

对外开放，引进国外资金和先进技术以促进国内薄弱产业的建康和快速成长是一种发展思路。拥有海上石油勘探开发对外合作专营权的中海油就是一个成功的例子。

而 1996 年 3 月成立的中联煤是由国务院批准组建的，是全国唯一的一家煤层气骨干企业并在国家计划中单列，享有对外合作开采煤层气资源的专营权。当时的煤炭部、地质矿产部和中石油共同出资成立中联煤，从事煤层气资源勘探、开发、生产、输送、销售和利用。后管理层变更为两家股东，中石油股份公司和中联煤各持 50% 股份。但中联煤在过去十多年表现平平，其中，关键因素之一就是管理上存在很大问题。即使有中石油的加入，也没有发挥出强强合作的效果，反而使管理层双方处境尴尬，致使该公司煤层气产量竟不足地方企业山西蓝焰煤层气集团有限责任公司煤层气产量的 1/3。

2008 年 9 月初，中石油与中联煤分家，撤出在中联煤的 50% 股权，并且带走将近50% 的对外合作区块，以及大约 20 名工作人员。中石油与中联煤的"离婚"，使煤层气对外合作专营权放开迫在眉睫。为此，商务部、国家发改委等四部委于 2010 年 12 月 3日发布通知，宣布进一步扩大煤层气开采对外合作，新增中国石油天然气集团公司、中国石油化工集团公司、河南省煤层气开发利用有限公司 3 家公司为试点单位，可以与外国公司合作开发国内煤层气资源，打破了此前仅有中联煤层气有限责任公司享有的煤层气对外合作专营权。

即使专营从独家变成数家，中国煤层气开采前景仍然难称乐观。目前，在独家专营之下，国有企业缺乏业绩考核压力，对外合作项目的推进往往有始无终。经常出现不按合同完成最低工作量，或者"打口井，管它出不出气"的情况。这样的制度缺陷，无法为中国吸引到合格的外资合作伙伴。实际上，这种垄断经营，很难按市场规律进行合作，国企往往只想争地盘、做老大，没有合作的习惯。另外，中国煤层气资源被国有石油公司和煤炭公司割据开发的状态，也令许多有实力的国际企业无法进入该领域。按照国际经验，石油和煤炭公司在开采煤层气上展开合作是最佳的模式。

同时，中外合作双方在后期开发，销售等方面的问题也亟待解决。部分合作煤层气项目在开采出来之后，并没有进入实际的销售环节。因此，实现煤层气产业发展目标任务艰巨，还需要更多的合作模式与创新。

7.3.7 管网垄断对煤层气产业化的影响

我国除了优质煤层气区块业被中联煤、中石油、中石化等大型企业瓜分之外，国内天然气管网等配套设施也呈高度垄断状态，这也将被认为是成为制约我国煤层气开发应用的瓶颈。美国在煤层气领域取得巨大成功的一个重要基础，便是天然气生产和管道运输系统完全分离。天然气管线问题很关键，如果这个问题不能有效解决，许多民企或有实力的国企参与煤层气开发，随时面临"卡脖子"，因此，大部分企业在煤层气投资上会更加谨慎。

虽然国家政策对民营资本在管道运输、使用上没有任何限制规定，并鼓励民营资本参与煤层气，包括天然气管道的建设，但对油气资源较少的民营企业或国企来说，单独自建煤层气管网不仅投资高，而且后续维护成本也非常高，最重要的是难以连成网络。

然而，根据中石油规划总院油气管道工程研究所天然气市场室负责人称，从能源战略和安全考虑，我国油气管网难以实现外包。这意味着，未来民企参与煤层气开采后，要么在井口液化成 LNG 后运输，或就地建发电厂、深加工厂，要么只能交由国企代输或统购统销。按照这种合作模式进行煤层气开发，一旦发生管道输运环节出现协调不畅问题，参与煤层气开发的民企业或国企就会陷入尴尬境地。目前我国煤层气液化项目规模较大、用量较多，大部分项目产能规模超过 30 万立方米/日，更主要的是煤层气液化气价格比管道气贵得多，这必将给下游销售造成巨大压力。

因此，煤层气管网的主体应该多元化，应当建立起专门的管道法律法规，保证管道公司的经营主体与上下游的利益分离开。煤层气资源与市场通道的重要环节是管网，只有煤层气管网向所有用户开放，包括国有企业和民营企业，才有可能组织较多的气源将较大规模的煤层气进入天然气主干管网，才能让煤层气真正担负起天然气的补充角色，实现煤层气应有的未来。

7.3.8 煤层气价格机制对煤层气产业化的影响

当前中国煤层气采用市场定价，国家指导性价格起到一定的参考作用，但主要由企业和用户直接谈判制定煤层气的价格。总体来说，在煤层气资源比较充足的山西晋城，煤层气价格比较低，但在煤层气比较缺乏的地区，煤层气价格就相对较高。在实际操作中，往往煤层气价格参照天然气价格进行商定，目前中国天然气价格以政府定价为主，且最近中国国产陆上天然气出厂基准价格为每千立方米 1155 元，天然气价格明显偏低。煤层气价格一般在商定的基础上，财政补贴 0.25 元/立方米，其中，国家补贴 0.2 元/立方米，山西地方政府补贴 0.05 元/立方米，具体发放数额按照煤层气的具体销售量计算。这样的煤层气价格缺乏竞争性，制约了国内外投资者对煤层气勘探开发投资的积极性，影响了煤层气产业的发展。

7.3.9 扶持政策不给力对煤层气产业化的影响

煤层气勘探开发利用作为独立的产业应该建立比较完善的法律法规，从而明确各方的权利和义务，以促进煤层气产业的健康发展。现行中国煤层气方面的法律法规存在空白、法律层级低、约束性不强等问题。中国煤层气资源勘探、开发、生产、运输和销售整个产业链的管理主要以国务院条例和政府部门规章为主，这些条例和规章同属于第二级法律工具，法律体系效力层级较低，容易造成执行不力。此外，中国煤层气产业中、下游的许多重要领域都存在法律空白，使得中、下游缺乏长期稳定的投资和经营环境，增大了不确定性和投资风险，不利于该领域的发展。在煤层气开发方面"先采气、后采煤"缺乏刚性实施方案，甚至一些地区政策落实不到位或压根就不落实，可操作性的配套政策未及时出台，严重挫伤了煤层气开发企业的积极性，不利于煤层气开发。国家规定的优惠政策不落实或落实不到位，或者在落实过程中，有关部门百般刁难，层层设卡，在各地十分普遍，也最令煤层气开发企业伤心和头痛。另外，有些政策程序复杂，导致煤层气开发企业优惠政策不能及时落实，例如，中央财政给予的 0.2 元/立方米煤层气补贴资金，从申报、审核、批准，到真正拿到企业手里，程序相当复杂，耗时也长。据调查所知，煤层气销售补贴最快也要等到 1 年半以后才能拿到手。而地方企业要想拿到这笔补贴会更晚。这些对煤层气开发工作十分不利，甚至会吓跑中外投资者，直接影响煤层气产业化发展，无疑会阻碍煤层气开发进程。

7.3.10 经济因素对煤层气产业化的影响

影响煤层气产业化的经济因素主要有各种投资成本、税费、操作成本及气价。成本、税费以及操作成本是反相关影响关系，而气价则是从正面影响煤层气产业化的。在各种因素中，操作成本包括水处理成本的变化对煤层气开发的影响巨大，各种操作成本越大，在其他因素不变的情况下，煤层气的成本就越高，内部收益率就越低，从而阻碍煤层气产业化进程。而操作成本的大小与经济发展水平、科学技术等因素密切关联。经济发展强劲，科技水平越发达，其操作成本相对来说就比较低。税种越多，税费越高，煤层气开发企业的利润就越薄，它在某种程度上限制了煤层气产业发展。气价越高，在其他条件不变下，煤层气开发的内部收益率就越高，就会吸引众多的投资者关注煤层气行业，进入煤层气产业，从而促进煤层气产业发展。

第8章 煤层气产业化开发效益分析

8.1 气藏工程

8.1.1 煤层气藏特征

煤层气藏特征（如储层温度、储层压力、煤层气性质、地层水性质、煤层气藏类型等）和煤层气盖层特征（如顶底板厚度、岩性等），会影响煤层气储量及产量。因此，在估算煤层气储量时，首先要分析煤层地质特征及煤层气藏特征与盖层特征。

8.1.2 煤层气储量的计算

1. 煤层气储量参数的确定

参数确定原则有以下两方面。

（1）煤层有效厚度、含气量的确定，根据厚度及含气量等值线图，采用等值线图面积加权法计算有效厚度及含气量，最终与单井点算术平均值比对，权衡其最终值。

（2）煤层煤密度选取所属区域储量报告中的值。

沁水盆地合作区块储量参数有以下两方面。

（1）根据沁水盆地"郑试"74等10口井的山西组3#煤层有效厚度数据，采用算术平均法计算平均煤层厚度为5.53米；利用3#煤层有效厚度等值线图，采用面积权衡法计算平均煤层厚度为5.48米。最终，里必井合作区山西组3#煤层平均有效厚度选值5.5米。

根据里必合作区已有"郑试"74等7口井山西组3#煤层实测含气量数据，采用算术平均计算含气量为24.57立方米/吨；根据含气量等值线图，采用面积加权法计算平均含气量为23.78立方米/吨。最后，某合作区山西组3#煤层平均含气量选用24.0立方米/吨。根据某合作区探明储量报告3#煤层煤密度选用1.46吨/立方米。

（2）同理，借用里必区块太原组15#煤的储量参数，有效厚度取平均值3.75米，含气量算术平均值为20.1立方米/吨；根据含气量等值线图，采用面积权衡法计算平均含气量为16.1立方米/吨，最终取平均含气量18.1立方米/吨。煤的质量密度取储量报告中的值为1.47吨/立方米。

2. 煤层气储量的计算

煤层气储量计算方法主要有两种。

煤层是一种裂隙—孔隙双重孔隙介质储集层，煤层气主要以吸附状态赋存于煤层中，导致煤层气井的动态和常规天然气井有明显不同，相比较而言，体积法较为适合煤层气资源量或储量的计算。本书对沁水盆地某合作区块煤层气储量计算选择体积法。

煤层气储量可分为煤层气地质资源量与可采资源量。

（1）煤层气地质资源量计算方法。

计算公式为：

$$G_i = 0.01A\ h\ D\ C_{ad} \tag{8-1}$$

式中，G_i 为煤层气地质储量，单位为亿立方米；A 为煤储层含气面积，单位为平方千米；h 为煤层平均厚度，单位为米；D 为煤的空气干燥基质量密度，单位为吨/立方米；C_{ad} 为煤的空气干燥基含气量，单位为立方米/吨。

（2）煤层气可采资源量计算方法。

计算公式为：

$$G_2 = G_i \cdot R \tag{8-2}$$

式中，G_2 为煤层气可采资源量，单位为亿立方米；G_i 为煤层气地质储量，单位为亿立方米；R 为煤层气可采系数。

根据前面确定的合作区山西组3#煤层煤层气储量参数取值结果，即山西组3#煤层圈定煤层气含气面积为50平方千米，平均煤层有效厚度为5.5米，煤密度为1.46吨/立方米，计算煤炭地质储量为40150.0×10⁴吨，煤层气地质储量为96.36×10⁸平方米。太原组15#煤计算煤炭地质储量为27562.5×10⁴吨，煤层气地质储量为49.89×10⁸平方米。

下面讲述采收率的确定。煤层气储量采收率的标定，一般根据类比法、等温吸附曲线法和数值模拟法计算结果，综合分析后确定。

（1）类比法。由于我国的煤层气勘探起步较晚，目前还没有一个煤层气田进入开发后期，沁水煤层气田樊庄区块连续排采时间最长，也不到6年。因此在确定采收率时，主要用与国外煤层气田及相邻已探明储量区所采用的采收率进行类比来求得（如

表8-1所示)。

表8-1 世界含煤盆地煤层气开发采收率对比

盆地	面积（平方千米）	煤阶	渗透率（mD）	井数（口）	日产气量（立方米/天）	煤层厚度（米）	含气量（立方米/吨）	采收率（%）
圣胡安	4144	气煤	1~50	4000	7000~50000	9~30	8.5~17	80
黑勇士	5180	气、肥煤	1~25	3300	2800~3250	4.6~7.6	7~14	65
尤因塔	5810	褐煤	5~20	175	4000~11320	8~9.1	11.3	50
拉顿	1554	长、气煤	1~20	200	5000~11320	5~15	9~15	55
粉河	5180	褐煤	10~20	1200	2000~4250	12.2~30	3~5	60
阿巴拉契	518	气煤	1~15	1000	2830	2~6.1	11.3~22	50
樊庄区块	182.33	无烟煤	0.19~0.58	9	2716~3519	5.59	19.23	50
晋试7井区	74.14	无烟煤	0.37~0.42	8	1185~3583	5.39	18.63	50
东大井区	228.79	无烟煤	0.01~0.29	38	1152~3208	5.4	21.32	50
里必井区	267.46	无烟煤	0.178	39	1012~2073	5.2	21.16	50

美国已投入开发的煤层气盆地，煤层气采收率最低为50%，最高达80%，均在50%以上。由于沁水盆地某合作区块煤层变质程度高，与国外相比煤层渗透率也偏低，煤层气的可解吸率偏低，因此郑庄区块的煤层气采收率应低于美国的统计数据，采收率可取美国的下限值。

与里必区块同处郑庄区块的樊庄、晋试7井、东大井在上交煤层气探明储量时，采用的采收率均在50%，而本书中采用的合作区块的地质条件与它们相似，因此沁水盆地里必井合作区块计算煤层气可采储量时，类比采收率取为50%。

（2）等温吸附曲线法。等温吸附曲线法的理论基础是：煤对甲烷的吸附服从朗格缪尔（Langmuir）方程，且煤层气的吸附和解吸过程是一个可逆过程。该方法仅适用于煤层含气不饱和的情况，即实测含气量小于理论含气量的情况；如果煤层含气达到饱和，即实测含气量等于理论含气量的情况下，则无法使用该方法预测采收率。

①基本原理。利用等温吸附曲线估算出不同废弃压力下的残余含气量，实际含气量减去残余含气量即为采出量，进而估算出采收率。

通过确定废弃压力，在等温吸附曲线上找到废弃压力所对应的煤层气含量，煤层气的采收率计算公式：

$$R_f = \frac{C_{gi} - C_{ga}}{C_{gi}} \tag{8-3}$$

式中，R_f 为煤层气采收率；C_{ga} 为原始储层条件下的煤层气含量，单位立方米/吨；

$\qquad$ C_{gi} 为废弃压力条件下的煤层气含量，单位为立方米/吨；

根据美国的经验，煤层气井的最低储层压力为 100 磅/平方英尺，约为 0.7 兆帕，即煤层气井废弃压力 0.7 兆帕。

②计算结果。我们以"郑试"27 井为例来分析它的采收率，由该井的实验数据得知：煤层原始含气量为 26.98 立方米/吨，P_t 为 2.09 兆帕、V_t 为 36.58 立方米/吨。根据美国的经验，煤层气井的最低储层压力为 100 磅/平方英尺，约为 0.7 兆帕，即煤层气井废弃压力为 0.7 兆帕。因此对试验井的废弃压力分别取 0.7 兆帕、0.8 兆帕、0.9 兆帕、1.0 兆帕、1.1 兆帕、1.2 兆帕来研究，计算结果见表8-2。

表 8-2　郑试 27 井 3#煤层在不同废弃压力下煤层气采收率对比

煤层原始含气量 C_{gi}（立方米/吨）	26.98					
废弃压力（兆帕）	0.7	0.8	0.9	1.0	1.1	1.2
废弃压力下对应的含气量（立方米/吨）	9.18	10.13	11.01	11.84	12.61	13.34
计算采收率（%）	65.98	62.47	59.19	56.12	53.25	50.55

由表 8-2 可知：随着废弃压力取值的增大，废弃压力下对应的含气量也在增大，计算采收率在逐渐减小。通过结合分析，选定废弃压力为 1.0 兆帕，然后筛选了里必井区块 3#煤层的 12 口井的试验数据，进行了采收率计算，通过计算大部分的采收率为 46%~55%，算术平均为 51.55%，见表 8-3。该方法对原始含气量和废弃压力的敏感性较强，而废弃压力又是通过国外数据对比获得的，很难获得准确值，本区废弃压力确定为 1.0 兆帕，计算采收率为 51.55%。

表 8-3　郑庄区块里必井区块 3 号煤层等温吸附曲线法煤层气采收率计算

井号	原始含气量（立方米/吨）	P_t（兆帕）	V_t（立方米/吨）	采收率（%）
郑试 19	19.3	19.3	38.7	46.58
郑试 25	11.8	11.8	31.7	38.34
郑试 64	22.4	22.4	32.4	62.01
郑试 66	25.1	25.1	36.4	68.61
郑试 67	12.6	12.6	37.4	33.31
郑试 68	18.8	18.8	38.2	50.54
郑试 70	17.9	17.9	35.5	43.59

（续表）

井号	原始含气量（立方米/吨）	P_t（兆帕）	V_t（立方米/吨）	采收率（%）
郑试 77	22.1	22.1	32.5	51.69
郑试 78	22.2	22.2	63.2	51.21
郑试 79	21.7	21.7	32.9	58.84
郑试 81	24.9	24.9	35.3	58.15
郑试 82	22.8	22.8	33.3	55.77
平均	20.1	20.1	37.3	51.55

（3）数值模拟法。数值模拟法是煤层气可采储量计算的一个重要方法，这种方法是在计算机中利用专用软件（数值模拟器）对已获得的储层参数和早期的生产数据进行拟合，从而得到煤层气井的预计生产曲线和可采储量。

①数值模拟器的选择：选用的数值模拟器必须能够模拟煤储层的独特双空隙特征和气、水两相流体的三种流动方式（解吸、扩散和渗流）及其相互作用过程，以及煤体岩石力学性质表现等。

②储层描述：是对储层参数的空间分布和平面展布特征的研究，是对煤层气藏进行定量评价的基础，描述应该包括基础地质、储层物、储层流体性质及生产动态四个方面的参数，通过这些参数的描述建立储层地质模型用于产能预测。

对于里必井合作区块，选用 Eclipse 的煤层气计算模块，单井的最大产气量为 2000 立方米/天。当煤层压力已接近储层枯竭压力时，单井累积产气量为 $705.75×10^4$ 立方米，对应的采收率为 56.54%。

（4）采收率对比分析。运用以上三种方法对沁水盆地里必井合作区块 3 号煤层的可采储量进行计算，不同的方法计算结果存在差异，见表 8-4。

表 8-4　不同方法的煤层气采收率计算结果的对比

采收率计算方法	采收率（%）	计算采出量（亿立方米）
类比法	50	154.25
等温吸附曲线法	51.55	159.03
数值模拟法	56.54	174.42

通过对各种计算方法的原理和适应性等方面的分析认为，等温吸附曲线法计算采收率时，废弃压力和兰氏常数的选取存在很多不确定因素，造成计算结果的误差；而用数值模拟方法到后期的储层压力只能接近枯竭压力；类比法局限于地质条件相近的煤层气

田，而目前国内的煤层气开发起步较晚，尚无一例进入枯竭开采期，只能主要类比于国外近似的煤层气田。

最后，确定采收率时，综合考虑技术可采储量的气田的最终采出量，所以采收率选用 50%。

经计算沁水盆地里必井合作区块 3# 煤层气可采储量为 48.18×10⁸ 立方米（见表8-5）。

表 8-5　沁水盆地里必井合作区块 3#、15# 煤层气技术可采储量数据

井区	层位	含气面积（平方千米）	有效厚度（米）	含气量（立方米/吨）	煤密度（吨/立方米）	煤层气地质储量（亿立方米）	采收率（%）	煤层气技术可采储量（亿立方米）
合作区	3#	50	5.5	24.0	1.46	96.36	50	48.18
合作区	15#	50	3.75	18.1	1.47	49.89	50	24.95
合计						146.25		73.13

8.1.3 单井产能确定

1. 排采分析

沁水煤层气田自 2006 年规模开发以来已 8 年，累计完成 14 亿立方米产能的建设任务，累计外输商品气量超过 10 亿立方米，合作区块与正在开发的郑庄—樊庄产能建设区块地质条件一致，因此，通过类比郑庄及樊庄区块产气能力来确定合作区块的单井产能。

（1）樊庄直井。共有生产井 825 口，其中，直井 765 口、水平井 60 口。开井 756口井（直井 704 口、水平井 52 口），产气井 653 口（直井 611 口，水平井 42 口），日产气 130 万立方米。直井产气井平均单井日产气 1642 立方米，水平井平均单井日产气7000 立方米。

樊庄区块排采时间较长的 1~2 批次投产井的生产情况，能够反映樊庄区块开发特征，虽然各批次投产井达到稳产产量有差异，但大部分直井达到稳产后，产量稳定且保持较好的生产能力，并且仍处于稳产阶段（如图 8-1 所示）。

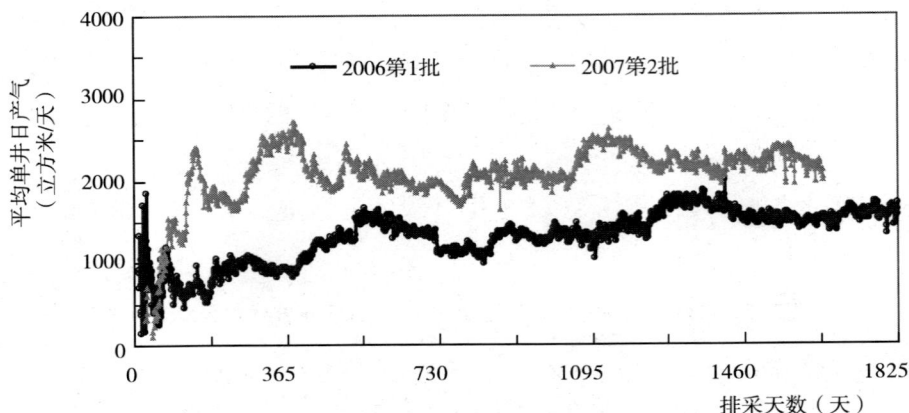

图8-1　樊庄区块投产较早井的平均单井日产气量曲线

第一批投产井，该批投产井由于产能建设初期，处于摸索抽排规律和制度的阶段，采取了"高强度、早见气、早高产"的指导思想使得许多井出现煤粉卡、蜡卡、砂卡等各种作业，导致部分日产气在2000立方米/天以上的井产量下降，但仍有部分井产气量较高，单井日产气量大于2000立方米的产量变化曲线，从其产量变化曲线分析，虽然排采了近5年，但产气量比较稳产，还没有递减的趋势。第一批投产井的单井日产气量基本稳定在1500立方米。

第二批投产井一方面采取了新的排采原则和工作制度，排采效果显著提高，另一方面部分井地质条件有利，含气量高、有利构造位置且埋藏浅等，因此排采效果好。

该批投产井单井最高日产气量有的达到了1万立方米上，从其产量变化曲线分析，虽然排采了近4年多，但产气量比较稳产，还没有递减的趋势（见图8-2）。第二批投产井的单井日产气量基本稳定在2100立方米。

有部分井由于部署盆地东部边缘或在断层附近，所处区域含气量低，有可能是受到断层导水影响。如果排除这些因素而导致排采效果较差的井，樊庄区块直井稳定日产气量为1500～2100立方米。

（2）樊庄水平井。樊庄区块投产较早的19口水平井，平均单井日产气量$1.3×10^4$立方米（见图8-2），单井最高日产气量超过$6×10^4$立方米。

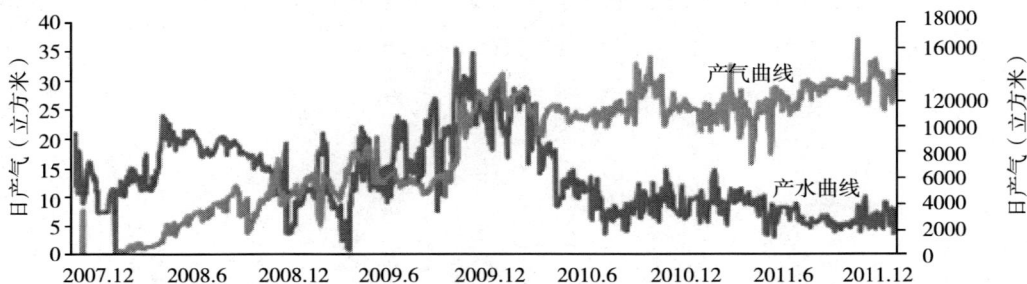

图8-2　樊庄区块投产较早的水平井平均单井日产气曲线

从已实施的水平井开发效果分析，水平井开发效果的好坏与钻探区域的含气性、构造、断层、井型结构合理等地质、工程条件密切相关。钻井过程钻遇断层、煤层垮塌、卡钻等综合原因不仅导致钻井轨迹达不到设计要求，直接影响水平井产能。

首先，钻遇断层不利于钻井顺利实施，增加了井型不合理水平井的比例，另外还增加了沟通水层的风险，通过统计，钻遇断层多的水平井产水量普遍较大，影响煤层气的解吸，目前产气量较少。表8-6及图8-3是其中的三口井的排采数据及排采曲线，钻遇断层的水平井可能由于产水量大、动液面下降困难，使得产气时间晚、产气量少。

表8-6　钻遇断层的水平井排采数据

井号	钻遇断层数（次）	见气时间（天）	总累积产水（立方米）	排采时间（天）	平均日产水量（立方米）	日平均产气量（立方米）
FZP02-1	6	365	57769	1017	59.1	680
FZP03-1	27	449	51115	1279	39.9	530
FZP11-3	11	147	54733	927	60.1	5200

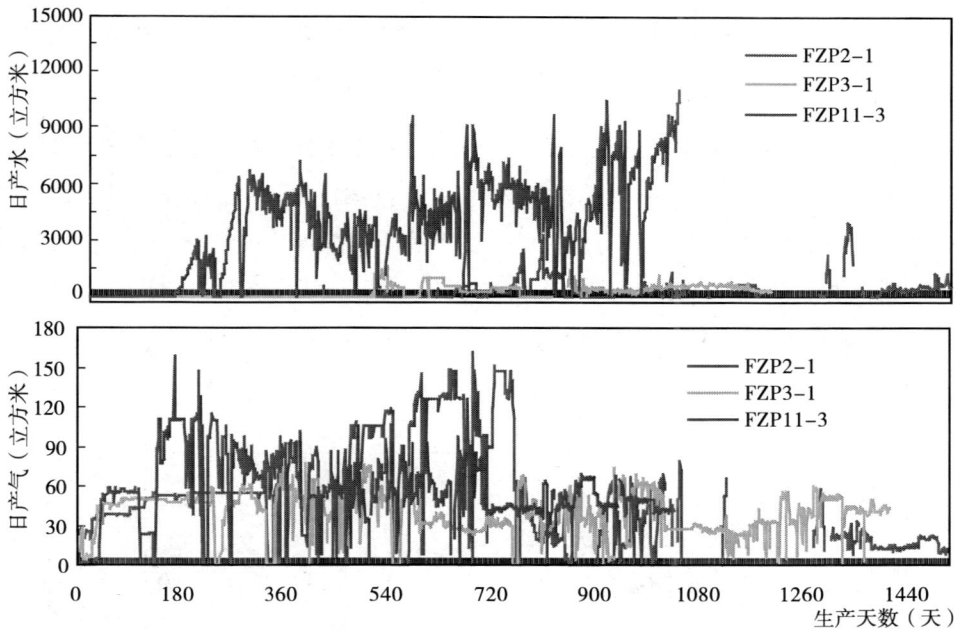

图8-3　三口钻遇断层的水平井产量曲线

樊庄区块水平井产气效果好的井基本是处于含气量高的富集区、实际钻井轨迹基本与设计要求相符的水平井，平均单井产气量为12000~25000立方米/天，见表8-7。

表 8-7 地质与钻井基本达到设计要求的水平井产量统计

类别	井数（口）	最大平均日产气量（立方米）	稳定平均日产气量（立方米）
地质与钻井达到设计要求	4	38000	25000
富集区内钻井较成功井	15	18000	14200

图 8-4 为地质与工程成功的水平井的单井平均日产气曲线，大约排采一年达到稳定产量 25000 立方米/天，最高平均单井日产气量为 38000 立方米，显示出水平井开发的优势。

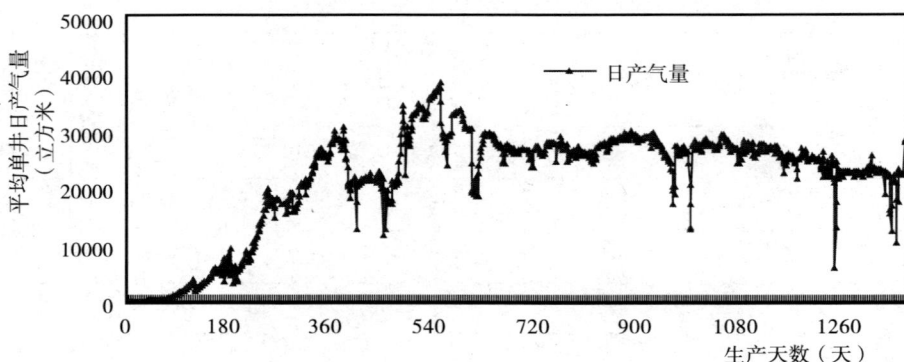

图 8-4 成功水平井平均日产气量曲线

但是，相对于因严重工程事故、断层等原因造成的水平井井型非常不合理的水平井，还有部分水平井分支展布或水平段长度、处于富集区等基本满足成功条件，暂把这类较成功水平井归类为不完全成功井。前面提到煤层气富集是高产的基础，在富集区域内不完全成功井大约有十几口井。

富集区内成功与不完全成功井的产气曲线见图 8-5，平均单井稳产日产气量在14200 立方米左右。

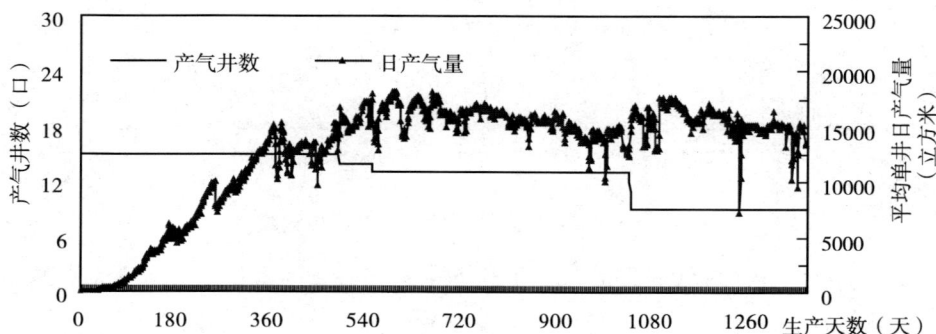

图 8-5 富集区成功与不完全成功水平井平均单井日产气量曲线

通过分析樊庄、成庄区块水平井生产情况及影响产能因素，认为地质及工程条件达到设计要求的水平井产能可以达到设计产能 16000 立方米。

（3）郑庄直井。郑庄区块共有 55 口评价井投入试采，其中，50 口井产气，29 口井达到工业气流（1080～3580 立方米），郑庄区评价井整体产气能力较强。

"郑试" 77 井位于合作区南部，煤层顶深 634.7 米，于 2010 年 8 月 2 日开始排采，36 天之后产生套压并迅速上升到 1.1 兆帕以上，产气量稳定在 1000 立方米/天，稳产 3 个月至排采结束套压在 1 兆帕左右（见图 8-6）。

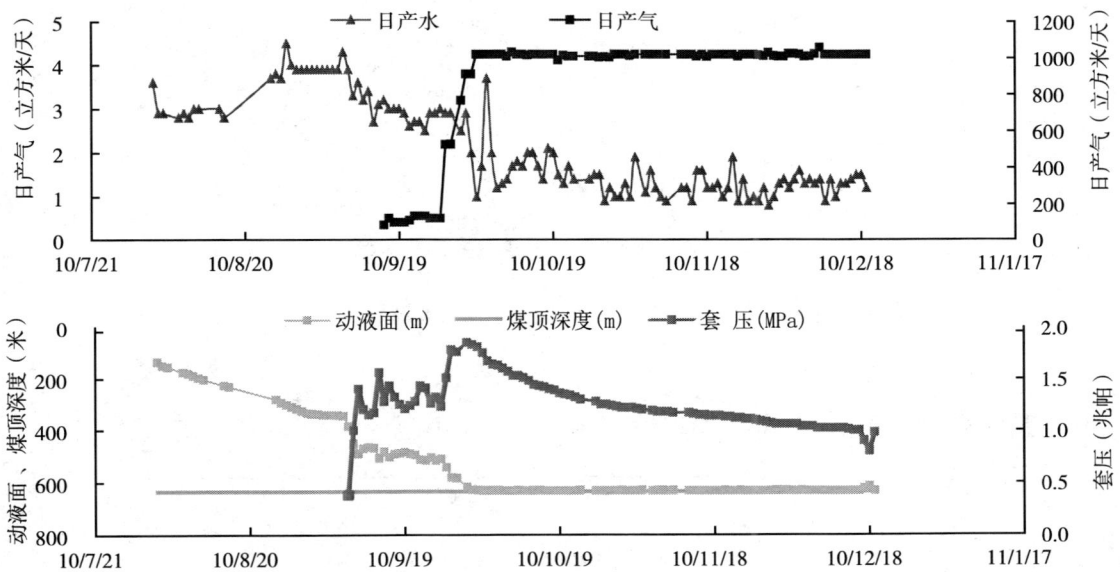

图 8-6　郑试 77 井排采曲线

在郑庄评价井试采的 29 口获工业气流井中，有 9 口井 3#煤层埋深大于 1000 米，平均日产气水平达到 2080/2490 立方米（稳产/最高），因此煤层埋深大于 1000 米的试采井仍具有较好的生产能力，

"郑试" 60 井 3#煤层顶深度为 1336.9 米，试采期间，于 2008 年 9 月 5 日开始排采，产气一个月后，产气量达到 2000 立方米/天以上，到排采结束，工业气流稳产时间达到 191 天。

"郑试" 72 井位于合作区北部，煤层顶深 1106.6 米，于 2010 年 9 月 19 日开始排采，40 天之后开始产气，初期套压达到 3 兆帕，稳定产气量在 2000 立方米/天以上至排采结束套压在 0.8 兆帕左右（见图 8-7）。

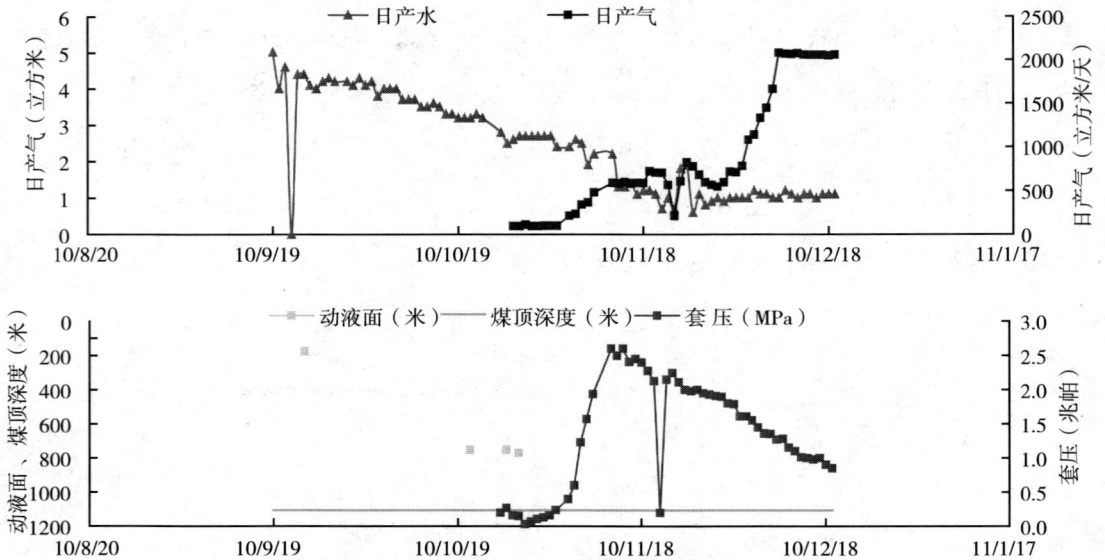

图 8-7 郑试 72 井 3# 煤层的排采曲线

郑庄区块新钻煤层气开发井处于排采初期阶段，但是已经显示出了开发潜力。

截至目前，投产直井 278 口，61 口产气井，102 口井有套压，套压为 0.01~3.38 兆帕，目前解吸见气时间范围与樊庄区块大致一致（见图 8-8）。

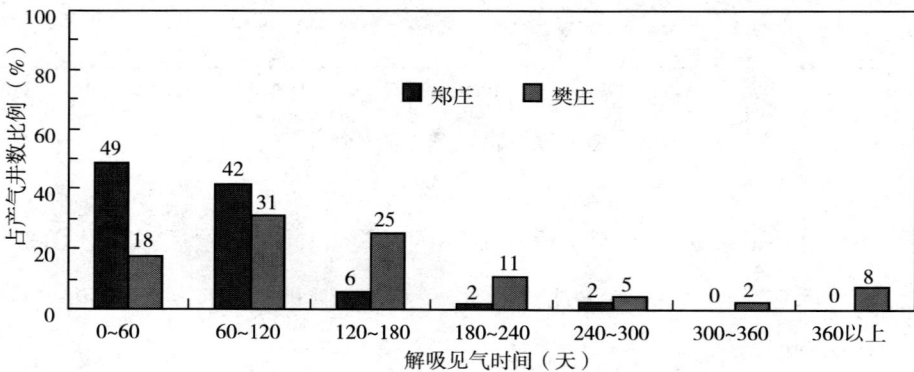

图 8-8 郑庄—樊庄生产初期解吸见气时间对比图

郑庄区块生产井投产时间短，大部分投产井还没解吸见气，处于排水降压阶段，产气效果需进一步观察。目前日产气量为 20000 立方米左右（如图 8-9 所示），排采初见成效。

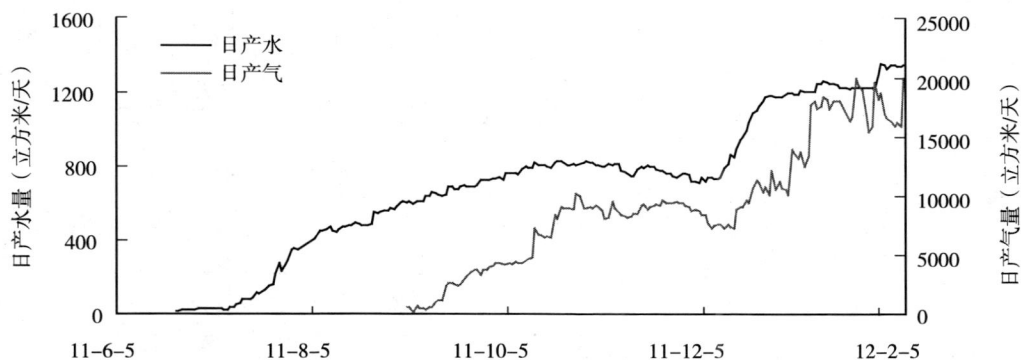

图 8-9　郑庄开发井产量曲线

郑 19 井组 7 口井投产后见气时间为 11~42 天，一般 20 天左右见气，详见表 8-8。见气时套压上升得很快，从套压上升速度看，井组的产气趋势很好，但只有两口井达到了工业气流。

"郑 19 井"组虽然地质条件相对不错，排采效果不好的主要原因：①井组使用压裂液为 369~490 立方米，远小于目前的压裂规模；②井组初期排采动液面下降快，不利于煤层扩大泄压范围，表现出供气不足；③生产运行过程停井次数频繁并停井时间很长，煤粉沉淀对煤层伤害大；④停井一年多没有采取任何增产措施，重新开井后没有达到预期产气效果。但仍有两口井达到了工业气流。郑 19 井组排采曲线见图 8-10 至图 8-16。

表 8-8　郑 19 井组排采统计

井名	投产日期	煤顶深（米）	见气时间（天）	见气时套压（帕）
郑 19-1	2008-6-21	471.4	27	0.09~0.23
郑 19-2	2008-6-21	489.6	19	0.05~1.3
郑 19-3	2008-7-29	518.3	11	1.24~1.3
郑 19-4	2008-8-5	532.3	19	0.42~1.81
郑 19-5	2008-8-1	473	42	1.9
郑 19-6	2008-8-1	561	25	1.6~2.15
郑 19-9	2008-6-21	559	17	0.08~1.39

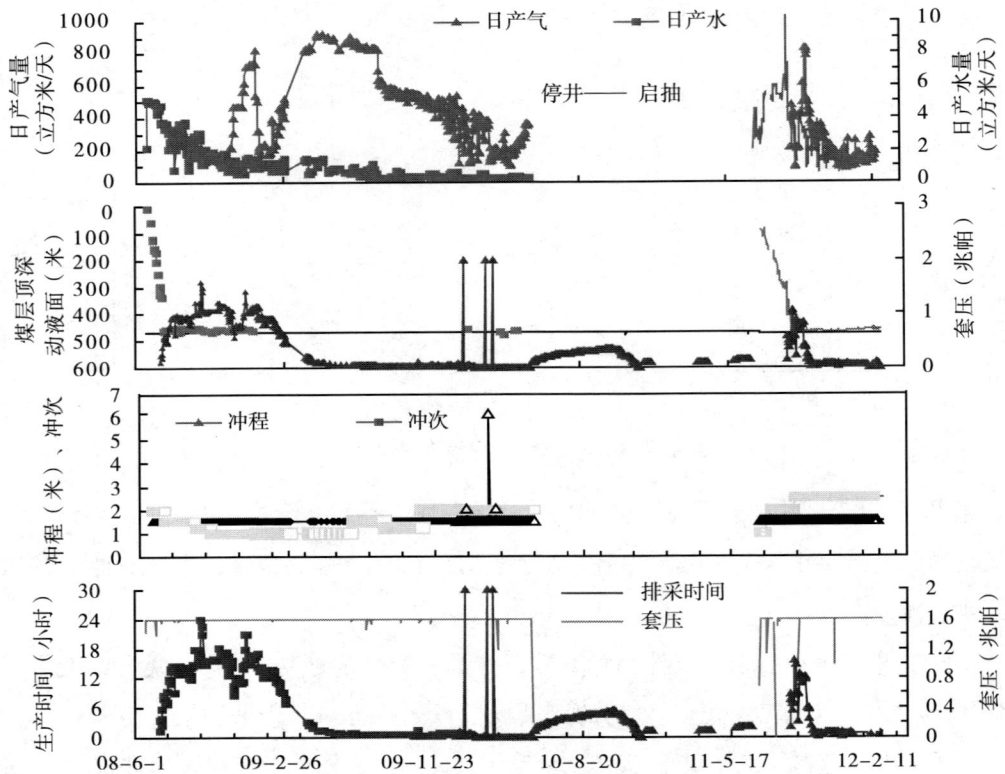

图 8-10 郑 19-1 井排采曲线

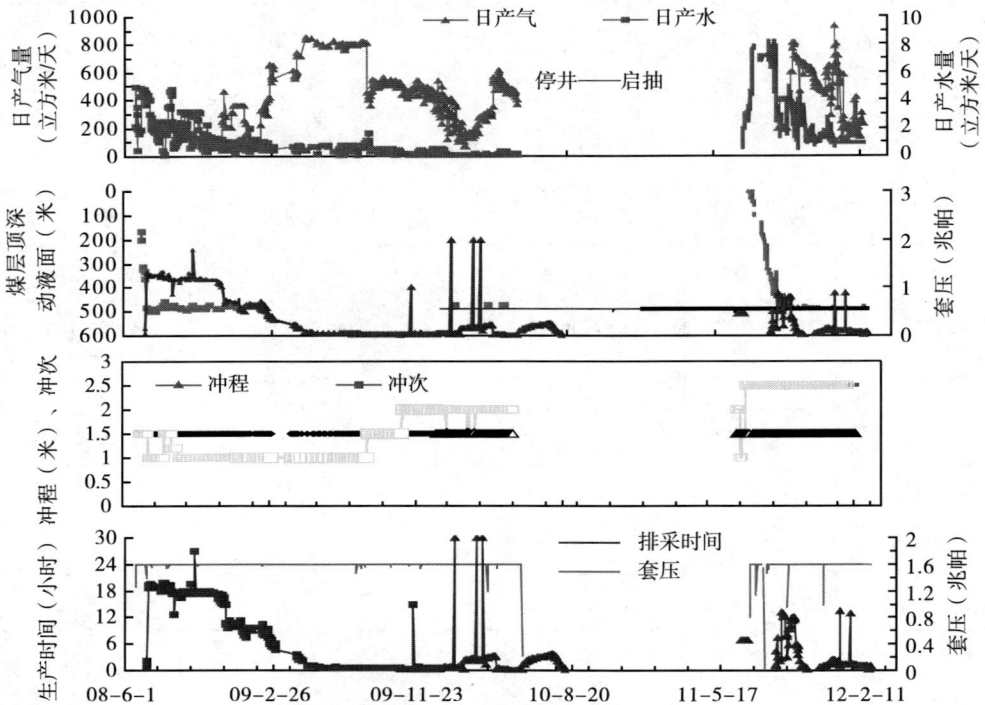

图 8-11 郑 19-2 井排采曲线

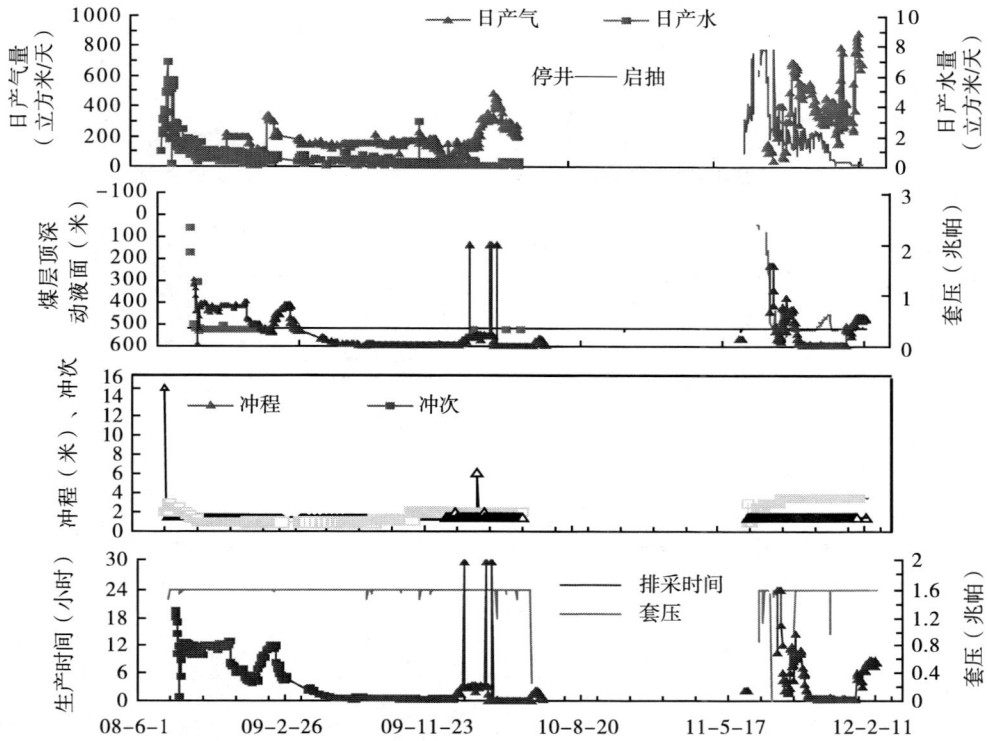

图 8-12　郑 19-3 井排采曲线

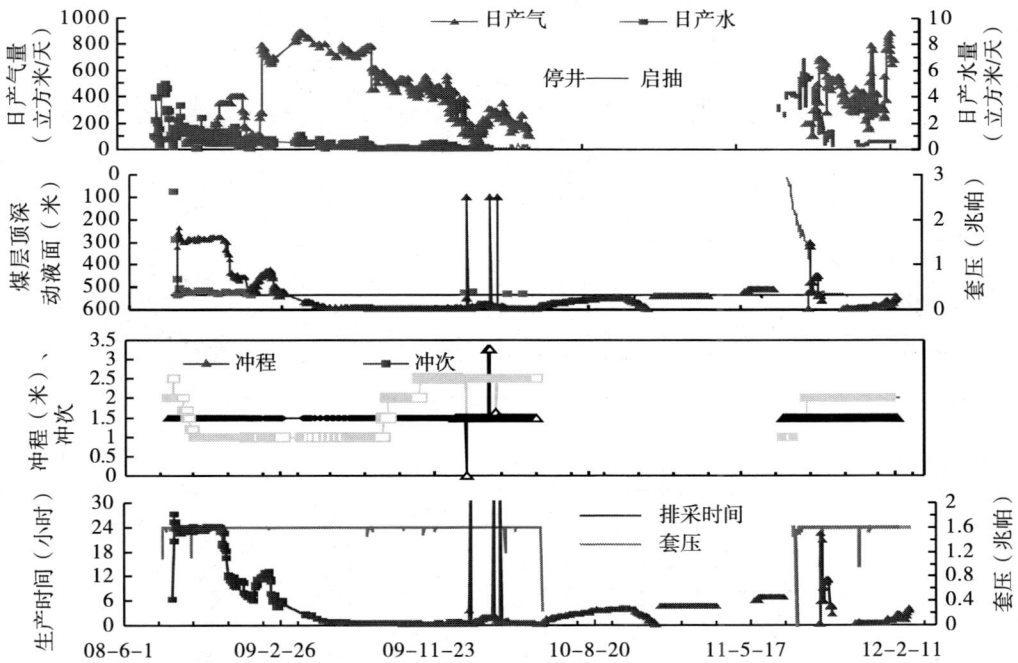

图 8-13　郑 19-4 井排采曲线

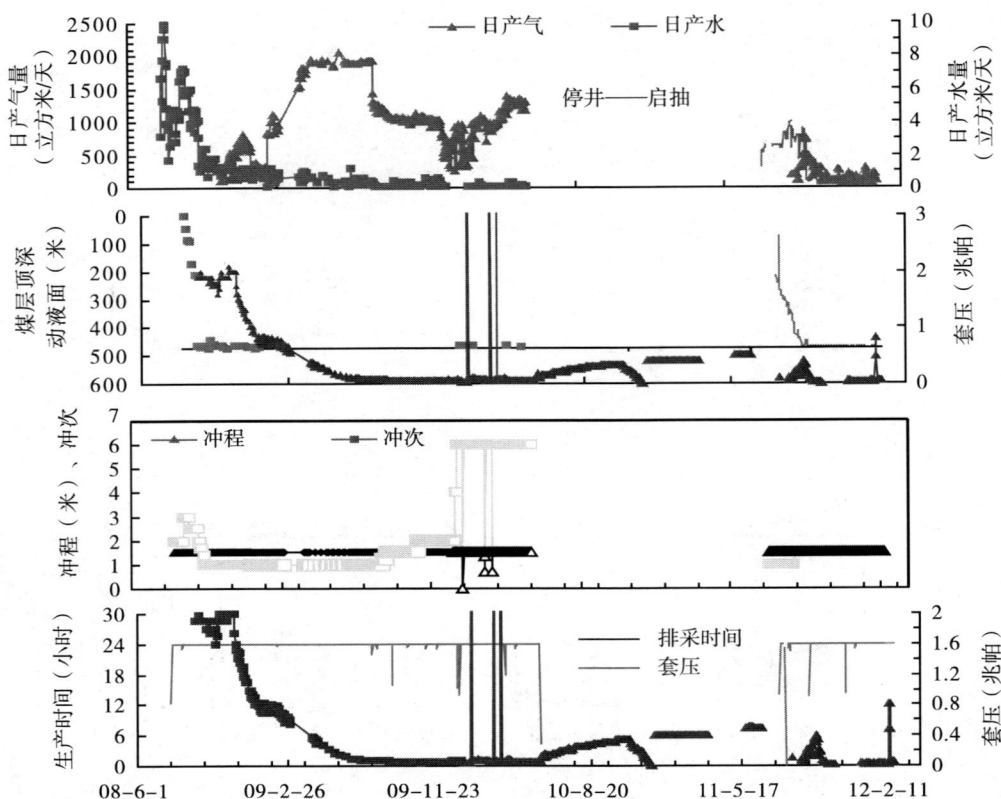

图 8-14　郑 19-5 井排采曲线线

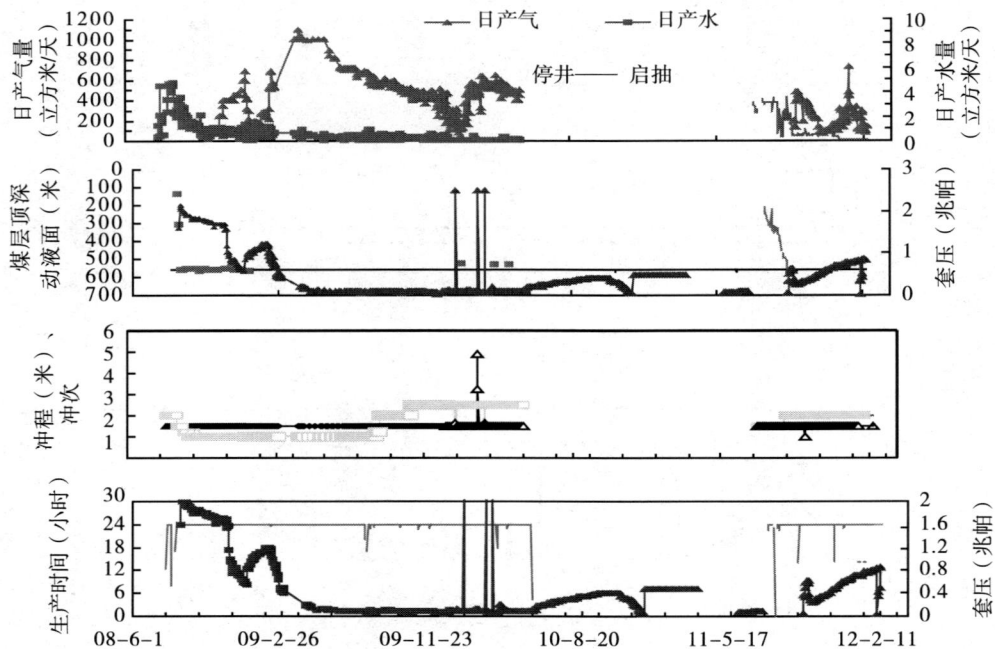

图 8-15　郑 19-6 井排采曲线

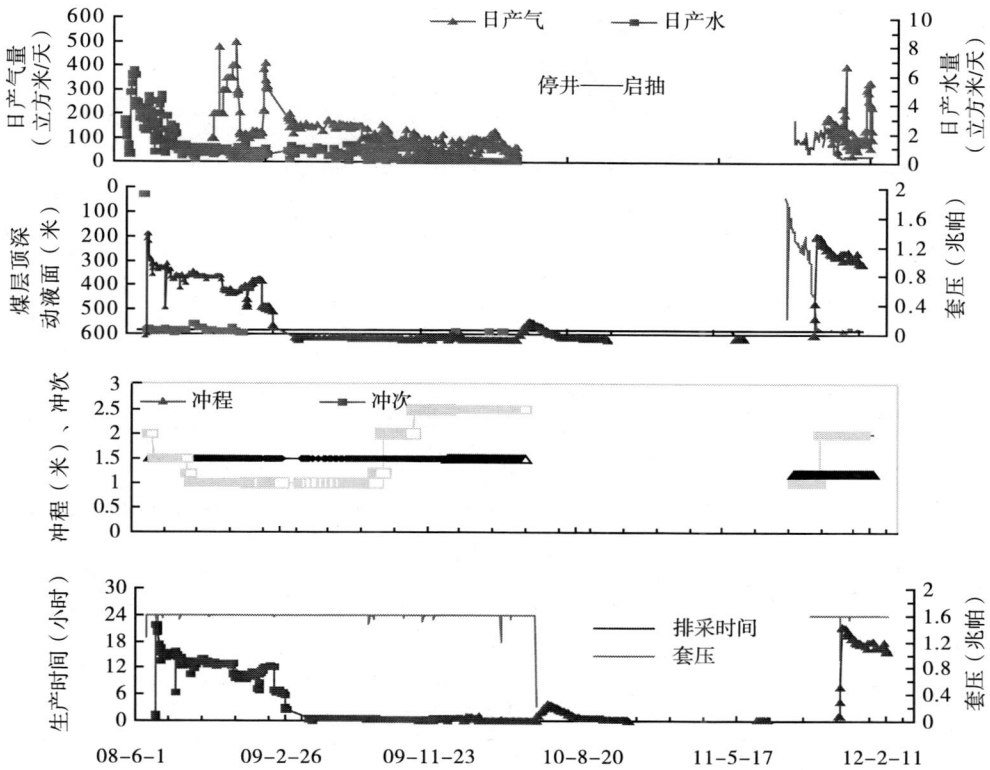

图 8-16　郑 19-9 井排采曲线

（4）郑庄水平井。郑庄区块目前生产 4 口水平井，产气井 3 口，水平井套压为 0.09～0.88 兆帕。1 口井最高日产气量达 11376 立方米。

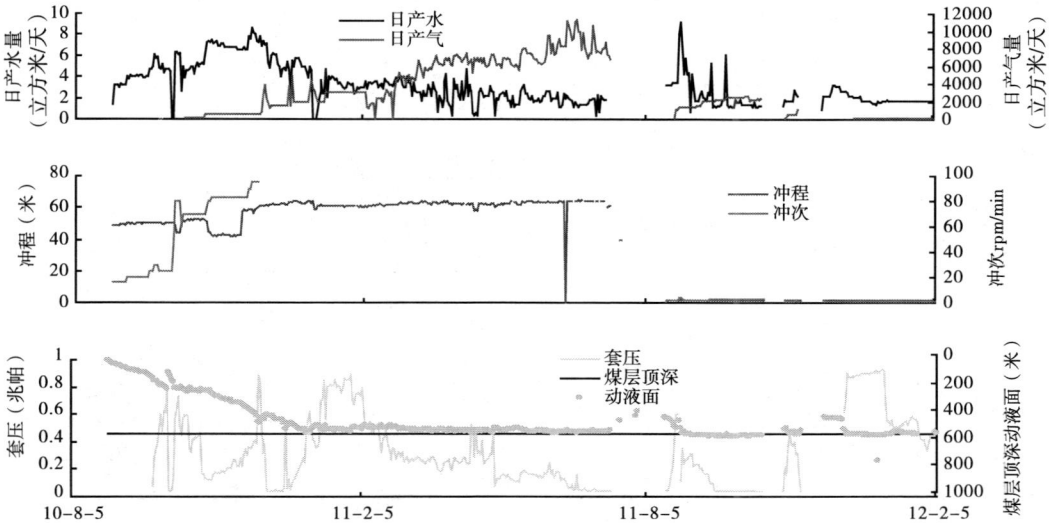

图 8-17　郑平 02-1 井产气曲线

投产时间较早的郑平 02-1 井因施工作业等原因，目前不正常产气，其他 3 口井排采时间短，郑庄水平井的产期效果有待进一步观察。

郑平 02-1 井 2010 年 8 月 28 日投入排采，9 月 25 日见气，最高产气达到 11376 立方米。但是该井由于频繁停电、作业，影响到正常产气（如图 8-17 所示）。2011 年 7 月筛管被煤泥堵死，造成螺杆泵不出液，被迫进行作业，捞出煤泥 0.6 立方米；8 月 17 日起抽，11 月 11 日再次作业，11 月 26 日起抽，目前日产气 200 立方米，日产水 1.7 立方米，流压 0.71 兆帕，动液面 564 米。

2. 参数类比分析

沁水盆地南部的郑庄区块与樊庄区块煤层气地质特点存在许多相似，见表 8-9。

郑庄区块除煤层深度范围深于相邻区块，其他地质条件相当。测试分析资料表明，$3^{\#}$ 煤层渗透率总体为 1~0.01mD（如图 8-18 所示），渗透率随埋深没有明显的变化特征，同时煤层含气量与煤层埋深的增加没有明显的变化（如图 8-19 所示）。因此可参考邻区的生产情况来确定该区的单井产能，其产气能力也应该比较接近。

表 8-9　沁水盆地南部相邻区域 $3^{\#}$ 煤层地质条件对比

区块	樊庄区块	郑庄区块
埋深（米）	300~750	384~1340
煤厚（米）	5.6	3.05~6.45/5.4
镜质体最大反射率	3.78~2.79/3.37	3.49~3.98/3.7
渗透率（mD）	0.025~0.58/0.358	0.01~1.9/0.28
孔隙度%	3.08~10.9/6.41	4.31~6.75/5.24
含气量（立方米/吨）	19.23	21.32
含气饱和度（%）	90	88.5
原煤基朗格缪尔体积（立方米/吨）	38.2	37.91
原煤基朗格缪尔压力（兆帕）	3.75	3.03
甲烷含量（%）	96.78	95.4

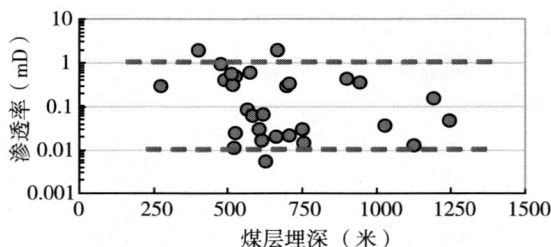

图 8-18　郑庄及邻区煤层渗透率与埋深关系

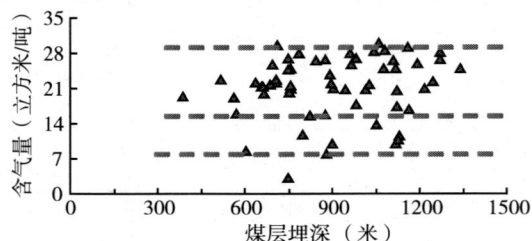

图 8-9　郑庄开发井产量曲线

3. 数值模拟方法

根据实际地质条件，采用数值模拟方法，对郑庄区块 3#煤层直井和水平井产量进行预测，直井单井日产气能力为 2000 立方米，水平井单井产气能力为 16000 立方米（见图 8-20、图 8-21）。

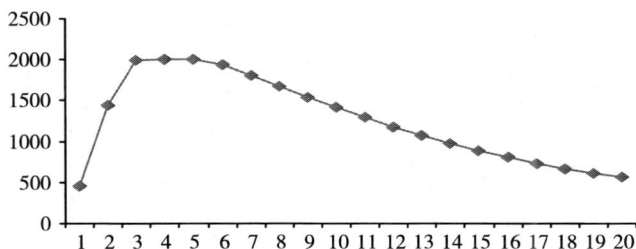

图 8-20　3#煤层直井日产气量预测曲线

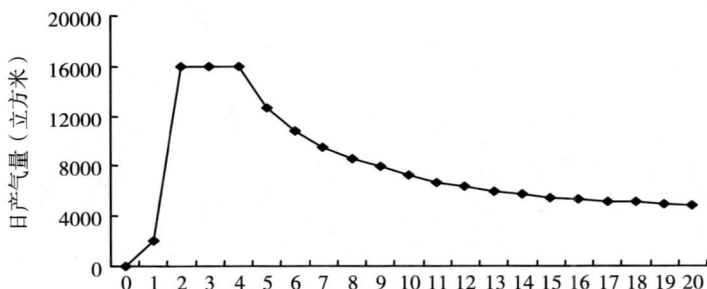

图 8-21　3#煤层水平井日产气量预测曲线

4. 单井产能确定

郑庄区块与樊庄区块的地质条件相近，根据郑庄区块排采井试采分析，结合樊庄区块开发井的生产动态分析，以及数值模拟计算，同时考虑在煤层气开发上经验的积累、措施工艺技术进步、排采管理技术的不断提高，郑庄区块单井产能会保持在一个较好的生产水平。

综合以上分析，确定郑庄区块水平井的单井产能为 16000 立方米/天、直井的单井产能为 2000 立方米/天。

8.1.4 开发层系

沁水盆地南部煤层气山西组 3#煤层和太原组 15#煤层为主力煤层。

郑庄区块 2011 年 15#煤层煤层气探明地质储量 448.77×10^8 立方米已通过股份公司审查，具备 15#煤层开发的资源基础，试采井已显示出 15#煤层具备一定的产气能力。

目前开发区块以 3#煤层为主开发，15#煤层作为资源接替，因此该次煤层气开发的主要目的层仍以山西组 3#煤层为主，15#煤层作为稳产接替。建议综合考虑 15#煤层厚度、含气量及埋深等地质条件，选择最有利区域钻穿 15#煤层。

8.1.5 开发方式

由于煤层气的开采机理与常规气藏不同，只有当储层压力降低后，经过解吸—扩散—渗流过程才能由煤颗粒表面流到井筒中，而煤岩裂隙或割理中多被水充满，而裂隙与割理是煤层中的主要运移通道，煤层气需要通过排水（裂隙或割理）降压（煤岩储层）方式才得以采出，因此煤层气的生产过程就是降压排水的过程。

而煤层气井之间的压力干扰有利于地层水的排采，这是因为煤层气井的压力漏斗交接、重叠时，重叠区域的压降为压降之和，可使重叠区域的压力降到很低的程度，这可以使井间范围内的大部分煤层气解吸出来，不仅能提高单井产量，还可增加总产气量。因此，要整体降压，规模动用。

8.1.6 开发井网

1. 井型选取

目前用于煤层气开发的生产井种类主要有直井（包括丛式井）、多分支水平井，直井具有技术成熟、容易施工特点，而丛式井技术也是比较成熟的技术，更能适应复杂山地、林地等特殊地理条件，从樊庄区块丛式井的生产情况分析，丛式井与周围直井产气效果相近。

沁水盆地煤层气田属于高煤阶，渗透性差，吸附性强，使得压裂影响范围小，煤层气难解吸；并且煤储层具有非常强烈的非均质性，导致同一煤层在小范围内的储层特性发生改变，不利条件的屏蔽作用使井网整体降压的互动作用很难发挥，严重限制了煤层气井的产能；此外，其所在地属丘陵山区，地表比较崎岖，地势高低落差较大，使得运输及地面集输管线的铺设困难。以上地质、地貌特点，若采用常规的开采技术，不具备产气优势，因此必须开发新技术以盘活这部分资源。

多分支水平井可以突破中国高煤阶的部分地质条件的限制，增加有效供给范围，改善井底渗流条件，有效地降低井底流压，扩大压力波及范围，提高导流能力，达到增产效果，同时有利于环境保护。

多分支水平井技术适于开采高煤阶低渗透煤层气，但同时采用多分支水平井也存在较大的风险：

（1）由于水平井的水平段为裸眼完井，有可能由于后期排采制度等因素造成井壁坍塌、堵塞，而井筒附近是最容易发生坍塌的位置，由此会造成整个水平井报废。

（2）水平井段坍塌、堵塞位置监测困难，增产改造难度大。

目前樊庄区块产气量较低的水平井主要由地质、工程因素造成的，但是地质、工程条件比较成功的水平井，其产气能力还是比较高的，如排采时间较长、排采效果较好的

2 个井组 8 口井，截至目前已稳产两年，平均单井日产气量达到方案设计，特别是 FZP4 井组，处于含气量较高、构造相对简单、上倾钻进、没有钻遇断层或很少，基本按照设计要求完井，该井组最高单井日产气量超过了 $6×10^4$ 立方米。

因此，通过对沁水盆地南部煤层气田的地质条件、地形地貌特点、产气特点、开采成本、采气采煤一体化的需求等众多因素综合考虑，为最大限度保护环境，节约土地，降低投资，采用以直井（丛式井）、水平井的井型较为适宜，并对井网方式进行了论证。

2. 井网与井距

（1）井网。煤层气田直井的布井方式通常采用正方形和三角形布井，首先进行三角形和正方形两种井网（如图 8-22、8-23 所示）的比较。

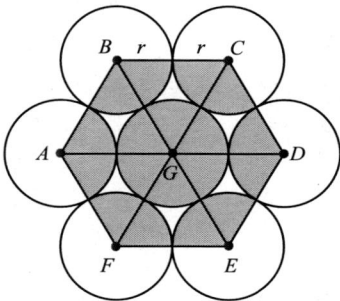

图 8-22　三角形井网示意

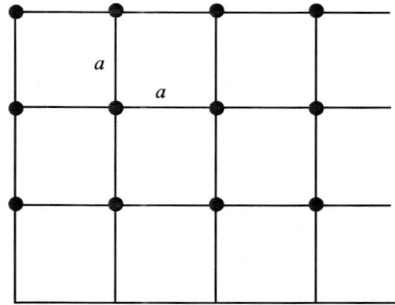

图 8-23　三角形井网示意

在正六边形 ABCDEF 中，容易看出它的面积可以看作中间一个大圆和周边六个三分之一圆以及里面由三个外切圆围成的六个凹三角形组成，即它的面积是由三个整圆和六个凹三角形的面积组成。

$$S_{ABCDEF} = 3S_O + 6S_\Delta \qquad (8-4)$$

同时正六边形 ABCDEF 可以看作三口井的控制面积，这样三角形井网的单井控制面积为一个圆和两个凹三角形的面积和，即由公式（8-4）转化为公式（8-5）。

$$S_M = (3S_O + 6S_\Delta)/3$$
$$= S_O + 2S_\Delta \qquad (8-5)$$

利用公式（8-5），再由简单的数学推导，可得到三角形井网和正方形井网的单井控制面积分别为

$$S_M = \frac{\sqrt{3}}{2}a^2 \qquad (8-6)$$

$$S_Z = a^2 \qquad (8-7)$$

式中，S_M 为三角形井网单井控制面积；S_Z 为正方形井网单井控制面积；a 为井距。

但是考虑到地层主应力对压裂裂缝的分布和缝长的影响，井网方式采用规则的三角

形和正方形井网不一定能够满足煤层气井的生产要求，因此在这两种井网的基础上延伸出三角形井网和矩形井网（如图 8-24、图 8-25），设井距为 a，排距为 b，这样两种井网的单井控制面积都为 $S=a \times b$。

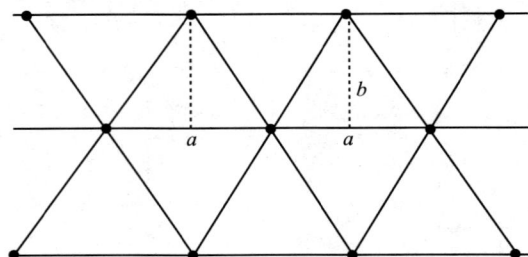

图 8-24 三角形井网示意

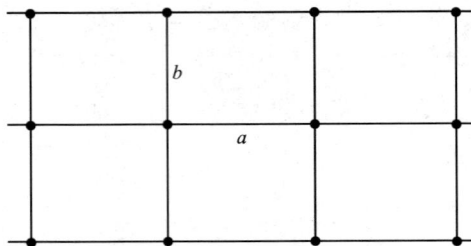

图 8-25 矩形井网示意

三角形井网的井距为 300 米，单井控制面积为 0.078 平方千米，为了能在相同的条件下进行对比不同井网的排采效果，设计的矩形井网同样采用井距 300 米，从而保证两种井网具有相同的控制面积。通过两种井网的数值模拟计算，进行指标的对比分析，见图 8-26、图 8-27。

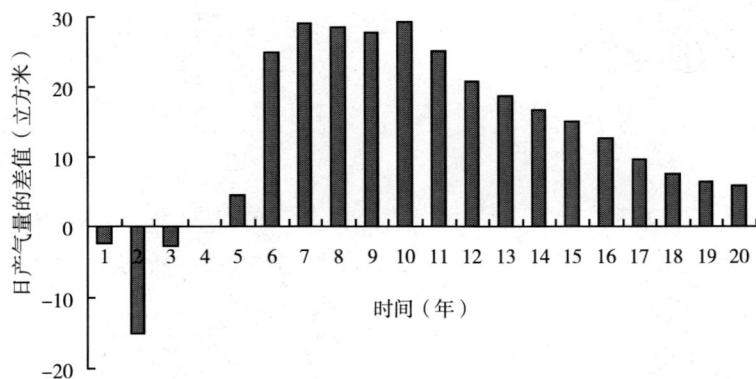

图 8-26 三角形与矩形井网日产气量的差值

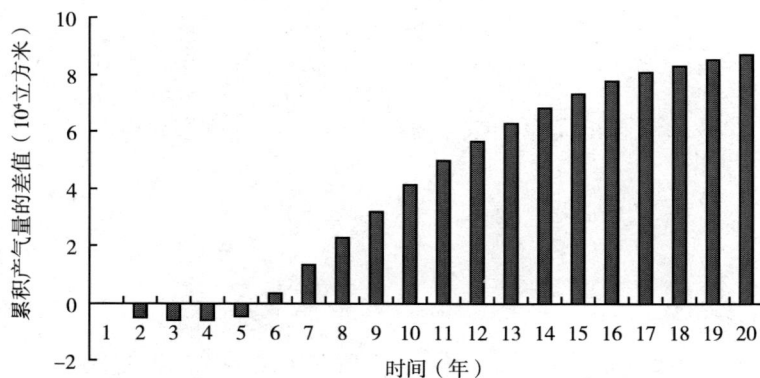

图 8-27 三角形与矩形井网累积产气量的差值

从图 8-26、图 8-27 可以看出：三角形井网略好于矩形井网，三角形井网与矩形井网各项指标比较接近。

通过以上分析，三角形井网与矩形井网的开发效果比较接近，从煤层气的长期开发效果来看，三角形井网略好于矩形井网。但对于井网方式的选择，不但要考虑到目标区域的地质特征、地面情况，更主要取决于对井距的选择。

（2）井距。

①数值模拟方法井距比较及开发指标预测。

结合本区的裂缝的监测资料，来进行井距设计和优选。根据樊庄—郑庄区块部分井的裂缝的监测资料统计分析，主裂缝为北东向，一般长为 80~110 米，北东方向裂缝发育（见图 8-28），以此建立数值模拟裂缝模型。

设计井距分别为 200 米、250 米、300 米、350 米等四套不同的井距方案进行对比，布井方式沿用三角形井网，日产气量和累积产气量见图 8-29、图 8-30。

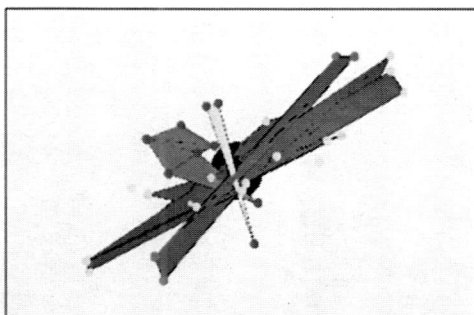

图 8-28　HP6-25 压裂裂缝监测

单井高峰产量到达的时间随井距的增加而向后推迟，稳产时间也在逐渐增大，但较小的井距中后期的日产气量下滑很快，难以保持稳产，而太大的井距（350 米）虽能保持较长时间的稳产，尤其在后期表现出较高的长期能力，但在中前期的生产过程中表现出较低的产能，难以达到设计的日产 2000 立方米/天的生产能力；从累积产气量指标上分析，井距较小的前期的累产气量较大，而井距较大的后期的累产气量增加得比较明显，到十年之后不同的井距的累产气量都将达到 500×10^4 立方米，保持在相同的水平（图 8-31）。五种不同井距的单井控制面积为 0.05~0.105 平方千米。

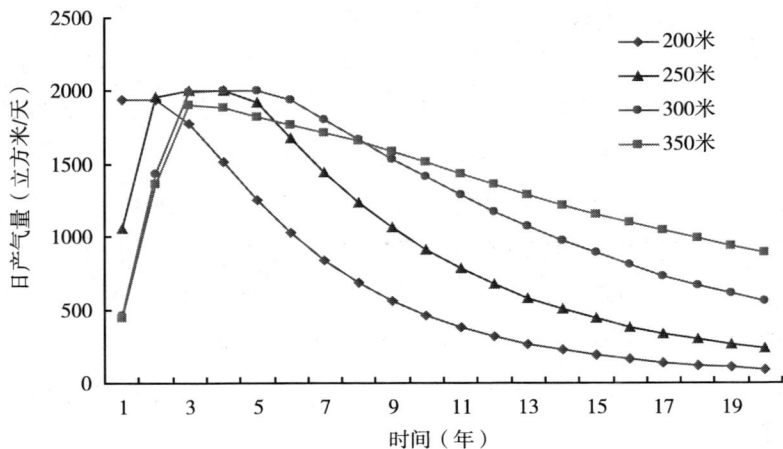

图 8-29　不同井距单井日产气量曲线

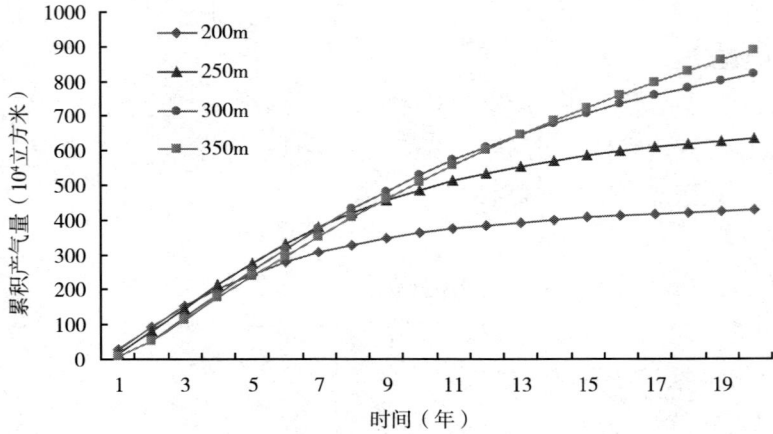

图 8-30　不同井距单井累积气量曲线

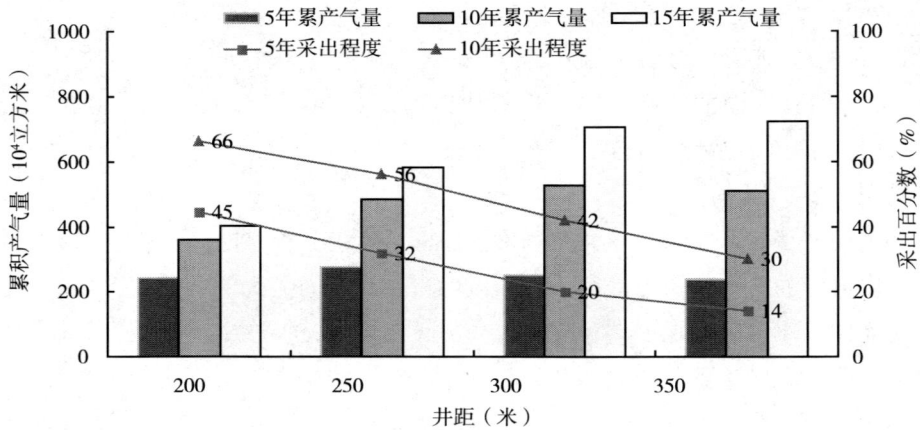

图 8-31　不同井距的累积产气量对比

由图 8-31 可以看出：四个不同井距的在五年末的累积产气分别为 $243×10^4$ 立方米、$276×10^4$ 立方米、$252×10^4$ 立方米、$237×10^4$ 立方米，随着井距的增大而减小（200 米井距除外），说明在开发前期，较小的井距有利于地层压力快速下降到解吸压力以下并形成井间的压力重叠，从而加速煤层气的解吸速度，使得煤层气井在开发初期得到较高的产量；在十年末的累积产气相差不大，保持在 $500×10^4$ 立方米左右的水平，其中 200 米井距的累积量小一些；在十五年末的累积产气量与十年末相比，分别增加了 $45×10^4$ 立方米、$98×10^4$ 立方米、$179×10^4$ 立方米、$213×10^4$ 立方米，可见在开发后期，小井距产量递减严重，无法保持稳产。五年的累积产气量占十五年的采出总量的比例分别为 60%、47%、36%、33%，随着井距的加大呈下降趋势（图 8-31 中红线方形标记所示），井距为 250 米的井在五年末将采出近一半的可采储量，而 350米井距的只有 33%。

小井距井网单井控制储量低，虽然采出程度较高，但累积产气量低；大井距井网虽然单井控制储量高，但由于受到压裂规模的限制，不能形成面积降压，从而影响了开采效果。

考虑开发效果、稳产时间，确定直井的井排距为 300 米的三角形井网。

②已开发区的井距分析。按照沁水煤层气田煤层气 $15×10^8$ 立方米开发方案，直井采用 300 米井距三角形井网，从目前实施情况来看，由于地表等因素，实际开发井距没有完全按照方案设计。为考察不同井距的排采产气情况，在已开发区范围内有条件地选择比较对象，条件是选择比较对象地质条件相近、相邻的几组井网井距，以及选择的井组内大部分相邻井的井距在设定的范围内，即 250 米、300 米和 350 米的井距。符合条件的有 9 区域 37 个井组，主要在樊庄区块范围内。

通过不同井组产量对比认为：各井距初期产气趋势相近，当达到稳定产气时，300米（300~250 米）的井距产气量高于 350 米井距；达到稳定产气，300 米与 250 米井距的开采效果相近；无论井距大小，在断层发育区域产气量低，开发效果都受地质条件影响。

图 8-32 和图 8-33 为其中二个选区不同井组的对比曲线，不同颜色显示出不同井距平均单井日产气量曲线，虽然选区不同，但显示特征相近。

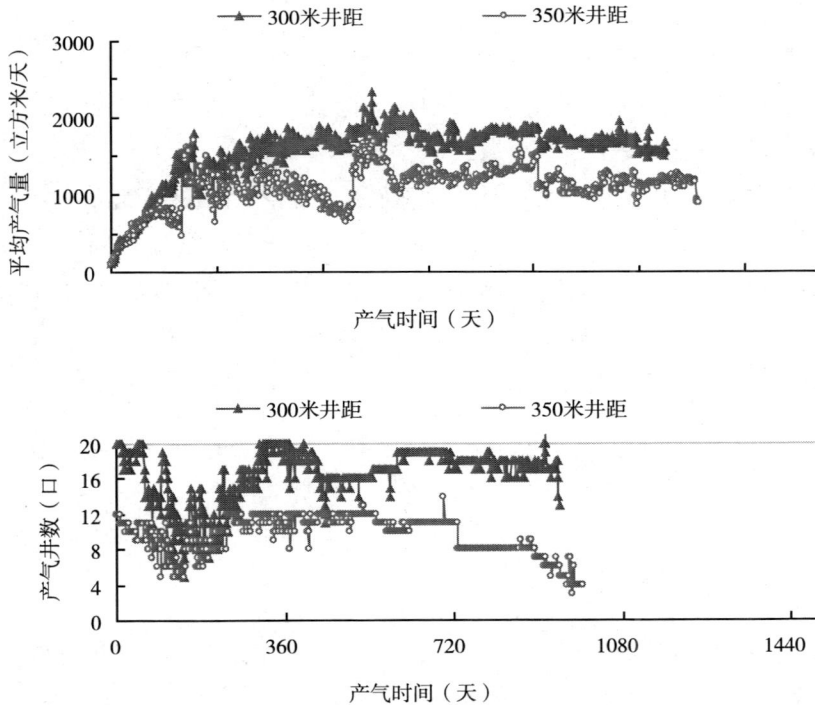

图 8-32 北 2 区不同井距井组产气量对比

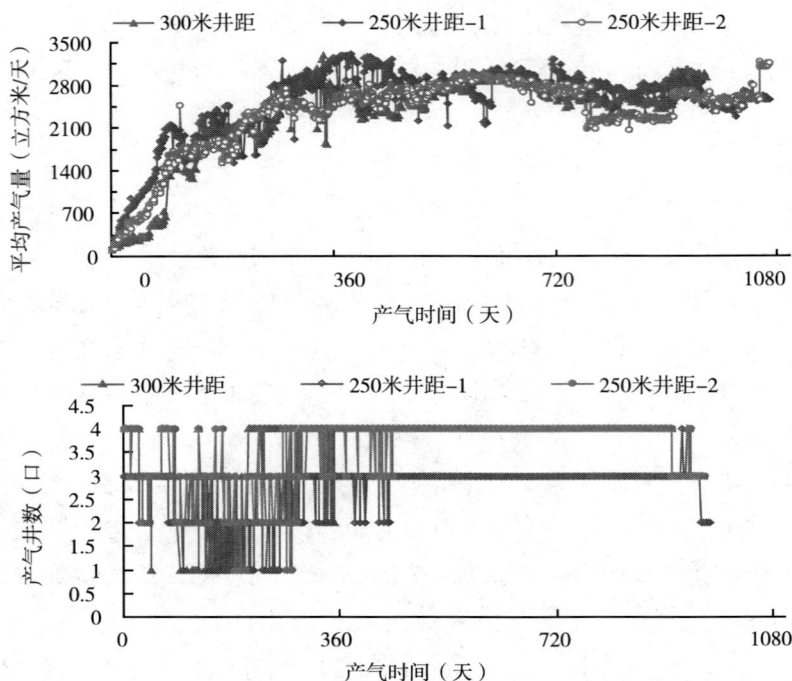

图 8-33　北 3 区不同井距井组产气量对比

（3）井网井距确定。

根据已开发区不同井距产气效果对比，250 米与 300 米井距基本相近，结合数值模拟计算结果，同时考虑到郑庄区块相对于樊庄的储量丰度、煤层深度较大，综合确定采用 250~300 米井距三角形井网。

根据开发区的煤层气地质条件、地形地貌特征、国内目前的工艺技术水平，煤层气田水平井组可设计为单支、双支、三支、四支等各种类型。通过数值模拟计算结果表明：在本区的地质条件下，区域总产气量随井数的增加而增加。此外，由于煤岩渗透率低（一般小于 1mD），单井的解吸范围小，即使多井组合生产 15 年也不会发生解吸范围重叠而造成单井产气损失的情况。

8.2 开发方案部署

8.2.1 方案部署思路

借鉴老区樊庄区块开发和新区郑庄产能建设经验，按照煤层气规模开发特点，依据开发方案部署，地下地面相结合，在合理井位部署调整的基础上，确定最终开发方案，指导煤层气高效开发。

8.2.2 方案部署原则

主要遵循以下几点原则：

（1）目的层为 3# 煤层，有利区域钻穿 15# 煤层；

（2）3# 煤层埋藏原则上小于 1000 米的区域；

（3）构造相对简单，含气量大于 15 立方米/吨的区域；

（4）考虑地形地貌，尽量不破坏林场，少占耕地；

（5）考虑集中建产，并依托老系统，有利于地面各项工程开展；

（6）采用直井（丛式井）、多分支水平井井型。

8.2.3 方案部署要点

（1）动用 3# 煤层含气面积 29.3 平方千米，动用 3# 煤层煤层气探明储量 56.83×10^8 立方米，合作区块面积 50 平方千米，探明 3# 煤层气地质储量 96.36×10^8 立方米，动用探明储量占合作区块的 59%。兼顾 15# 煤层，采用一套井网钻穿 3# 煤和 15# 煤。

（2）直井采用 300 米井距三角形井网开发，采用、直井（定向井）、多分支水平井井型。

（3）直井（定向井）、多分支水平井的单井配产分别为 2000 立方米/天、16000 立方米/天；总井数为 297 口，其中，直井（定向井）、多分支水平井分别为 280 口、17 口；有效井数为 282 口，其中，直井（定向井）、多分支水平井分别 266 口、16 口。

（4）产能建设期为两年，累计新建产能 2.6×10^8 立方米。

8.2.4 方案部署

井位部署首先考虑 3# 煤层埋深 1000 米以浅、含气量基本在 20 立方米/吨以上的区域，构造相对简单，厚度基本在 5 米以上。合作区内共部署 297 口井，包含 280 口直井（定向井）、17 口水平井。

直井（定向井）钻井为 280 口，有效井为 266 口，直井单井生产能力为 2000 立方米/天，可新建产能 1.76×10^8 立方米，水平井钻井为 17 口，有效井为 16 口，水平井单井生产能力为 16000 立方米/天，可新建产能为 0.84×10^8 立方米，累计新建产能 2.6×10^8 立方米（见表 8-10）。

表 8-10　合作区块产能建设方案部署

钻井口（口）			排采口（口）			新建产能（10^8 立方米）		
直井（定向井）	水平井	合计	直井（定向井）	水平井	合计	直井（定向井）	水平井	合计
280	17	297	266	16	282	1.76	0.84	2.60

8.2.5 方案技术指标测算

按照 2 年累建产能 2.6×10^8 立方米，稳产近 3 年，18 年生产期内累积产气 27.05×10^8 立方米（见表 8-11、图 8-34）。

表 8-11　合作区块 $2.6\times10^8\,m^3$ 产能开发方案指标预测

时间	新钻口（口）			排采井口（口）			新建产能（10^8 立方米）				年产气量
年份	直井	水平井	合计	直井	水平井	合计	直井	水平井	合计	累计	（10^8 立方米）
2012	38	0	38	36	0	36	0.24	0.00	0.24	0.24	
2013	242	17	259	230	16	246	1.52	0.84	2.36	2.60	0.02
2014											0.38
2015											2.17
2016											2.60
2017											2.60
2018											2.42
2019											2.26
2020											2.07
2021											1.90
2022											1.75
2023											1.61
2024											1.47
2025											1.36
2026											1.25
2027											1.15
2028											1.06
2029											0.98
小计	280	17	297	266	16	282	1.76	0.84	2.60		27.05

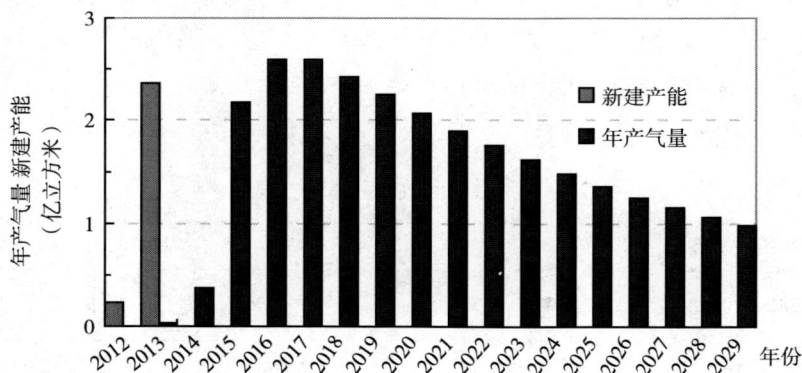

图 8-34　合作区块 2.6 亿立方米产能开发方案产气量预测曲线

按照一年累建产能 2.6×10^8 立方米，稳产近 3 年，18 年生产期内累积产气 27.89×10^8 立方米（见表 8-12、图 8-35）。

表 8-12　合作区块 2.6×10^8 立方米产能开发方案指标预测

时间	新钻口（口）			排采井口（口）			新建产能（10^8立方米）				年产气量
年份	直井	水平井	合计	直井	水平井	合计	直井	水平井	合计	累计	（10^8立方米）
2012	280	17	297	266	16	282	1.76	0.84	2.60	2.60	
2013											0.23
2014											2.11
2015											2.60
2016											2.60
2017											2.43
2018											2.27
2019											2.09
2020											1.92
2021											1.76
2022											1.62
2023											1.49
2024											1.37
2025											1.26
2026											1.16
2027											1.07
2028											0.99
2029											0.92
小计	280	17	297	266	16	282	1.756	0.845	2.60		27.89

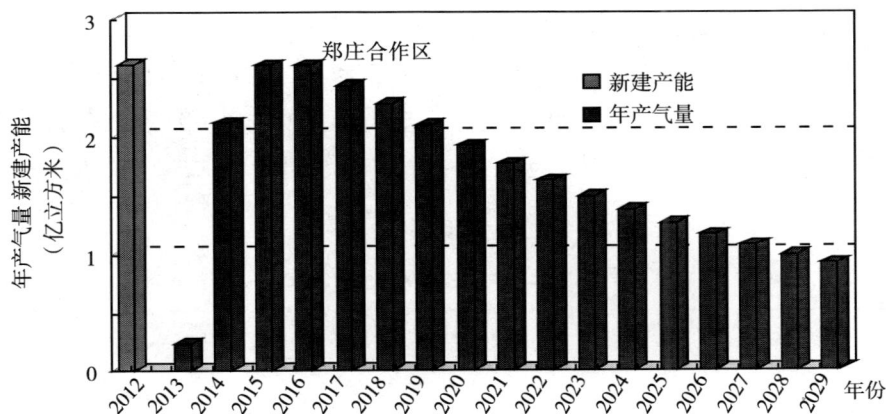

图 8-35　合作区块 2.6 亿立方米产能开发方案产气量预测曲线

8.2.6 资源接替分析

按照 2.6 亿方产能建设部署,已经动用 3# 煤层探明地质储量 56.83×10⁸ 立方米,若钻穿 15# 煤层,综合考虑 15# 煤层厚度、含气量及埋深等地质条件,建议 147 口直井(定向井)兼钻 15# 煤层,则动用 15# 煤层探明地质储量 12.97×10⁸ 立方米。该井区的 15# 煤层地质特征:埋深为 600~1000 米之间,煤层厚度在 3.5 米以上,含气量在 15 立方米/吨以上。

这样,在合作区内还剩余探明地质储量 76.45×10⁸ 立方米,其中,3# 煤层剩余探明地质储量 39.53×10⁸ 立方米,15# 煤层剩余探明地质储量 36.92×10⁸ 立方米,可新建产能 2.07×10⁸ 立方米,详见表 8-13。

表 8-13 合作区块资源动用统计表

层位	合作区		动用储量		剩余储量						可新建产能(10⁸立方米)
					埋深<1000 米		埋深>1000 米		合计		
	含气面积(平方千米)	探明地质储量(10⁸立方米)	含气面积(平方千米)	探明地质储量(10⁸立方米)	含气面积(平方千米)	探明地质储量(10⁸立方米)	含气面积(平方千米)	探明地质储量(10⁸立方米)	含气面积(平方千米)	探明地质储量(10⁸立方米)	
3#	50.00	96.36	29.49	56.83	8.80	16.96	11.71	22.57	20.51	39.53	1.07
15#	50.00	49.89	13.00	12.97	18.20	18.16	18.80	18.76	37.00	36.92	1.00
合计	100.00	146.25	42.49	69.80	27.00	35.12	30.51	41.33	57.51	76.45	2.07

8.2.7 风险指标测算

相邻樊庄区块开发时间较长,目前不同批次投产开发直井的稳定日产气量最低为 1500 立方米,水平井稳定日产气量最低 13000 立方米,因此,测算了直井与水平井单井产能分别在 1500 立方米/天、13000 立方米/天时的指标。按照两年累建产能 2.6×10⁸ 立方米,需要开发直井 405 口、17 口水平井,稳产近三年,十八年生产期内累积产气 26.75×10⁸ 立方米(见表 8-14、图 8-36)。

表 8-14 合作区块 2.6×10⁸ 立方米产能开发方案指标预测

时间	新钻口(口)			排采井口(口)			新建产能(10⁸立方米)				年产气量(10⁸立方米)
年份	直井(定向)	水平井	合计	直井(定向)	水平井	合计	直井(定向)	水平井	合计	累计	
2012	38	0	38	36	0	36	0.18	0.00	0.18	0.18	

续表

时间	新钻口（口）			排采井口（口）			新建产能（10⁸立方米）				年产气量
年份	直井（定向）	水平井	合计	直井（定向）	水平井	合计	直井（定向）	水平井	合计	累计	（10⁸立方米）
2013	367	17	384	349	16	365	1.73	0.69	2.42	2.60	0.02
2014											0.35
2015											2.11
2016											2.59
2017											2.59
2018											2.38
2019											2.23
2020											2.06
2021											1.89
2022											1.74
2023											1.60
2024											1.47
2025											1.35
2026											1.23
2027											1.14
2028											1.04
2029											0.96
小计	405	17	422	385	16	401	1.91	0.69	2.60		26.75

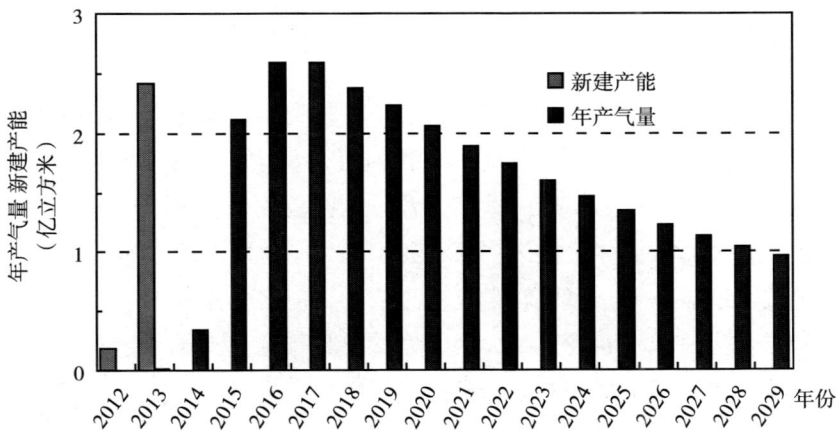

图 8-36 合作区块 2.6 亿方产能开发方案产气量预测曲线

8.3 煤层气开发项目的直接费用估算

煤层气开发项目的直接费用包括投资、生产成本和费用、税金及生产期投资支出等。

8.3.1 投资估算

该项目投资主要包括：建设期排采费、建设投资、建设期利息及流动资金等部分。

参照《中国石油天然气集团公司建设项目经济评价方法》，煤层气开发项目投资计算的主要公式如下：

煤层气开发总投资＝建设投资＋建设期贷款利息＋流动资金＋固定资产投资方向调节税

建设投资＝固定资产投资＋无形资产＋递延资产＋预备费

固定资产投资＝工程费用＋固定资产其他费用

工程费用＝钻井工程投资＋地面建设工程投资

1. 建设期排采费

按照每新建 1 亿立方米产能花费 2000 万元计算，2.6 亿立方米产能花费排采费用 5200 万元，见表 8-15。

表 8-15　排采费用估算

年限	新钻井数（口）			新建产能（亿立方米）			排采费用（万元）
	直井（定向井）	水平井	合计	直井（定向井）	水平井	合计	
2012	280	17	297	1.76	0.84	2.60	5200

建设期排采费用参与经济评价计算，但不计入建设投资。

2. 建设投资

项目建设投资包括：钻井工程投资、采气工程投资、地面建设工程投资。

（1）钻井工程投资。煤层气开发主要采用两种钻井方案，一是地面垂直钻井方案；二是多分支水平井方案。目前，地面垂直钻井技术比较成熟，风险较小，我国煤层气开发主要是此种钻井技术，而多分支水平井在我国仍处于试验阶段，风险较大，沁水盆地多分支水平井技术已有应用，应用较少且较为成功，但多分支水平井技术对具有低渗特点的煤层气储层较为适用，而我国绝大多数煤储层具有这个特点，是未来发展的重点方向。因此，现阶段中国煤层气开发钻井投资主要由地面垂直钻井工程投资和多分支水平钻井工程投资组成。根据煤层气开发钻井经验，一般地面垂直钻井数与多分支水平井数大致比例为 15∶1。

根据用途的不同，煤层气井可以划分为参数井、生产试验井和生产井，每种类型的投资有所不同，但我们在估算钻井工程投资时不考虑井的类型。另外，在煤层气开发的实际投资中，随着钻井深度的不断变化，有的支出不发生明显变化，有的支出发生明显变化，据此，可分为可变支出和固定支出。其中，钻井工程的固定支出包括钻前工程投资、测井工程投资、压裂工程投资和排采设备投资等；可变支出主要指钻井本身的支出，它与深度密切相关。煤层气钻井工程投资估算如下公式：

$$C_z = [h \times (c_1 + c_2) + c_g + c_c + c_{qz} + c_{qd}] \times w_1 + c_s \times w_2 \tag{8-8}$$

式中：C_z 为煤层气地面开发钻井工程投资总额；h 为地面垂直钻井的深度，单位为米；c_1 为地面钻井费用，单位为元/米；c_2 为套管及套管附件费用，单位为元/米；c_g 为固井费用，单位为口；c_c 为测井费用，单位为口；c_{qz} 为钻前费用（直井）；c_{qd} 为钻前费用（定向井）；w_1 为地面垂直井数量，单位为口；c_s 为水平井成本，单位为元/口；w_2 为水平井数量，单位为口。

根据上式，结合实际，郑庄里必井区合作区块 2.6 亿方产能建设钻井工程方案设计，开发钻井工程投资为 44287 万元。

其中：新钻直井 280 口，投资估算 22828 万元，见表 8-16、表 8-17。

表 8-16 钻到 3# 煤层直井经费测算

序号	项目	单价（元）	数量（10⁴米）	经费（万元）
1	钻井费用（元/米）	480	243848	11704.704
2	固井费用（井）	50000	280	1400
3	测井费用（井）	30000	280	840
4	套管及套管附件（元/米）	227	243848	5535.3496
5	钻前费用（直井）	140000	192	2688
6	钻前费用（定向井）	200000	33	660
	合计	—	—	22828.0536

按方案 15# 煤作为接替，147 口直井（定向井）钻穿 15# 煤层，增加钻井进尺 14980 米，增加费用 719.04 万元，套管 340.046 万元，合计增加钻井投资 1059.086 万元。

表 8-17 钻穿 15# 煤直井增加投资测算

序号	项目	单价（元）	增加钻井进尺米	增加经费（万元）
1	钻井费用（元/米）	480	14980	719.04
2	套管及套管附件（元/米）	227	14980	340.046
	合计		—	1059.086

直井钻井总费用合计 23887.1396 万元。

设计新钻水平井 17 口，单井定额 1200 万，投资 20400 万元。

钻井工程总投资估算 44287 万元，见表 8-18

表 8-18　郑庄区块里必合作区产能建设钻井投资测算

序号	井型	总井数（口）	单井费用（万元）	总费用（万元）
1	直井	280	—	23887
2	水平井	17	1200	20400
	合计	297	—	44287

（2）采气工程投资。中国煤层气采气工程投资与完井工程设计和采气方式选择密切相关。

完井方法的选用与地质构造环境、煤层厚度、地应力条件、储层压力、煤体结构和力学性质等密切相关，沁水煤层的原始渗透率为 $0.001×10^{-3} \sim 2.0×10^{-3}$ 平方微米，裂隙不发育，孔隙度低，属微孔—特低渗煤层，并且煤层疏松，因此针对不同井型需要选用不同的完井方式。

①直井完井设计。目前直井常用的完井方式主要有套管射孔完井、割缝衬管完井、裸眼完井、裸眼或套管砾石充填完井等，各种完井方式优缺点见表 8-19。

沁水煤层的原始渗透率为 $0.3×10^{-3} \sim 2.0×10^{-3}$ 平方微米，裂隙不发育，孔隙度低，属微孔—特低渗煤层，需要采取压裂增产措施改善开发效果，并且煤层疏松。因此，郑庄区块煤层气开发中，为了满足增产措施处理的需要，选用目前成熟、配套、易于实施后续作业的套管射孔完井，射孔方式推荐应用电缆输送负压射孔，射孔液面 100 ~ 150 米，应用 102 射孔枪系列和 127 射孔弹，选择 90° 相位角和螺旋布孔方式，压裂液采用樊庄区块开发中效果较好的活性水压裂液，射孔密度为 16 孔/米。

②水平井完井设计。根据开发方案要求，郑庄区块煤层气开发中采用水平井为主的开发方式，多分支水平井段全部采用裸眼完井，为方便排采设备的下入，在距井口一定距离且与主井眼在同一剖面上设计一口垂直环接井，因此多分支水平井的完井设计主要针对该环接井设计。

裸眼洞穴完井是在裸眼完井的基础上发展起来的一种独特的煤层气井完井方式。在较高生产压差的作用下，利用井眼的不稳定性，在井壁煤岩发生破坏后允许煤块塌落到井筒中，进而形成物理洞穴（自然裸眼洞穴完井）；或者人工施加压力（从地面注气），使井壁煤层发生破坏，再清除井底的煤粉，进而形成物理洞穴（动力或人工裸眼洞穴完井）。裸眼完井具有以下优点：

第一，可以形成物理洞穴，从而增大了渗流面积；

第二，洞穴外的剪切破坏带和张性破坏带及远场干扰带的煤块发生松动或破碎，形成纵横交错的微裂缝，从而大大提高渗透率；

第三，应力释放、煤的比表面积增加，有利于煤层甲烷气的解吸；

第四，许多微裂缝具备自支撑的特点，在短期内不会闭合，也有利于煤层甲烷气的解吸和渗流。

表 8-19　各种直井完井方式优缺点对比

完井方式	优点	缺点
套管射孔完井	a. 应用最广泛和最主要的完井方式； b. 适合于渗透性差的煤层； c. 可选择性射开不同压力和物性的煤层，实现分层开采； d. 可进行压裂、酸化作业	出液面积小，对射孔和固井质量要求严格
割缝衬管完井	a. 成本相对较低； b. 储层不受水泥浆的伤害； c. 衬管可以起到保持煤层与井眼间的通道作用，可防止井眼坍塌	a. 不能实施层段分隔，不可避免地有层段之间的串通； b. 无法采取选择性增产、增注措施； c. 不可控制生产，测井困难
裸眼完井	a. 成本最低； b. 储层不受水泥浆的伤害； c. 导流能力最高，产量损失少； d. 使用裸眼封隔器可以实施生产控制和分隔层段	a. 可能造成井眼堵塞，甚至造成报废； b. 生产控制能力差，难以避免层段之间的串通； c. 可选择的增产措施有限，不能进行水力压裂作业； d. 修井困难； e. 生产测井困难
裸眼或套管砾石充填完井	a. 储层不受水泥浆伤害； b. 可以防止疏松煤层出砂及井眼坍塌； c. 可以放大生产压差，获得较大产能	a. 费用高； b. 不能实施层段分隔，因而不可避免地有层段之间的串通； c. 无法采取选择性增产、增注措施； d. 无法进行生产控制，测井困难

在煤层气的开发过程中，完井的主要目的是为井筒与煤层建立有效的连通渠道，并能有助于煤层深部甲烷气的解吸和向井筒的流动，同时，要最大限度地降低钻井完井中对煤层的损害。煤层气主要埋藏在应力敏感的、气饱和的、低渗或特低渗的煤层，要开发这类煤层，主要的办法是提高煤层气向井筒流动的渗透率、增大煤层气的渗流面积、将煤块破碎从而改善煤层气的解吸环境。裸眼洞穴完井可以提高井筒周围割理系统的渗透性，增大地层的导流能力，使井眼与地层之间实现有效连通，而且对煤层无损害，因此针对多分支井选用裸眼洞穴完井的完井方式。

为保证主水平井眼与采气井在煤层内贯通，要求固井至煤层顶部以上10米左右，下部井段全部裸眼完井，且在与主水平井眼贯穿的煤层段造直径1.0~2.0米的洞穴。

采气方式选择有以下几种。

①煤层气井井口的选择。煤层气井的井深多数浅于1000米，煤层气的排采过程是一个排水降压的过程，排采过程中无能量补充，且根据南部樊庄区块的排采情况，煤层气解吸后套管憋压最高不超过3.5兆帕，正常产气时，套压通常低于1.0兆帕，所以选用低压简易井口即可满足要求，即井口的额定压力为10兆帕，通径为65毫米；对于多分支水平井，由于其压力情况与直井相同，所以采用同种规格井口，考虑煤层套管为7寸，因此选用连接尺寸为7寸扣型的同规格井口。

②抽油机、管式泵举升系统参数的选择。鉴于不同举升方式举升参数类型不同，因此针对不同举升方式开展参数设计及优化。樊庄区块应用管式泵排采，在解决煤粉卡泵等方面取得成功经验，故障检泵率已经很低，因此建议成庄郑村区块继续使用以管式泵为主的排采工艺。

对于产水量正常的直井应用抽油机举升，需要配备三型、五型游梁式抽油机，配备5.5千瓦、15千瓦的电磁调速电机；采用 Φ73毫米的J55油管，管式泵为二级泵，使用 Φ19毫米单级抽油杆，配套井下工具主要有：尼龙扶正器或绕丝筛管。对于井斜超标、偏磨严重的直井考虑采用电潜泵。对于水平井采用管式泵、螺杆泵、电潜泵三种排采方式。产水量正常范围之内井，采用管式泵和螺杆泵，管式泵采用 Φ38-57毫米的二级泵，Φ73毫米的J55油管，根据井深及泵型确定抽油机型号，使用 Φ19毫米单级抽油杆，配套工具主要有：尼龙扶正器和绕丝筛管；螺杆泵采用GLB75-27螺杆泵，油管采 Φ73毫米的J55油管，需要配备11千瓦的电机和变频装置，推荐使用 Φ25毫米D级抽油杆，配套设备主要有：油管锚防止油管脱扣，驱动装置具有防反转功能，使抽油杆不能反转。在抽油杆柱的上端附近即光杆附近、抽油杆柱的下端即转子附近以及中下部安装扶正器。

对于产水量大于50立方米的水平井采用螺杆泵或电潜泵。电潜泵根据扬程的变化情况选用MQD25-550，MQD25-800两种，需要配备 Φ73毫米的J55油管，11千瓦的电机和变频装置，配套设备主要有：电机保护器及相关的地面控制部分。

经过载荷计算，郑庄区块里必井区煤层气开发直井排采建议首选5型抽油机、Φ38毫米泵，个别埋深较大区域煤层气井考虑选用 Φ44毫米泵；水平井排采设备首选螺杆泵。根据以上预算，并考虑到产能接替需要加深泵挂，直井单井投资费用约为65万元；多分支井不需要采取射孔、压裂等工艺措施，因此单井采气工程投资费用为30万元。

下面介绍一下采气工程投资费估算。

采气工程投资费用包括射孔、压裂投产、地面、井下等几部分的费用。具体计算公式如下：

$$c_{cq} = c_{sk} \times w_3 + c_{yl} \times w_4 + c_{zc} \times w_5 + c_{lx} \times w_6 + c_{cy} \times w_7 + c_{qt} \times w_8 \qquad (8-9)$$

式中，c_{cq} 为地面钻井采气工程投资总额；c_{sk} 为射孔费用，单位为万元/米；c_{yl} 为压裂费用，单位为万元/次；c_{zc} 为投产作业费用，单位为万元/次；c_{lx} 为螺杆泵费用，单位为万元/套；c_{cy} 为抽油机费用，单位为万元/套；c_{qt} 为压力计及控制器费用，单位为万元/个；w_3 为射孔数量，单位为米；w_4 为压裂数量，单位为次；w_5 为投产作业数量，单位为次；w_6 为螺杆泵数量，单位为套；w_7 为抽油机数量，单位为套；w_8 为压力计及控制器数量，单位为个。

①单井投资费用估算。采气工程单井投资费用估算见表8-20~表8-24，分别为不同举升方式的单井初期投产的投资费用估算。

表8-20　压裂投产单井费用估算

项目	型号	单位	单价（元）	数量	费用（万元）
射孔		米	3100	4.5	1.395
压裂	液量平均900~1000立方米	次	350000	1	35
投产作业费		次	22050	1	2.205
合计					38.6

表8-21　5型抽油机举升的单井投资费用估算

	项目	型号	单位	单价（元）	数量	费用（万元）
地面部分	5型抽油机		台	100000	1	10.0
	抽油机基础		套	6000	1	0.6
	抽油机安装费		套	6000	1	0.6
	井口（工艺安装井场平整等）		台	6000	1	0.6
	15千瓦电机		台	10000	1	1.0
井下部分	抽油杆		米	22	735	1.617
	抽油泵	Φ44毫米	台	6000	1	0.6
	J55国产油管	Φ73毫米×5.51	吨	6575	7.0	4.603
	内置防砂管	NZSG0.3-2000	套	5000	1	0.5
	扶正器		个	120	20	0.24
其他	不可预见费		口	5000	1	0.5
合计						20.86

表 8-22　6 型抽油机举升的单井投资费用估算

项目		型号	单位	单价（元）	数量	费用（万元）
地面部分	6 型抽油机		台	135000	1	13.5
	抽油机基础		套	6000	1	0.6
	抽油机安装费		套	10000	1	1
	井口（工艺安装井场平整等）		台	6000	1	0.6
	18.5 千瓦电机		台	12000	1	1.2
井下部分	抽油杆		米	22	1000	2.2
	抽油泵	Φ44 毫米	台	6000	1	0.6
	J55 国产油管	Φ73 毫米×5.51	吨	6575	9.3	6.11475
	内置防砂管	NZSG0.3-2000	套	5000	1	0.5
	扶正器		个	120	30	0.36
其他	不可预见费		口	5000	1	0.5
合计				—	—	27.175

表 8-23　8 型抽油机举升的单井投资费用估算

项目		型号	单位	单价（元）	数量	费用（万元）
地面部分	8 型抽油机		台	160000	1	18.000
	抽油机基础		套	6000	1	0.600
	抽油机安装费		套	10000	1	1.000
	井口（工艺安装井场平整等）		台	6000	1	0.600
	30 千瓦电机		台	25000	1	2.500
井下部分	抽油杆	800 * 1510	m	23	1100	2.530
	抽油泵	Φ44 毫米	台	6000	1	0.600
	J55 国产油管	Φ73 毫米×5.51	吨	6575	10.45	6.871
	内置防砂管	NZSG0.3-2000	套	5000	1	0.500
	扶正器		个	120	35	0.420
其他	不可预见费		口	5000	1	0.500
合计				—	—	34.121

表 8-24　采用螺杆泵投资费用估算

	项目	型号	单位	单价（元）	数量	费用（万元）
地面部分	地面驱动装置	22kw	套	60000	1	6.000
	专用井口（工艺安装井场平整等）	台	台	10000	1	1.000
井下部分	国产泵	GLB80-20	套	60000	1	6.000
	抽油杆	D 级钢杆	米	25	1000	2.500
	螺杆泵专用扶正器		个	515	19	0.979
	油管锚		个	3000	1	0.300
	J-55 国产油管	Φ 73 毫米×5.51	吨	6575	9.3	6.115
	内置筛管	NZSG0.3-2000	套	5000	1	0.500
其他	不可预见费		口	5000	1	0.500
合计				—	—	23.894

②采气工程总投资估算。根据式（8-9），结合单井投资费用，按照郑庄里必井区合作区块 2.6 亿方产能建设方案采气工程方案设计，总钻井数 297 口（考虑 95% 钻井成功率），有 282 口井排采投产，采气总投资约 17560 万元，见表 8-25。

表 8-25　采气工程总投资估算

项目		单价（万元）	数量	总计（万元）
射孔		1.395	266	370
压裂		35	266	9310
投产作业费		2.205	282	620
螺杆泵		24.894	8	190
抽油机	5 型	20.86	156	3250
	6 型	27.175	98	2660
	8 型	34.121	20	680
小计		—	282	6790
压力计及控制器		4.800	100	480
合计		—		17560

按照开发方案部署，有效井数 282 口，其中多分支水平井 16 口（不需要采取射孔、压裂等工艺措施），五型抽油机 156 口，六型抽油机 98 口，八型抽油机 20 口，进行压力监测及控制的井 100 口，采气工程总投资约 17560 万元。

（3）地面建设工程投资。煤层气开发地面建设工程投资主要包括井场工程、站场工程、采气管线工程、穿越工程、供电工程、通信工程、道路部分及其他费用等支出。由于这些项目支出与煤层气井数以及地理环境密不可分，所以在估算地面建设工程投资费用时，我们根据实际情况给出各单项目总体投资额。具体来讲，地面建设工程投资估算公式如下：

$$c_d = a_1 + a_2 + a_3 + a_4 + a_5 + a_6 + a_7 + a_8 \qquad (8-10)$$

式中，c_d 为地面建设工程投资总额；a_1 为井场工程投资总额；a_2 为站场工程投资总额；a_3 为采气管线工程投资总额；a_4 为穿越工程投资总额；a_5 为供电工程投资总额；a_6 为通信工程投资总额；a_7 为道路工程投资总额；a_8 为其他费用。

结合实际情况，按照上式计算，地面建设工程投资总估算 21085 万元，详细投资估算明细见表 8-26。

表 8-26 郑庄区块里必合作区地面建设工程投资估算

序号	工程或费用名称	合计（万元）
一	第一部分　工程费用	14797.88
1	井场工程	2445.80
2	站场工程	4516.90
3	采气管线工程	4188.55
4	穿越工程	420.00
5	供电工程	2196.77
6	通信工程	673.73
7	道路部分	356.13
二	第二部分　其他费用	4725.07
三	第三部分　预备费	1561.84
地面建设工程总投资合计		21084.79

3. 流动资金

流动资金是指生产经营性项目投产后，为进行正常生产运营，用于购买原材料、燃料、支付工资及其他经营费用等所需的周转资金。流动资金估算，一般有两种计算办法，即一是扩大指标估算法；二是分项详细估算法。在煤层气开发可行性研究阶段，对流动资金的估算通常采用扩大指标估算法，其估算公式如下：

$$c_l = c_j \times r \qquad (8-11)$$

式中，c_i 为流动资金；c_j 为年经营成本；r 为流动资金占年经营成本的比例。

一般来说，我们流动资金按占年经营成本的 18% 估算。

4. 建设期借款利息

建设期贷款利息是指建设项目中分年度使用国内贷款或国外贷款部分，在建设期内应归还的贷款利息。计算公式如下：

$$S = \sum_N (F_{n-1} + b_n \div 2) \times i \tag{8-12}$$

式中，S 为建设期贷款利息，单位为元；N 为项目建设期，单位为年；n 为施工年度；F_{n-1} 为建设期第（$n-1$）年末需付息贷款本息累计，单位为元；b_n 为建设期第 n 年度付息贷款额，单位为元；i 为建设期贷款年利率。

本项目按照建设投资 55% 为自有资金，45% 为贷款，贷款利率为 1% 为计算。

5. 项目总投资

项目总投资 = 建设期排采费 + 建设投资 + 建设期利息 + 流动资金 = 91406 万元

项目总投资估算明细见表 8-27。

表 8-27　项目总投资估算

序号	工程或费用名称	投资额（万元）
一	建设期排采费	5200
二	建设投资	82932
1.1	新钻开发井	44287
1.2	采气工程投资	17560
1.3	地面建设工程	21085
三	建设期利息	198
四	流动资金	3076
	项目总投资	91406

8.3.2 资金的筹措及使用计划

1. 资金筹措

本项目建设投资所需资本金比例按 55%、银行贷款按 45% 考虑，贷款利率为 1%。流动资金自有资金比例按 30%，银行贷款按 70% 考虑，贷款利率为 1%。

2. 资金使用计划

本项目投资总额 91406 万元，各年投资使用计划见表 8-28。

表8-28 资金使用计划　　　　　　　　　　　　　　　单位：万元

序号	项目名称	合计	2012年	2013年	2014年	2015年	2016年
	项目总投资	91406	8172	80201	423	2105	506
1	建设期排采费	5200	480	4720	—	—	—
2	建设投资	82932	7655	75277	—	—	—
3	建设期利息	198	18	180	—	—	—
4	流动资金	3076	19	24	423	2105	506

8.3.3 生产成本估算

1. 基础参数

合作区块2.6亿方产能建设开发方案经济评价计算期为18年（2012~2029年），其中建设期为2年（2012年）。按行业标准确定本项目的公用经济参数表8-29。

表8-29 公用经济参数

基础参数	单位	数值	基础参数	单位	数值
项目计算期	年	18	长期借款利率	%	1
项目建设期	年	2	流动资金借款利率	%	1
项目生产期	年	16	折现率	%	10
资本金比例	%	55	公积金公益金比率	%	10
固定资产投资借款比例	%	45	气价（不含税）	元/立方米	1.38
流动资金自筹比例	%	30	商品率	%	99
流动资金贷款比例	%	70	增值税（先征后返）	%	13
流动资金占经营成本比例	%	18	资源税	元/吨	0
回收固定资产余值	%	0	城市建设维护税	%	5
折旧、摊销年限	年	10	教育费附加	%	3
矿厂资源补偿费	%	0	所得税率	%	25
营业费用率	%	0.5			

2. 生产成本预测

油气开发项目成本费用构成为生产成本、管理费用、财务费用和营业费用。

（1）生产成本。主要包括采气操作成本、煤层气经中央处理厂的处理成本和折旧费。

①采气操作成本。主要包括人员费用、材料费、燃料费、动力费、井下作业费、维护修理费、运输费、工农土地赔偿费、综合服务费等。根据山西煤层气有限责任公司分公司进入生产期的 2 年实践，合作区块开发方案单位操作成本 0.6 元/立方米，构成见表 8-30。

表 8-30　成本定额

项目	单位成本（元/立方米）	构成比例
操作成本	0.6	—
1. 人员费用	0.17	29.15%
2. 材料费	0.05	9.12%
3. 燃料费	0.01	1.07%
4. 动力费	0.12	19.31%
5. 井下作业费	0.05	8.64%
6. 维护修理费	0.08	13.64%
7. 运输费	0.04	6.23%
8. 工农土地赔偿	0.03	4.52%
9. 综合服务费	0.01	1.71%
10. 其他管理性费用	0.04	6.61%

②增加煤层气经中央处理厂的处理成本 0.119 元/立方米。

③折旧费。按照财政部和国家税务总局发布《关于加快煤层气抽采有关税收政策问题的通知》的规定，煤层气抽采允许采用加速折旧，方法为双倍余额递减法或年数总和法。而固定资产的折旧方法可在税法允许的范围内由企业自行确定，一般采用直线折旧法，包括平均年限法和工作量法。

本项目中折旧费采用平均年限法计算，具体计算公式如下：

$$年折旧额 = 固定资产原值 \times （1-残值率）/折旧年限 \qquad (8-13)$$

按照折旧年限为 10 年，年综合折现率按 10% 计算，净残值为 0。

（2）管理费用。主要包括摊销费、矿产资源补偿费和其他管理费。

①摊销费。指无形资产和递延资产在一定期限内分期摊销的费用。具体计算公式如下：

$$摊销费 = 固定价 \times （1-固定资产形成率） \qquad (8-14)$$

本项目中无形资产摊销年限 10 年；递延资产自投产之日起，按照 5 年的期限平均摊销。

②矿产资源补偿费。按照国家优惠政策，煤层气开发项目免交矿产资源补偿费。

③其他管理费按 3 万元/人·年，按照地面建设工程方案设计，项目定员为 35 人。

（3）财务费用。生产经营期内固定资产借款利息和流动资金贷款利息之和，不考虑除利息之外的财务费用。

（4）营业费用。按营业收入的 0.5% 计算。

根据以上参数计算，整个计算期年均总成本费用为 15306 元，平均单位操作成本 726 元/千方气（见附表 1-1），计算结果见表 8-31。

表 8-31 成本计算结果

成本名称	指标值
年均总成本费用（万元）	15306
年均经营成本（万元）	9922
平均单位操作成本（元/千方）	726

8.3.4 税金及附加

在煤层气开发项目经济评价中涉及的营业税金及附加有：增值税、资源税、城市维护建设税和教育费附加。

1. 增值税

根据财政部、国家税务总局发在布《关于加快煤层气抽采有关税收政策问题的通知》〔2007〕16 号文件，对煤层气开发项目采取先征后退的增值税的优惠政策，其计算公式如下：

$$T_v(t) = R_s(t) \times \gamma_v \qquad (8-15)$$

式中，$T_v(t)$ 为第 t 年应纳增值税税额；$R_s(t)$ 为第 t 年销售收入；γ_v 为增值税占销售收入的比例。

$$销项税额 = 销售额 \times 税率； \qquad (8-16)$$
$$应纳税额 = 当期销项税额——当期进项税额； \qquad (8-17)$$

根据国家有关部门，目前煤层气开发项目的增值税税率为 13%。

2. 资源税

资源税是以各种应税自然资源为课税对象、为了调节资源级差收入并体现国有资源有偿使用而征收的一种税。根据财政部、国家税务总局〔2007〕16 号文件，对地面抽采煤层气暂不征收资源税。

3. 城市维护建设税

城市维护建设税是以增值税为计税基础的，其总额按照如下公式估算：

$$T_c(t) = R_v(t) \times \gamma_c \tag{8-18}$$

式中，$T_c(t)$ 为第 t 年应纳城市维护建设税；$R_v(t)$ 为第 t 年应纳增值税税额；γ_c 为城市维护建设税费率。

目前，煤层气开发项目的城市维护建设税按应交增值税的 5% 计算。

4. 教育附加费

应纳教育费附加＝（实际缴纳的增值税、消费税、营业税三税税额）×3%

$$\tag{8-19}$$

本书煤层气开发项目按应交增值税的 3% 计算。

本煤层气开发项目计算期内方案营业税金及附加估算结果见表 8-32。

表 8-32 营业税金及附加估算　　　　　　　　　单位：万元

序号	项目名称	计算期累计
1	项目收入	381291
	其中：煤层气营业收入	332601
	补贴收入	48690
2	增值税（2.1-2.2）	31630
2.1	销项税额	43238
2.2	进项税额	11609
3	营业税金及附加	2530
3.1	城市维护建设税	1581
3.2	教育费附加	949
3.3	资源税	

8.4 煤层气开发项目的直接效益

煤层气开发项目的直接效益为生产经营的销售收入。通过销售煤层气商品取得的收入包括两部分：一是煤层气营业收入；二是补贴收入。营业收入是指销售煤层气商品取得的收入，涉及的参数有年煤层气产量、煤层气商品率和销售价格。补贴收入是指销售煤层气商品给除发电以外用户获得的国家补贴，涉及的参数有煤层气产量、煤层气商品率和煤层气补贴费率。具体计算办法如下。

1. 煤层气营业收入

煤层气销售收入计算公式如下：

$$R_s(t) = q(t) \times f_s \times p \tag{8-20}$$

即煤层气年营业收入＝年产气量×商品率×气销售价格

式中，$R_s(t)$ 为第 t 年煤层气销售收入；$q(t)$ 为第 t 年煤层气产量；f_s 为煤层气商品率；p 为煤层气销售价格。

本煤层气开发项目的煤层气价格按照 1.38 元/立方米气价计算，商品率取 99%。

2. 补贴收入

煤层气补贴收入计算公式如下：

$$R_b(t) = q(t) \times f_s \times r_b \tag{8-21}$$

式中，$R_b(t)$ 为第 t 年煤层气补贴收入；$q(t)$ 为第 t 年煤层气产量；f_s 为煤层气商品率；r_b 为煤层气补贴费率。

具体来讲：补贴额度＝（销售量＋自用量－用于发电量）×补贴标准

根据《财政部关于煤层气（瓦斯）开发利用补贴的实施意见》（财建〔2007〕114号），中央财政按 0.2 元/立方米煤层气（折纯）标准对煤层气开采企业进行补贴，补贴计入营业收入。

根据合作区块 2.6 亿立方米产能开发方案部署，18 年计算期内累产气（考虑 90% 产能到位率）24.345 亿立方米，商品率 99%，按气价 1.38 元/立方米（不含税）计算，方案计算期累计营业收入 332601 万元，累计补贴收入 48690 万元，合计收入 381291 万元，见表8-32。

8.5 财务盈利能力分析

经过计算，根据现金流量表计算出各项税后财务评价指标，见表 8-33。合作区块建产开发方案经济评价指标（返增值税后）：财务内部收益率为 13.39%，财务净现值为 14472 万元，投资回收期为 7.55 年。因此，方案有一定的盈利能力，能取得较好的经济效益（见附表1-2）。

表8-33 财务指标汇总

项目名称	指标值	备　注
项目投资财务内部收益率（%）	13.39	税后
项目投资财务净现值（万元）	14472	税后
投资回收期（年）	7.55	税后

8.6 煤层气开发项目的经济性分析

8.6.1 评价分析

从图 8-37 看出，2012 净现金流量为负值，当 2015 年达到设计生产能力时净现金流量为最高 20547 万元，随着生产年限的增加，净现金流量不断降低，到计算期末净现金流量仍为正值；18 年计算期内累计净现金流为 11.23 亿元。

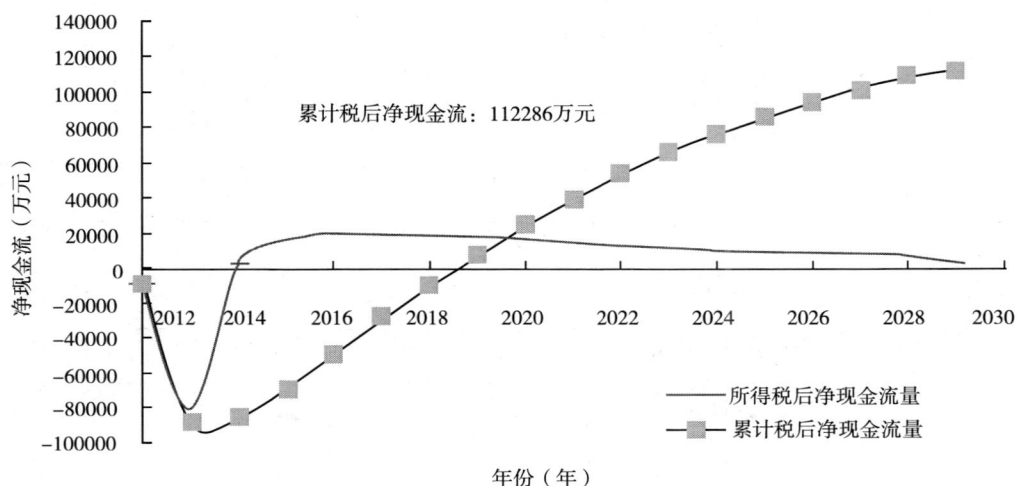

图 8-37　各年净现金流变化

通过对合作区块 2.6 亿立方米产能开发方案详细的投资估算、产量预测、现金流分析等，按照油气田勘探开发建设项目经济评价方法进行经济评价计算，计算结果的主要财务指标见表 8-34。

表 8-34　合作区块 2.6 亿方产能开发方案主要财务指标汇总

序号	项目名称	单位	气价 1.38 元/立方米	备注
1	基本数据			
1.1	项目报批总投资	万元	89253	
（1）	建设期排采费	万元	5200	
（2）	建设投资	万元	82932	
（3）	建设期利息	万元	198	
（4）	铺底流动资金	万元	923	

序号	项目名称	单位	气价1.38元/立方米	备注
1.2	营业收入	万元/年	18478	计算期平均
1.3	总成本费用	万元/年	15306	计算期平均
	其中：折旧	万元/年	9209	计算期平均
1.4	单位采气操作成本	元/千方	726	
1.5	营业税金及附加	万元/年	141	计算期平均
1.6	利润总额	万元/年	7494	计算期平均
1.7	净利润	万元/年	6060	计算期平均
1.8	建亿方气产能投资	亿元/亿方	3.19	
2	评价参数			
2.1	煤层气价（不含税）	元/方	1.38	
2.2	煤层气商品率	%	99	
2.5	计算期	年	18	
	其中：建设期	年	2	
3	评价指标			
3.1	财务内部收益率（税后）	%	13.39	全部投资
3.2	财务净现值（税后）	万元	14472	全部投资
3.3	静态投资回收期	年	7.55	包括建设期
3.4	资本金财务内部收益率	%	17.47	
3.5	总投资收益率	%	8.81	
3.6	资本金投资净利润率	%	12.27	

按煤层气销售价格1.38元/立方米，计算方案财务内部收益率（税后）为13.39%，财务净现值为14472万元（税后），投资回收期为7.55年，经济评价指标均高于石油行业标准，且能获得较好的经济效益。

8.6.2 敏感性分析

投资、经营成本、价格及产量各因素存在不确定性，这些因素的变化对方案的FIRR、NPV敏感程度见表8-35、图8-38。

表 8-35　方案敏感性计算

序号	不确定因素	变化率（%）	内部收益率（%）	净现值（万元）
基本方案			13.39	14472
1	投资	−20%	17.45	27001
		−10%	15.25	20737
		10%	11.79	8206
		20%	10.39	1922
2	销售价格	−20%	7.29	−10599
		−10%	10.49	1999
		10%	16.09	26929
		20%	18.62	39365
3	气产量	−20%	9.72	−1134
		−10%	11.61	6686
		10%	15.08	22257
		20%	16.71	30042
4	经营成本	−20%	16.18	27237
		−10%	14.81	20854
		10%	11.93	8088
		20%	10.41	1686

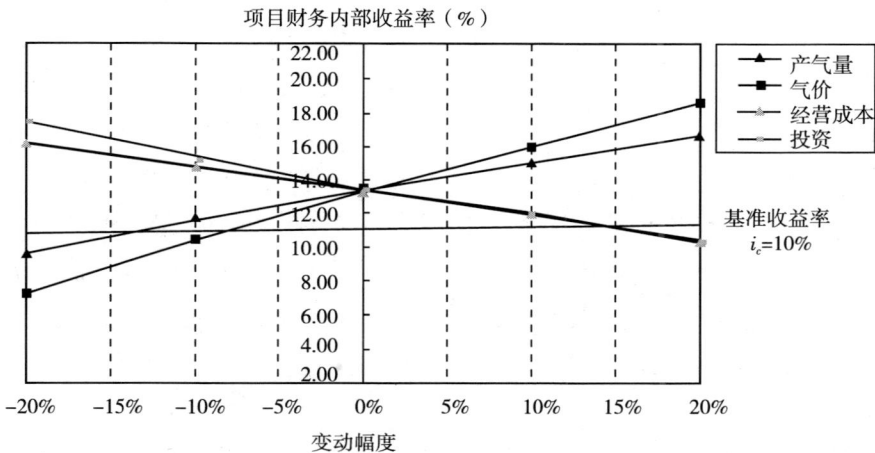

图 8-38　财务内部收益率敏感性分析（IRR）

从销售价格、产量、投资、经营成本等指标的变化程度对财务内部收益率的影响来看，煤层气销售价格的变化最为敏感，其次是投资，产量和经营成本的变化相对不太敏感。

由上分析可得出以下几点结论。

（1）按照气价为 1.38 元/立方米（不含税，输入西气东输管线价格），商品率为 99%，采气操作成本为 0.6 元/立方米，中央处理厂处理成本为 0.119 元/立方米，评价期享受国家税收优惠政策的情况下测算，项目全部投资税后财务内部收益率为 13.39%，税后财务净现值为 14472 万元（$i_c = 10\%$），投资回收期为 7.55 年（含建设期）。经济评价指标均高于石油行业标准，且能获得较好的经济效益。

（2）每亿立方米气产能建设投资 3.19 亿元。

（3）通过敏感性分析结果看，该项目具有较强的抗风险能力。

综上所述，该项目开发在经济上可行，且对企业有较好的投资回报率。

8.7 社会效益分析

8.7.1 煤层气对国家政治、社会稳定的影响

油气资源是重要的能源矿产和战略性资源，关系国家经济和社会发展，关系国家安全。党中央、国务院将油气资源、粮食和水资源一同列为影响经济社会可持续发展的三大战略资源。搞好油气资源开发、评价，在合理利用油气资源、提高油气资源对经济社会可持续发展的保障能力、为国家制定能源战略和中长期发展规划提供基础信息和科学依据等方面具有重要的作用。煤层气是一种非常规天然气，是我国在 21 世纪的重要接续能源之一，合理、有效地开发利用我国丰富的煤层气资源，对于改善我国的能源结构、补充常规天然气的缺口、提高国家油气安全保障程度具有重要意义。

煤矿瓦斯事故不仅是煤矿安全生产的最大威胁，也会给社会造成不稳定因素。抽采利用煤矿瓦斯，不仅可改善煤矿安全生产，而且可提高经济效益。我国国有煤矿高瓦斯和瓦斯突出矿井占总矿井数的 46%，瓦斯事故频繁，每年因瓦斯灾害造成的死亡人员达 2000 人以上，私有小型煤矿瓦斯事故率和死亡人数更高。仅根据最近 15 年的统计，因瓦斯事故而死亡的人数占煤炭行业工伤事故死亡人数的 30%~40%，占重大事故的 70%~80%，直接经济损失超过 500 亿元。瓦斯事故造成的人员伤亡和巨大经济损失，在社会上形成很大的负面影响。开发利用煤矿瓦斯，对于保障煤矿安全生产和减少财产损失具有现实意义。

采煤之前进行煤层预抽采，有利于从根本上防止煤矿瓦斯事故，改善煤矿的安全生产条件，同时还能减少矿井建设费用。据有关机构统计，预抽采煤层气，巷道建设和通风费用减少 1/4 左右，这极大地提高了煤矿的生产效率和经济效益，同时也有利于改善煤矿的社会形象。

开发利用煤层气可以在一定程度上改善我国的能源结构,增加洁净的气体能源。能源作为人类经济社会发展的三大支柱之一,将在世界经济可持续发展战略中具有举足轻重的作用。随着我国国民经济的快速发展,对能源的需求也越来越大,特别是随着我国经济的飞速发展,国内油、气供需缺口急剧增大。开发和利用煤层气可以现实、有效地弥补我国常规天然气在地域分布和供给量上的严重不足。有些资深专家早就提出 21 世纪是煤层气大发展的时代,煤层气是我国常规天然气最现实可靠的替代能源。

因此,加大煤层气勘探、开发、利用与评价研究是一件十分重要的基础工作,对于维护国家政治、社会稳定具有重要的影响。

8.7.2 煤层气对当地科技、文化发展水平的影响

目前中国煤层气产业面临形成和发展的历史机遇,主要表现在:①在洁净能源和环保的双重要求下,我国政府重视煤层气开发利用,优惠政策纷纷出台;②中国煤层气开发利用,已成为世界煤层气工业关注的焦点;③国内煤层气自营勘探轰轰烈烈,成效显著;④全国煤层气规范管理正步入正轨。

我国虽然基本掌握煤层气勘探开发的主要工程技术,但远远不够完善,对其核心技术应在政府有关部门大力支持下组织协同攻关。另外,我国缺乏寻找煤层气高渗富集区的有效方法和手段,增加了勘探风险,应尽快启动系统研究工程。因此,为了解决上述关键问题,煤层气企业或研究机构需要引入大量高端人才、高水平人才和先进技术手段等,这些人才的到来对促进当地科技、文化的发展具有重要而且深远的影响。

8.7.3 煤层气对当地基础建设发展水平的影响

煤层气产业化开发无论从煤层气开发本身,还是涉及的相关行业,如钢铁、水泥、交通、运输等均十分庞大;无论是从煤层气上游的勘探、中游的输送,还是下游的利用,都离不开良好的基础设施。发展煤层气产业,必然要进行基础设施建设。由于基础设施具有建设投入大、周期长、共享性强、对经济发展促进作用突出等特点,所以,煤层气产业化开发对当地基础设施建设起到了推动和拉动作用,尤其是煤层气管网运输的建设、煤层气发电上网建设。

目前,山西省为了加快推进煤层气产业化开发进程,正在进行全省范围内的天然气管网铺设和公路建设。目前输气管网近 40 条、达 3000 千米等,极大地带动了当地相关基础配套设施建设的发展。

8.7.4 煤层气对合理利用自然资源的影响

富煤贫油是中国能源资源的特点,这已是不争的事实。据全国第二轮油气资源评价结果表明,我国天然气地质资源总量为 $38×10^{12}$ 立方米,预计可采资源量约为 $10.5×10^8$ 立方

米。据第三次全国煤炭资源普查和评价，在埋深 2000 米以浅，煤炭资源量为 5.57×10^{12} 吨，已探明煤炭资源储量（保有储量）就在 1×10^{12} 吨左右，煤炭资源遍及全国。与煤炭相伴生、共生的煤层甲烷气体，据煤炭科学研究总院西安分院完成的"七五"国家科技攻关项目"中国煤层甲烷的富集条件及资源评价"初步估算，全国埋深 2000 米以浅的煤层甲烷气储量为 $32 \sim 35 \times 10^{12}$ 立方米，几乎与常规天然气资源量相当。我国丰富的煤层气资源没有充分地发挥作用，到 2012 年底为止，以煤炭为主的能源结构没有大的改观，煤炭能源消费仍然是主体，占总能源消费的 68%。大量的煤炭开采，既是对地下水资源的污染，又会对地质造成毁灭性的破坏。由于在煤炭开采的过程中煤矿瓦斯的利用率极低，绝大部分煤矿瓦斯直接排空，这种开采一种资源，浪费另一种资源的能源消费方式，既浪费资源，又污染空气，可以说是一种自杀式的能源利用方式。因此，加强煤层气开发利用，不仅可以弥补我国油气资源不足的现状，而且对合理利用自然资源，保护环境具有重大意义。

8.7.5 对保护环境与生态平衡的影响

作为优质能源，高浓度煤层气基本不含硫，虽然在煤层气燃烧利用过程中会产生一定量的氮氧化物，极少量二氧化硫和微量烟尘，但煤层气替代煤炭的燃烧利用可以大大削减大气污染物排放总量。我国每年煤炭开采向大气排放煤层气约 1.5×10^{10} 立方米，勘探、开发和利用煤层气每年可减少二氧化碳排放约 6.75×10^{10} 千克，二氧化硫排放减少 7.56×10^8 千克，约占目前二氧化硫排放总量的 3%，烟尘排放减少 1.86×10^5 千克，同时还减少了煤灰占地产生的环境问题，避免了煤炭加工、运输时产生的扬尘等大气污染，有利于大气环境的改善。而煤层气利用产生的废气也是一种气态肥料，可增加植物的光合作用。

山西每年因煤炭开采排放的煤层气约 60 亿立方米，接近"西气东输"量的一半。煤层气排空不仅浪费了宝贵的能源资源，而且导致全球气候变化与大气污染。煤层气（甲烷）的温室效应是二氧化碳的 21 倍，对臭氧层的破坏是二氧化碳的 7 倍。资料表明，我国因采煤每年向大气排放的甲烷气体达 70 亿 ~ 90 亿立方米，居世界第一。根据山西省有关部门对 15 个城镇的环境空气监测显示，其年均综合污染指数目前全部超过国家二级标准，其中临汾、阳泉、大同在全国 131 个重点城市中环境空气质量状况排倒数前三名，这主要是煤炭开采和以煤为主的能源消费结构和低下的能源利用效率造成大气环境污染的原因。据有关机构研究显示，山西省烟尘排放量的 80% 以上来自煤炭开采，二氧化碳排放量的 90% 以上是由燃烧煤产生的，全省二氧化硫排放量的 80% 也是由煤炭加工转换和直接利用过程排放的，大气污染给山西经济带来了严重的损失。而据有关机构预测煤层气燃烧产生的污染大体只有石油的 1/40、煤炭的 1/800，燃烧同样数量的煤层气，排放的颗粒物只是煤炭的 1/616，二氧化硫只有 1/120，一氧化碳只有 1/132，煤层气（煤矿瓦斯）燃烧利用过程中虽然会产生一定量的 NO_x，少量二氧化硫和微量烟尘，但煤层气替代煤炭的燃烧利用可以大大削减大气污染物排放总量，每年可节约煤炭 2000 万吨，二氧化硫排放减少 75.6 万吨（约占目前排放总量的 3%），烟尘排放减少 186 万吨，同时还减少了煤灰占地产生的环境问题，避免了煤炭加工、运输时产生的扬尘等大气污染。因此，开发利用煤层气不仅有利于改善能源结构，有助于改善城市大气环境状况，提高人民群众的生活质量和生活水平，而且有利于环境保护，维护生态平衡，产生巨大的社会效益和经济效益。

第9章 煤层气产业化开发风险分析

煤层气产业化开发项目是一个复杂的系统工程,具有投资大、建设周期长、生产过程复杂等特点。开发利用煤层气对调整我国能源结构,保护大气环境,改善煤矿安全条件,从根本上解决煤矿瓦斯灾害问题,都具有十分重要意义。具体来说,开发利用煤层气资源从资源角度,一定程度上可以增加洁净的气体能源,弥补我国常规天然气和石油资源的严重不足,改善我国能源结构,提高能源利用率,带动运输、钢铁、水泥、化工、电力、生活服务等相关产业的发展,增加就业机会,促进当地经济的发展;从环境保护角度,可以有效减少煤层气(煤矿瓦斯)向大气中的排放,改善空气质量;从安全角度看,可以降低煤矿井下瓦斯浓度,减少煤矿瓦斯事故,提高煤炭矿井安全性。

自 2006 年《国家中长期科学和技术发展规划纲要(2006—2020 年)》将大型油气田及煤层气开发列为 16 个重大专项之一后,我国的煤层气产业也随之步入了快速发展的轨道。特别是"十二五"规划,无论是国家还是山西省,都加大了对煤层气开发的力度。当然,我国煤层气产业目前处于大规模商业化开发的前期阶段,随着煤层气大规模商业化开发的推进,未来将会有更多的煤层气资源投入开发,会有更多的巨额资金投入煤层气产业及相关产业链中。作为高投资、高风险经济活动的煤层气产业化开发,必须考虑产业化开发的各种风险因素。本书从煤层气行业内外两个方面分别对各种风险因素进行了探讨性研究与分析,为进入或即将进入煤层气行业的投资者,作参考性理论依据,有助于规避投资风险、避免不必要的经济损失。

9.1 煤层气行业内部风险分析

9.1.1 煤层气行业技术水平风险分析

煤层气又称煤层甲烷,是非常规天然气,煤层既是它的生气源岩,又是它的储集层。煤层气的储集和富集与地下的构造有密切关系,并不遵循背斜构造圈闭的理论。煤层气勘探实践证明,大量产气的煤层气藏是一种压力圈闭气藏,主要是水压力圈闭气藏,多分布在向斜和单斜的底部位置。煤层气在煤层中以吸附态、溶解态和游离态存在，吸附态所占比例最大。煤层气的成藏条件和赋存特性，决定了它在富集构造、储集特性、含气状态、开采方式等方面与常规天然气相比有一定的特殊性。因而，煤层气开发的钻井技术、排采技术和增产技术与常规天然气开发有显著的不同。高浓度的煤层气利用技术与常规天然气十分相似，可以与常规天然气混输混用。因此，煤层气行业技术水平风险主要集中于煤层气勘探开采方面。

目前，我国煤层气勘探开发主要集中在沁水盆地和鄂尔多斯盆地，从煤级角度来说，主要以高煤阶煤层气（$R_0 \geqslant 1.9\%$）和中煤阶煤层气（$1.9\% > R_0 > 0.7\%$）为主。近年来，我国对准噶尔、辽宁阜新等低煤阶（$R_0 \leqslant 0.7\%$）盆地的煤层气勘探开发工作越来越重视。我国煤层气储层大多具有"三低一高"特征，即低渗透率、低含气饱和度、低储层压力和高含气量，且地质条件复杂，煤层透气性差，抽采难度大。经过多年的攻关，我国煤层气钻探、测试、排采等技术取得了长足的进步，奠定了产业化开发利用煤层气的技术基础。但煤层气产业科技基础总体还是比较薄弱，已有的勘探开发技术系列大部分针对中高阶煤，且有待完善与发展，如利用地球物理探测技术（采用二维地震 AVO 技术）预测煤层气富集区技术；超短半径水力喷射钻井技术；变排量压裂和水平井压裂；煤层气井"五段三压法"排采控制技术；沿煤层钻井技术、煤层取芯技术、固井技术等。对于低阶煤、多煤层、薄煤层地区的煤层气勘探开发技术，主要是以吉林省珲春煤田 3# 井采用的煤层气投球分压限流压裂技术为标志，初步排采实践证明，单井产气量达每天 3000 立方米以上，具有商业性开发价值。

从国内外煤层气勘探开发实践证明，煤层气盆地一个盆地一个样，不同的盆地采取专门的开采技术，使得煤层气产量达到商业开发价值。我国煤层气勘探开发技术主要借鉴常规油气和引进美国的勘探开发技术而发展起来的。显然，我们有许多技术不够强。另外，有些勘探开发技术在国外比较成熟，但在我国的煤层地质条件下，直接应用比较困难，必须进行技术性试验研究。同时，企业间技术相互封锁，成为制约煤层气开发利用技术发展的一个重要因素。因此，我国煤层气勘探开发技术不仅急需改进和提高，打破技术封锁，更需要创造出切合我国地质和储层条件的技术。

9.1.2 煤层气行业企业经营管理风险分析

"十一五"以来，我国煤层气企业发展趋势很好，除了在规模开发以及提升技术水平等方面取得一定成果外，还印发了《国务院办公厅关于加快煤层气（煤矿瓦斯）抽采利用的若干意见》，出台了有关煤层气抽采利用企业税费减免、财政补贴、瓦斯发电上网及加价、人才培养等扶持政策。这些政策在一定程度上促进了煤层气产业的发展，然而在煤层气行业企业经营管理过程中，煤层气的机制建设仍被视为制约产业发展的主要原因之一。无论是煤层气与煤炭之间的采矿权之争，还是激励产业发展的政策措施难以落实的问题，纠葛已久。《煤层气开发利用"十二五"规划》（以下简称《规划》）

对上述问题给予了明确的解释，但在实施过程中仍存在极大困难，这会阻碍加速推进煤层气产业化开发进程。同时，也给煤层气企业带来一定程度的经营风险。

一是"气矿"之争的经营风险。根据《中华人民共和国矿产资源法实施细则》等相关法律法规，煤层气是与煤炭矿权分置的独立矿种，由国土资源部实施一级登记管理，其探矿权取得实行"申请在先"原则，具有"排他性"。也就是说，谁拥有了煤层气矿权，谁就间接控制了煤层气矿权范围内的煤炭矿权的申请。煤炭企业在规划建设新矿井时，必须取得煤层气矿权企业的同意。这就致使矿井接替无法正常推进，国家规划矿区矿井建设无法实施。这就是"气矿"之争说法。我国目前绝大部分煤层气的采矿权集中于少数央企，如中联煤及中石油。而煤炭的开采权则比较分散，对于一些地方煤炭企业来说，一个很现实的问题在于，过去采矿前需要优先处理的"瓦斯危害"，如今变成了前景可期的"优质清洁能源"，可采矿权却偏偏不在自己手中，矛盾就此产生。据有关部门统计，山西省已登记煤层气区块总面积35243.96平方千米，占全省含气面积的59.5%，占全省含煤面积的50%以上，除大同煤田外，已登记的区块全部与煤炭规划矿区重叠。这就说明"气矿"矛盾本质上一直存在。为此，国家专门出台《规划》，明确提出：已设置煤层气矿业权但未设置煤炭矿业权，根据煤炭建设规划5年内需要建设的，按照煤层气开发服务于煤炭开发的原则，调整煤层气矿业权范围，保证煤炭开采需要。也就是说，煤层气企业要服从于煤炭开采；而如果是远景煤炭规划区域，则以煤层气开采为主。但现实执行中存在落实不到位的问题。煤炭与煤层气矿权分置矛盾，不仅影响煤炭、煤层气两类产业健康有序发展，而且会给煤层气企业造成经营风险。

二是优惠政策偏低，增大了经营风险。业内对于煤层气有一个共识，作为新兴产业，煤层气产业的初级发展阶段具有投入高、风险大、效益低等特点。这就意味着，勘探开发初期及配套煤层气利用项目，所需资金量比较大，单靠某一个企业难以承担。为了加快煤层气产业发展，国家出台了一系列鼓励和优惠政策，包括提高煤层气利用补贴标准至0.6元/立方米以上；煤层气销售环节增值税实行"即征即返"；在管理体制上，实施大公司战略，扶持专业化煤层气公司，组建大型煤层气企业集团，支持煤层气企业重组上市等。但对于整个煤层气产业发展而言，现行优惠政策依然偏低。在现实中，煤层气开发需要大量资金，但由于煤层气井排采周期较长，资金回收较慢，资金短缺严重制约着后续工作的有效进行。

另外，从行业发展角度，目前我国的煤层气正处于引入阶段，主要发展范围仍在产气区附近，气量较小，但伴随其快速成长的势头，则将面临跨区域输送的问题，也就是需要管道建设。而我国目前的煤层气管网建设还不是很健全，外输煤层气并没有专输管道，主要由油气企业控制的天然气管道输送，这与天然气存在一定市场争夺。由于煤层气本身不够稳定，存在一定的技术性障碍，还处于开发市场的阶段，单独建设管道，投资规模大、风险高。

9.1.3 煤层气行业企业进出口风险分析

随着煤层气行业对外进出口贸易的不断扩大，对外经济交流、合作的机会不断增多，煤层气行业企业进出口业务中的风险也随之加大。在煤层气行业企业进出口业务中，企业常常面临以下几种风险。

（1）政策风险。指交易所在国进行国际贸易及国内贸易时所实施的政策。在不预告、不留过渡期的情况下进行改变，这种改变相对交易成立时的政策对交易某一方或各方更加不利，从而给交易某方或各方带来了经济损失的情况。由于国家政策本质是国际、国内贸易的规则，它从经营主体到经营范围、从产品类别到产品数量、从商检到储运、从税收到外汇管理等方面都有国家政策或地方政策的规定。只要存在政策规定就存在政策风险。政策风险一方面可以来自国内，主要是指我国煤层气企业进出口政策的变化对煤层气企业产生的影响。例如，出口退税政策的调整会给煤层气企业带来政策上的风险；另一方面，政策风险也可以来自国外，一些国家变通地采取环境标准、技术标准、卫生标准以及各种认证等非关税手段，建立技术壁垒，这些风险都会不同程度地影响煤层气企业的进出口，给企业的进出口业务带来风险。

（2）进出口交易风险。主要来自汇率风险、信用风险、财务风险等方面。汇率风险又称外汇风险，指经济主体持有或运用外汇的经济活动中，因汇率变动而蒙受损失的可能性；信用风险又称违约风险，是指交易对手未能履行约定契约中的义务而造成经济损失的风险，即受信任不能履行还本付息的责任而使授信人的预期收益与实际收益发生偏离的可能性；财务风险指可能由于盲目出口、不严格执行合同从而不能收汇造成的财务风险，或由结算方式本身产生的收汇风险等；煤层气行业企业在进出口中，要尽量规避这一风险的发生，采取合理进出口交易风险防范措施，使煤层气行业企业进出口又快又好地朝稳定方向发展。

9.1.4 煤层气行业自身发展周期风险分析

煤层气产业是一种高投入、高风险、回收期长，但综合效益明显的产业，开发煤层气可以充分利用资源、改善能源结构，环境效益好，利国利民。但煤层气开发利用是个新兴产业，就目前市场环境看，其竞争力比较差，是个弱势产业。从煤层气产业发展的角度来说，煤层气的固有风险和巨大投资需求与其潜在的商业价值之间存在很大矛盾，对承担风险的企业来说，这是无法承受的压力。从煤层气行业自身发展过程来看，处于煤层气产业发展初期，政策支持与鼓励显得尤为重要。我国煤层气产业发展正处于产业发展初期，大量的结构性问题抵消了政策支持：井下抽采发展较快，而地面开发滞后；资源转化率低、探明率低；煤层气整体利用率偏低，尤其是井下抽采的煤层气利用率不到 30%，使大量的煤矿瓦斯没有得到很好的利用，直接排空或点"天灯"。虽然我国煤层气享有与勘探开发石油和天然气同样的优惠政策，但实际上中国的煤层气产业与上述二者远不是同一层次的，原因有四：第一，石油、天然气已经有了上百年的勘探开发历史，其勘探开发基本上都有比较成熟的技术和方法，而煤层气目前只有美国、加拿大和澳大利亚有过成功的经验，在世界其他地方基本还是一个空白。在我国煤层气的勘探虽然也有十几年的历程，但由于地质情况特殊，迄今为止还没有一个区块完全进入商业化开发，在勘探技术和地质研究上仍处于探索阶段，还没有针对中国国情的各种勘探开发技术和方法；第二，石油天然气在钻探完成后很快就可以得出结论，而煤层气则需要经过几个月甚至1年多的排采才能得出结论，有一个滞后的时间；第三，我国没有现成的燃气输送管网，很多城市也没有大规模普及燃气管网，这从基础设施上增加了煤层气进入市场的难度和成本，限制了煤层气的商业化开发；第四，在中国现有体制下，能源行业的投资主体仍然是以国家为主，其他投资渠道为辅，现阶段如果国家投入不足或者没有一个进入商业开发的项目作为示范，很难吸引其他资金大量地、长期投入在煤层气开发利用上，实际上国家投资起到了"风向标"的作用。综上所述，在煤层气发展的现阶段，我国给予了一定的优惠政策，由于煤层气勘探开发利用理论与技术不成熟，大规模商业化开还有待进一步研究。

9.2 煤层气行业外部风险分析

9.2.1 煤层气行业宏观经济环境风险分析

煤层气行业的发展与国家宏观经济的走势密不可分，国家经济不稳定或经济下滑必然影响煤层气行业的发展。进入21世纪以来，我国经济发展极不平稳，从2002年到2008年，中国经济迎来了新一轮的经济高增长周期，2008年以后，受到全球金融危机的影响，中国经济出现了一些回调、波动，目前仍然有一定的不确定性。从GDP增速来看，从2008年开始，我国的GDP增速急速下滑，2010年后逐渐回落，但2012年其增速仍处于8%以下，经济出现明显波动。总体来说，外部需求下降，GDP增速放缓。为此，2012年把"稳增长、调结构"作为经济工作的重点，其中加快经济发展方式转变，注重绿色低碳经济的发展，大力推进节能减排和环境保护显得尤为重要，特别是加快推进煤层气产业发展，是突破能源结构约束，实施节能减排，改善环境和人民生活质量的重要战略之一。目前，中国经济的发展形势，对煤层气产业来说，既是机遇，又是挑战。机遇就是我国正在力促加大经济结构调整，煤层气作为清洁能源，推进其勘探开发利用，既弥补了中国油气资源的不足，一定程度上能抵御能源国际政治风险，有助于保证我国的能源安全，又能改变中国能源的供给结构。但是，当前中国经济发展增速明显放缓，这对于资金需求巨大的煤层气产业开发初期来说，是一种挑战。因为煤层气产业初期开发投资资金需求巨大，回收期较长，风险较高，恐怕煤层气企业无力承担面临的投资风险。

9.2.2 煤层气行业政策风险分析

煤层气产业化开发是一项耗资巨大的系统工程，开发前期投资大，资金回收期长，投资风险大。根据国外发展煤层气产业的经验，在煤层气产业化开发初期阶段，离不开国家、地方行政部门和行业协会等机构的政策支持。目前，中国煤层气行业市场开发战略主要是以政府推动战略为主，需要政府通过制定各种政策来推动煤层气的应用。煤层气产业是新兴能源产业，发展煤层气产业对保障煤矿安全生产、优化能源结构、保护生态环境具有重要意义。为深入贯彻落实科学发展观，推动能源生产和消费革命，科学高效开发利用煤层气资源，加快培育和发展煤层气产业，近年来，我国政府从各方面加大了对煤层气产业的支持力度，出台了一系列政策法规，如《中华人民共和国煤炭法》、《中华人民共和国矿产资源法》和《国务院办公厅关于加快煤层气（煤矿瓦斯）抽采利用的若干意见》（国办发〔2006〕47 号）、《关于利用煤层气（煤矿瓦斯）发电工作实施意见的通知》（发改能源〔2007〕721 号）、《煤层气产业政策》（国家能源局于 2013 年 3 月发布）等。主要是从以下几个方面给予政策支持。

一是税收优惠政策。对煤层气抽采企业实行增值税先征后退政策，税款由企业专项用于煤层气技术的研究和扩大再生产，并且不征收企业所得税；煤层气企业进口设备免征关税和进口环节增值税；对中外合作开采煤层气的企业，从开始获利年度起，第一、二年免征企业所得税，第三年至第五年减半征收企业所得税。

二是煤层气价格政策。煤层气价格由供需双方协商确定，国家不限价。国家还规定，政府每年提供 30 亿元国债资金用于煤矿安全技术改造项目，其中大部分资金用于煤矿瓦斯治理；煤层气发电不仅优先上网，同时享受脱硫补贴电价，上网电价比正常价格高 0.15 元/千瓦时；中央财政对煤层气开采按 0.2 元/立方米进行补贴。

国家政策的大力支持，我国煤层气开采的社会效益和经济效益都得到了体现，使煤层气开发热迅速升温，除山西等产煤大省外，四川、山东、内蒙古等省区也在积极进行煤层气招商，我国煤层气产业大规模商业化发展将加速实现。但是，煤层气开发也呈现出一些盲目"过热"的势头。例如，当前我国煤层气开发潜力较大的地区，还相对缺乏配套的管网设施，使得煤层气生产与市场脱节；市场需求不能对煤层气的开发起到强有力的推动，将加大煤层气开发的风险。由于我国煤层气行业的经营活动受到我国政府许多方面的监管，这些监管政策会影响该行业的经营活动。中国政府关于煤层气行业某些政策未来发生的变化也可能会对该行业的经营造成影响。税费政策、环保政策等一些政策的变更可能导致该行业风险的产生。另外，我国煤层气行业政策只在审批、审查、注册、核证、交付风险，以及税收、对外合作安全生产、管道运输等方面给予鼓励和支持。但是有很多的具体实施细则没有完善，煤层气行业的高速发展还期待更完善的各方面能源政策出台。

9.2.3 煤层气行业市场竞争风险分析

市场竞争风险包括原料和劳务的供应风险、项目产品的销售风险两个方面，即生产出的最终产品是否能销售出去、提供的劳务是否有用户、价格能否按预期值确定。影响市场竞争风险取决于三大因素，即市场竞争的规模、市场竞争的激烈程度和市场竞争的方式。煤层气的投资效益主要取决于煤层气及其煤层气衍生产品在市场中的销售情况，除非项目公司在项目建成前就能以一个合适的价位卖出它的全部产品，如煤层气行业开发公司和燃气公司签订售气协议，否则它就会直接面对市场风险。对于煤层气行业市场竞争风险来说，主要涉及煤层气产品价格与煤层气的供应量两个风险要素，其中煤层气价格风险是最主要的风险因素。由于我国煤层气价格并非完全由市场定价，煤层气价格风险与国家对煤层气价格的规定、国家经济发展水平和消费者承受能力密切相关。2007年4月20日，国家发改委出台加强民用煤层气价格管理的通知（发改价格〔2007〕826号），通知要求严格落实煤层气市场定价机制。规定：各地要严格落实放开煤层气出厂价格政策，已纳入地方政府管理价格范围的，要积极创造条件尽快放开价格；未进入城市公共配套管网的民用煤层气销售价格由供需双方协商确定，进入城市公共配气管网并纳入政府管理范围的民用煤导气销售价格，按照与天然气、煤气、液化气等可替代燃料保持等热值合理比价关系原则确定。但实际情况，我国煤层气企业存在无序竞争、混乱定价现象，现行煤层气价格混乱，不能反映其独特的价值。只有真正让煤层气的价格市场化，或煤层气与石油、天然气等能源形成联动机制，才能降低煤层气行业的市场风险，促进煤层气产业开发。

由于我国煤层气勘探开采利用技术有限，煤层气供应量也是当前造成煤层气行业市场风险的一个重要因素。我国煤层气储量丰富，每年的产量也很大，但其利用率较低，尤其是井下煤层气利用率极低，目前还没有达到30%，因此，我国煤层气供应量与天然气无法比拟。主要存在两个方面的风险：一是煤层气产量不稳定。由于我国煤层气地质条件复杂，当遇到不同的地质条件或者采用不同的开采技术时，都会影响煤层气的产量；另外，我国煤层气开采比较分散，无法形成大规模生产，这也是导致我国煤层气产量不足的原因之一。二是煤层气质量无法保证。我国煤层气产量来源于两部分，即地面煤层气和井下煤层气。目前，地面煤层气的浓度较高，其成分与天然气非常相近，可以看作天然气的替代品，但其产量较低，且不稳定。另外煤层气所在地多数没有煤层气输送管网，而铺设管道又会增加煤层气的成本，这给煤层气带来一定的竞争压力。如果当地能源短缺、煤层气还具有竞争力；如果当地煤炭供应充足，且煤炭价格较低，就会影响煤层气在当地的销售市场，这些都是在供应和需求中存在的风险。井下煤层气产量较大，但成分较为复杂，不同的矿区，煤层气成分也不尽相同，以目前利用技术条件，井下煤层气提纯较困难，且成本较高，只能用作对纯度要求不高的发电，供居民采暖、炊事和公共事业用气，或矿区矿井通风流预热、热水锅炉、煤的干燥及通风空气预热等。因此，将煤层气作为商品供应给客户时，必须要考虑到供应风险。

9.2.4 煤层气行业替代品发展风险分析

煤层气是煤层本身自生自储式的非常规天然气，我国埋深浅于 2000 米的煤层气资源量为 36.81 万亿立方米，居世界第 3 位。其中山西煤层气资源量约占全国的 1/3。全国 95% 的煤层气资源分布在晋陕内蒙古、新疆、冀豫皖和云贵川渝四个含气区，其中晋陕内蒙古含气区煤层气资源量最大，占全国煤层气总资源量的 50% 左右。

煤层气资源是我国能源结构的一个重要组成部分，是最为现实可靠的天然气资源的替代能源。目前，我国的天然气资源供需缺口越来越大，作为非常规天然气的一种，煤层气的开发利用在我国具有紧迫性和重要性。因此，对煤层气的开发和利用不仅可以缓解我国能源供需矛盾，改善能源结构，还可以从根本上保障煤矿安全生产和改善全球大气环境，同时也将成为我国一个新的经济增长点。但是，煤层气产业化开发不如所愿，无论从发展规模上，还是从发展速度上，都不能满足现实需求，造成这种困局的因素很多。一是中国煤层气勘探、开发技术发展不成熟、不先进，导致煤层气开发成本比常规天然气要高，然而煤层气在售价上却一直比照天然气价格。由于国内天然气价格受多方面因素影响长期处于较低价位，使得煤层气开发的经济效益较低，甚至出现绝大多数煤层气企业亏损现象。二是中国正在加大力度进行页岩气的勘探开发力度，在某种程度上，影响煤层气产业化开发的发展。页岩气是继煤层气之后的又一种替代能源，它是赋存于富有机质泥页岩及其夹层中，以吸附和游离状态为主要存在方式的非常规天然气，成分以甲烷为主，是一种清洁、高效的能源资源和化工原料，主要用于居民燃气、城市供热、发电、汽车燃料和化工生产等，用途广泛。页岩气生产过程中一般无须排水，生产周期长，一般为 30~50 年，勘探开发成功率高，具有较高的工业经济价值。页岩气的大力开发，迅速弥补天然气的不足劣势，给煤层气开发带来了无形的竞争压力。三是煤制天然气、焦炉煤气的发展也影响煤层气产业发展。山西省作为煤炭资源大省，煤制天然气、焦炉煤气等燃气资源十分丰富。特别是山西实施"气化山西"战略以来，将于煤制天然气、焦炉煤气的发展提升到了战略高度，这不仅可以改变山西的生态环境，更是对山西能源的变革，转变山西能源消费结构，也增加了对煤层气开发的挑战。

煤层气行业的发展，对其替代品行业的发展创造了机遇和挑战。替代品的发展必然会影响国内外煤层气市场的供需状况，从而给煤层气的生产和发展带来风险。

9.2.5 煤层气行业外资进入风险分析

我国对煤层气的开采始于 20 世纪 80 年代，最初使用日本井下开采技术，后来通过成立中联煤，引入了美国的地面开采技术，开始了大规模的勘探与开采。当时由于缺乏煤层气勘探开发技术，而将煤层气作为一种稀缺的矿产资源。根据我国对外合作的相关法律法规和产业政策规定，外方是不能在中国大陆独资从事石油、天然气和煤层气勘探开采等经营活动的。国外投资者要想在中国大陆从事上述业务，必须同国家指定的具有对外合作专营权的公司进行合作。正是基于此目的，由原煤炭工业部、地质矿产部、中国石油天然气集团公司共同出资组建了中联煤，作为唯一可以从事煤层气对外合作勘探的国家专业公司，为了防止重复引进造成资金浪费和无序竞争，实行专营制，其他公司不得涉足对外合作。当时的合作基础是，中外双方通常不成立合资或合作企业，而是签订 PSC 合同。PSC 合同通常约定由外方单独提供勘探资金，负责勘探作业，承担勘探风险；发现有商业开采价值的煤层气资源后，由外国合同者与中联煤共同投资合作开发，并约定权益比例。勘探、开发的施工作业可由合作双方共同承担或各自单独承担，或以工程承包方式由第三方施工。这种方式为当时资金和技术都很匮乏的中国煤层气勘探创造了便利条件，勘探成绩十分显著。而截至"十一五"末，全国探明了 2 个千亿立方米的大气田，已登记注册的煤层气开采区块达到了 6.8 万平方千米，其中中联煤煤层气开采区块达 4 万平方千米。2009 年，中国石油天然气集团公司从中联煤分出来之后，其同时享有了部分煤层气对外合作区块。此后，中国石油化工集团公司、河南省煤层气开发利用有限公司等几家企业先后获得国务院批准，可以与外国企业开展合作开采煤层气资源的试点工作。2011 年初，中海油收购取得中联煤 50% 的股权，正式加入煤层气开采企业之列。至此，我国已有多个企业能够与外国企业开展合作开采煤层气。

我国煤层气行业可以通过采取外资进入的方式来推动自身的发展。目前，我国煤层气行业理论和技术的研发尚处于起步阶段，许多关键理论和技术问题还有待进一步探索和研究。在今后的相当长一段时间内，利用外资进入来引进、消化和吸收美国等先进国家的成功技术和经验仍然是我们发展煤层气行业的一种重要形式。外资的引进不仅可以涉及风险区块勘探、煤层气储量开发和下游利用，还涉及相关设备的国产化升级和相应科学技术的工管等各个不同的领域。

我国煤层气资源丰富，但长期以来，煤层气勘探投入不足、抽采条件复杂、关键技术未能突破等原因，煤层气的勘探远远不足，勘查程度低，探明的地质储量仅为资源总量的 0.74%。随着"十二五"规划（《煤层气（煤矿瓦斯）开发利用"十二五"规划》中规划：到 2015 年，我国新增煤层气探明地质储量 1 万亿立方米，这意味着年均增长 2000 亿立方米，超过"十一五"期间的总和，这样的增长速度蕴藏较大的投资机会）的实施，煤层气勘探开发将迎来新的投资机会，而巨大的投资与较高的技术要求，令勘探领域前景与风险并存。

　　煤层气勘探开发利用需要大量资金，但国家用于煤层气基础勘探的资金较少，且社会资金难以获得，因此，参与煤层气勘探开发利用必须解决融资渠道的问题。而对外合作方式，不仅能引进美国、加拿大、澳大利亚等国家先进的勘探、开发技术，还能吸引风险投资，加强合同的执行度，提高利用外资水平，尽量分散风险，进而推动煤层气产业化的快速发展。然而，外资的进入对煤层气行业的发展作出巨大贡献的同时也给我国煤层气行业带来了风险。首先，要避免外资的进入，凭借其在技术、规模和资金等方面的优势来垄断我国煤层气市场，控制煤层气产品价格等方面的风险；其次，要避免国外的大企业通过外资的注入，排挤国内的小型同类企业，抢占中国市场份额，从而达到对我国天然气行业市场的控制风险，原因是我国煤层气行业技术水平低，无论在经营规模还是经济实力上都无法与跨国公司竞争。另外，在煤层气对外合作项目中，签署协议需要考虑汇率、通货膨胀率、利率大小等风险。

　　总之，煤层气行业利用外资的同时，也应该防范我国煤层气行业利用外资的风险，尽量降低或规避风险的发生。

第10章 可行性研究结论与建议

煤层气产业是我国发展的一个重要的新兴能源产业。山西拥有丰富的煤层气资源，约占全国煤层气资源量的1/3，是目前全国煤层气产业化发展最好的地区，"气化山西"已成为山西省全面转型、跨越发展的重要战略，其中煤层气是"四气"（指煤层气、焦炉煤气、煤制天然气和过境天然气）中重要的一极。目前以煤层气为新能源和新原料的产业结构调整已初具规模，山西晋城等城市已基本实现了商化化。从2006年以来，国家连续出台了《煤层气（煤矿瓦斯）开发利用"十一五"规划》和《煤层气（煤矿瓦斯）开发利用"十二五"规划》，体现了我国对煤层气产业的重视程度，并为今后煤层气产业发展提供了战略保证。煤层气产业化过程中，必须妥善处理好与煤炭勘探开发的关系，对煤层气实行"先采气后采煤，采煤采气一体化"的政策，采取更加富有灵活性的税负政策，加强煤层气的基础理论和关键技术攻关，建立全国标准化的煤层气产业化示范工程，加快煤层气产业化进程，促进煤层气产业健康发展。

10.1 我国煤层气产业发展中存在的问题

10.1.1 煤层气基础理论研究和技术创新有待深入提高

中国煤层气勘探开发起步比较晚，在基础理论和技术方面都无法与常规天然气相比。虽然在煤层气基础理论研究方面取得了一定进展，但我国煤田地质条件复杂、煤层透气性差、抽采难度大及煤层气储层存在"三低（由于成煤期后构造破坏强烈，构造煤发育，所以煤层气储层具有低含气饱和度、低渗透率以及低压力）特征，在煤层气生成、运移、高产富集规律气藏机理的地质理论、煤层气勘探理论、煤层气在地球物理场中的流动理论等基础研究诸多方面存在理论问题，如对高阶煤中获得高产的煤层气缺乏深入的理论认识，对低阶煤的孔隙结构、吸附能力、生产量和煤层气赋存方式等缺乏研究，特别是对低煤级煤层气井的高产能力还无法给予合理、科学的证明。

近年来，我国在地面煤层气抽采和煤矿瓦斯投放实践方面取得长足的进步，但地面煤层气抽采量和煤矿瓦斯抽出率都不高，尤其是瓦斯抽出率不到30%，而美国的矿井瓦斯抽出率达到了 50% 以上。究其原因是我国煤层气的勘探开发技术不能适应煤层地质条件、钻井、抽放设备不配套，钻井工艺落后等。因而，在煤层气资源评价技术、煤层气选择区评价与勘探技术、高煤阶煤层和低含气量厚煤层中的煤层气开采技术、低阶煤层气勘探和开发技术、不同煤田类型煤层气生产井钻井及完井技术、多分支水平钻井与排采工艺技术、储层压裂增产改造技术、煤层气产品集输和加工利用技术等方面存在许多关键性难题。由于我国煤层气技术主要是借鉴常规油气和引进美国等技术发展起来的，许多技术针对性不强，不适合我国煤田地质，使得产气效果不理想。山西煤层气开发走在了全国前列，但山西没有独立的煤层气地质理论和技术研究部门，省内院校、科研机构参与煤层气项目课题研究也不是很多。因此需要给予一定的资金投入开展理论研究和技术改进研究，探索和研发适合我国煤田地质条件的理论和生产技术。

10.1.2 相关法规体系不完善，技术标准不健全

煤层气产业属于技术资金密集型产业，其发展初期具有投入高、风险高、单井产量低、产出周期长、投资回收期长等特点，因此煤层气产业快速发展需要国家政策的大力支持。国外煤层气产业化开发的成功经验也表明，政府的支持力度对煤层气产业的形成和发展起着举足轻重的作用。美国煤层气产业之所以成功，煤层气技术在世界上处于领先地位，关键在于美国政府颁布的《原油意外获利法》第 29 条税收补贴政策以及借贷款的鼓励政策。这些政策极大地鼓励了企业投资开发煤层气的积极性，因而使煤层气产业突飞猛进。我国为了鼓励煤层气产业发展，也颁布了一些税收优惠政策、减免探矿权、采矿权使用费以及提供补贴等经济扶持政策，例如：2006 年 10 月，财政部、海关总署、国家税务总局出台了《关于煤层气勘探开发项目进口物资免征进口税收的规定》；2007 年 2 月，财政部、国家税务总局等出台《关于加快煤层气抽采有关税收政策问题的通知》；2007 年 4 月，财政部出台《关于煤层气（瓦斯）开发利用补贴的实施意见》等。也出台了一系列鼓励政策，例如，煤层气电厂不参与市场竞价、不承担电网调峰任务和上网电价优惠等，但在煤层气产业发展初期，现行的煤层气开发利用政策与法规，只是比照常规天然气的做法，没有出台更优惠的激励政策，没有为煤层气产业搭建可与常规天然气竞争者的平台，在资金投入、税收优惠、贷款、融资渠道等方面缺乏一定的政策倾斜，甚至有些政策法规体系由于不完善，并没有得到很好的贯彻落实，极大地影响了中、外企业开发煤层气的积极性，亟待落实和细化有关优惠政策文件。

总体来说，我国目前有关煤层气方面的政策性规定比较多，法律法规层面的规定相对较少。另外，地面煤层气开发工艺、安全技术、操作规程等标准和规范多处空白，影响了煤层气开发的良性发展。山西煤层气产业近十余年来发展较快，但产业化发展的进程也是不尽如人意。追其根源，地方政府没有足够、强有力的国家政策支持依据，没有法律依据制定更加符合实际需要的、灵活的、可操作性的相关政策是其主要原因。

10.1.3 煤层气勘探开发和科技投入严重不足，低水平重复建设比较严重

煤层气的赋存受各种地质因素影响，不同地区其地质情况不同，同一个地区不同煤田区块其地质情况也不尽相同，因而煤层气赋存特征各不相同。这些特点决定了煤层气产业是一种高投入、高风险、高技术的技术密集型产业，要掌握它的基本赋存规律和开发技术，必须有较大的前期投入和较先进的仪器设备，必须有一支刻苦攻关的科研团队。虽然近年来国家和地方政府及相关部门对煤层气资源的勘探开发给予了一定的重视，投入了一定的资金，但从培育新产业角度看，在如此巨大的优质资源量下，政府重视程度不够，资金投入过低。据不完全估算，21世纪以来，包括政府、国内企业在内各个方面投入地面煤层气勘探的资金仅为4亿~5亿元人民币，且时间跨度长，区域分布广。1996年经国务院批准组建的中联煤层气有限责任公司（对外简称"中联煤"），拥有国家气体勘察甲级资质且享有对外合作进行煤层气勘探、开发、生产的专营权，在组建时只有1亿元人民币，国家每年给予其地质勘查费和资源补偿费仅有2000万~3000万元人民币，投入力度小。而美国政府为了煤层气产业的发展，在1983年至1995年间，各种勘探费用总计多达60多亿美元；政府投入的煤层气基础研究经费累计超过4亿美元。而我国迄今为止，国家对煤层气科技的投入每年只有几百万元人民币，累计不足3000万元人民币，而且分散到不同单位。煤层气勘探开发与科技投入严重不足，投资渠道不畅，投入体制不健全，与煤层气生产实际结合不紧密，造成煤层气产业发展后劲不足。

另外，目前我国参与煤层气勘探开采试验的企业多达30多家，而且多数企业以前主要从事石油和天然气勘探开采，并不真正掌握煤层气勘探开采核心技术，特别是适合不同煤层地质条件下的钻探开采技术。由于多方面因素，企业间缺乏技术交流，甚至出现企业间相互封锁技术，造成许多低水平重复投入，严重影响煤层气产业快速健康良性发展。

10.1.4 煤层气资源管理体制不顺，煤层气与煤炭探矿权、采矿权重叠严重

煤层气和煤是同一储层的共生矿产资源，采煤与煤气有机结合才能实现协调发展，否则不仅浪费资源、污染环境，而且威胁煤矿安全生。但目前煤层气开发利用缺乏必要协调，条块分割严重，管理体制和运行机制有待进一步理顺。国家原则上规定先采气再采煤、采煤采气一体化，但实际上难以执行。原因在于煤层气与煤炭的探矿权、采矿权分属不同部门，煤层气是部一级发证，煤炭则是部省两级发证。根据《中华人民共和国矿产资源法实施细则》等相关法律法规，煤层气是与煤炭矿权分置的独立矿种，由国土资源部实施一级登记管理，其探矿权取得实行"申请在先"原则，具有"排他性"，而

煤炭探矿权管理归各省区，在具体开发中出现矿权重叠问题，致使相关部门、企业之间产生了经济利益和管理权限方面的分歧，各自为政、自行发展，产业开发难成气候，地方与企业参与煤层气开发利用的动力不足，这些问题严重阻碍了煤层气的抽放与利用。据有关资料显示，截至 2007 年底，全国 98 个煤层气探矿权中有 86 个煤层气探矿权涉及矿权重叠问题，86 个煤层气探矿权与 1406 个煤炭矿业权重叠，重叠总面积约 12534 平方千米，其中煤炭探矿权重叠 242 个，重叠面积为 9137 平方千米，煤炭采矿权重叠 1164 个，重叠面积 3397 平方千米。山西省已登记煤层气区块总面积约为 35244 平方千米，约占全省含气面积的 60%，除大同煤田外，已登记的区块全部与煤炭规划矿区重叠。截至 2010 年底，国家在山西设置煤层气产权 37 个，涉及面积 2.44 万平方千米，占全省煤层气资源总量的 62.52%。也就是说，山西境内约六成的煤层气资源"气权"不属于山西。

10.1.5 煤层气输气管网及基础设施滞后，限制了煤层气的产业化开发

我国煤层气资源丰富的山西、陕西、内蒙古和新疆地区，与煤层气消费大区（东部经济发达城市）缺乏长输管网。煤层气规模开发，需要有良好的管网系统，目前我国的管网基础建设比较滞后，在煤田范围内，没有对应的煤层气管线，影响了煤层气产业化开发利用。地面煤层气与常规天然气成分都是甲烷，可以混输混用，可以拥有共同的市场用户，但我国天然气管网较少，尤其是在煤田范围内及煤层气开发潜力较大的地区缺乏可以利用的天然气管线，这就使煤层气资源与市场脱节，缺少市场需求对煤层气的推动作用。当前，山西煤层气产业开发初具规模，具备了商业化条件，但在山西煤层气产业发展较好的沁水盆地和河东煤层气盆地都未形成管网，致使大量的煤层气出现"点天灯"现象，极大地浪费了煤层气资源。途经山西境内的天然气主干管线仅有三条，即陕京一线、陕京二线和西气东输管线。但煤层气主产区的地面煤层气进入这些管网仍需投入相当大的基础建设，这从基础设施上增加了煤层气进入市场的难度和成本，限制了煤层气的产业化开发。

10.1.6 CDM 有效实施存在障碍

清洁发展机制简称 CDM（Clean Development Mechanism），是《京都议定书》中引入的灵活的履约机制之一。核心内容是允许附件 1 缔约方（即发达国家）与非附件 1（即发展中国家）进行项目级的减排量抵消额的转让与获得，在发展中国家实施温室气体减排项目。它是一种基于市场的机制，其实质就是：发达国家能以较低的成本，通过提供资金或技术，帮助发展中国家实施具有温室气体减排作用的项目，换取相应的温室气体减排权益，冲抵其本国的减排业务。此举不仅可以让发达国家完成减排量，也可使发展中国家获得资金、技术支持，提高能源利用效率。中国作为世界第三大煤层气储量

国，可以利用清洁发展机制为我国煤层气的开发和利用提供资金和技术支持，出售"特殊商品"——二氧化碳核证减排量（CERs），大力推广我国煤层气的利用，加快煤层气产业化发展的步伐。迄今为止，清洁发展机制（CDM）在煤层气多个项目中已成功应用，但在实施中存在很多困难。由于不允许中国企业签署利益分成协议，丧失了获取项目投资和引进先进技术的大好渠道。同时，项目投资商没有积极性在整个项目期为项目提供连续的资金支持，无法保证实现二氧化碳核证减排量。因而，CDM 在煤层气项目中进展缓慢，在某种程度上阻碍了煤层气产业化进程。

10.2 促进我国煤层气产业发展的对策及建议

目前，煤层气产业正处于发展的起步阶段，迫切需要政府的扶持与引导。为了尽快实现煤层气产业化、规模化发展，有效解决煤矿安全生产问题、环境污染问题、能源浪费问题，应当坚持科学发展观，从体制、机制与政策上给予煤层气产业发展创造更多的机会和条件。为此，针对当前煤层气产业发展过程中存在的问题，提出促进煤层气产业发展的对策与建议如下。

10.2.1 制定和完善相关政策法规体系，并对其细化，以适应煤层气产业发展的需求

煤层气产业发展需要完备的法律、法规为其保驾护航。国外经验表明，法律、法规对煤层气产业发展至关重要。以美国煤层气产业化发展过程中法律、法规对煤层气勘探开发的管理作用十分显著为例，如美国亚拉巴马州和弗吉尼亚州分别于 1983 年和 1990 年颁布了煤层气产业法规，其后煤层气产量大幅度上升，由此产生的经济效益和社会效益非常明显；而没有颁布煤层气产业法规的宾夕法尼亚州虽然其煤层气资源丰富，但产量却很少。我国煤层气开发利用比较晚，现在主要执行现有的原油、天然气及煤炭工业政策。国家对于煤层气开发企业的安全生产许可证未明确办理程序及标准，煤层气产业也缺乏行业标准和操作标准，给企业正常的生产经营带来许多影响。为此，建议国家及地方政府应围绕煤层气产业的安全、生产、技术等问题，尽快研究完善相关的规定和标准，制定独立的煤层气开发利用法律或行政法规，完善和规范煤层气治理开发秩序，依法促进煤层气产业的规范发展。

10.2.2 大力加强煤层气基础理论研究

我国煤层气理论主要借鉴国外先进的理论经验和常规天然气地质学的理论和方法。由于我国煤田地质条件复杂，目前的煤层气成藏机理和高产富集规律等多方面存在理论问题，例如，我国高、中、低价煤资源都丰富、分布面广，但地质条件各不相同，煤层

的构造，煤的孔隙结构、吸附能力、生气量和煤层气赋存方式等不相同，不同煤阶如何获得高产的煤层气还存在深入的理论认识；煤层气藏储量计算和评价方法有待进一步深入探讨；煤层气藏数值模拟技术与方法有待完善等。为此，加强煤层气勘探基础科学和开采地质的研究，鼓励对新领域的前瞻性探索，着重从以下几个方面展开深入研究：

一是深入分析不同地质条件下煤层气成藏理论的基础研究，如煤层气在地层中赋存状态和吸附、解吸特性等，为科学认识我国煤层气资源潜力和有效防治矿井瓦斯灾害提供理论基础。

二是深入分析与煤层气富集高渗区预测密切相关的煤储层非均质性问题，研究煤储层结构精细描述理论，建立精细描述方法，为解决煤层气工程布置难题提供理论支持。

三是深化对我国煤层气成藏效应及其地质选择过程的理论认识，从区域、盆地、气藏等不同层次，建立较为全面完善的适合中国煤层的煤层气地质理论体系和更为直接有效的地质选区方法。

四是大力开发煤层气藏数值模拟技术、以煤层气藏特性探测为核心的地球物理探测理论与技术以及煤层气藏描述方法和技术，建立适合我国地质条件的煤层气勘探技术体系。

五是积极开展对深部（煤层深度大于 2000 米）煤层气资源和储层特性的评价与研究，研发深部煤层气与常规油气共采的技术方法，为实现我国煤层气产业的新突破进行前瞻性探索工作。

六是大力开发低煤级煤层气井的高产能力的气藏理论与开采技术研究，为我国低阶煤的煤层气开发提供理论和技术上的支持。

10.2.3 强化煤层气勘探开发关键技术重点攻关力度，全面提升煤层气科技水平

煤层气产业属于技术密集型产业，煤层气开发的经济效益需要科学技术作保障，特别是高新技术。同时，煤层气产业属于新兴行业，许多新问题、新困难需要我们用高新技术去解决。利用煤层气高新技术，一方面可以开发利用新能源，使煤层气成为煤炭、石油和天然气等能源的补充或替代品；另一方面可以改造煤炭传统工业，提高能源利用效率、节约能源、减少能耗和环境污染，实现煤层气与煤炭协调发展，综合利用。为此，应加大煤层气技术创新、勘探开发关键技术和重点装备的科技攻关的力度，构建煤层气产业科学技术体系，全面提升我国煤层气科技水平。

一是以国家科技重大专项为基础，如大型油气田及煤层气的开发项目，针对煤层气勘探、开发、利用中存在的技术难题进行重点研究和试验，取得一批新的煤层气理论和技术研究成果，强化科技对煤层气产业发展的支撑作用，构建煤层气产业科学技术体系。

二是选择一批重点煤田、重点区块、重点气井、重点企业进行煤层气资源赋存、地面钻井抽取、井下钻孔抽采、矿井瓦斯监测、管道输气、煤层气发电和精细化工转化的

高新技术试验与应用，取得较为成熟的经验和方法后，推而广之，全面推进煤层气商业化生产的进程。

三是把涉及煤层气开发的关键技术和重大装备研发，如构造煤煤层气勘探技术、储层无污染的钻井技术、低阶煤测试技术、高效压裂技术、定向井、羽状井和多分支水平井钻完井技术、清洁压裂液、氮气泡沫煤层气增产技术、煤矿瓦斯抽放技术、高效低耗排采技术、低压集输技术、连续油管成套装备等，优先列为国家重大基础研究项目计划、国家五年攻关计划、国家自然科学基金重点研究项目计划、科技部重大专项项目研究计划，进行重点研究，形成具有适合我国煤层气地质特点的配套工艺技术，促进我国煤层气产业的快速、健康发展。

四是加快成立国家级或省一级"煤层气技术开发工程中心"，专门从事研究煤层气高新技术攻关和高技术产业化示范工程项目的技术应用推广，促进煤层气开发的规模化、商业化和产业化，使煤层气产业的发展迈上一个新阶段、新水平。

10.2.4 加大对煤层气勘探开发的投入和融资力度

煤层气开发的前期勘探和后期利用均需要巨额的资金，且该产业具有投资回收期长、风险高的特点。从目前煤层气产业发展来看，对煤层气勘探开发的企业主要有两类：一类为油气企业，该类企业具有较强的实力，但煤层气只能作为辅业，由于重在考虑收益，决定其投入资金不会过大；二类为煤炭企业，该类企业开采煤层气是从煤矿生产安全角度出发的，主要依靠煤矿安全筹措资金，其缺陷是使用范围仅限矿区，且受市场波动影响较大，一旦煤炭市场下滑，可使用的煤层气风险勘探资金就会无法保障。因此，国家应加强煤层气勘探开发统一规划，加大对煤层气风险勘探的资助。

一是国家把对煤矿瓦斯抽放与利用的研究列入国家中长期科技发展规划，重点支持煤层气利用的高效抽采技术的研究，每年列入专项科研项目，拨出专款专用，集中加大对煤层气科技投入，通过煤层气科技来带动煤层气生产上的突破。

二是国家设立煤层气（煤矿瓦斯）产业开发利用项目基金，从石油特别收益金和煤炭资源税等项目中提取，以激励企业积极抽采和利用煤层气和重大项目建设。

三是国家财政每年至少安排不低于 5 亿元的资金，用于煤层气的勘探，直到煤层气产业走上快速发展的轨道。

四是国家应建立煤层气开发或煤矿瓦斯治理的奖励（或补贴）机制，对已抽采完的煤层气区块或煤矿瓦斯治理较好的煤矿，按煤层气的销售量给予一定的奖励（或补贴）费用，以促进企业对煤层气利用的积极性。

五是国家放宽融资渠道，鼓励煤层气开发企业通过国内外证券市场融资，多向它们提供政策性贷款；鼓励风险投资，引导社会与企业广泛参与；鼓励企业充分利用 CDM 机制，吸引外交投入煤层气开发项目，保证足够的资金来支持煤层气产业的发展。

10.2.5 完善和改进矿权管理模式，实现煤层气与煤炭企业双赢、协调发展

目前，煤层气矿业权与煤炭矿业权管理混乱，重叠区较多，严重影响煤层气产业的发展。要严格按照《国务院办公厅关于加快煤层气抽采利用的若干意见》和国土资源部《关于加强煤炭和煤层气资源综合勘查开采管理的通知》要求，坚持采煤采气一体化，妥善解决煤炭和煤层气矿业权交叉问题。

一是规范煤炭与煤层气开发秩序。凡新设探矿权的，必须对煤炭和煤层气资源综合勘探、评价和储量进行认定，采取采矿许可统一配套制度，由中央政府部门统一管理煤炭、煤层气矿业权，确保不出现新的大规模重叠区。依法清理"久占不探"的煤层气矿业权，加快煤层气勘探开发。

二是坚决落实"先采气、后采煤"的政策。凡煤层气含量高于国家规定标准（从资源开发的角度，吨煤甲烷含量定为 4 立方米；从煤矿瓦斯治理角度，吨煤瓦斯含量为 6 立方米以上）并具备地面开发条件的，优先进行地面煤层气抽采，实现煤层气和煤炭资源协调开发。

三是鼓励煤炭企业和煤层气企业通过合作、合资和参股等形式，对现有矿产资源登记管理中存在的问题，要本着尊重历史、考虑现实、兼顾各方利益的原则，协商处理已有矿业权重叠矛盾，实现两个行业间良性运作，互利共赢。煤炭、煤层气企业已有合作协议、合同，继续执行；尊重、遵守对外合作区已有的合同、协议，严格执行；未有合作协议的，本着早登记、早优先、先采气后采煤的原则，签署合作协议书；3 年之内需采煤的区块，煤层气企业可退出。

四是对于整装未开采的煤层气富集区，要根据煤层气开发利用的整体规划，优先进行煤层气勘查、开发，不得重复设置煤炭矿权，或允许同时设置煤炭和煤层气矿业权，鼓励两个矿权人合作开采煤层气资源，煤层气专业公司开采煤层气，同时兼顾后续煤炭作业，煤炭企业提供已有资料，配合煤层气抽采作业。

10.2.6 统筹规划、加大重点煤层气田与长输管网等基础设施建设

煤层气销售市场各个环节都对管网的高度依赖，煤层气产业迅速发展，离不开发达的天然气（或煤层气）管网和良好的基础设施。目前，我国煤层气基础设施比较匮乏，输配管网尚不完善，只在部分地区有区域性的天然气输气管网，支线管网和用户设施也不普及，很多城市没有大规模普及燃气管网，且煤层气开发潜力较大的地区反而相对缺乏天然气管网和基础设施，造成了煤层气资源与市场脱节，制约了煤层气产业发展。为此，应从以下几个方面统筹规划，加大长输管网与基础设施建设。

一是制定和出台天然气（含煤层气）长输管网法规政策，实现气田、管网、利用

的独立运营模式，加强政府监管，实行市场准入制度，遏制垄断。无论天然气还是煤层气，只要质量达标、价格合理，都有可自由进入长输管网进行销售。

二是加大对煤层气基础设施的资金投入力度，尤其是沿"西气东输""陕京一线""陕京二线"干线附近煤层气储运集输设施的建设，为煤层气产业下游市场的发展提供基础条件。

三是加大对重点煤层气区的管网铺设、支线管网和基础设施建设力度，实现煤层气即产即输，推进煤层气产业上下游一体化进程。

10.2.7 加快建设煤层气开发利用示范工程

我国煤层气地面开发试验已从单井评价向井组试验过渡，一些煤层气开发项目已显示了商业化开发的前景。煤层气开发利用示范工程，为煤层气的商业化开发起到了示范和推动作用，能加速煤层气产业化的进程。

一是我国煤层气开发应采取新区与老区相结合、重点突破的原则，在资源条件好、勘探程度高的地区，集中力量开发，使煤层气生产和利用方面有较大程度突破。

二是选择典型地区，建立5~8个具有较大规模的煤层气开发技术示范基地，稳妥、系统且富有成效地发展我国煤层气开发工艺技术。

三是集中力量建设2~3个大型的煤层气生产基地，地面煤层气抽采与煤矿区瓦斯抽采并重，实现煤层气集中化、规模化生产，提高煤层气开发利用的集中程度。

10.2.8 加大和完善煤层气产业发展的经济扶持政策

国外煤层气产业发展的成功经验表明，除了良好的煤层气地质条件和基础设施外，有关煤层气开发利用的优惠政策不可或缺。在煤层气产业发展初期，政府资金投入和政策扶持必不可少，从美国煤层气产业发展的历程可以看出，优惠的税费政策和高额的补贴极大地鼓励、激励，甚至刺激了企业开发煤层气。目前，我国政府颁布了煤层气抽采利用的税收优惠政策、减免探矿权、采矿权使用费以及提供补贴等经济扶持政策，从产业发展角度出发，力度不够、需要补充空白和落实不到位。

一是加大对煤层气开发的财政补贴。建议每开采销售1立方米煤层气，可获补贴额为煤层气井口售价的60%左右，即在现行政策的基础上，国家财政补贴再增加0.4元左右。

二是出台煤层气比常规石油天然气更加优惠的政策，逐步引导企业成为煤层气发展的主体。建议国家在减免企业所得税、探矿权和采矿权使用费等方面的优惠力度更大，例如，增值税即征即返，15年实行零税率；适当延长企业所得税"五免三减半"；免交探矿权和采矿权使用费；给煤层气企业贴息贷款；加大煤层气发电和化工转化企业的政策优惠力度；支持煤层气企业使用国债和发行企业债券。

三是对煤层气勘探、开采、利用以及相关设备进口等方面提供最优惠的税负政策，鼓励中小企业和私营企业积极参与煤层气勘探开发投资和融资，保护企业投资煤层气产业的积极性。

10.2.9 加强人才的引进与培养力度，引导高科技人才向煤层气产业流动

煤层气产业既是技术密集型产业，也是智力密集型产业。无论是引进、改进、完善和推广国外成功的开采技术方法，吸收和消化矿井瓦斯抽入的某些新技术与新方法，还是针对我国的煤级、煤层结构、储层物性等特点，开展煤层气钻井、完井和增产措施的对比试验与研究，开发或筛选出适合于不同地质条件的煤层气开采方法，以及煤层气渗流特性与数值模拟、产能特征与地质条件关系等都离不开高级技术人才。目前我国专门从事煤层气的人才十分匮乏，要想提高从业人员的管理和技术水平，只能创造各种机会，培养、引进国内外高级技术人员，引导高科技人才向煤层气产业流动。

一是成立国家级或省部级煤层气工程研发中心，以国家科技重大专项为基础，培养、锻炼、造就一批煤层气勘探开发和利用的高级技术人才，通过科技与项目拉动人才向煤层气产业流动。

二是充分发挥重点院校和科研机构的作用，培养适合煤层气产业发展的技术人才。以能源大省的高校、煤炭专业院校和从事煤炭、天然气、石油地质勘探研究院等从事煤层气研究的教授、技术人员为骨干组建攻关团队，实施针对各煤田煤层气不同储层特点的科技攻关，通过项目研究、实施培养人才、引进人才，以及带动人才流向煤层气行业。

三是采取多种合作方式，产学研结合，形成国内顶尖的煤层气领域科研团队。

10.2.10 充分利用 CDM 机制，深化煤层气对外合作

对外合作是一种引进资金、引进技术、提高自身的发展水平，促进煤层气产业形成和发展的一种重要形式。目前我国在煤层气勘探开发利用相对比较薄弱，开展对外合作，不但可以引进资金，同时可以吸收国外煤层气开发利用方面的先进技术和管理经验，推动煤层气技术创新，提高我国煤层气技术装备水平。首先，应加大对外合作合同的执行力度，进一步拓宽煤层气对外合作的范围和领域，巩固合作成果；其次，在煤层气对外合作试点的选择上，允许具有资质的大型公司进入煤层气对外合作领域；第三，允许煤层气资源大省的煤炭骨干企业联合成立煤层气专业化公司开展煤层气对外合作，如中联煤、中石油等；第四，充分利用 CDM 机制引进资金和技术，推动煤层气产业跨越式发展；第五，积极开展和加强对外合作交流，借鉴美国、加拿大和澳大利亚等煤层气利用技术发展较快国家在开采利用方面的经验，利用国外资金和先进技术，结合我国实际情况，提高煤层气的抽采利用率和开发利用水平；第六，强化煤层气对外合作专营权管理，简化项目审批程序，改善投资环境，保持政策连续性。

参考文献

[1] 国土资源部油气资源战略研究中心. 全国煤层气资源评价, 2009.

[2] 山西省科技情报研究所研究中心. 中国煤层气产业发展研究报告, 2010.

[3] 山西省科技情报研究所研究中心. 山西煤层气产业发展研究报告, 2010.

[4] 张亮. 山西煤层气资源评价及开发利用 [M]. 太原：山西经济出版社, 2007.

[5] 李宝卿. 山西省发展与改革委员会. 煤层气开发利用与操作, 2011.

[6] 山西协成律师事务所. 煤层气行业规范文件汇编 [M]. 太原：山西经济出版社, 2011.

[7] 朱晓明, 王志林, 贺天才, 等. "采气采煤一体化" 法律问题研究 [M]. 北京：法律出版社, 2008.

[8] 国家能源局煤炭司. 煤矿瓦斯专项整治和煤层气开发利用文件汇编, 2009.

[9] 孟召平, 田永东, 李国富, 等. 煤层气开发地质学理论与方法 [M]. 北京：科学出版社, 2010.

[10] 贺天才, 秦勇. 煤层气勘探与开发利用技术 [M]. 北京：中国矿业大学出版社, 2007.

[11] 罗东坤, 吴晓东, 张宝生, 等. 中国煤层气资源技术经济评价 [M]. 北京：煤炭工业出版社, 2010.

[12] 张新民, 庄军, 张遂安, 等. 中国煤层气地质与资源评价 [M]. 北京：科学出版社, 2002.

[13] 张遂安, 王竹平, 李艳红. 煤层气开发项目经济评价方法与预测模型 [J]. 中国矿业大学学报, 2004, (03)：80-83.

[14] 刘国伟, 苏现波, 林晓英, 等. 煤层气勘探开发一体化经济评价模型 [J]. 河南理工大学学报 (自然科学版), 2007, (05)：516-521.

[15] 杨文静. 煤层气开发项目经济评价研究 [J]. 中国煤层气, 2008, (01)：38-40.

[16] 王宪花, 卢霞, 蒋卫东, 等. 沁水煤层气田樊庄区块煤层气开发经济评价 [J]. 天然气工业, 2004, (05)：137-139, 159.

[17] 慕庆国. 煤层气开发与利用中经济评价研究 [J]. 中国矿业, 2006, (08)：32-34.

[18] 严绪朝, 郝鸿毅. 发展煤层气产业的必要性和战略思考 [J]. 石油科技论坛, 2008, (01)：10-14.

[19] 申宝宏, 刘见中, 赵路正. 煤矿区煤层气产业化发展现状与前景 [J]. 煤炭科学技术, 2011, (01)：6-10, 56.

[20] 李元建. 中国煤层气产业开发利用现状与对策分析 [J]. 中国矿业, 2010, (06)：8-10, 33.

[21] 赵国泉, 刘馨, 桑逢云. 国外煤层气 (煤矿瓦斯) 经济政策及对我国的启示 [J]. 中国煤炭, 2011, (01)：122-126.

［22］刘小铁. 产业竞争力因素分析［D］. 江西财经大学博士学位论文，2004.

［23］迈克·波特. 国家竞争优势［M］. 李明轩，邱如美，译. 北京：华夏出版社，2002.

［24］金碚. 产业国际竞争力研究［J］. 经济研究，1996，（11）：39-44，59.

［25］芮明杰，方统法. 知识与企业持续竞争优势［J］. 复旦学报（自然科学版），2003，（05）：721-727.

［26］苏俊. 煤层气斯探开发方法与技术［M］. 北京：石油工业出版社，2011.

［27］罗慧，霍有光，胡彦华，等. 可持续发展理论综述［J］. 西北农林科技大学学报（社会科学版），2004，4（1）：35-38.

［28］李五忠，赵庆波，吴国干，等. 中国煤层气开发与利用［M］. 北京：石油工业出版社，2008.

［29］苏现波，林晓英. 煤层气地质学［M］. 北京：煤炭工业出版社，2007.

［30］林雪峰，刘胜，邸表强. 我国煤层气利用概述［J］. 煤炭技术，2010（4）.

［31］党耀国，刘畏峰，王正新. 灰色预测与决策模型研究［M］. 北京：科学出版社，2009. 12.

［32］张凤麟. 中国煤层气产业化研究［M］. 北京：地质出版社，2010.

［33］唐鹏程，郭平，杨素云，等. 煤层气成藏机理研究［J］. 中国矿业，2009，18（2）：94-97.

［34］王红岩，张建博，李景明，等. 中国煤层气富集成藏规律［J］. 天然气工业，2004，24（5）：11-13.

［35］叶建平，武强，王子和，等. 水文地质条件对煤层气赋存的控制作用［J］. 煤炭学报，2001，26（5）：459-462.

［36］王红岩，张建博，刘洪林，等. 中国煤层气可利用经济储量预测与发展前景［J］. 石油勘探与开发，2003，30（1）：15-17.

［37］武建文. 中国煤层气资源及其开发利用分析［J］. 科技创新与生产力，2010，（9）：22-24.

［38］於俊杰，朱玲，周波，等. 中国煤层气开发利用现状及发展建议［J］. 洁净煤技术，2009，（3）：5-8.

［39］钱小武，袁梅，刘源俊，等. 中国煤层气利用现状浅析［J］. 煤，2009，（116）：4-6.

［40］姚文旭，龙祖根. 对我国煤层气开发与利用的思考［J］. 煤，2011，（139）：48-49.

［41］郭莉. 基于灰色模型的中国能源需求预测［J］. 西安科技大学学报，2011.

［42］王厚文，赵帅. 中国能源发展趋势分析［J］. 科技致富向导，2011.

［43］张旭东，征时. 能源发展"十二五"规划三大看点［J］. 中国信息报，2013.

［44］刘生锋，李仲锋. 临县"三交合作模式"全国推广［N］. 吕梁日报，2011-9-4.

［45］韩宝宝. 用煤层气作为燃料对节能减排的意义［J］. 科技情报与开发研究，2011，（23）：167-169.

［46］刘晔，王云，刘德超. 沁水盆地煤层气产业发展研究［J］. 中国能源，2008，（3）：42-45.

［47］孙茂远. 关于煤层气产业发展的若干问题与对策［J］. 中国国土资源报，2009，9（4）.

［48］宋志敏等. 河南煤层气产业化发展思考［J］. 中州煤炭，2004（4）.

［49］董小恺. 山西煤层气产业化的构想与建议［J］. 山西能源与节能，2008.

［50］孙茂远. 关于煤层气产业发展的若干问题及对策［EB/OL］. http：//wenku. baidu. com/view/65e152eee009581b6bd9ebae. html，2013-05-28.

［51］赵庆波，孙粉锦，李五忠，等. 煤层气勘探开发地质理论与实践［M］. 北京：石油工业出版社，2011.

[52] 申宝宏，陈贵锋，等. 煤矿区煤层气产业化开发战略研究 [M]. 北京：中国石化出版社，2013.

[53] 国家发展和改革委员会关于印发天然气"十二五"规划的通知 [J]. 煤化工，2012.

[54] 宋岩，张新民等. 煤层气成藏机制及经济开发理论基础 [M]. 北京：科学出版社，2005.

[55] 王红岩，赵洪林，赵庆波等. 煤层气富集成藏规律 [M]. 北京：石油工业出版社，2005.

[56] 张新民，庄军，张遂安等. 中国煤层气地质与资源评价 [M]. 北京：科学出版社，2002.

[57] 戴金星等. 中国天然气地质学 [M]. 北京：石油工业出版社，1996.

[58] 徐水师，彭苏萍，王虹桥. 煤层气勘探与开发利用技术 [M]. 北京：中国矿业大学出版社，2007.

[59] 孙万禄. 中国煤层气盆地 [M]. 北京：地质出版社，2005.

[60] 秦勇. 煤层甲烷储层评价及生产技术 [M]. 北京：中国矿业大学出版社，1996.

[61] 苏现波. 煤层气地质学与勘探开发 [M]. 北京：科学出版社，2001.

[62] 秦勇. 国外煤层气成因与储层物性研究进展与分析 [J]. 地学前缘，2005（3）：289-298.

[63] 陶明信. 煤层气地球化学研究现状与发展趋势 [J]. 自然科学进展，2005（6）：648-652.

[64] 朱志敏，杨春，沈冰等. 煤层气及煤层气系统的概念和特征 [J]. 新疆石油地质，2006（6）：763-765.

[65] 张小军，陶明信，王万春等. 生物成因煤层气的生成及其资源意义 [J]. 矿物岩石地球化学通报，2004（2）：166-171.

[66] 崔民选. 2007 中国能源发展报告 [M]. 北京：社会科学文献出版社，2007.

[67] 国家发改委. 能源发展"十一五"规划 [EB/OL]. http：//www. sdpc. gov. cn/zjgx/P020070410516458967992. pdf/2007-04.

[68] 孙茂远，黄盛初等. 煤层气开发利用手册 [M]. 北京：煤炭工业出版社，1998.

[69] 赵庆波，刘兵，姚超. 世界煤层气工业对外合作 [M]. 北京：地质出版社，1998.

[70] 孙茂远. 中国煤层气开发利用与对外合作 [M]. 北京：煤炭工业出版社，2000.

[71] 胡益之，刘翠玲，梁丽彤等. 山西煤层气开发产业化现状及发展 [J]. 煤化工，2010（4）.

[72] 中联煤层气有限责任公司. 中国煤层气开发产业化对策研究 [M]. 北京：石油工业出版社，2007.

[73] 王爱宽，秦勇. 生物成因煤层气实验研究现状与进展 [J]. 煤田地质与勘探，2010（5）.

[74] 姚国欣，王建明. 国外煤层气生产概况及对加速我国煤层气产业发展的思考 [J]. 中外能源，2010（4）.

[75] 陈伟超. 中国煤层气开发及对外合作政策评析 [J]. 中国煤层气，2008（11）.

[75] 宋丽强. 影响煤层气开发利用的因素分析 [J]. 科技信息，2010（7）.

[76] 魏来. 煤层气的开发与利用 [J]. 科技月刊，2010（9）.

[77] 林雪峰，刘胜等. 我国煤层气利用概述 [J]. 煤炭技术，2010（4）.

[78] 胡殿明，林伯泉等. 煤层瓦斯赋存规律及防治技术 [M]. 南京：中国矿业大学出版社，2007.

[79] 李金柱，申宝宏. 合理能源结构与煤炭清洁利用 [M]. 北京：煤炭工业出版社，2002.

[80] 张新民，赵靖舟等. 中国煤层气技术可采资源潜力 [M]. 北京：科学出版社，2010.

[81] 林建浩，胡爱梅等. 中国煤层气开发产业化对策研究 [M]. 北京：石油工业出版社，2007.

［82］万玉，张劲，王新海等. 煤层气经济开采增产机理研究［M］. 北京：科学出版社. 2011.

［83］国家发展和改革委员会，建设部发布. 建设项目经济评价方法与参数（第三版）［M］. 北京：中国计划出版社，2006. 8.

［84］卡尔·舒尔茨. 美国煤矿区煤层气的开发利用［J］. 当代矿工，2002（1）：22-23.

［85］何辉，苏丽萍. 煤矿区"采矿采气一体化"的理论与实践探讨［A］. 2008年煤层气学术研讨会论文集［C］，2008.

［86］刘文革. 中国煤矿区煤层气CDM项目的开发现状与潜力［J］. 中国能源，2006，8（28）：40-42.

［87］罗东坤，褚王涛. 煤层气地面工程投资估算和参数确定发放研究［J］. 油气田地面工程研究，2008，3（27）：27-29.

［88］张群. 关于中国煤矿区煤层气开发的战略思考［J］. 中国煤炭，2007，33（11）：9-11.

［89］张遂安，王竹平等. 煤层气开发项目经济评价方法与预测模型［J］. 中国矿业大学学报，2004，3（33）：314-317.

［90］石智君，董书宁. 澳大利亚煤层气开发现状［J］. 煤炭科学技术，2008，36（5）：20-23.

［91］严续朝，郝鸿毅. 发展煤层气产业的必要性和战略思考［J］. 石油科技论坛，2008（1）：10-14.

［92］霍喜福. 关于山西煤层气发电价格的调查［J］. 中国能源，2008，30（2）：39-41.

［93］宋岩，张新民. 中国煤层气基础研究和勘探开发技术新进展［J］. 天然气工业，2005，25（1）：2.

［94］张遂安. 一次能源消费市场中煤层气竞争力的分析［J］. 中国煤层气，2006，3（3）：15-17.

［95］王庆一. 中国能源现状与前景［J］. 中国煤炭，2005（2）：22-27.

［96］李艳红，张遂安，王辉. 煤层气开发项目经济评价中地质条件影响分析［J］. 中国煤层地质，2000，12（2）：26-28.

［97］丁良堂. 吐哈盆地煤层气勘探经济评价探讨［J］. 吐哈油气，2007（2）：191-194.

［98］周晓梅，徐龙君，鲜学福等. 煤层气开发利用的经济效益分析［J］. 重庆大学学报（自然科学版），2006（11）：137-140.

［99］慕庆国. 煤层气开发与利用中的经济评价研究［J］. 中国矿业，2006（8）：32-34.

［100］范文科，王一兵，鲜保安等. 沁水煤层气田开发可行性研究［J］. 天然气工业，2006（4）：80-82.

［101］黄盛初，周心权. 煤矿瓦斯抽采利用项目经济评价模型［J］. 中国煤炭，2005（8）：5-8.

［102］王宪花，卢霞，蒋卫东等. 沁水煤层气田樊庄区块煤层气开发经济评价［J］. 天然气工业，2004（5）：137-139.

［103］杨永国，秦勇. 煤层气项目经济评价系统模型及应用研究［J］. 煤炭学报，2004（2）：254-256.

［104］袁正赟，张晓军. 对煤层气开发利用的经济评价分析［J］. 煤炭经济研究，2004（4）：10-11.

［105］杨永国，王桂梁，秦勇等. 煤层气项目经济评价方法及应用研究［J］. 中国矿业大学学报（自然科学版），2001（2）：126-129.

［106］王红岩，刘洪林，赵庆波等. 煤层气富集成藏规律［M］. 北京：石油工业出版社，2005.

［107］雷群，李景明，赵庆波. 煤层气勘探开发理论与实践［C］. 北京：石油工业出版社，2007.

［108］叶建平，范志强. 中国煤层气勘探开发利用技术进展［C］. 北京：地质出版社，2006.

[109] 孙茂远. 煤层气资源开发利用的若干问题 [J]. 中国煤炭, 2005 (3)：5-9.

[110] 李静. 抓住机遇加快发展煤层气. [EB/OL]. [2006-05-10] http：//chanye. finance. sina. con. cn/zy/2006-05-10/287260. shtml.

[111] 美国远东能源公司. http：//www. fareastenergy. com/.

[112] 美国亚美大陆煤炭有限公司. http：//www. asianamericancoal. com/en/index. asp.

[113] 加拿大亚太中国能源有限公司. http：//www. pace-energy. com/s/home. asp.

[114] 叶建平. 中国煤层气勘探开发进展综述 [J]. 地质通报, 2006 (25)：9-10.

[115] 中联煤层气有限责任公司. 中国煤层气勘探开发技术研究 [M]. 北京：石油工业出版社, 2007.

[116] 中联煤层气有限责任公司. 21 世纪中国煤层气产业发展与展望 [M]. 北京：煤炭工业出版社, 2003.

[117] 孙茂远, 朱超. 国外煤层气开发的特点及鼓励政策 [J]. 中国煤炭, 2001 (2)：55-58.

[118] 李五忠、王一兵、孙斌等. 中国煤层气资源分布及勘探前景 [J]. 天然气工业, 2004 (5)：8-10.

[119] 秦勇, 程爱国. 中国煤层气勘探开发的进展与趋势 [J]. 中国煤炭地质, 2007 (1)：26-32.

[120] 孙茂远, 范志强. 中国煤层气开发利用现状及产业化战略选择 [J]. 天然气工业, 2007 (3)：1-5.

[121] 接铭训、林建浩、胡爱梅. 中国煤层气产业发展问题探讨及相关建议 [J]. 中国煤层气, 2007 (1)：3-6.

[122] 孙茂远. 中国煤层气产业化战略选择 [J]. 中国石油企业, 2006 (11)：116-119.

[123] 王许涛、刘文斌、张百良. 煤层气开发利用的制约因素及对策 [J]. 洁净煤技术, 2006 (4)：27-30.

[124] 李亚军, 郭慧. 加快发展煤层气产业 [J]. 天然气工业, 2006 (2)：149-151.

[125] 秦勇. 中国煤层气产业化面临的形势与挑战 (Ⅱ)：关键科学技术问题 [J]. 天然气工业, 2006 (2)：6-10.

[126] 秦勇. 中国煤层气产业化面临的形势与挑战 (Ⅰ)：当前所处的发展阶段 [J]. 天然气工业, 2006 (1)：4-7.

[127] 张国良, 孙茂远. 中国煤层气产业对外合作政策研究 [J]. 中国煤层气, 2004 (2)：3-6.

[128] 刘洪林、刘洪建、李贵忠等. 中国煤层气开发利用前景及其未来战略定位 [J]. 中国矿业, 2004 (9)：11-15.

[129] 孙欣, 王国文. 抚顺、铁法和晋城矿区煤层气开发利用 [J]. 中国煤炭, 2003 (9)：50-52.

[130] 宋岩、张新民、柳少波等. 中国煤层气地质与开发基础理论 [M]. 北京：科学出版社, 2012.

[131] 汤达祯、王生维等. 煤储层物性控制机理及有利储层预测方法 [M]. 北京：科学出版社, 2010.